当代语言学理论丛书
Contemporary Linguistic Theory Series
主编 Chief Editors
黄正德（哈佛大学）
James Huang (Harvard University)
许德宝（澳门大学）
De Bao Xu (University of Macau)

关联：交际与认知

Relevance: Communication and Cognition

［法］丹·斯珀波
［英］迪埃珏·威尔逊　著

蒋严　译

中国社会科学出版社

图字：01 - 2008 - 4986 号

图书在版编目（CIP）数据

关联：交际与认知 /（法）斯珀波（Sperber, D.），（英）威尔逊
（Wislson, D.）著；蒋严译. —北京：中国社会科学出版社，2008.11
（2015.5 重印）

书名原文：Relevance：Communication and Cognition
（当代语言学理论丛书 / 主编　黄正德　许德宝）
ISBN 978 - 7 - 5004 - 7061 - 8

Ⅰ.①关…　Ⅱ.①斯…②威…③蒋…　Ⅲ.①语言学 – 研究　Ⅳ.①H0

中国版本图书馆 CIP 数据核字（2008）第 101367 号

出 版 人　赵剑英
责任编辑　任　明
责任校对　刘　娟
责任印制　何　艳

出　　　版　中国社会科学出版社
社　　　址　北京鼓楼西大街甲 158 号
邮　　　编　100720
网　　　址　http：//www. csspw. cn
发 行 部　010 - 84083685
门 市 部　010 - 84029450
经　　　销　新华书店及其他书店

印刷装订　北京市兴怀印刷厂
版　　　次　2008 年 11 月第 1 版
印　　　次　2015 年 5 月第 3 次印刷

开　　　本　710×1000　1/16
印　　　张　24.75
插　　　页　2
字　　　数　393 千字
定　　　价　68.00 元

2015 年改版说明

　　《当代语言学理论丛书》（下称《丛书》）2015 年再次改版的原因大概有四个：一是内容的更新。自 2004 年《丛书》再版以来又是十年过去了，语言学理论又发生了变化，有些新的东西需要补写进去。另外，有些作者、编委的工作和联系方式也有了变动，这次改版时都进行了更新。二是市场的需要。《丛书》自 1997 年初版和 2004 年再版以来，一直受到读者的欢迎，有的也一直被作为语言学课程的教材，比如《简明语言学史》、《当代社会语言学》、《生成音系学——理论及其应用》、《语言获得理论研究》等。这次改版就是为了满足市场需要，继续为语言学课程提供不同的用书。三是补遗勘误。比如《简明语言学史》的《前言》在初版和再版时都不慎丢失，致使读者对翻译的背景、版权、缘起、作者和朗曼出版公司的大力支持等都不慎了解，这次改版，就把丢失十几年的《前言》"还原"进去，为读者提供了这方面的信息。再有错印、漏印之处这次也都加以改正，比如《生成音系学——理论及其应用》一书的勘误就有 16 处之多。四是调整版本尺寸。这次改版的版本从原来的大 32 开改成了小 16 开，读者会发现小 16 开本比大 32 开本容易读得多。

　　最后，希望这次改版能继续为国内外语言学理论的研究、教学、介绍和交流起到积极的作用。

《当代语言学理论丛书》主编

黄正德　许德宝

《当代语言学理论丛书》再版前言

中国社会科学出版社根据读者的要求，决定再版《丛书》。再版首先是包括增加《丛书》的书目，从第一版的八种增加到现在的十二种；其次是修订增补第一版各书的内容，根据不同学科的进展，增加新的章节；最后是借再版的机会改正第一版中的印刷错误。

《丛书》再版，首先得感谢读者，没有读者的热情支持和鼓励，再版《丛书》是不可能的。其次是感谢编委，也就是《丛书》的作者们。没有《丛书》作者们的辛勤劳动和丰硕的研究成果赢得读者的欢迎，再版《丛书》更是不可能的。另外，特邀编委的热情支持和帮助、责任编辑以及社科出版社的鼎力相助也是《丛书》得以成功的原因之一。在此一并致以衷心的谢意。

较之第一版，再版增加了《关联：交际与认知》、《音系与句法的交叉研究》、《音段音系学》和《历史语言学：方音比较与层次》四种书。如在第一版前言中所指出，《丛书》前八种书主要覆盖美国语言学系研究生（博士、硕士）的八门必修课。再版时增加的四种书属于选修课或专题研究的范围。编委的工作单位有的有了变化，再版时作了相应的改变。特邀编委有的已经退休，再版时还按以前的工作单位列出。

《丛书》再版，错误、疏漏仍在所难免，敬请专家学者批评指正。

最后，希望《丛书》的再版能在国内外语言学理论的研究、教学，以及介绍和交流等方面再次起到积极的作用。

《当代语言学理论丛书》主编

黄正德　许德宝

序　言

　　语言学自乔姆斯基以来，对认知科学、心理学、医学、电子计算机以及人工智能等学科都产生了巨大的影响，成为人文科学的带头学科。只要在国外走一走，就会发现几乎所有的大学都设有语言学系或语言学专业。语言学理论不但对语言学系的学生至关重要，而且也是心理系、教育系、社会学系、认知学理论乃至计算机系的学生必修的基础理论课。乔姆斯基的语言学理论为什么对人文科学和社会科学的影响如此之大？他的什么变革使本来默默无闻的语言学（理论）一跃而成为认知科学、心理学、电子计算机以及人工智能等学科的奠基理论？这不是一句话能说清楚的。要回答这个问题，得从现代语言学的立足点说起，系统介绍现代语言学的基本理论和研究方法、研究对象、研究范围以及研究结果等。不说清楚这些问题，现代语言学在人文科学中的带头作用和对社会科学的巨大影响也就无法说清楚。有系统有深度地介绍现代语言学理论，这就是我们这套丛书的编写目的。

　　要系统介绍现代语言学，各种理论的来龙去脉都得交待清楚，某种理论的发生、发展、不同阶段以及各个流派之间的关系都要说清楚。不能只把一种理论搬来，不管它的过去和与其他理论的联系，那样会让人不知所云。在系统介绍的同时，也要把各种理论的最新研究成果写进去，并评价其优劣不同以及对现代语言学研究的贡献等，做到有深度。有系统、有深度，这是我们介绍的第一个原则。介绍的起点一般是以乔姆斯基与哈利的《英语语音系统》（1968）为始，介绍的终点就是今天，介绍时以八九十年代发展起来的语言学理论为主，所以这套书叫作《当代语言学理论丛书》。

　　要介绍现代语言学并不容易。台湾、新加坡、香港等地的学者有很好的经验。他们介绍的特点就是把现代语言学理论与汉语的研究结合起来。这样理解起来方便得多，效果也就比较好。单纯介绍，不谈在汉语中的应用，结果理论还是死的东西。我们这套丛书也本着这一点，在选材和编写上都强调在汉语中的应用，尽量用汉语说明。汉语与某种理论不相关的时候，才用其他语言中的例子。这是我们介绍的第二个原则。

我们的第三个原则是以介绍美国语言学理论为主。美国是现代语言学研究的中心，也是生成语言学的发源地。要介绍现代语言学就离不开这个发源地。所以从选材上来讲，我们以美国语言学系研究生（博士和硕士）的必修课为标准，包括语言学史、句法学、音系学、语义学、心理语言学、社会语言学、历史语言学、语言获得理论、计算机语言学与人工智能等。有些新兴学科和边缘学科就放在主要学科中介绍。比如神经语言学归入了心理语言学，音系与句法的交叉研究归入了音系学，语义和句法的交叉研究归入了语义学等。

应该指出，有些学者一直在致力于现代语言学的介绍工作，比如黑龙江大学、上海复旦大学、天津师范大学的学者等。我们希望这套丛书能与他们的研究结合起来，起到使国内外语言学研究接轨的作用。

《当代语言学理论丛书》的编写开始于 1993 年，由著名句法学家黄正德教授全面负责，许德宝协助作主编工作。编委大都是在美国读的语言学博士而且有教授语言学经验的学者，一般是在讲义的基础上增删整理成书。但即使是如此，也都得付出很多的劳动。我们也请了在美国教授多年的语言学家、汉学家和有在国内外介绍现代语言学经验的学者作为顾问，憨助我们把这一套丛书出好。在此向他们谨致谢意。我们还得感谢中国社会科学出版社对这套丛书的大力支持，特别是责任编辑及其他有关同志的辛苦工作，不然这套丛书也不能和读者见面，在此也一并致以谢意。

《当代语言学理论丛书》编委会

1996 年 7 月于纽约

《当代语言学理论丛书》
Contemporary Linguistic Theory Series

主 编
Chief Editors

黄正德（哈佛大学）

James Huang（Harvard University）

许德宝（澳门大学）

De Bao Xu（University of Macau）

编辑委员会
Editorial Board

靳洪刚（美国伊利诺大学教育心理学博士、澳门大学人文艺术学院院长）

Hong Gang Jin（Ph. D. in Educational Psychology, University of Illinois at Champaign Urbana; University of Macau, Dean of FAH）

李亚飞（美国麻省理工学院语言学博士、威斯康辛大学语言学系教授）

Yafei Li（Ph. D. in Linguistics, MIT; University of Wisconsin, Madison）

林燕慧（美国德克萨斯大学语言学博士、州立密西根大学中文及语言学系教授）

Yen -hwei Lin（Ph. D. in Linguistics, University of Texas at Austin; Michigan State University）

陆丙甫（美国南加州大学东亚语言博士、南昌大学中文系教授）

Bingfu Lu（Ph. D. in East Asian Languages, University of Southern California; Nanchang University）

潘海华（美国德克萨斯大学语言学博士、香港城市大学中文、翻译及语言学系教授）

Haihua Pan（Ph. D. in Linguistics, University of Texas at Austin; City University of Hong Kong）

石定栩（美国南加州大学语言学博士、香港理工大学教授）

Dingxu Shi（Ph. D. in Linguistics, University of Southern California; Polytechnic of Hong Kong）

侍建国（美国俄亥俄州立大学中国语言学博士、澳门大学中文系教授）

Jianguo Shi（Ph. D. in Chinese Linguistics, Ohio State University; University of Macau）

宋国明（美国洛杉矶加州大学罗曼语言学博士、威斯康辛劳伦斯大学东亚系教授）

Kuo -ming Sung（Ph. D. in Romance Linguistics, University of California at Los Angeles, Lawrence University, Wisconsin）

陶红印（美国圣巴巴拉加州大学语言学博士、美国洛杉矶加州大学东亚系教授）

Hongyin Tao（Ph. D. in Linguistics, University of California at Santa Barbara; University of California at Los Angeles）

王野翔（美国卡内基-梅隆大学计算科学院计算语言学博士、华盛顿州微软研究院研究员）

Ye-Yi Wang（Ph. D. , in Computer Science, Carnegie Mellon University; Microsoft Research Institute, Washington）

翁富良（美国卡内基-梅隆大学计算科学院计算语言学硕士、加州罗伯特技术研究中心研究员）

Fuliang Weng（M. A. ,in Computer Science,Carnegie Mellon University; Robert Bosch Corporation, California）

吴建慧（美国伊利诺大学语言学博士、台湾暨南大学英文系教授）

Mary Wu（Ph. D. in Linguistics, University of Illinois at Champaign-Urbana; Taiwan National Chi Nan University）

谢天蔚（美国匹茨堡大学外语教育学博士、长堤加州州立大学东亚系退休教授）

Tianwei Xie（Ph. D. in Foreign Language Education, University of Pittsburgh; California State University, Long Beach）

徐大明（加拿大渥太华大学语言学博士、澳门大学中文系教授）

Daming Xu（Ph. D. in Linguistics, University of Ottawa; University of Macau）

许德宝（美国伊利诺大学语言学博士、澳门大学中文系讲座教授）

De Bao Xu（Ph. D. in Linguistics, University of Illinois at Champaign-Urbana; University of Macau）

张　乔（英国爱丁堡大学语言学博士、新西兰奥克兰大学东亚系教授）

Qiao Zhang（Ph. D. in Linguistics, University of Edinburgh; University of Auckland, New Zealand）

特邀编辑委员会
Guest Editorial Board

译者前言：
关联理论及其创新因素

《关联》不是一本容易念的书：其讨论范围几乎涉及语用学的所有理论课题；其论证方式又相当复杂微妙乃至艰深；其原创思想还可能会让人觉得有一定的吊诡之处——它实际上是在要求我们透过不经意的语言使用去审视语用的潜在规律,① 这种思辨对内行人来说也是极其费力的脑力体操。或许正因为如此，几十年来，真正深刻成熟的语用学理论数来数去也就那么几家而已。尽管如此，《关联》这本书值得我们认真研读，甚至是反复精读，因为它可以教会我们很多东西，加深我们对许多理论与实践问题的认识。《关联》直接研讨的理论问题涉及语用学、语义学、语篇分析、语言哲学、心理语言学、认知科学和修辞学，但其结论对其他一些学科也有直接的影响：计算语言学、社会语言学、人工智能、逻辑学、译学、文学理论和交际传播研究。从实用的角度看，《关联》的思想也可以对许多实践工作产生指导性的影响，如果应用得当，还能孕育出新型的应用理论和交际策略，其影响范围涉及语文教学、语言测试、企业传讯公关、广告宣传、论辩实践策划、实用说服性话语设计，如竞选宣传、商品促销、保险经纪和地产租赁、买卖等等。

本文立足于用非专业的语言介绍关联理论的主要内容，使读者能在短时间内对该理论有大致的认识，并进而产生研读《关联》全书的兴趣。我们的着眼点主要还是在核心理论的介绍和诠释以及参考文献的更新上。读者可以从书中找到更详细的论证并在分析本文用例的过程中自己思考关联理论的实际应用问题。

---

① 这其实是理论语用学研究的共同难点，参见 Jef Verschueren 的精辟论述：Verschueren (2000) Notes on the role of metapragmatic awareness in language use. *Pragmatics* 10/4，439—456。

一　意义地图

《关联》讨论的主要是语用学（pragmatics）的问题。语用学研究的是意义在语境中的表达和变化。这与语义学（semantics）的研究有什么不同呢？我们就以这个问题为讨论的起点。从现代语言学的角度看，语法生成了句子，句子具有独立于语境的抽象组合意义，也就是说，句子的意义是句中各词的意义按语法结构有层次地组合的结果。在句子成分无重要省略的理想状态下，这种组合不需要语境信息的介入，因此得到的是相对独立的句义。句义组合的过程中体现出的逻辑语义特性属于组合语义学（compositional semantics）的研究范畴。[①] 在有些特殊的场合，这种独立于语境的纯句义确实有其自身的用处，比如词典中的例句所起的作用只是示范相关词语在句子中的用法，并不刻意体现特定的语境。某些格言警句也往往被当作普遍的真理而征引，似乎具有普适即超越语境的特征。另外就是语义学家凯茨（Jerrold Katz）所说的情况：一个人看匿名信的时候，由于不知道谁是写信人，所以是在部分脱离语境的情况下解读匿名信中的句义的。但是，就是在上述三种情况里，相关句子的读者还是免不了会自动地提供理解的语境，因为句子一旦得到了使用，便不再是单纯的句子了，而是说出或写出的句子即语句（utterance）。语句的前后都有自然的停顿，本身又有自然的语调，所以一般是比话语（discourse）更小的单位。语句既然是被使用的句子，就必然有相关的语境，有说—写者和听—读者，成为语用学研究的对象。

句子的组合语义只是语句意义的一种，我们可以把它称作语句的字面义（literal meaning）或是本义。[②] 字面义的起点是语言符号的编码意义，就是相关句子所编载的结构组合义，有时也被看成是对句子逻辑式（logical form）的解读。[③] 这是语句意义中最为确定的内容。比如对（1）的字面义解读只能让我们得到近乎（2）的意义而不可能是（4），[④] 后者只能是（3）的解读：

[①]　有别于词汇语义学（lexical semantics）。
[②]　或是直陈义（what is said）、直义。
[③]　逻辑式是句法表征的输出层次，是句义组合的结构依据，也是语义表征的起始点。
[④]　［s］指句子 s 的组合意义。

（1）地球每天环绕太阳运行。

（2）［在所有的时间一个专名为"地球"的天体绕着一个专名为"太阳"的天体移动。］

（3）月亮每天环绕地球运行。

（4）［在所有的时间一个专名为"月亮"的天体绕着一个专名为"地球"的天体移动。］

一个语句在语境中不但可以表达字面义，还可以表达一些额外的意义即语境意义，它们就是预设（presupposition）、寓义（implicature）和命题态度（propositional attitude）。为了方便描写语句的各种意义，我们用命题（proposition）这个概念来表示从各种具体语言形式抽象出来的纯粹意义。用更正规的定义来刻画，命题是人对世界所作出的具有真值的心理表征。命题由概念组成，可以通过具体语言得到表达。有了命题这个概念，我们就可以说：除了字面义这个起始命题外，语句在特定语境中还可以表达一系列额外的命题。例如，（5）还表达了预设（6）；（7）还有可能表达了寓义（8）。

（5）女：今天是你六十大寿，孩子们做了好多你爱吃的菜。

　　男：他们不气我比做什么菜都强。

（6）［平时孩子们常常惹爸爸生气]①

（7）男：晚上去看歌剧吧？

　　女：没衣服穿叫我怎么去？

（8）［女：你早该给我买些好衣服了 + 你就是待我不好 ……]

所谓预设，就是为语句的词语或结构所触发而由听者逆向推理得出的、由言者认定为既成事实的命题。（5）中的预设触发机制就是"不……比什么都强"。虽然我们在交际场合总会认定有许多知识是既成事实的，比如在课堂上老师会认定（9）到（12）的内容为真，但这些命题就不是预设，因为它们并没有由哪个语句所触发。

---

① ［p] 表示命题 p。

　　（9）［今天上的是语用学导论］

　　（10）［上课时间是 9：30—11：30］

　　（11）［地球是圆的］

　　（12）［人总有一死］

另外，如果老师明确说了（9）—（12）里的哪一句，那也不算是表达了预设，因为明白说出的信息只是断言（assertion），只有隐伏在语句中的命题才有可能是预设。

　　所谓寓义，则是为语句的字面义所隐含的、由听者顺向推理得出的命题。这种命题在形式上与相关语句所使用的句子毫无相似之处，不需要什么触发词语或结构就能表达。有时候，言者真正要表达的是寓义，而不是字面义；而听者也会自觉抵制字面义而继续搜索寓义。下面的隐喻用例就说明了这一点：

　　（13）你是我生命中的阳光。

　　（14）［你是我生活中的希望和安慰/你是我快乐的源泉/我的生活离不开你/……］

寓义往往具有一定的模糊性，有时不容易完全解释明白，这也是寓义的婉曲特性——涟漪叠叠的极致弱寓义（weak implicatures）就构成了诗意。成语中所谓的绵里藏针、旁敲侧击、指桑骂槐、含沙射影、敲山震虎等，或偏或全就是指的这种表达手段。寓义不同于寓意。寓意指的是寓言、故事、诗歌的象征意义，并不与其中的某个具体语句相匹配，可以说是话语所传达的教寓；而寓义是指与语句相匹配的隐含义，语句一般指一个说出的句子，是比话语小得多的语用单位。

　　听者要想获得预设和寓义，都需要作一番语用推理，因为预设和寓义都不是语言的编码意义，不能从字面义直接得到。其实，就是字面义的获得也离不开语用推理，因为逻辑式提供的组合语义或多或少都不够完整，都是欠明（确）的（underdetermined）。请看以下各例：

（15）他今晚又喝多了。

（16）［老张某月某日晚上喝酒又喝醉了］

（17）由即日起至 2007 年 5 月 31 日，凡成功申请××信用卡，闪亮礼赏立即奉上。

（18）［当事人的申请一旦获得批准，就会同时获赠礼物］

（19）买楼送家俬。（地产代理行广告）

（20）［谁买了××代理的房子，××就赠送他一套家具］

（21）［谁买了××代理的房子，××就替他在搬家时免费运送家具］

（15）中的老张只可能是喝醉了酒，不可能是喝多了可乐或是其他什么软饮料，也不可能是喝多了酒但神智清醒如常。（17）中的"立即"有多短？按照香港多数银行的规定，当事人需在头三个月内用信用卡签账满三千元并付清欠额后才能领取礼品，所以这个"立即"实际上可以相当地长。（19）这个句子居然可以有两个意义，地产代理利用人的思维惯性误导顾客，让他们顺理成章地把（19）解读为（20），然后又借助（21）的解读金蝉脱壳，拒绝兑现赠送家具的承诺。从理论的角度看，完整字面义的获得需要借助语境信息完成一个或多个下述操作：1）指称指派（reference assignment）：为代词和时间副词确定具体的指称对象；2）其他充盈（saturation）过程：补出省略的句子成分和句法上不需要但在语义理解上必要的成分；3）丰义（enrichment）：意义的进一步精细化，如补充隐含的逻辑关系、深化某些词语的意义等；4）解歧（disambiguation）：选定歧义语句在具体语境的单一意义。在关联理论中，这些操作的结果被称为显义（explicature），而相应的操作过程有时也称作显谓（explicating）。显义是在组合语义的基础上借助具体语境而充实得到的，所以有一定的语用内容，是后逻辑式或是后组合语义的意义层次。显然，只有显义才是真正的字面义，也只有显义才能确定语句的真值（truth value）及其衍推关系（entailment meaning）。

　　之所以要讨论语句的真值和衍推关系，是因为这两个概念是我们理解句子的组合义的关键，也是真值条件语义学（truth-conditional semantics）的根基。这里我们岔开话题先谈一下"真"（truth）和"真值"这些概念对语义学的重要性。逻辑学把语义看成是逻辑符号对外在事物的指谓关系（denotation），而逻辑命题所指谓的对象被理所当然地规定为真值，命题因此便承载了真值。现代形式语义学（即真值条件语义学）把逻辑学对语义的研究方案推广应用于自然语言的语义研究，使得"真值"也成了界定句义的基本概念。不同句子的意义被定义为不同的真值条件，即句子在什么条件下为真，其余皆为假。这样，相对于任何句子来说，它的内容是真是假，这反而不是语义学要检验的问题了。语义学的任务只是制定出句子的真值条件，把真值条件当做句子的逻辑语义。从结果反推上去，句子中的词语所起的逻辑语义作用就是它们各自对句子的真值条件所作的独特贡献。从这个角度看，真值条件就不仅仅是真值条件了，它还为词语义向句义的组合提供了动因和黏合机制，并且可以对任何中期结果作检测。① 从某种意义上说，真值虽然是真值条件语义学的基本概念，但事实上的真假验证从来都不重要，重要的是通过真假这两个值建立了一套句义组合机制，能对不同句子的意义及其组合作出精确的、按部就班的形式化描写。借助"真"这个概念还可以定义句子的衍推关系。一个句子的意义如果为真，那么该句子的其他部分不变，仅把某一个词语替换为意义更宽泛的上位词（superordinate），就能得出一个同样为真的命题。这时，原来的句义所表达的命题就衍推（entail）经替换得到的意义更宽泛的命题，也可以说后一个命题的意义包含（include）了前一个命题的意义。如果对原句里的每一个词语有步骤地用各自的上位词——替换，就会得到一个从确切义到宽泛义的衍推命题系列：

（22）李四偷了三匹马。

（23）［李四偷了若干数量的马］

（24）［李四偷了若干数量的动物］

（25）［李四偷了若干数量的东西］

（26）［李四偷了三头动物］

（27）［李四偷了三件东西］

（28）［李四对三匹马做了某事］

（29）［李四对若干数量的马做了某事］

---

① 严格地说，这还要借助于类型论（type theory），详见蒋严、潘海华《形式语义学引论》，中国社会科学出版社 2005 年版。

（30）［李四对若干数量的动物做了某事］

（31）［李四对若干数量的东西做了某事］

（32）［李四对三头动物做了某事］

（33）［李四对三件东西做了某事］

（34）［某人偷了三匹马］

（35）［某人偷了若干数量的马］

（36）［某人偷了若干数量的动物］

（37）［某人偷了若干数量的东西］

（38）［某人偷了三头动物］

（39）［某人偷了三件东西］

（40）［某人对若干数量的马做了某事］

（41）［某人对若干数量的动物做了某事］

（42）［某人对若干数量的东西做了某事］

（43）［某人对三头动物做了某事］

（44）［某人对三件东西做了某事］

（45）［某人做了某事］

（46）［发生了某件事］

这些看似单调乏味的衍推关系其实构成了字面义的基石。对衍推的宽泛命题的否定会导致与原句语义的矛盾；衍推的宽泛命题又可以构成原句语义的背景信息，因此对原句某个词语的焦点重读就会将某些衍推命题假设成相关的背景。另外，如果一个语句还传递了寓义，那样的命题必然不会与原句命题构成衍推关系。①

　　再回到本书的中心议题上来，虽然许多文献都把真值和衍推关系看成是句义的特性，把句义等同于表达字面义的命题，其实这只是一种简单化的说法，它假定句子在理想化状态下可以表示完整的语义，然而在交际中几乎所有的句子都是有阙义的，都需要充实。未经充实的组合句义有可能因语义的欠明而无法制订真值条件，也无法确定衍推关系，从而缺乏完整的命题逻辑

---

① 预设倒是与衍推关系有一定相通之处的，参阅 Neil Smith & Deirdre Wilson（1979）*Modern Linguistics: the Results of Chomsky's Revolution*. Penguin Books. 第八章 Pragmatics and Communication 和《关联》第四章。

式。所以，真值条件和衍推关系的确立都应该在显义的层次上操作。

那么，有没有意义自足的组合句义？这要看句义的题材和具体的使用语境。有些表达数学知识的句义可能已经自足，但我们都知道许多数学知识需要更专门的限定，也就是需要进一步充实意义，比如是采用十进制还是二进制的算术式、是欧几里德系统的几何公理定理还是非欧几何的命题、是小数点后精确到几位数、是否相对于非单调逻辑系统而言，等等。再看上面提到过的例（1）和（3），如果讨论的专题是宇宙发展史，那么并不是在所有的时间里地球都环绕太阳运行的。

最后谈命题态度。它是指人持有及表达某个命题的具体方式，如相信、打算、愿望、需求、担心等。换一个角度看，交际中的每个语句都传递了对其承载的命题的不同态度。有些时候命题态度通过具体的语调、词汇或语法结构来标示，如用升调、"吗"或"A－非－A"结构表疑问，或借助高阶谓词来表达更为丰富多样的态度，如怀疑、遗憾、抱歉、假装等：

（47）我们自个儿逮的鱼，给你？没门儿！（升调表疑问）

（48）你们今晚会出去吗？（"吗"表疑问）

（49）你到底爱不爱我？（"A－非－A"结构表疑问）

（50）难不成你家屋子多得住不满人？（"难不成"表反问）

（51）现在我宣布本届大会圆满结束。（宣布）

（52）我保证按时完成论文。（保证）

（53）我命令你马上出发去上海提货。（命令）

（54）我怀疑你不是真心在帮助我们。（怀疑）

（55）我对贵公司的这种牵强解释表示强烈质疑。（质疑）

（56）很抱歉你这个手机无法退货。（抱歉）

（57）很遗憾我们未能及时得到消息。（遗憾）

在许多缺乏明显标记的情况下，命题态度需要通过充实才能得到，而且不充实就无法理解确切的命题义：

（58）你可以走了。

（59）［我允许你离开］（允许）

（60）［我要求你离开］（开除）

（61）Thank you for keeping the train clean.　［轻轨列车上的广播］

（62）［感谢你保持了车厢清洁］（致谢）

（63）［希望你保持车厢清洁］（间接的要求——列车广播实际要表达的命题态度）

（64）我已经把话说得尽可能婉转了。

（65）［我断言我已经把话说得尽可能婉转了］

（66）［我相信我已经把话说得尽可能婉转了］

（67）这真是场惨烈的选举啊！

（68）［说话人断言且相信 2007 年的特首选举是惨烈的。］

（69）［说话人根本不认为 2007 年的特首选举是惨烈的。］（反语）

有些命题态度可以从基本态度推导得出，如从"断言 p"可以推出"知道 p"和"相信 p"。可以说每个语句都表达了命题态度，对每个语句的理解都涉及将相关的命题纳入正确的态度模式，这往往又是语用推理的结果。综上所述，可以毫不夸张地说，命题态度的理解和确定是解读语句字面义的关键过程。在关联理论中，命题态度又被称为高层显义（higher-level explicature），因为字面义自身的命题义是基层显义，而命题态度是对基层显义作进一步的显谓所得到的结果，就像是把基层显义当做初级子句，而在该子句之上又用上层谓词来对其述谓，如下列图式所示：

（70）说话人 V（p）

其中 p 为子句命题即基层显义，V 代表上层谓词如断言、吩咐、命令、质疑、保证、宣布、声明、怀疑、预计等等。

在任何语境中，一个语句都必须具有显义/字面义和高层显义/命题态度；在某些语境中，语句又可以具有一个或多个预设和（或）寓义。有时言者真正意图表达的内容并不是显义，而是寓义或是相反的意义如反语用法。更重要的是，语句所表达的各种命题意义都是欠明的，都需要借助语用推理来充实，有些意义在本质上就是隐晦暗含的曲言，无法用直义代替，也无法完全用明确的语句来澄清，那样做的后果往往会导致语义的部分流失，其中以弱寓义为甚。

二　关联理论

1. 理论的重要性

上一节的讨论说明了语句意义的多样性和欠明性。这两个特征使语言在交际中的使用和理解成了一个难以直接解释的现象：人是如何互相理解的？为什么听者在多数情况下都能理解言者所表达的确切语境意义，而且在多数情况下还不会任意引申、不至于把言者没有打算表达的命题硬塞到人家的嘴里？言者为什么一般也会有信心，想当然地认为别人不太可能误会他的意思？我们并不想否认误解、故意歪曲和断章取义的存在，但总的来说，言语表达及其理解机制似乎运作完好，不会让大家因偶尔的失误而失去交际的意愿。这背后有什么规律呢？如果有的话，那它是认知心理的规律，还是社会行为的规范？至少我们知道，就是有规律，也是潜在的，只在人的无意识中起着作用：心智正常的交际者不需要特别去学习这种规律，也不需要知道它的存在。这种规律如果有的话，也是难以研究的，因为我们能观察到的只是大脑的输入和输出，中间的过程完全是黑箱作业。这说明了理论建设的重要性。只有完备的理论，才能透过现象看本质，通过构建猜想来解释现象。语言研究从来就不是个单纯收集语料的过程。没有理论，在事实面前就会束手无策。没有理论，有些事实根本就无从观察和发现。语用研究也是如此。

从本文的开篇至本小节，我们的讨论还只是在为阅读《关联》架桥铺路、提供必要的预备知识。① 下面才是进入正题的论述。

2. 定识与认知语境

关联理论是一种认知理论，所以采用的关键概念都需要从认知心理的角度去加以定义或重新定义。《关联》把思想界定为概念表征（与感觉表征或情感状态相对），把定识（assumption）界定为被个人当做现实世界表征的思想（与虚拟内容、愿望或表征的表征相对），也就是被个人当做事实的思

---

① 这些内容是根据本文作者的个人理解而定义、整理和组织的，可能与既有的许多语用学教科书的说法并不相同。其实作者做此综述的一个重要原因就是觉得既有的教科书都没有很好地理顺这些基础概念之间的关系。

想。按照我们的推论，思想是表征中的一个子集，命题又是思想中的一个子集，因为命题只是具有真值的思想，而定识又是命题的一个子集，因为定识只涉及关于现实世界的命题。定识与命题不同。命题是可确定真值的思想，可真可假，而定识是当事人主观上当做事实的思想，所以从认知上说不应该是假的。当然，被当做事实的思想也可能有假，但那是认知过程中出现的偏差。定识与预设（presupposition）也不同。后者是隐伏在语句之中、为某种词语或结构所触发的、可以在加工相关语句时逆向回溯推出的、讯递者在说话时理所当然地视为交际双方已知事实的思想。定识还不能混同于假设（hypothesis）。假设只是个未经验证真假的设想。

交际时，每个人都是在特定的认知语境（cognitive context）里发出（produce）或加工（process）刺激信号（stimulus）的，这个刺激信号就是语句。所谓认知语境，既包括了上下文这种语言意义上的语境（linguistic context，有时又叫 co-text），又包括了即时情景（situation [of utterance]）这种物质语境，还有个人特定的记忆、经历和对未来的期望所构成的心理语境以及社群知识、百科知识这些在不同程度上共有的知识语境。从心理表征（mental representation）的角度看，认知语境是人所调用的定识（assumption）之集合。在特定交际场合，交际的参与者为发出或加工某个语句所需要调用（retrieve）的定识总是有限的，不可能也不需要调用个人所知或是头脑中所贮存的全部定识，所以特定的认知语境是个人所能调用的全部定识的一个子集（subset）。在交际时，这个认知语境总是处于动态的变化过程中：记忆贮存中的有些定识被调用，加入到认知语境之中；认知语境中的某些定识可能不再有用，因此被弃置或至少从短时记忆（short-term memory）中淡出；交际中得到的新定识可能被接纳，由此可能还会导致某些旧定识的弃用，这种弃用的定识在认知语境和贮存的资料库中会被抹去，与之相关的其他信息也会随即得到删除或修订。

讯递者（the communicator）发出的新语句带来了一个或多个新定识，与受讯者（the audience）认知语境中的既有定识发生作用。新定识是讯递者主观上当做事实的思想，收讯者可以接受，将其作为自己认可的事实，但也可能不予认可。这两种定识的相互作用会带来几种后果：

（1）逻辑蕴涵（logical implication）：新旧定识构成演绎推理（logical deduction）的前提（premiss），对其应用演绎规则推出结论，从而得到更新的定识。

（2）增力（strengthening）：新定识支持旧定识，增加了后者的力度，使其更为肯定、更为可信、或然率更高。

（3）矛盾并取代（contradiction and replacement）：新定识与旧定识产生矛盾并取而代之。这种结果的前提是新定识的力度必须强于旧定识，至少受讯者认为如此。

关联理论把上述三种结果称作正面语境效果（positive contextual effects），与此相关的还有两种负面语境效果（negative contextual effects）：

（4）如果旧定识本身已经十分肯定而新定识只不过是重复了受讯者已知的信息或在可信度上比旧定识更弱，那么新定识虽然支持旧定识，却起不了增力的作用。

（5）新定识虽然与旧定识相抵触，但因自身势单力薄，无法取代后者。那样的话，受讯者只会保留旧定识而摒弃新定识。

相对于特定认知语境而言，新定识会不会与所有旧定识都不发生作用，完全得不出任何语境效果？这里我们可以想到的只有两种情况。第一，受讯者没有听懂相关语句，原因可能是外界噪音的干扰，或是受讯者注意力不够集中，或是他不熟悉某种语言或某种行业的专门术语。① 在这种场合下，受讯者根本无法对所涉语句的意义作心理表征，所接收的内容就不足以构成命题或定识。定识既无，遑论语境效果。第二，听懂了相关语句，但原有的认知语境里没有旧定识与新定识相互作用。这种情况只是在纸上谈兵时才会想出的逻辑可能，在实际的交际场合并不会出现，因为前文已经说过，认知语境是一个动态语境（dynamic context），为了理解新的语句，受讯者会不断调整自己的认知语境，包括加入其他既有定识，认知语境因此会层层扩大以搜寻语境效果，只要有足够的时间，总能得到足量的语境效果。况且新语句带来的可能不止是一个定识，因为可供加工的不仅有显义，而且还有寓义、预设、高层显义（即命题态度）等多个命题，所涉的寓义还可能不止一个。而每个命题中含有的每个概念又可能触发更多的命题。这些命题如果被理解为事实，则可被当做定识与既有的旧定识发生作用，滚雪球般地带来更多的

---

① 为了避免指称上的混乱，我们用阳性第三人称单数"他"来指称受讯者，用阴性第三人称单数"她"来指称讯递者。

语境效果。

人类经历了千万年的进化顺应过程，具有趋利避害的理性本能。这种本能在人际交际中就体现为对语境效果的追求。倘若没有语境效果，交际就会变成毫无功利的行为，人就不会那样愿意与他人交际，交际也不会成为生命中不可或缺的、高频率的行为。因此，人在任何交际场合都本能地期盼得到语境效果，如果由于交际的失误而使这种期盼落空，当事人就会感到极度诧异，因为这种情况有悖人的直觉。

我们已经说过，从理论上说，对语境效果的追求本是个无休无止的过程，如果对一个语句的意义作无穷的推想，只要时间足够，就可以得到无穷的效果。但是在实际交际过程中，没有人会无休无止地搜寻语境效果。原因之一是时间上不允许，因为在日常生活中，人在加工某个语句时，还要兼顾其他的议程（agenda），比如要就该语句的内容马上作出回复，然后又要加工对方的后继话语；或者要在理解相关语句的基础上作出相应的行为；抑或本来手上就在做着别的事情。凡此种种，都需要人在瞬间就理解听到的语句，不能拖延。这种过程其实也是母语使用者都会遇到的真实经历：只要没有外界其他因素干扰，人一听到用自己母语说的语句，就会马上听懂该语句的语用意义［有时候说没听懂，只是说没有理顺上文下语之间的论证关系或是没有完全领会该语句的信息所带来的其他非语言后果，并不是没有理解所涉语句本身的意思］。

人之所以不会无休无止地搜寻语境效果，还因为有另一个原因，那就是人不会为某个语境效果而付出过多的心力（processing effort），也就是在加工语句意义的过程中所耗用的脑力。语境效果的获取既然是个认知心理意义上的思维推导过程，那就一定意味着心力的付出。但人的心力是有限的，需要合理分配。付出的心力需要有与之相应的语境效果的回报。某些修辞手法的理解需要较多的心力，但因此可能获得多层次的值得一再玩味的意义，所以可算是物有所值。要是为一个浅显的意义而付出大量的心力，当然就得不偿失了。比如寻常情况下，太太在交代丈夫需要去超市买哪些食品时，就绝不会把货名或数量都编成一个个谜语，那样就会不必要地增加受讯者的加工负担。

3. 交际关联原则

关联理论通过语境效果和心力之间的这种此消彼长的关系来界定关联

（relevance）这个概念，语境效果越大，发出相关语句的刺激信号就越有关联；付出的心力越多，则刺激信号的关联度越小。但交际双方并不会因此一味地追求具有最大关联（maximal relevance）的语句解释，因为追求最大关联就意味着力图用最小的心力获得最大的语境效果。但要做到这一点，首先需要获得所有的语境效果，然后再算出每个效果与其心力的"性价比"（且不说这种比值是否可以用数字表现，也不谈是否存在可靠的算法），最后才能求出最大关联解。但前文已经谈到过，人不会企望得到所有的语境效果，因而就无从得出最大关联解。人所能够期望的只是相关语句会带来足够的语境效果，且不至于使人为之付出过多的心力，这种关联不是最大关联，而是效果和心力的恰当调配，所以被称作优化关联（optimal relevance）。从讯递者的角度看，她选择如何表达自己的思想当然是她的自由，但具体的表述方式会使受讯者以此为依据，用适量的心力得出一定的语境效果。所以讯递者为了使受讯者准确理解她的意思，就必然会竭其所能采用最具有关联的表述方式。[①] 从受讯者的一方看，他明知不能追求最大关联，当然不会就听到的语句作长时间的冥想。他甚至不会选出几种可能的解释来斟酌权衡一番再作决断。那样做不但会忽略其他议程，而且本身就是徒劳之举，因为受讯者无法确信选出的几种可能就是真正值得考虑的解释。既然如此，那为什么还要白费精力呢？要么穷尽所有的关联可能，从中挑出最好的，要么在用适量的心力得到第一个具有关联的解释之后见好就收，直接把这个解释看做是讯递者意图使他得到的解释，并认为这就是优化关联的解释。除此之外，没有中间路线可走。而既然穷尽所有的做法业已证明不可行，那么剩下的就只有一条路了。此外，每个人的认知语境中的定识具有不同程度的可及性，有些较易获取，有些的获取需要付出较多的心力。可以认为定识在认知语境中的排列并不是无序的，而是按其可及程度排列的，宛如一个堆栈，最可及的定识排在最上层。交际双方在说话和理解过程中都认定了这一点，可以自动判断语句的哪个解释是最易得到的［当然，双方的期盼有时不相吻合，那样就导致了失误］。所以，讯递者和受讯者自觉不自觉地都受到了关联原则的制约：

---

① "竭其所能采用最具有关联的表述方式"只是相对个人能力和知识而言，所以不需要罗列所有客观表述方式并计算其"性价比"就能选出。

交际关联原则（the Communicative Principle of Relevance）

每个明示的交际行为都传递了一个推定，推定自己达到了优化关联。

优化关联推定（the presumption of optimal relevance）

（a）相关语句有足够关联，值得受讯者付出心力去加以处理。

（b）相关语句是与交际者能力和偏好相匹配的最关联信号。

交际关联原则深化了我们先前提到的直觉即人在交际时都会期盼得到语境效果，该原则把这种直觉性期盼上升到了对优化关联的推定。这里所谓的推定应该界定为以推测为依据作出的判定，与"无罪推定"、"有罪推定"这些法律术语中的"推定"是同一个意思。

4. 认知关联原则

以上的描写是以交际为背景的，这只是人的认知活动的一个特殊方面。《关联》认为交际应该与其他认知活动相对区分开来。交际的发生和解读具有瞬时性，追求的是优化关联；其他认知活动如科学研究、文学艺术创作、运筹帷幄等一般不受时间因素的压迫，在极端情况下可以占用人的毕生精力和时间，追求的是最大关联。交际时人的认知活动是下意识的，而其他认知活动往往是有意识作出的。每个人具有的交际能力和语言知识基本相同，没有显著的个体差异，而人的其他认知能力却可以显示出巨大的差异，也就是说只有少数人才能从事某种认知活动，而且其中只有极少数人才能够取得成功，作出巨大的贡献。最后，在交际活动中，交际双方能够互相提供广义上的协助，交际系统本身作为人自创的系统，也为人提供了认知上的大量方便，这在其他认知活动中是十分罕见的。所以，不涉及交际的认知活动需要通过不同的关联原则来描写，在《关联》中叫作认知关联原则：

认知关联原则

人的认知倾向于追求最大关联。

对广义的认知活动而言，引起人注意的不再是语言编码的刺激信号，而是现象，所以《关联》还提出了"现象的关联"这个概念和相应的定义。

读者可以参阅《关联》第三章和后记。

三 浅谈关联理论的创新因素

总结以上各节的讨论，我们可以看到关联理论的主要创新因素就是自始至终从认知的角度研究语用现象，从而提供了一套全新的理论和独特的研究视角。语言学的认知转向最早是在转换生成语法界提出的，研究中心在于句法现象。但是出于句法自主的考虑，生成语法的句法规则和原则是对语言的句法机制的刻画，这虽然也是认知机制，但并不涉及人的一般推理能力，也不涉及语言系统与人的其他知识系统的互动，而这恰恰是语用学研究的领域。所以关联理论的出现，及时提供了认知语言研究的延伸视角，对语用的诸多现象提供了系统的认知分析。当然，关联理论不仅仅是交际语用理论，同时也是一个广义的认知理论。需要说明的是，近期发展起来的认知语言学派也对一些略为不同的语用问题作了大量研究，可以与关联理论的研究互相补充。

关联理论的另一个贡献是大大拓宽了语用学研究的疆域，对文学鉴赏、修辞研究和翻译研究的有关课题都作出了贡献，这主要也得益于关联理论的认知视角，使许多传统问题得到了新的认识和解答。限于篇幅，我们无法在此对这三个方面作进一步的讨论，只能请大家去查阅有关文献：修辞方面的讨论见《关联》第四章；对文学鉴赏的研究见 Pilkington（2000）和 MacKenzie（2002）；对翻译的研究见 Gutt（2000）。

关联理论既然有出新之处，自然也不免引起了诸多争议，这一点读者只要看了"后记"就会明白。理论之间孰优孰劣的比较关键在于各自的解释力，这需要读者在熟读本书并充分了解其他理论的基础上，才能体会出争议中所反映的精微之处，才能真正了解问题的症结所在。我们在这里不想为作者代言，以免自己不甚成熟的观点先入为主地误导读者，因此只能邀请读者自己钻进去研究领会关联理论的精髓，并在此基础上自己动手做研究课题写学术论文，以期学以致用，并进而努力创新光大。

四 新近文献简介

《关联》第二版问世以后，至今又过去了十二年，期间出版了许多有价值的关联理论研究新作，其中包括一些在《关联·后记》中提到过的博士论文。在此把译者所知的专著书目开列于下：

Andersen, Gisle. (2001) Pragmatic Markers and Sociolinguistic Variation: a Relevance-theoretic Approach to the Language of Adolescents. Pragmatics & Beyond New Series 84. Amsterdam/Philadelphia: John Benjamins Publishing Co.

Blakemore, Diane. (2002) Relevance and Linguistic Meaning: the Semantics and Pragmatics of Discourse Markers. Cambridge, UK: Cambridge University Press.

Carston, Robyn. (2002) Thoughts and Utterances: the Pragmatics of Explicit Communication. Oxford: Blackwell.

Chapman, Siobhan. (1998) Accent in Context: the Ontological Status and Communicative Effects of Utterance Accent in English. Bern: Peter Lang.

Gutt, Ernst-August. (2000) Translation and Relevance: Cognition and Context. Manchester & Boston: St. Jerome Publishing. ［新版］

Ifantidou, Elly. (2001) Evidentials and Relevance. Pragmatics & Beyond New Series 86. Amsterdam/Philadelphia: John Benjamins Publishing Co.

Iten, Corinne. (2005) Linguistic Meaning, Truth Conditions and Relevance. Palgrave Studies in Pragmatics, Language and Cognition. Hampshire, U. K. & New York, N. Y.: Palgrave Macmillan.

MacKenzie, Ian. (2002) Paradigms of Reading: Relevance Theory and Deconstruction. Hampshire, U. K. & New York, N. Y.: Palgrave Macmillan.

Matsui, Tomoko. (2000) Bridging and Relevance. Pragmatics & Beyond New Series 76. Amsterdam/Philadelphia: John Benjamins Publishing Co.

Noh, Eun-Ju. (2000) Metarepresentation: a Relevance-theory Approach. Pragmatics & Beyond New Series 69. Amsterdam/Philadelphia: John Benjamins Publishing Co.

Papafragou, Anna. (2000) Modality: Issues in the Semantics-pragmatics Interface. Current Research in the Semantics/pragmatics Interface V. 6. Amsterdam & New York: Elsevier.

Pilkington, Adrian. (2000) Poetic Effects: a Relevance Theory Perspective. Pragmatics & Beyond New Series 75. Amsterdam/Philadelphia: John Benjamins Publishing Co.

Schuster, Peter. （2003）Relevance Theory Meets Markedness. Frankfurt am Main：Peter Lang.

Unger, Christoph. （2006）Genre, Relevance and Global Coherence：the Pragmatics of Discourse Type. Palgrave Studies in Pragmatics, Language and Cognition. Hampshire, U. K. & New York, N. Y.：Palgrave Macmillan.

Wedgwood, Daniel. （2005）Shifting the Focus：from Static Structures to the Dynamics of Interpretation. Current Research in the Semantics/Pragmatics Interface V. 14. Amsterdam & New York：Elsevier.

徐章宏 Metaphor Understanding：a Pragma-cognitive Approach. 《隐喻话语理解的语用认知研究》，科学出版社 2007 年版。

致谢

译者感谢《关联》的两位作者 Dan Sperber 与 Deirdre Wilson 授权译者承担本书的翻译工作；感谢丛书主编许德宝教授和出版策划任明先生的支持和协助；感谢丁虹、刘娅琼、黄卫星和本书特邀编辑和责任校对对译文提出的多处修改意见。

蒋　严

二○○八年五月

英文版第二版前言

本书初版于九年前，我们在书中提出了研究人际交际的新理论。这个理论（见第一章的概述）植根于对人类认知的一种新的广义认识（详见第二、三章）。我们认为，人的认知过程倾向于尽可能以最小的心力来获得最大的认知效果。为了达到这个目的，人就必须关注对自己最为关联的既有信息。交际就是要引人注意：因而交际就意味着所传递的信息具有关联性。传递的信息本身就伴有对关联的保证，这个重要观点在初版中（详见第三章）被称作关联原则，而现在我们把它改称为关联第二原则或交际关联原则（参见再版后记）。我们提出，关联原则对解释人际交际至关重要，并（在第四章中）论证了下述观点：单凭该原则即可解释语句理解中语言意义与语境因素的相互作用。

本书的成书过程是这样的：1975 年，迪埃珏·威尔逊发表了《预设与非真值条件语义学》，丹·斯珀波也继《象征主义再探索》之后，发表了续文：认知修辞学基础。在这些著述中，我们都研究起了语用学这门研究言语交际中语境因素的学问，但我们的视角并不相同。迪埃珏·威尔逊所论证的是：许多表面看来是语义的问题可以在语用的层面上得到更好的解释，而丹·斯珀波则在倡导一种立足于语用学的辞格学说。于是我们计划用数月时间合写一文，至少纲要性地论述我们这两个研究焦点之间的共同领域，并揭示语义学、语用学和修辞学三者的界限及其相互间的渗透。实际的工作并未按原计划进行。原先只打算勾勒的纲要，后来却由我们付诸实施了。计划中的数月延续经年，原拟撰写的一篇文章演变成了多篇论文和这本专著。

这次再版保留了初版的原文，仅改正了排印上的错误，删去了明显的笔误及不一致之处，更新了原来的参考文献并增加了一些注解。另外，我们在新增的后记中简要介绍了本书初版以来关联理论的主要发展，从表述方式和实质内容上对该理论提出了一些修正。

我们之所以逾越出原计划的范围，未以一篇简短的纲要性文章为满足，部分要归功于下列各位的鼓励和批评指正：Scott Atran，Regina Blass，Michael Brody，Sylvain Bromberger，Annabel Cormack，Martin Davies，Sue George，Paul Grice，Ernst-August Gutt，Sam Guttenplan，Jill House，Pierre Jacob，Phil Johnson-Laird，Aravind Joshi，Jerry Katz，Stephen Levinson，Rose MacLaran，George A. Miller，Dinah Murray，Stephen Neale，Yuji Nishiyama，Ellen Prince，Anne Reboul，François Récanati，Miachael Rochemont，Nicolas Ruwet，Dorota Rychlik，Tzvetan Todorov，Charles Travis and Bonnie Webber. 丹·斯珀波要向 Monique Canto-Sperber，Catherine Cullen 以及 Jenka Sperber 与 Manès Sperber 深表谢意；迪埃珏·威尔逊也要特别感谢她的同事 Diane Blakemore，Robyn Carston，Ruth Kempson，以及 Neil Smith，尤其还要感谢她的丈夫 Theodore Zeldin。在准备再版文稿时，我们从关联电邮通信组成员的评论、建议和支持中获益良多。

丹·斯珀波［Dan Sperber］
迪埃珏·威尔逊［Deirdre Wilson］
一九九五年

符号一览表

P，Q　　具体的定识

U　　　　某个语句

A　　　　由某个语句显明的定识之集合

C　　　　语境定识之集合

I　　　　讯递者意图显明的定识之集合

P　　　　新呈示的定识之集合

[1]，[2]注解

目　　录

译者前言：关联理论及其创新因素 ……………………………（1）

英文版第二版前言 ……………………………………………（1）

符号一览表 ……………………………………………………（1）

第一章　交际 …………………………………………………（1）

　一　代码模式与交际的符号理论研究 ………………………（3）

　二　言语理解的解码和推理 …………………………………（9）

　三　互有知识的假设 …………………………………………（16）

　四　格莱斯关于"意义"和交际的理论 ……………………（22）

　五　代码模式和推理模式应否合并？ ………………………（25）

　六　定义上的问题 ……………………………………………（29）

　七　解释上的问题：格莱斯的会话理论 ……………………（33）

　八　认知环境和互显性 ………………………………………（40）

　九　关联与明示 ………………………………………………（48）

　十　明示—推理交际 …………………………………………（52）

　十一　传信意图 ………………………………………………（56）

　十二　交际意图 ………………………………………………（62）

第二章　推理 …………………………………………………（73）

　一　非论证型推理 ……………………………………………（73）

　二　逻辑式、命题态度和事实性定识 ………………………（79）

　三　定识的力度 ………………………………………………（83）

　四　演绎规则和概念 …………………………………………（92）

　五　演绎设施 …………………………………………………（102）

　六　演绎的一些类型 …………………………………………（114）

七　语境效果：演绎在非论证型推理中的作用 ……………（119）

第三章　关联 ………………………………………………（133）

一　关联的条件 ………………………………………………（133）

二　关联的程度：效果和心力 ………………………………（138）

三　语境是给定的还是选定的？ ……………………………（148）

四　语境的选择 ………………………………………………（154）

五　相对于个人的关联 ………………………………………（159）

六　现象和刺激讯号的关联 …………………………………（169）

七　关联原则 …………………………………………………（173）

八　关联理论是如何解释明示—推理交际的 ………………（181）

第四章　言语交际要略 ……………………………………（191）

一　语言与交际 ………………………………………………（191）

二　言语交际、显义和寓义 …………………………………（195）

三　命题式的确定 ……………………………………………（203）

四　寓义的确定 ………………………………………………（214）

五　命题式与语体：预设效果 ………………………………（223）

六　寓义和语体：诗意 ………………………………………（242）

七　语言使用的描述层面和解释层面 ………………………（249）

八　字面义和隐喻 ……………………………………………（257）

九　回声语句和反语 …………………………………………（264）

十　言语行为 …………………………………………………（270）

后记 …………………………………………………………（288）

一　引言 ………………………………………………………（288）

二　发展 ………………………………………………………（288）

　　1　直显交际和直显—隐寓的区别 ………………………（289）

　　2　语言语义学 ……………………………………………（291）

　　3　语言使用的解释性层面 ………………………………（292）

　　4　更广泛的领域 …………………………………………（292）

三　修正 ……………………………………………… （293）

　　1　不是一条而是两条关联原则 ……………………… （293）

　　2　关联第一原则 ………………………………………… （294）

　　3　对关联推定的修正 …………………………………… （300）

　　4　实在为时尚早，无法遽下结论 …………………… （313）

译名对照表及索引 ……………………………………… （320）

参考文献 ………………………………………………… （337）

第一章 交际

人与人之间是如何交际的？至少就言语交际而言，有一种通俗的答案，隐含在日常用语的诸多隐喻之中："化思想为言辞"、"将意念传递过去"、"在纸上记录思想"，等等。[1]诸如此类的说法使人觉得言语交际似乎只是把内容包装成言辞（这本身又是一个隐喻）寄出，再由另一端的收件人开启。这些隐喻的影响之大，往往令人忘记了这一事实：它们所提供的答案是不可能正确的。写这本书时，我们并没有真的把思想记录到纸上。写在纸上的是些小小的黑色印记，读者现在念的正是它们的一个复本。至于我们的思想，它们原来在哪里，现在依然在那里——在我们的头脑之中。

假如能通过物理手段把思想从一个人的头脑输送到另一个人的头脑中去，一如储存在磁碟里的程序和数据可以从一台电脑传送到另一台电脑那样，那就没有必要进行交际了（至于出于速度或效率上的考虑，是否仍需要交际，则另当别论）。但是，思想不能被运送，人类藉交际达到的效果无法通过其他途径获得。

交际这个过程涉及两个信息加工器，其中之一改变了另一个加工器的物质环境，后者因此构造出与前者贮存的表征相类似的表征。例如，在口头交际中，言者改变了听者的声响环境，听者的头脑里因此怀有了与言者相似的思想。对交际的研究提出了两个主要问题：第一，交际传递了什么？第二，交际是如何达成的？

交际传递了什么？前人提供的答案包括意义、信息、命题、思想、意念、信念、态度、情感。其中很可能不止一个是正确的。当然，宗教仪式所传递的内容与证券交易价格的内容是很不同的。就是在言语交际的范围内，诗歌与法律文本所传递的内容似乎也是大相径庭的。尽管如此，我们将在本章第十一节里提出，这个问题有一个通用的答案。

我们暂且用不甚正规的术语来讨论思想、定识和信息在交际中的传递。按照我们的定义，思想意谓概念表征（与感觉表征或情感状态相对）。定识意谓被个人当做现实世界表征的思想（与虚拟内容、愿望或表征的表征相对）。[2] 按照有些作者（如德莱茨克［Dretske］，1981）的术语用法，"信息"仅意指事实的表征，"传递信息"仅指事实的传递。对这些作者而言，所有的信息都被界定为真。而我们所用的术语含义较广，不仅事实被当做"信息"，被作为事实来呈示的可疑及不真的定识也被当做"信息"。在本章第八节里，我们将对信息作更精确的定义。在第二章里，我们将较为详细地考察思想和定识的结构。

较之交际的内容问题更为重要的是交际的达成问题。言者发出的物理刺激讯号能让听者获得新思想，使之与言者的思想相似。鉴于该刺激讯号与由其所匹配的那一对思想毫无共同之处，这种效果是如何达到的？对这个问题，我们也有必要考察一下是否有单一而通用的答案。通用的交际理论是否应该存在？是否可能存在？大多数作者一旦意识到了这个问题，似乎都持肯定的态度。

让我们借助另一种现象来探讨上述问题。显然，没有人会愿意浪费时间去发明一个通用的运动理论。行走应该用生理模式来解释，而飞机的飞行则应由工程模式来解释。虽然行走与飞机飞行都为相同的物理规律所制约，但这些规律过于空泛，无法构成一个运动理论。因此，运动这个概念或是过于空泛，或是过于专门，无法成为一个整合理论的研究对象。那么，交际的情况是否与此类似？这是个值得思索的问题。

通用的交际理论可能且应该存在，这似乎已成为共识。从亚里士多德［Aristotle］一直到现代符号学，所有的交际理论都建立在一种模式之上，我们称之为代码模式。从代码模式的观点看，交际是通过对言传信息的编码和解码来实现的。近年来，有几位哲学家特别是保罗·格莱斯［Paul Grice］和大卫·刘易斯［David Lewis］提出了一种颇为不同的模式，我们称之为推理模式。从推理模式的观点看，交际是通过提供证据和解释证据来实现的。

代码模式和推理模式并非不能互相兼容；两者可以通过多种方式结合起来。二十年来，[3] 语用学、语言哲学和心理语言学的研究成果已经表明，言语交际涉及代码和推理两种过程。因此，这两种模式对言语交际的研究都能作出贡献。然而，一般认为两者中只有一个能为广义交际研究提供正确的总体理论框架。多数作者理所当然地认为正确的交际理论必须建立在为人熟知的代码模式基础上；少数哲学家似乎有意将推理模式发展成交际的推理理论。

我们不同意上述这些简化论的观点。我们坚信，交际可以通过不同途径达成，其间的差异可以很大，一如行走与飞机飞行之间的巨大差别。具体地说，交际可以凭借两种过程来实现，一是编码和解码；二是提供证据，从而刻意促成推理。代码模式与推理模式适用于不同的交际方式，因此将其中任一个拔高到通用交际理论的地位都是错误的。所有信息加工模式都受制于某些具有共性的约束条件，代码交际和推理交际亦不例外。但这些制约过于空泛，也无法构成一个交际理论。

有些运动模式涉及颇为不同的机制间的互动：例如，骑自行车就同时涉及生理学和工程学。同样，言语交际既涉及代码机制，又涉及推理机制。要想对这两种机制及其互动作出充分的描写，关键是要看到两者在本质上的相互独立性，还要看到广义的交际并不依存于其中的任一一种机制。

本章一节到三节讨论代码理论，四节到七节讨论推理理论。在论述代码和推理学说的观点时，我们的目的是通过对两种极端理论的对比，来全面展现各种既有理论可以构成的疆域范围。有些人所捍卫的理论是对极端提法作了微妙修正后的版本，或是更改了极端提法的措辞使其较为谨慎模糊。我们的目的不在于对这样修正过的理论作出公允的评价。本章八节至十二节及二、三章将提出一个希望是改良的推理模式。然而，我们并不把它看成是通用交际理论的基础。反之，我们将在第四章解释如何把这个新的推理模式与代码模式相结合，从而为言语交际提供一个解释性的理论。

一　代码模式与交际的符号理论研究

我们所用的代码这个术语指的是一个将讯息与讯号相匹配的系统。它使两个信息加工器（机体或机器）得以相互交际。讯息是从事交际的加工器的内部表征。讯号是对外部环境的改变，它可以由一个加工器发出并为另一个所识别。一个简单的代码可以直接由一系列讯息—讯号的对子组成，如莫斯电码。更复杂的代码可以是记号和规则组成的系统，由该系统生成讯息—讯号的对子，英语就是这样一个例子。[4]

图1引自香农与韦弗［Shannon and Weaver］（1949），略有改编，该图显示了运用代码所进行的交际过程。原图曾被广为转引。[5]

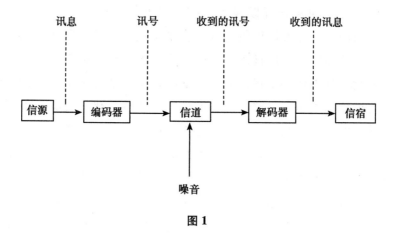

图1

图1说明了发自信源的讯息经交际这个过程而在信宿被复制的运作方式。可以用下面的配置为例：信源和信宿由电讯公司的雇员来代表；编码器和解码器是电台；信道是电线；讯息为文本，也就是字母系列；讯号为电脉冲系列。讯息先在信源处键入编码器，编码器根据内存的电码把每个字母与特定形式的电脉冲联系起来，通过信道发给解码器。解码器再根据内存的电码复本把收到的电脉冲还原成字母和符号系列，传到信宿。

将自身无法移动的讯息编码，制成可传信号，再在接收方将其解码，这样就达成了交际。信道中的噪音（在上例中就是电子干扰）可能会毁坏或扭曲讯号。否则，只要设置不出故障，双方电码又相同，交际就能确保成功。

在上例中，交际设施既非全由电讯公司的雇员充当，又非全由电台组成——交际双方都是人—机组成的对子。这种配置看似繁琐，实际上却颇有启发意义。它揭示了任何能做代码交际的设施所必须具有的相应内部结构。以蜜蜂为例，冯·弗里希［Von Frisch］（1967）指出，蜜蜂能把探得的花粉位置编码，制成飞行的样式（亦即它们的"舞蹈"），以便使其他蜜蜂能将信息解码，从而自行找到花粉。要解释这种交际能力，就应该承认蜜蜂拥有两套信息加工的子系统：其一是记忆系统（对交际一方来说是信源，对另一方来说是信宿），用以储存去花粉源的飞行计划；其二是编码—解码设施，把载有飞行计划的讯息与蜜蜂舞蹈的讯号相匹配。

就人际言语交际而言，似乎也可以提出一个类似的模式，如图 2 所示：

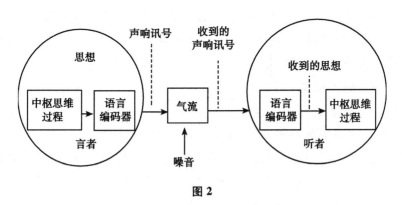

图 2

在此，信源和信宿分别是言者和听者的中枢思维过程，编码器和解码器代表交际双方的语言能力，讯息是言者的某个具体思想，信道是载有声响讯号的气流。这种观点的背后有两个假设：第一，人类诸语言如斯瓦希里语或英语等都是些代码系统；第二，这些代码把思想同声音联系了起来。

虽然香农与韦弗图式的灵感源于电讯技术，其基本观点则古已有之，且最早是作为对言语交际的解释而提出的。仅举二例：亚里士多德认为"口说之声乃心灵情感之符"，后者本身又是"实物之像"（亚里士多德《论解释》：43）。[6] 表述成我们的术语，亚氏认为语句是对定识的编码。[7] 阿诺德与朗瑟洛 [Arnauld and Lancelot] 在其著名的《波尔 - 洛亚语法》中把语言描写为

奇妙的发明，它从二十五到三十个语音中组合出无限个不同的词。词语虽同人脑的运作毫无自然的相似之处，却是揭示其一切奥秘的工具。人虽无法直接看到他人心中所思之事，却能借助词语洞察各种各样的思想和形形色色的情感。

> 因此，可以对词语作如下定义：被人用作符号以表达思想的清晰而明确的声音。(Arnauld and Lancelot《波尔－洛亚语法》：22)

用语音对思想作编码，从而完成语言交际，这个观点在西方文化中已根深蒂固，因而使人难以将其视为假设而非事实。然而，言语交际的代码模式仅仅是一个假设，有其为人熟知的优点和相对鲜为人知的缺点。优点主要在于它具有解释性：语句确实能成功地传递思想。如果假设语句是思想的编码，或许因此可以解释个中的原因。然而，正如我们马上就要在下文论述的，这个假设的缺点主要在于它在描写上是不充分的：言语理解不单是对语言信号的解码，还涉及其他因素。

交际的符号论研究（这是皮尔士［Peirce］的叫法，我们也采用这个名称），或曰交际的符号学研究（这是索绪尔［Saussure］及其追随者的叫法），[8]将言语交际的代码模式推广到所有的交际形式。托多洛夫［Todorov］(1977) 将其源头追溯至奥古斯丁［Augustine］。托氏的著作在符号理论的统一框架中研究语法、逻辑、修辞和释义学，认为符号系统不但支配着交流思想的日常言语交际，而且还制约着辞格的诗意、身势动作交际、宗教象征符号和仪式以及经文解释等多种现象。

从符号论的观点看，只有承认深层代码的存在，才能解释交际为什么能够达成。心理学家维戈茨基［Vygotsky］是这样表述这条"公理"的：

> 若无中介语汇，两个人的思想就无法沟通，这是科学心理学的一条公理。脱离了语言或其他符号系统，只有最低级最有限的那一类交际才能达成。主要见诸于动物之间的那种通过具有表达力的肢体动作进行的交际，其实不能算作真正的交际，只能算是情感的传播……把经验和思想理性地、有意图地传递给他人，这需要一个中介系统，其原型就是人的言语。(Vygotsky，1962：6)

只要观察到交际现象，就假设深层符号系统的存在，而重建这个系统就被看作是符号论者的任务。索绪尔对这门学科的描述已广为人知：

　　语言是表达意念的符号系统，因而能与下列系统等量齐观：文字、聋哑人的手语、有象征意义的仪式、礼节、军用讯号等等。但语言是这些系统中最重要的。

　　建立一门研究符号在社会中演化的科学是可行的……我将把它叫作符号学。（Saussure，1974：16）[9]

符号论作为一门学科已为不少语言学家、文艺理论家、心理学家、社会学家和人类学家以极大的热忱所接受。下文显示了一个人类学家对符号论的认可。

　　我假定文化的所有形形色色的非言语方面，如穿着样式、村落布局、建筑、家具、食品、烹饪、音乐、举止、心态等等都是以有形的模式组合起来的，这样才能包含编码信息，一如自然语言中音、词、句的组合。因此，我认为讨论制约衣着的语法规则与讨论言语语句的语法规则一样有意义。（利奇［Leach］（1976：10））

符号论的近期历史记载了学术机构的重大发展，但同时又反映了思想上的匮乏。一方面，符号论的专业院系、研究协会、专题会议及学术期刊纷纷得以创办。另一方面，符号论并没有兑现自己的诺言，事实上，其根基已被严重地动摇了。这样说的意思并非是想否认许多符号论者已经做了宝贵的实际工作。但并不能由此认为符号论的理论框架是多产的，更不能说它在理论上是言之成理的。从中可以推断的仅仅是该理论并未完全枯竭，或是符号论者在实践中并没有完全照搬符号论的旨意。[10]

　　索绪尔预计"符号学所发现的规律会被应用于语言学，后者将从繁杂的人类学现象中划出一块清晰界定的领域"（1974：16）。其后发生的实际情况是：在结构主义语言学盛行的短短几十年时间里，符号论受到了推崇并得到充实。语言学家诸如叶姆斯列夫［Hjelmslev］（1928，1959）和肯尼斯·派克［Kenneth Pike］（1967）提出了庞大的术语体系，希望藉此将符号论的目标付诸实现。然而，从未有人发现过一条有意义的符号论规律，更遑论对语言学的应用了。1957年诺姆·乔姆斯基［Noam Chomsky］的《句法结构》出版以后，语言学经历了新的转向，确实取得了令人瞩目的发展；[11]但这不能归功于符号论。随着对语言结构理解的深化，语言的独特性愈见彰显，那种认为所有符号系统都应具有相似结构特性的假设就愈难自圆其说。可是，离开了这个假设，符号论作为一门学科也就没有什么意义了。

索绪尔还作了更深远的展望：

> 我们认为，把礼仪、习俗等作为符号来研究必将使我们对这些事实得出新的认识。到那时，人们会感到需要将这些事实纳入符号学，并运用这门科学的规律对其作出解释。（1974：17）

在这个方面，人类学家如列维－斯特劳斯［Lévi-Strauss］或文学理论家如巴尔特［Barthes］都勇于尝试，用符号论的方法去研究文化或艺术中的象征手法。诚然，通过这些尝试，他们对有关现象得出了新颖的认识，从而使人注意到许多重要的规律。但是，他们距离发现严格意义上的深层代码这个目标尚十分遥远，换言之，他们从未发现讯息—讯号的配对系统，因而未能解释神话和文学作品何以能够传递较其语言意义更多的意义，也未能解释礼仪和习俗是如何起到交际作用的。

这个失败发人深省。其实，对神话、文学、仪式等现象的更深刻认识已经表明，这些文化现象一般都不能用来传递精确而可预见的信息。它们能使受讯者关注某些方面，有助于从结构的角度对体验到的事情作一定程度的整理。就此而言，艺术家或表演者的表达形式与受讯者的心理表征有一定的相似之处，两者之间也因此达到了有限度的交际。然而，这与交际双方表征的完全等同仍相距甚远，而代码交际的目的恰恰就在于确保这种等同。要想用代码模式来解释上述现象所涉及的交际类型，那是几无可能的。

符号论者可能会这样回答：假定生成语法是现有的解析人类语言的最好模式，鉴于它本身就是一种连接句子的语音表征和语义表征的编码，因此代码模式也就适用于言语交际。其他类型的交际，例如用莫斯电码讯号或红绿灯所作的交际，也可以用代码模式充分地描写。至于礼仪、习俗和艺术手法，虽然符号论尚未能对其作充分的描写，但是也并不存在其他成熟的理论模式。所以，代码模式仍然对交际作出了唯一的解释。

我们将试图证明这种论证方式并不成立。诚然，语言是一种编码，能够匹配句子的语音表征和语义表征。但是，句子的语义表征和语句实际传递的思想之间还存在着空阙。填补这个空阙的方式在于推理，而不是更多的编码。进一步说，除了交际的代码模式，还有另一种选择。已有一些著述把交际描写为对交际意图的推理认识过程，我们将试图改进这种描写并使其具有解释性。[12]

二　言语理解的解码和推理

如前所述，生成语法是匹配句子语音表征和语义表征的代码。鉴于一个语句一般可以被看成是由一个句子（当语音有歧义时，则是两个句子）的语音表征所实现的，所以合理的看法是将句子的语音表征与言语的实际语音紧密对应起来。与其形成对照的是，鉴于大多数句子可被用来传达无数不同的思想，因而不能认为句子的语义表征也与相关语句所传达的思想紧密对应。故此，建设言语交际的通用理论时，作为合理的理想化（尽管语音学家可能会持不同意见），可以忽略句子的语音表征与语句的声响实现之间的差别。然而却不能忽视句子的语义表征与语句用以传达的思想之间的差别。

这里的关键在于句子与语句的区别。一个语句有多种特性，既有语言特性，又有非语言特性。它可能含有"鞋"这个词，或含有反身代词，或带有一个三音节的形容词；可能在双层公共汽车的上层说这句话，言者可能是个重感冒患者，听者也可能是其好友。生成语法将语句中的纯语言特性抽取出来，得到了句子这个为众多语句所共有的语言结构并对其加以描写，而那些使用同一个句子的语句之间的区别仅仅在于它们在非语言特性上的不同。受其定义所限，由生成语法赋予的句子语义表征不能解释那些非语言特性，例如语句使用的时间和地点、言者的身份、言者的意图等等。

一个句子的语义表征涉及共享该句子的每个语句所共有的核心意义。然而，使用同一个句子的不同语句可以具有不同的理解，通常情况下也确是如此。对句子语义表征的研究属语法的范围；对语句理解的研究属于现时称作"语用学"的范围。[13]

作为例示，请看（1）—（3）句：

（1）我明天来。
（2）比尔是个高个子。
（3）贝丝的礼物让她很高兴。

生成语法不能确定"我"、"比尔"和"贝丝"的指称对象，也不能确定"明天"指的是哪一天。它只能提供一些非常粗略的指示。比如它可能指出："我"总是指言者，"比尔"和"贝丝"指人或以这些名字命名的其他事物，"明天"指说话时间的次日。但这些并不足以确定形如（1）—（3）的句子在说出时所表达的思想。例如，倘若约翰是在3月25日说的（1），那么该语句表达的思想就是"约翰3月26日来"；倘若安妮在11月30日说了（1），那么该语句表达的思想便是"安妮12月1日来"。语法完全不能告诉我们在特定场合下，听者如何借助非语言信息来确定语句具体的时间所指、言者为谁、言者意指的是哪个比尔或哪个贝丝，等等，因而不能让我们确定语句实际表达的思想。对这些方面的理解涉及语言结构与非语言信息的互动，但只有前者是语法研究的对象。

（1）—（3）句还涉及其他一些理解问题，也是语法无法确定的。这些问题包括句（1）的言者要到哪儿来，比尔相对什么标准而言是个高个子（举个例子就明白为什么要这样问，一个高个儿的侏儒与正常人比起来就不能算是个高个子），以及带有歧义的"礼物"应作何解。[14]针对每个事例，语法所能做的只是帮助确定各种可能的理解。听者如何着手在这些可能的理解中缩小范围并作出选择，这是另外一个问题。语法学家可以忽略这个问题，但语用学家却不能：研究语句理解的完备理论必须对此作出回答。

从（1）—（3）可以看到，由于指称的不确定——如"比尔"的指称，又由于语义上的歧义——如"礼物"的歧义，还由于语义的不完整——如"高"的不完整意义，单独一个句子，具有单一的语义表征，却能表达无穷的思想。然而，除此之外，还有其他因素也加大了句义与语句理解间的差距。

同一个句子用于表达同一个思想时，有时可以把它作为真实的想法表现出来，有时却可以暗示该思想并非为真，有时可以怀疑其真实性，有时又要求听者采取行动，以使该思想成真，还有其他一些用法。语句不仅被用来传递思想，而且还被用来反映言者对所述思想的态度或关系；换言之，语句还表达了"命题态度"，从事了"言语行为"，或承载了"言外之力"。

现举例说明，请看句（4）和（5）：[15]

　　（4）你得走了。
　　（5）裴伊是个多正直的人啊！

对例（4）的理解因以下情形而异：言者是否在把自己的决定通知听者，告诉他必须离开，或是猜测他要离开并要求听者确认或否定这个猜测，或是因听者将要离开这一事实而表示愤慨。对例（5）的理解也因情形而异：言者说这话时是真心诚意的还是语带讥讽，是在直说其事还是在用修辞语汇。语句的语言结构往往与特定的命题态度相联系。例如，疑问句式给人最自然的联想是该语句在询求信息。然而从（4）—（5）中可以看到，言者通常给听者留有一定的选择余地，需要后者根据非语言信息来加以确定。

此外，一个语句可以明确表达一个思想，同时又隐晦地传达另外的思想。明确表达的思想必须与说出的句子的语义表征有某种程度上的对应，而隐晦传达的思想则不受这样的约束。请看语句（6）和（7）：

　　（6）你知不知道现在几点了？
　　（7）咖啡可是会提神的。

说（6）的人明确地问听者是否知道时间，但他也可能是在暗示出发的时间到了。（7）的言者所显谓的是咖啡的效果，[16]言下之意却可能是谢绝咖啡或事先申明不喝咖啡（在其他场合下，也可能是在隐晦地索要咖啡或表示愿意喝咖啡）。

从（1）—（7）中可以看到，说出的句子所具有的语义表征与语句在语境中的完整解释在许多方面还有差距。前面提过，支持代码理论的人必须说明言语交际是通过什么代码来完成的。有的学说借助匹配句子语音语义表征的语法来描写人类语言，并把经此描写的语言看成是实现言语交际的代码。但是进一步的研究告诉我们，这种论点并不成立。然而，这并非是说言语交际的代码模式就此完结了。代码理论的拥护者仍然可以假定交际所涉及的代码比语法更复杂：这种代码不一定与语法等同，语法可能只是该代码属下的一个部分。

要想证明言语交际代码模式的正确性，就必须证明语句在语境中的理解可以通过如下方法得到解释：即在语法输出的语言层面之上增加一个额外的语用解码层面。新近的许多语用学著述大多不加质疑地假定这种做法是可行的。语用学被当成是类似代码的心理机制，构成了语言能力背后的一个独立层面，一如音韵学、句法学和语义学。许多人认为，语用理解是有规则的，就像语义解释存在着规则那样。这些规则构成一个系统，是对传统意义上的语法的补充。

确有一些语用现象为这种做法提供了佐证。例如，一个语用机制可以包含形如（8）和（9）的解释规则：

（8）用言者的所指对象来替换"我"。
（9）用说话次日的所指日期来替换"明天"。

设想有个听者能运用这些规则弄清（1）的言者是安妮且说话的时间是11月30日，他便能自动解释（1）的语句，将其理解为是传递了（10）这样的思想：

（1）　我明天来。
（10）安妮12月1日来。

然而，语句理解多半不会这么易于加工。请看（11）和（12）：

（11）他领带上有蛋渍。

（12）这可真有意思。

根据语法的规定，"他"的指称对象自然应该是男性，"这"也应该指非人的对象。但（11）和（12）与（1）的不同之处在于：在这些语句使用的每个场合，几乎都有不止一个指称对象可以满足上述条件。显然，在这些情况下，具体指称对象的指派涉及比规则（8）和（9）复杂得多的因素。

要建立言语交际的代码模式，就必须证明每个指称对象的指派都可由一些规则来处理，后者自动将语境特征与语句的语义特征相结合。还必须证明的是，解歧、命题态度的复原、修辞用法的理解和隐含义的解释都可以用类似的方法来处理。但是，迄今尚无有望成功的做法。

大多数语用学家虽然仍假定编码模式为通用交际理论暨言语交际理论提供了框架，却已将语言理解描写为一个推理过程。推理与解码是两种颇为不同的过程。推理过程从一组前提出发，得到一组结论。结论由前提逻辑地推出，或至少为前提所证实。解码过程始于讯号，终于讯息的复原，两者由内在的代码相联系。总的来说，结论与前提并不通过代码相联系，讯号也不能证实自己所传递的讯息。

为说明编码—解码过程和推理过程的区别，请看（13）—（15）：

（13）（a）不是玛丽来早了，就是鲍勃迟到了。

（b）鲍勃从不迟到。

（14）[mǎ lì lái zǎo le][17]

（15）玛丽来早了。

（15）的意义可以从（13）的那两个前提推出，也可以通过对（14）的语音信号作解码而获得，但不能颠倒这些关系：（15）既不能从（13）解码得出，又不能从（14）推导得出。它不能从（13）解码得出，因为没有代码将（13）作为信号并把（15）作为与之匹配的讯息联系起来。它也不能从（14）推出，因为信号不能单靠自身的使用就证实自己编载的讯息（否则，任何荒诞的意思一说出口，就会转化为证实的定识了）。

把语句理解看成是一个以推理为主的过程，这个观点与日常经验非常吻合。请看例（16）—（18）：

(16) 琼斯买了泰晤士报。
(17) 琼斯买了份泰晤士报。
(18) 琼斯买了泰晤士报社。

(16) 是歧义句，可以理解为传递了（17）或（18）的意思。一般场合下的普通听者会毫不费力地选择其中的一个意思，甚至往往没有意识到他们作出了选择。如果有人向他们指出其中的歧义，要求他们解释一下如何知道哪个是正确的意思，那么他们提供的解释通常会取如下删减过的逻辑推理式：言者应该是想传达这个意思而不是那个，因为它要么是唯一符合事实的解释，要么是唯一提供了所需信息的解释，再一个可能就是唯一有意义的解释。

例如，如果问听者为何将"琼斯买了泰晤士报"理解成"琼斯买了份泰晤士报"而不是"琼斯买了泰晤士报社"，听者可能会这样回答："因为另一个解释不可能是真的"，或"因为原先考虑的问题是我自己要不要买份泰晤士报"。这些删减的推理式背后的假定是言者给自己制定了某些标准，涉及真实性、信息量、理解度等等，并且只会试图传递符合这些标准的信息。只要言者系统地遵循这些标准且听者也系统地期望言者这么做，那么就任何给定的语句而言，许许多多从纯语言角度看来是可能的解释都会在推理过程中得到排除，交际和理解的任务就因此变得容易很多。同理，听者也会根据自定的隐性标准而援引同类的删减型推理，以解释自己对指称表达式、言外之力、修辞用法和隐含义所作出的解释。

当代语用学工作者从格莱斯的著述得到启示，[18]试图对言语交际的这些隐性标准作更清晰的描述并揭示它们在理解时的运作方式。虽然其间涉及的心理过程尚未得到详细的描写，但是这种过程被公认为具有推理性质。前文说过，推理过程与解码过程有着很大的区别。是否可以就此认为那些既相信代码模式，又用推理术语来描写理解的语用学家是在自相矛盾呢？并非必然如此，因为推理过程可以被用作解码过程的一部分。

我们用一个生造的例子来说明推理如何能兼有解码的作用。试想有两个伙伴彼此都知道（19）为真（而周围其他人都不知道），俩人都想让对方知道（20）是否为真，但又不想让旁人得到此信息而从中获益：

　　（19）鲍勃在迈阿密。
　　（20）说话人会离开这个聚会。

这两人可以把（21）这样的标准推理规则用作解码规则，把语句（22）和（23）当做信号，用这些信号来分别传达（24）和（25）这样的讯息：

　　（21）前提：如果 P 则 Q
　　　　　　　　　P
　　　　结论：Q
　　（22）如果鲍勃在迈阿密，我会离开这个聚会。
　　（23）如果鲍勃在迈阿密，我不会离开这个聚会。
　　（24）说话人会离开这个聚会。
　　（25）说话人不会离开这个聚会。

此例中，推理过程同时作为解码过程在起作用。然而，要使这种双重用法成为可能，必须满足几个条件：第一，言者和听者必须共享心照不宣的前提（19）；第二，他们须共享推理规则（21）；第三，他们必须仅使用上述前提和规则，不得使用他们掌握的其他心照不宣的前提或规则。否则就不能顺利地将上述讯号解码。

在寻常的言语交际场合，交际双方是否通常也能一致采用相同的前提和推理规则？如若不然，言语理解涉及的推理过程就不具备解码过程的特性。因此，要捍卫言语交际的代码模式，就必须论证言者和听者何以能够不但拥有相同的语言，还能拥有相同的一组前提，并对此一致应用完全相同的推理规则。

拥有相同的语言这一点是可以比较直接地证明的。有证据表明，尽管使用者的语言习得背景可能有很多不同之处，他们最后掌握的却是十分相似的语法。语言结构的特定方面，例如关系从句，可以通过多种多样的例子来认识，因此儿童实际听到的究竟是自己母语中的哪些语句，这个问题并不重要。还有一点也是清楚的：到了一定的阶段，语言的结构已被基本掌握，在新的语句面前，成人的语法几乎不会再有任何改变。所以，代码模式要求交际双方掌握相同的语言，这不是真正的难题。

虽然既有语用学文献并未研究过推理规则的问题，可以尝试论证的是：推理能力的发展在有关方面与语言能力的发展相类似。也就是说，一个推理规则的任何实际应用都有助于使当事人学会该规则。因此，对推理过程的不同体验仍可以导致殊途同归的结果，使人获得相同的逻辑系统。更重要的问题是：逻辑学家所描写的逻辑系统允许从相同的一组前提推导出无数不同的结论。那么，听者如何才能只推出言者意图中的那些结论呢？下面几章将提出对这个问题的解决办法。

然而，要是认为言者和听者能够且确实将其注意力局限在相同的一组前提上，这种说法倒是很难站得住脚的。我们在下一节加以论述。

三　互有知识的假设

人在理解一个语句时所使用的所有前提的集合（不包括一个前提，即该语句已被说出）构成了一般所谓的语境。语境是个心理概念，是听者对世界所形成的众多定识的一个子集。影响语句理解的当然是这些定识而非世界的实际情况。根据这种意义来理解的语境，它所含带的信息就不单关乎直接物质环境或是前面刚说过的那些语句：对未来的期望、科学假设或宗教信仰、记忆中的轶事、广义的文化定识、对言者思维状态的信念等，都可能在理解中起作用。

同一语言群体的成员显然具有相同的语言能力，也很可能具有相同的推理能力，但他们对世界的认识并不相同。诚然，在形成对世界的心理表征的过程中，所有人都要受人类特定认知能力的制约。相同文化群体的所有成员也确实会共享许多经历、教义和观点。然而，超出了这个共同框架，人就会表现出许多个性。生活阅历既然不同，记忆内容也就必然相异。此外，许多研究结果表明：两个目睹同一事件的人，即使看见的是个过程清晰且极易记住的事件，比如车祸，仍可能对该事件作出不同的心理表征，相互间的差异可能大得颇为戏剧化，不但对事件的理解会不同，就是对外部世界基本事实的记忆也会有差异。[19]一方面，语法中和了因不同经历而造成的个体差异。另一方面，即使经历相同，认知和记忆上的个性也会造成新的差异。

　　语法和推理能力经过一定的学习阶段就稳定了下来，不会因具体语句和推理的变化而异。与之相对的是，每个新的经历都被纳入潜在语境的范围，语句理解尤为如此，因为在理解特定语句时所使用的语境通常含有从前面刚说出的语句中获得的信息。虽然每个新语句在理解过程中所调用的语法和推理能力与前文无异，但其需要的语境多少有点不同。语用理论的一个中心问题是描写听者在加工任何给定语句时，如何找到一个语境，以使自己能充分理解该语句。

　　言者要想让别人从自己的语句中得出特定的意思，就必然也期望听者能够补出恰当的语境，以便从中复原言者意向中的解释。如果言者预想的语境与听者实际调用的语境不相吻合，那就可能导致误解。举个例子，设想（7）的言者不想睡觉，因此想接受主人喝咖啡的邀请，但是主人却认定言者想睡觉，因此把（7）理解成谢绝的意思：

　　　　（7）　咖啡可是会提神的。

显然，实际语境与预想语境之间的这种差异会导致误解。这种误解在实际交际中也确实会出现。不能将其归咎于声响传播渠道中的噪音。问题在于，误解之所以产生，是否因为言语交际的机制有时被误用了，还是因为这些机制至多使交际的成功成为可能，但并不能确保交际的成功。我们要对这第二种设想作出探讨。大多数语用学家选择了前者：他们试图描写一个万无一失的机制，让它在运用得当并不受噪音干扰的前提下可以确保交际的成功。

　　要确保类似上例的误解不会发生，唯一的办法就是确保听者实际选用的语境总是与言者预想的语境完全相同。怎么才能做到这一点呢？鉴于随便哪两个人都肯定会共享至少一部分对世界的定识，他们在交际时就只应该动用这些共享定识。然而，这不可能是周全的答案，因为它马上又引出了新的问题：言者和听者应如何分清哪些是他们的共享定识，哪些不是？要做到这一点，他们就必须另行构建比原定识高一级的二阶定识，以确定哪些是他们共享的一阶定识。但那样一来，他们又应该确认他们共享这些二阶定识，这需要他们再为此构建三阶定识。有的语用学家就此止步（如巴赫与哈尼希［Bach and Harnish］（1979）），认为这种做法并无实际意义，因为，正如其他人也意识到的（西弗尔［Schiffer］（1972）；克拉克与马歇尔［Clark and Marshall］（1981）），从原则上说，三阶定识也会有同样的问题，需要构建四阶定识，如是再三，以至无穷。

请看一个从讨论指称指派的文献中摘出的相关例子：

　　星期三早上，安妮和鲍勃看了报纸的晨版，他们看到报上写着当天晚上在罗克西影院要放映《赛马的一天》，并就此交换了意见。等报纸的新版送来后，鲍勃看了电影栏，发现相关电影已被更正为《恶作剧》了，就用红笔在片名上打了个圈。其后，安妮拿起了这份新版报纸，也看到了更正的片名并认出上面的圈是鲍勃打的。她还意识到鲍勃无法知道她已看了新版的报纸。那天晚些时候，安妮看见鲍勃后问：“你有没有看过今晚罗克西要放的那个电影？”（Clark and Marshall，1981：13）[20]

问题是按照鲍勃的理解，安妮指的应该是哪部电影？正如克拉克与马歇尔指出的，虽然安妮和鲍勃两人都知道罗克西影院要放的是《恶作剧》，且安妮知道鲍勃也知道此事，但是，这种程度的共享知识并不足以确保交际的成功。鲍勃可能作如下推论：虽然自己知道真正放映的电影是《恶作剧》，安妮可能仍然以为是《赛马的一天》，所以在问话里指的是后者。他也可能断定她肯定看到了标了记号的更正并已意识到他知道要放的电影是《恶作剧》，所以指的是这部影片。或许他可能认为虽然她应该看到了更正，但是她会意识到他无法知道她已看到了更正，所以她真正指的仍是《赛马的一天》。还有可能的是，她已看到了更正并期望他意识到她已看到了更正，但她不能肯定他会意识到她会意识到他会意识到她已看到了更正；如是再三，以至无穷。

克拉克与马歇尔的结论是：要确保交际成功，唯一的办法是要求安妮不但知道罗克西影院真正要放的是哪部片子，而且还要知道鲍勃也知道此事，并且知道鲍勃知道她知道此事，还要知道他知道她知道他知道此事，如此再三，以至无穷。同理，鲍勃必须不但知道罗克西影院真正要放的是哪部片子，而且知道安妮也知道此事，并且知道她知道他知道此事，还要知道她知道他知道她知道此事，如此再三，以至无穷。这种无限回溯的认识首先为刘易斯［Lewis］（1969）所指出并命名为共同知识，另在西弗尔［Schiffer］（1972）中被称为互有知识。[21]与之相关的论点是：如果听者要完全确信他所复原的是正确的解释（意即言者意向中的解释），那么在相关语句理解的过程中调用过的每个语境信息都必须不但为言者和听者所知晓，而且还要为双方互知。[22]

在代码模式的框架里，互有知识是必不可少的。如果传递讯息的唯一途径是将其编码和解码，且推理在言语交际中起着作用，那么言语理解的语境就应该严格限于互有知识；否则推理就不能作为解码的一个有效方面而起作用。但是，研究过本课题的人几乎都明白，要想从心理学角度对语句发生及理解作出完备的解释，就难以接受互有知识的要求。因此，接受了互有知识假设的人不可避免地被迫得出一个结论，那就是当人与人想要交际的时候，他们定下的目标是自己实际上永远无法实现的。

如果互有知识对交际是必不可少的，那么迫切需要解答的问题就是如何才能确定它的存在。言者和听者到底如何弄清哪些仅仅是他们分享的知识，哪些又是他们真正互有的知识。要想划清这个界限，他们在原则上必须作出一系列无穷尽的核实，这在一个语句的发出和理解所经历的有限时间里显然是办不到的。因此，就算他们力图将语境局限在互有知识的范围内，也无法保证能够如愿以偿。

许多语用学家接受了这个结论，认为互有知识在现实中并不存在，只是"人努力追求的理想，因为他们……希望尽量避免误解"（Clark and Marshall，1981：27）。虽然人们有时确实想方设法力图避免误解，这种努力实为例外之举，而非常规行为。比如诉讼程序确实采取了认真的措施，试图在有关各方之间建立互有知识：所有法律和先例都公诸于众，所有的合法证据都记录在案，且只会考虑合法证据。因此，确实有一个限于互有知识的范围，有关各方可以以此为据，但不得逾越该范围。在正常的会话中，不管内容如何严肃、题材如何正式，都没有证据显示交际各方也会做这般考虑。人们在会话中承担各种风险，构建各种定识和猜测。并无迹象表明他们为建立互有知识而做过特别的努力。

有些人花了大量的精力试图建立一个实践上可行的理论，以求基本满足互有知识的要求。有人提出，在某些场合下，交际双方有理由认定他们具备了互有知识，尽管无法最终确定其存在。比如，如果两个人正看着同一个物体且看见对方也在看，他们就有理由认定该事物的存现是他们的互有知识。如果他们身处同一场合，同时听到了某个消息，那么他们就有理由认定该信息是其互有知识。如果有个事实是社会群体的所有成员都知道的，那么两个人要是觉得互相已经认出对方是该群体的成员，就有理由认定该事实是其互有知识。然而，上述这些情况没有一个可以确认互有知识的存在。两个人可能看着同一个物体但各自辨认出的事物却并不相同；他们可能对同在一处一齐听到的信息作不同的理解；他们还可能无法认清有关事实。在这些情况下，一个人要是认定互有知识的存在，那就犯了错误。

这里出现了悖论。鉴于以某个具体互有知识为内容的定识永远可能出错，互有知识假设就不能保障交际的确定性，从而违背了提出该假设的初衷。鲍勃固然可以认定自己与安妮拥有互有知识，认为罗克西影院放映的是《恶作剧》，但这个定识可能是错的，所以他就无法确认自己是否正确理解了她所指的片名。鲍勃为了确认互有知识而付出了辛苦的努力，但仍然劳而无功，不能真正使自己避免误解的危险。既然这样，何必还要自找麻烦呢？

如果认为交际双方虽无十分把握，但仍可以合理认定拥有与某个事实有关的互有知识，这种观点就会导致另一个悖论。互有知识的定义本身已经告诉我们，享有这种知识的人有自知之明。如果你不知道自己拥有（涉及某个事实或某人的）互有知识，那你就没有互有知识。互有知识必须是确定的，否则它就不存在；由于它从来都无法确定，所以它从来就不能存在。

代码理论家可以想到的退路显然是放弃对互有知识的要求，代之以对互有定识的概率要求。这个更现实的建议带出了一个明显的问题。一般来说，按照这种方案，所涉定识的阶越高，就越不可能为真。鲍勃可能确切知道今晚放映的电影是《恶作剧》；但如果没有确凿证据，他应该不那么肯定安妮认定他知道这件事，更不能肯定她认定他认定她认定他知道这事，如是再三。而以互有性为内容的定识本身既然处于最高一阶，就应具有最弱的概率。既然如此，就是将语境局限于互有定识，也不能确保交际双方前提的等同或近乎等同，因而无法满足代码模式的需要。

互有知识假设的另一个问题在于，尽管它界定了语句理解时使用的一组潜在语境，但它并没有说明如何选择一个实际的语境，也没有说明语境在理解过程中的作用。以下面的句子为例：

（26）门开着。

交际双方的互有知识可能包括数以百计的不同扇门；对互有知识的要求完全不能解释实际的所指对象是如何选定的。

巴赫与哈尼希［Bach and Harnish］（1979：93）用了不少篇幅来论证他们就互有知识假设而提出的独创观点，但又补充说他们的语用理论没有涉及"听者用以确定特定交际意向的具体策略。该理论没有揭示具体的互有信念是如何被激活的，或是如何通过其他途径受选为相关的信息。更没有说明正确的判断是如何做出的"。但要是那样的话，采用互有知识假设就是在黑暗里吹口哨——实乃逞强之举。如果我们尚不清楚语句理解时语境的具体选择和调用是如何进行的，那么相信语境必须局限于互有知识就是没有根据的，唯一的理由是这个观点源于代码模式。[23]

语用学家并没有正面的论据可以表明人在言语交际时可以并确实把互有知识与非互有知识区分开来。他们唯一的论点是个否命题：假如互有知识不按言语交际代码模式所需的形式存在，那么代码模式就是错的。因为他们把代码模式看成是对交际作出的唯一可能的解释，所以他们只能紧紧抱住互有知识这个假设。

　　既然代码模式迫使我们接受互有知识假设，然后又让我们为该假设的经验性论证伤脑筋，我们决定不采用代码模式并反其道而行之。我们认为互有知识假设是站不住脚的，由此得出的结论是代码理论肯定是错的，还不如考虑一下其他的可能。

四　格莱斯关于"意义"和交际的理论

　　1957 年，保罗·格莱斯发表了"意义"这篇文章，此文成为其后许多争议、阐释和修正的对象。[24] 在这篇文章里，格莱斯提出了下述观点，以分析何谓个人 S 藉语句 x 表达某义（其中的"语句"应理解为不单指语言表述的语句，而且还意指任何形式的交际行为）：

> "［S］藉 x 表达某义"（大致）等同于"［S］意图藉 x 的表述
> 而对受讯者产生某效果，其之所以生效是因为受讯者意识到了该意
> 图"。（Grice，1957/1971：58）

斯特劳森［Strawson］对这个分析所作的修订（Strawson，1964a/1971：155；另见西弗尔［Schiffer］1972：11）从中提取出涉及其间的三个次意图。欲藉 x 表达某义，S 必须意图使

　　（27）（a）S 对 x 的表述在某个受讯者 A 中产生某种回应 r；
　　　　　（b）A 意识到 S 的意图（a）；
　　　　　（c）A 对 S 之意图（a）的认识至少给予 A 部分理由，致
　　　　　　　使 A 发出回应 r。

　　这个分析可以从两个方面加以发展。格莱斯自己将其作为"意义"理论的出发点，试图从这个对"言者意义"的分析迈向对"句义"和"词义"的分析，后两者是语义研究的传统问题。由于显而易见的原因，我们怀疑这个方向是否能取得许多进展。然而，格莱斯的分析也可被用作交际推理模式的出发点，这是我们所要倡导的取向。在本节的剩余部分，我们要说明如何将这个分析应用于对交际的描写。其后的三节将考

虑既有的一些异议和修正。在本章的最后五节里，我们将发展自己的模式。

在有些情形下，对意图有所认识这个事实本身就可能导致意图的实现。设想玛丽意图让彼德高兴，如果彼德意识到了玛丽的意图，这本身可能就足以使他高兴了。同理，当监狱的囚犯意识到狱卒意图让他们怕他，这本身可能就足以让他们感到畏惧了。这种可能性对下述意图来说，不是例外，而是常规做法：如果一个人意图将某事告知他人，一般只要通过使人意识到该意图就可以实现意图本身。[25]

设想玛丽意图让彼德知道她喉咙疼。她只需要让他听到她自己沙哑的声音，这样就向他提供了明显而肯定的证据，证明她喉咙疼。在这个例子里，不管彼德是否意识到玛丽的意图，该意图总能实现：他可以意识到她喉咙疼，却并未意识到她意图使他意识到这一点。现在设想玛丽在 6 月 2 日意图让彼德知道她去年圣诞夜喉咙疼（真假姑且不论）。此时她不可能就自己以前有过的喉咙疼提供直接的证据。她可以做到的不是提供自己过去喉咙疼的直接证据，而是提供自己现在意图让他知道此事的直接证据。如何才能做到这一点，有什么作用呢？可以采用的一个办法就是说（28），它的作用是给彼德提供了间接然而却是有力的证据，证明玛丽去年圣诞夜喉咙疼：

（28）我圣诞夜喉咙疼。

在前一个例子里，玛丽沙哑的声音极有可能是由喉咙疼引起的，因此，她用沙哑的声音说话这件事本身便为她喉咙疼这个定识提供了直接的证据。然而，玛丽在 6 月 2 日所说的语句（28）却不是因她去年圣诞夜喉咙疼而直接导致的，因此对她去年圣诞夜喉咙疼这个定识来说，她的语句并不是直接的证据。但是，她的语句确实是由她现在的意图直接导致的。虽然她在说（28）时可能会有诸多意图，但极有可能的是她意图让彼德知道她去年圣诞夜喉咙疼。这使玛丽的语句成为她现在意图让彼德知道她过去曾经喉咙疼的直接证据。

现在设想彼德认定玛丽有诚意且有可能知道她自己去年圣诞夜是否喉咙疼。那么对彼德来说，玛丽想让他知道她在那天喉咙疼，这件事本身就提供了确凿的证据，证明确有其事。在这些十分寻常的条件下，倘若玛丽意使彼德知道她曾经喉咙疼，该意图可以通过让彼德意识到她的意图而得以实现。要实现向受讯者传递信息的意图，这种做法并不特殊。让我们假定这个做法确实是玛丽意图实现其意图的方法，那么她的确具备了格莱斯—斯特劳森定义（27）中的三个次意图，记作（29）：

（29）玛丽意图使

（a）其语句（28）令彼德相信她去年圣诞夜喉咙疼；

（b）彼德意识到她的意图（a）；

（c）彼德对她的意图（a）的认识至少作为他形成相关信念的部分理由起作用。

这个例子里，玛丽的几个意图与我们大家在交际时怀有的意图在结构上是十分相似的，不管是言语交际还是其他形式的交际。

我们已经展示了传递信息的两种不同方式。一种是对要传递的信息提供直接证据，这不应被视为交际形式：任何境况都对诸多定识提供了直接证据，但从严格的意义上说，并非必然传递了那些定识。另一种传递信息的方式是对一个人传递信息的意图提供直接证据。第一种方式只能适用于可以对其提供直接证据的信息。第二种方式可以适用于任何信息，只要能够提供与讯递者意图相关的直接证据。[26]这第二种方式显然是交际的一种形式；我们暂且将它称作推理型交际（在第十节改称为明示—推理交际）：这种交际是推理型的，因为受讯者推出了讯递者的意图，其依据是讯递者为这个特定目的所提供的证据。

从某种程度上说，通过意图和推理来描写交际是常识性做法。我们都是言者和听者。作为言者，我们意图使听者意识到我们想让他们知道某种境况这个意图。作为听者，我们试图认识言者意图让我们知道的内容。听者之所以会对说出的句义表示关注，只是因为相关句义对言者要表达的意义提供了证据。交际的成功不在于听者能够认识语句的语言意义，而在于他们能从中推出言者的"意义"。这可以通过下列易于证实的现象来说明：如果听者意识到言者用错了词或出现了口误，他们一般会忽略错误的语义。然而，被忽略的意义不一定是不合语法的或是无法解码的；它之所以是"错误"的，仅仅是因为它对言者的意图提供了起误导作用的证据。

从心理学的角度看，用意图和推理来描写交际也确实言之成理。揣测他人的意图是人类认知和沟通的一个显著特征。人类对人以及动物的行为做概念化时，典型的做法不是以行为的物质特征为依据，而是以其深层的意图为依据。例如，日常语言的概念如"给"、"拿"、"攻击"或"防卫"适用于很多行为方式，并无物质性的描述特征可概括，仅仅在制约这些行为的意图类型上才有相似之处。人与人的沟通在很大程度上取决于从意图上而非物质上对行为所作的概念化认识。交际利用人的这个能力来揣测交际双方彼此的意图，这个观点对认知心理学家和社会心理学家来说都应该是颇易理解的，甚至是颇具吸引力的。

因此，大家似乎都知道——符号论者亦不例外——交际涉及意图的表露和对意图的认识。然而在格莱斯之前，这个显而易见的道理的重要性却往往被忽视了；[27] 为描写和解释交际所作的尝试依旧以形形色色的代码模式为基础。因此格莱斯在 1957 年撰写的文章中提出的独特见解可被看成是重建交际的常识观并充分加以理论化的一种尝试。但是在格莱斯自己、斯特劳森、舍尔［Searle］、西弗尔以及其他人的著述中，对这个观点的进一步论述经常以偏离常识、偏离心理可行性、回到代码模式的形式出现。之所以会有人从事这些令我们引以为憾的后继研究，是因为他们在格莱斯原先拟就的定义中发现了问题，其中有些并不属实，有些则是真的问题。

五　代码模式和推理模式应否合并？

我们已经考察了两种交际模型。按照代码模式的说法，交际通过对讯息的编码和解码而得以实现。而根据推理模式的论述，交际达成的途径是由讯递者对她自己[28]的意图提供证据并由受讯者从中推导出其意图。由此引出了几个问题。这两种模式的应用对象是不是同一个过程？如果是的话，我们是否应该在两者间作出抉择，或是可以用某种方法将两者合而为一？抑或像我们所暗示的那样，这两个模式分别适用于两种十分不同的过程？如果是那样的话，它们之间的联系又是什么？

多数理论工作者认为交际是单一的现象，应该通过单一的模式来描写。代码模式深深植根于西方的学术传统中。推理模式从常识上看较有吸引力。然而，一个吸引人的新观点提出后，人们往往不会把它看成是与旧观点相异的新做法，而是将其视作对旧观点的发展。这就是大多数语用学家几乎下意识地对待格莱斯的研究成果的态度。约翰·舍尔［John Searle］至少费心为这种反应提供了理由。[29] 他声称格莱斯的分析：

> 　　未能解释意义在多大程度上可以用规则和规约来加以解释。这种意义学说并没有揭示人借助其语句所表达的意义与该语句在语言中的实际意义这两者间的联系。（Searle，1969：43）

舍尔想通过揭示言者意义与语言意义的联系来改进格莱斯的理论。他首先将该理论的应用对象局限于"字面意义"的范围。他对此的定义借助了"言者诸意图"这个概念，其中包括了使言者的意图为他人所认识的这个意图，但附加了一条：言者应意使听者"根据他对所说句子之规则的理解"来认识她的意图（Searle，1969：48）。换言之，言者应该意使听者通过对其语句的解码而理解她的意思。

这种看法将格莱斯的分析视为从常识的角度对代码模式的补充，因而贬低了他的贡献。代码模式被作为交际的基本解释模式而再次采纳。但用于描写人际交际时，被编码尔后又被解码的讯息则被视为讯递者的意图。如果舍尔的修正言之成理的话，那么格莱斯的分析归根到底就不能算是一个真正不同于代码模式的新模式。

格莱斯最大的创见并不在于指出人际交际涉及对意图的认识。前面已经说过，这一点仅仅是常识而已。他的最大创见在于提出：这个特性本身已足以使交际成功——只要有办法认识讯递者的意图，交际就有可能完成。对意图的认识是人类的一种普通认知行为。如果格莱斯是对的，那么人平时使用的互相揣测意图的推理能力就应该能使交际成为可能，甚至在代码不出现时也能做到。当然，无码交际也确实存在。

例如，彼德问玛丽，

（30）今天身体好吗？

玛丽的回答是从包里拿出一瓶阿斯匹林给他看。玛丽的行为未经编码：没有规则或规范告诉我们出示一瓶阿斯匹林就意味着身体不舒服。同理，她的行为只提供了有关自己身体状况的最弱的直接证据：她也可能总是在包里带着一瓶阿斯匹林。可另一方面，她的行为却是强有力的直接证据，证明她的意图是要告诉彼德她不舒服。因为她的行为使彼德认识到了她的意图，所以玛丽成功地与他达成了交际，而且没有使用任何代码。[30]

连舍尔都没有否认纯粹推理型交际的存在。然而，他坚称这是罕见的，认为大多数人际交际非使用语言或代码不可：

> 有些类型很简单的语现行为确实可以完全不借助任何规约性方式而完成，方法仅仅是使受讯者认识当事人做出某个行为时的特定意图……一个人可以在某些特定场合不用任何规约方式而"要求"别人离开房间，但是，打个比方，除非使用语言，否则一个人就不可能要求别人做一个研究项目，去研究美国大学本科生传染性单核细胞增多症的诊断和治疗问题。（Searle，1969：38）

诚然，大多数人际交际都涉及语言的使用，不用代码就能清楚地完成的交际事例可能确属罕见，那样传递的思想一般也确实比较简单。但是，这种事例的存在这个事实本身就是与代码模式格格不入的。另一方面，这种事例却为推理模式所预见。舍尔认为它们不重要而将其排除，这是没能领会问题的要点。作为人际沟通的例子它们可能并不重要，但作为支持或反对某些理论的证据，它们却举足轻重。

纯粹推理交际的存在使得推理型模式至少能自足地解释某些交际形式。而另一方面，大多数的交际事例无疑涉及代码的使用。如果有人持强硬的观点，认为所有的人际交际形式都应该用推理型模式来解释，那他就会面临用推理术语重新描写编码和解码的任务。这个工作可以考虑这么去做：把代码看成是交际过程中所有参与者共有的一套规约（取刘易斯［Lewis］（1969）之意）。每个受讯者一方面运用他们对这些规约的知识，另一方面运用他们对讯号和语境的知识，来推出讯息。就人造代码在设计与使用时常见的过程而言，这是个颇为贴切的描写。

例如，罗密欧与朱丽叶两人约定，在她家阳台栏杆上系一条白手绢意味着他可以上来。罗密欧看见了白手绢，调用自己有关俩人设计的规约的知识并以此为前提（即他知道一条白手绢意味着他可以上来），确实推断得知自己可以上来。将这种分析推而广之，所有的解码，包括语言解码，都可被看成是一种寻常的推理过程，区别仅在于语言解码采用的是以语言规约的知识为基础的前提。

我们相信这种强式的推理型交际理论从经验上看是不完备的，这点我们将在后面的章节里加以论证。编码—解码过程与推理过程是两个同时并存的过程，两者有着本质上的不同（尽管在有生造之嫌的场合，推理可以模仿解码，解码也可以模仿推理）。从蜜蜂到人类的许多物种或多或少都拥有遗传决定的代码。这些代码与推理系统有两个主要的区别：第一，代码所匹配的表征不需要是概念表征。第二，联系这些表征的规则无需具推理性。人类自然语言便是适例。如果这个观点言之有理，那么语言知识对理解过程所起的作用并非如上一段所描写的那样是为推理而提供前提。[31]

因此我们主张，至少有两种不同模式的交际：编码—解码模式和推理模式。如果这个观点是正确的，那么即使一个特定的交际过程涉及了代码的使用，这并不意味着整个过程都必须用代码模式来解释。复杂的交际形式可以是这两种模式的结合。例如，推理型交际也可以涉及编码信号的使用，后者并不能对讯递者的意图作编码，仅仅是对其提供了不完全的证据。代码模式能否对具体的交际过程提供完全的解释，这就成了一个经验性的问题。仅仅证明交际使用了代码是不够的；应该还要能证明所传递的内容确实经过了编码和解码的过程。否则，能够合理断言的仅仅是代码的使用在这个特定的交际过程中起了一定的作用，或许并不能对全过程作出解释。

言语交际是个复杂的交际形式，涉及语言的编码和解码，但说出的句子的语言意义并不能将言者意义完全编码，只能帮助受讯者推出她的意思。正确的过程是：受讯者把解码的结果当做讯递者意图的一个证据。也就是说，编码—解码过程是为格莱斯式推理过程服务的。

舍尔反对格莱斯分析结果的依据是：几乎所有人际交际都涉及代码的使用。然而，假定交际的代码模式和推理模式可以结合，上述事实就易于解释了。人与人如果能相互交际，一般都会共享一种语言（以及种种次要的代码）；因此，他们为自己的意图所提供的证据比没有共用代码时微妙得多，也有力得多。所以他们不可能自找麻烦，放弃这些有力的工具而只作推理型交际，正如生活在现代社会的人不会自惹麻烦，有了火柴或打火机还去钻木取火那样。尽管如此，就像没有人会把火界定为不用火柴或打火机就不能点燃一样，要是将交际界定为不用代码就无法完成，那同样是不合理的。

将格莱斯的分析贬低为对代码模式的补充不只抹煞了它的独创性，而且还抹煞了它的许多经验性的含意和论证。将推理模式拔高为通用交际理论则会无视交际形式的多样性，也有意忽略了解码大多具有非推理性质这样一个心理学上的证据（这一点将在第四章讨论）。

六　定义上的问题

对格莱斯 1957 年发表的那篇文章的讨论大多必定与"意义"或"交际"有关，哲学味道太浓。在本节里，我们要挑出两个真正经验性的问题来讨论。讨论的目的仅仅在于强调这些相关问题的重要性，而不是作历史回顾或是评价围绕这些问题所展开的争议。

格莱斯用讯递者的意图来刻画"意义"。反之，一个交际行为（假设该术语的定义已作适当的限定）可被刻画为实现这些格莱斯式意图的行为。然而，正如舍尔［Searle］（1969：46—48；1971：8—9）所指出的，讯递者可以心怀某义并成功地传递该义，而无需完全实现这些格莱斯式的意图。让我们回顾一下斯特劳森对格莱斯观点的重新表述（27）。要用语句 x 来意指某义，S 必须意图使

（27）（a）S 对 x 的表述在某个受讯者 A 中产生某种回应 r；
　　　（b）A 意识到 S 的意图（a）；
　　　（c）A 对 S 之意图（a）的认识至少给予 A 部分理由，致使 A 发出回应 r。

现在不难看出，一旦实现了意图（b），讯递者就成功地传递了她的意义，不管意图（a）和（c）是否同时实现。例如，玛丽说（28）时，她的具体意图（29a）是使彼德相信她在去年圣诞夜喉咙疼。设想彼德认出了这个意图，但不相信玛丽，那么她的几个意图只实现了（29b）；意图（29a）和（29c）没有实现。尽管如此，虽然玛丽没能让彼德相信自己，但她还是成功地把自己的意思传递给了对方。

鉴于交际可以在意图（27a）未实现的情况下照样完成，意图（27a）就根本不是个交际意图，不如把它看做是个传递信息的意图，或者采用我们的叫法，把它称为传信意图。[32]真正的交际意图是（27b）这个意图：即意图使自己的传信意图为别人所认识。

那么意图（27c）又当何论呢？即受讯者对讯递者的意图（27a）的认识至少作为受讯者实现意图（27a）的部分理由起作用。根据定义，如果传信意图（27a）没有实现，意图（27c）就不可能实现。由于（27a）的实现不是交际成功的必要条件，（27c）的实现也就不可能是必要条件。格莱斯令人信服地证明的论点是，对传信意图的认识可以导致该意图的实现。往往正是因为有了这个可能，才会使讯递者愿意从事交际活动。然而，要想把这个可能转化为定义上的必然性，这需要一些论证。我们暂且从推理交际的刻画中剔除意图（27c）而不作进一步的讨论。在第十节我们会重新考察格莱斯提出这条定义的理据。[33]

我们现在基本可以对格莱斯的定义提出一个修正版本，以突出传信意图和交际意图的区别，但首先必须排除一个因独特定义所引起的混乱。格莱斯和斯特劳森使用的"语句"这个概念不单是指语言组成的语句，甚至不单是泛指编码讯号，而是指任何改变物质环境的讯号，只要它具有以下三要素：由讯递者发出；意使受讯者接收；用作反映讯递者意图的证据。我们觉得这种用法似乎把某种取向引入了交际行为的鉴别标准。它助长了一种观点，认为通常语言意义上的语句可以当做广义交际行为的典型。而心理学家则用"刺激"这个术语来涵盖任何意使他人接收的、对物质环境作出改变的讯号。我们也采用同样的术语。通常意义上的语句当然只是刺激讯号的特例。因此，我们且作如下定义：交际发出某种刺激讯号，从而意图传达：

（31）传信意图：向受讯者传递某个信息；

　　　　交际意图：向受讯者传递讯递者的传信意图。

需要注意的是，交际意图本身是一个二阶传信意图：一旦受讯者意识到了一阶传信意图，交际意图便同时得以实现。在一般情况下，如果一切正常，对传信意图的认识会自动导致交际意图的实现，因此，作为交际行为的后果，交际意图和传信意图两者都会实现。然而，交际意图的实现可以不附带相应的传信意图的实现。因此，前面讨论过的对格莱斯和斯特劳森两定义的反对意见，对我们的修正定义就不起作用。

在某些方面，格莱斯提出的交际条件限制过严，在其他方面，它们又失之宽泛。交际一般被理解为公开的行为：要么你的行为清楚地表明你在交际，要么你根本就没有真正在交际。换言之，交际应该与各种隐蔽形式的信息传递区别开来。

举个例子，设想玛丽想让彼德修理她的电吹风，但又不想公开求助于他。于是她就把电吹风拆开，让零件散成一摊，作出正在修理的样子。她并不认为彼德会被她的表演所迷惑；事实上，如果他真的相信她在自己动手修电吹风，他可能不会想要插手。但她确实希望他的智力能使他弄明白她是在做样子，意图是让他知道她需要别人帮她修理电吹风。然而，她并不希望他过分聪明，以至看穿她的用意是期望他完全按她的意图作上述推理。既然她没有真正请求他的帮助，如果彼德不帮她，那也不算是真正意义上的拒绝。

这个例子对格莱斯就言者意的最初分析以及（27）和（31）的修正版本都适用。玛丽确实意图向彼德表明她的需要，办法是让彼德认识她那表示需要的意图。然而，我们从直觉上又不愿意说玛丽表达了要彼德帮她的意思，或是说她在跟彼德交际，这里的交际应按我们在此试图刻画的意义来理解。我们的这种直觉是有根据的，其原因在于玛丽有一个二阶意图，意使彼德认识其一阶传信意图，然而这个二阶意图对彼德却是秘而不宣的。

斯特劳森（Strawson，1964a）第一个使大家注意到了这个问题，为了处理这些反例，他认为必须充实格莱斯的定义：真正的交际必须刻画成完全公开的行为。但问题在于如何修改对推理交际的分析以使其涵盖这个对公开性的要求；换言之，怎样才可以把较为模糊的"公开性"这个直觉型概念界定得更精确一些？这个问题的种种答案在技术上都异常复杂。

斯特劳森自己提供的解决办法是在言者意义的分析中再加入一个三阶意图，以使言者的二阶意图为受讯者所认识；这样可以说是在传信意图和交际意图上增加了一个元交际意图。斯特劳森预计到这么做还不够，西弗尔［Schiffer］（1972：第二章）也指出了这一点：可以设计出一些例子，涉及三阶元交际意图，但该意图对受讯者来说仍是秘而不宣的，由此产生的交流便缺少了所需的公开性。加入一个四阶的元—元交际意图以令三阶元交际意图自身为受讯者所认识，这样做可能还不够：原则上，任何 n 阶的交际意图都需要一个 n + 1 阶的意图才能使 n 阶意图为人所认识。换言之，根据这种步骤，需要无穷多个类似意图才能澄清"公开性"这个直觉型的概念。

虽然有办法从逻辑意义上理解无穷多意图，也有办法运用这个无穷概念来分析言者意义或交际，[34]但是这样的结果在心理学上缺乏理据。从心理学的角度看，意图是能够付诸行为的心理表征。心理学家绝不会愿意把语句当成是这种意义上的无穷多意图的产物。[35]

交际意图须具有公开性，这个直觉型的观念可以借助互有知识这个概念，用另一种方式加以分析。这是西弗尔［Schiffer］（1972）提出的解决方案，它主要提出了一个假定：真正的交际意图不止是一个将讯递者的传信意图传达给受讯者的意图，而且还是一个使传信意图为交际双方所互知的意图。按照这个标准，玛丽试图不通过公开请求而使彼德修理她的电吹风这个反例就算不上是个真正的交际事例。虽然玛丽希望彼德意识到她的传信意图，但是她不想使该意图为俩人所互知。按照这个对互有知识的要求，用同一模式设计出来的更复杂的例子也一样会给排除掉。[36]

我们已经（在第三节）提出，使用"互有知识"缺乏心理学上的理据。因此，借助该术语来澄明"公开性"这个概念是再一次罔顾心理学方面的考虑。所以，现有的对公开性问题的所有解决方案都使用了种种不完备的形式定义来代替原有的模糊措辞。我们将在第八节提出一个自认为满意的解决方案，并在十二节加以发展。在此之前，我们要先讨论格莱斯的分析所存在的另一些问题。下面要讨论的不再是定义上的问题，而是解释上的问题。

七　解释上的问题：格莱斯的会话理论

格莱斯对交际的分析一直都几乎完全是个哲学家讨论的话题，[37]哲学家关注的要点是对"意义"或"交际"的定义。从我们现在的更贴近心理学的观点看，交际的界定并不是关心的要点。原因之一是，交际并非必然地涉及一组界限分明、性质相同的经验性现象。我们的目标是找出植根于人类心理的深层机制，以解释人如何能相互交际。心理学上对交际的扎实定义和分类，如果有可能得到的话，也应该等到作出了对这些深层机制的理论解释之后，才能有定论。我们认为格莱斯的分析为这种理论解释提供了一个可能的基础。从这个方面看，格莱斯的分析存在的主要缺陷不在于对交际的过于模糊的界定，而在于对交际的过于贫乏的解释。

代码模式的优点是能够解释交际如何能在原则上得以实现。其失败之处不在解释方面，而在描写方面：人并不通过对思想的编码和解码来交际。推理模式尽管存在着上一节讨论过的技术问题，却对人际交际提供了一个符合直觉的描写。但是，该模式自身的解释力很弱。只要推理模式还没有被发展成对交际的合理解释性理论，重新采纳代码模式的诱惑就依然强烈。然而，这种合理的解释性理论已在格莱斯的另一部著作里奠定了基础。在他的《威廉·詹姆士演讲录》〔William James（讲座）〕里，格莱斯提出了一个观点，认为交际是在"合作原则"和"会话准则"的制约下进行的。[38]

按照推理模式的观点，交际通过受讯者认识讯递者的传信意图而得以完成。然而，仅仅像我们已经做过的那样指出对意图的认识是人类认知的正常特征，这是不够的。对传信意图的认识引发了一些问题，而对人类其他意图的认识则不会导致这些问题。

一个人如何去认识别人的意图呢？可以观察对方的行为，调动自己对一般人的常识性了解以及对个别人的具体认识，从中推断对方做某个行为时，哪些是他大致可能预见并期盼的效果，并由此认定这些也就是他意图导致的效果。换言之，根据某个行为的独立观察到的效果或是推导而得的效果，可以推出该行为背后的意图。然而，这种推理形式对一个试图认识讯递者传信意图的受讯者来说，通常却是无法应用的。正如我们已经讨论过的，交际的传信效果如果能够达到的话，那通常是在认识了传信意图之后才达到的。因此，受讯者似乎无法先行观察到或是推出这些效果，然后再利用它们推得传信意图。

对讯递者可能意图传递的内容作出假设，要做到这点并不难。然而，问题在于可能作出的假设太多了。就是一个语言意义上的语句通常也充满了歧义和指称上的多样性，还可能对其作多种多样的修辞解释。而无代码的行为从定义上说就不能用来传递预先已设定了范围的信息。所以，问题的关键在于从无限多的可能假设中选取正确的假设。如何才能做到这一点？首先，不难推出某个行为是交际行为。交际行为至少有一个特别效果，在讯递者的传信意图被认识之前就已达到了：它公开地吸引受讯者的注意。

格莱斯在其《威廉·詹姆士演讲录》中的基本观点是，一旦一个行为被认定为交际行为，就可以合理地认定讯递者在试图遵守一些通用的规范。基于对这些通用规范的认识，通过观察讯递者的行为，再加上语境信息，就有可能推出讯递者的具体传信意图。格莱斯针对言语交际提出了如下观点：

> 我们的言谈交际……的特点是合作的努力，至少在某种程度上是如此；每个参与者从交谈中多少意识到一个共同的目的或一组目的，或至少有一个互相接受的方向，……在各个阶段，有些可能的言行会因其不合时宜而被排除。因此，我们可以初步制订一条参与者（在其他情况相当的前提下）被期望遵守的普遍原则，其大致内容如下：就参与的言谈交际而言，在相应的阶段、顺应参与者接受的言谈目的或方向、按需要作出自己的会话贡献。（Grice，1975：45）

格莱斯把上述原则称作合作原则。他进一步将其扩展成九个准则，归入四个类别。

量准则

1.（根据对话的实时目的）按需要的信息量作出自己的适当贡献。

2. 不要作出比需要的信息量更多的贡献。

质准则

主准则：力求使自己的贡献为真。

1. 不要说自己相信是假的话。

2. 不要说自己缺乏充分证据的话。

关系准则

要有关联。

方式准则

主准则：要清晰明了。

1. 避免隐晦用语。

2. 避免歧义。

3. 要简洁（避免无谓的冗辞）。

4. 要有条理。

这个对制约言语交际的通用规范的阐释使我们得以解释为什么一个说出的句子，虽然仅仅提供了相关思想的残缺且有歧义的表征，却能表达一个完整无歧义的思想。[39]虽然说出的句子可以被当做多种思想的表征，但假定言者遵守合作原则及诸准则，听者就可以排除与之不相称的任何思想。如果最后只剩下一个思想，那么听者就能推定该思想正是言者试图传达的。因此，要想有效地交际，言者要做的只是让说出的句子仅有一个意思能符合下述定识：她在遵守合作原则和各条准则。

作为示例，我们再回头看一下（16）—（18）的例子：

（16）琼斯买了泰晤士报。

（17）琼斯买了份泰晤士报。

（18）琼斯买了泰晤士报社。

在有些场合下，假定言者不说自认为不真之语（质准则1），语句（16）只能取（17）的释义才会合乎情理。在另一些场合下，假定言者的话是有关联的（关系准则），只有（18）的释义才算合理。在这些场合下，不难推出（16）的意向中的解释。因为有了各条准则以及由它们导致的推理，所以就能用歧义句来传递无歧义的思想。

格莱斯对言语交际的分析也有助于解释语句何以不但能传递直显的思想，而且还能传递暗寓的思想。让我们来看一下（32）的对话：

（32）彼德：你要不要喝点咖啡？

玛丽：咖啡可是会提神的。

设想彼德知道（33），那么根据玛丽回答中明确表达的定识，外加（33）表达的定识，他就可以推出（34）这样的结论：

（33）玛丽不想熬夜。

（34）玛丽不要喝咖啡。

同理，如果彼德知道（35），他就可以推出（36）那样的结论：

（35）玛丽醒着的时候睁着眼睛。

（36）咖啡会使玛丽睁着眼睛。

在普通场合下，玛丽想要传递的只会是（34），而非（36），尽管根据她直显表达的思想，两者同样可以推出。假定玛丽遵守了格莱斯诸准则，这个现象就可以很容易地得到解释。玛丽语句的直显内容并不直接回答彼德的问题，因此就其自身而言是无关联的。如果玛丽遵守了“要有关联”这条准则，那就应该假定她意图给彼德一个回复。鉴于他可以从她的话里推出（34），从而恰好得到期盼的答案，这个推论就应该是玛丽意使彼德确切得出的答案。不存在类似的理由让人认为她意使彼德推出（36）。这样，正如格莱斯准则能帮助听者从歧义句的几个意义中选出言者意向中的意义，这些准则也同样能助听者从语句直显内容的众多隐含义中，选出言者所传达的暗寓之义。

现在设想（32）的对话在相同场合进行，只是彼德事前没有特殊理由要认定玛丽不想熬夜。离开了这个定识，就不能从玛丽的语句中推出他的问题的答案，这句话的关联性就不能立即弄清。格莱斯对语用学的主要贡献之一是揭示了遇到这种看似违反合作原则和准则的情况时，听者应该如何按需构建额外的定识，以排解这种冲突。在这个例子里，彼德可能会首先选用（33）这个具体的定识，其依据来自玛丽的语句、他对玛丽的了解，以及玛丽试图使自己的话有关联性这个一般的定识。他可能像上例那样进一步推出她不想喝咖啡。为消除表面上对准则的违反，彼德就必须认定玛丽原来就意图使他作出这样的推理：换言之，她意图隐晦地同时传递（33）的定识和（34）的结论。

格莱斯把（33）和（34）这种为维护合作原则和准则的功用而提供的额外定识和结论称作寓义。正如他的意义学说那样，格莱斯的寓义学说可被视为一种尝试，用更明确的语言来表达言语交际的常识性观念并发掘其理论上的蕴意，从而把这种观念提升到新的高度。在其《威廉·詹姆士演讲录》里，格莱斯从这种常识性观念向理论上的深度迈出了关键的一步；但仅仅一步当然是不够的。格莱斯的理论仍然留有常识性观念里存在的许多模糊之处。准则里提到的基本概念完全没有界定。关联这个概念就是这样一个例子：因此求助于"关系准则"不啻是变相地求助于直觉。故此，人人都会同意，在一般场合下，如果在理解玛丽的回答（32）时增加（33）和（34），能够令原语句具有关联性，而增加（35）和（36）则不能。然而，这个事实本身就需要解释，否则就不能用来真正地解释玛丽的回答是如何被理解的。

格莱斯的寓义学说还引发了更基本的问题。合作原则及诸准则背后的理据是什么？是不是只有格莱斯提到的九个准则？抑或是如他自己所指出的，可能需要增加其他的准则？每当有规律的现象需要解释，可能的诱惑便是再增加一条准则。[40]但这完全是因事特设的做法。那么，每个准则应该符合什么标准？准则的数量能否减少而不是增加？[41]

准则在推理中应该如何运用？格莱斯自己似乎认为听者认定言者遵守了诸准则并在推理时把该定识用作前提。另有些人试图把准则重新解释成"会话公设"（戈登与莱考夫［Gordon and Lakoff］（1975）），还有人把准则理解为类似代码的规则，其输入是句子的语义表征和对语境的描述，其输出是语句的语用表征（盖茨达［Gazdar］（1979））。这些方案所提出的观点可从下列引文中略见一斑：

> 本书采用的研究策略是对格莱斯的量准则可以或应该涵盖的一些语料作出分析，然后提出一个相对简单的形式化解决办法，以对这些语料所反映的现象做出描写。这个做法可被视为格莱斯量准则的一个特例，或是与之不同的处理方法，或仅仅是一条常规性规则，把一组会话意义赋予一组语句。（Gazdar，1979：49）

适合应用这种处理方法的语用现象较为有限，主要在下列情况下才会出现：某个句子作为语句使用时与某个语用解释很有规律地相对应，有理由制定规则将两者联系起来。例如，（37）作为语句使用时有规律地暗示（38）。例外的情况主要是当（38）已被认定为错或可能为错时，它就不再为（37）所暗示。

（37）有些论点有说服力。

（38）并非所有的论点都有说服力。

盖茨达的处理方法是建立一条通用规则，把（37）和它的语用解释（38）联系起来，并有效地在规则的适用范围内排除已经认定（38）为错或可能为错的语境（Gazdar，1979：55—59）。然而，在多数表达寓义的场合，例如在（32）—（34）里，语境所起的作用远远不限于排除不合适的解释，它还为推理提供了前提。没有前提，就根本无法推出寓义。把格莱斯的准则翻译成代码式的规则就会将准则的功用降低到只处理寓义中范围极为有限的那一类例子，所涉现象虽有研究价值，却毫无代表性。

那么，准则的正常操作涉及了什么样的推理形式？如果按一种似乎言之有理的说法，这里面涉及了非论证型推理（即非演绎型推理），那它又是如何运作的？多数语用学家未对这些问题作深入探讨就采用了这种或那种格莱斯式的寓义理论。除此之外，他们便满足于用代码模式去解释言语交际中直显表达的那些核心意义。这样做的结果可想而知。虽然语用学家提出的这种对寓义的分析是以一个似乎颇为正确的灼见为基础的，而且这种分析较之不具备专业知识的语言使用者所能提供的直觉式理解在某种程度上更为明确、更有系统性，但是，语用学家的分析与直觉式理解有着一个共同的缺陷，那就是两者提供的几乎完全是事后追溯既往的解释。

设一个语句在语境中被理解为带有具体的寓义，听者和语用学家（后者的方法在理论深度上略胜一筹）都能做到的是借助极为直觉的术语来说明这样一个过程：根据语境、听到的语句以及对言者行为的一般预料，可以提出论据来支持所选用的特定解释。但他们未能说明的是：相同的考虑却不能为其他一些当时落选的解释提供一个同样信服的论据。就真诚性、信息量、关联度和清晰率诸准则而言，[42] 不管已经提出或业经构拟的界定标准为何，总有各式各样对相关语句的解释可以符合这些准则。寓义理论需要从根本上加以完善，这样才能有成效地应用于具体现象的分析。

格莱斯在其《威廉·詹姆士演讲录》里提出了一个极其重要的观点：交际行为自身唤起了期望，后者进而又为该交际行为所利用。格莱斯自己首先将这个观点以及从会话准则的角度对此观点的发展应用到语言哲学里一个相对有限问题的研究中：逻辑连词（"和"、"或"、"如果……就"）在自然语言里的意义是否与它们在逻辑中的意义相同？他的主张是：这些连词在自然语言里表面上具有的更丰富的意义可以通过寓义来加以解释，不需要把它们当做词义。他随后提出，这种做法可以有更广泛的应用范围：许多问题可以借助寓义这个概念来处理，"语言语义学"[43] 的任务就可以大大简化。循着格莱斯的思路，寓义研究的确已成为语用学的一个主要方面。[44] 我们相信，格莱斯在《威廉·詹姆士演讲录》里提出的基本观点还具有更深远的蕴意：它提供了一种方法，可以把格莱斯在"意义"（1957）一文里提出的对推理型交际的分析发展成一个解释性的模式。然而，要达到这个目的，我们就必须抛开那些从格莱斯原有的直觉型观念引申发展出来的种种学说，也不能纠葛于这些学说所引发的诸多争议之中。那些争议虽然精深，但在经验上却颇为空洞。需要做的是尝试用具有心理现实性的术语反思下列基本问题：人能获得什么样的共享知识？交际是如何利用共享信息的？什么是关联？如何达成关联？对关联的追求在交际中起了什么作用？下面我们就来考察这些问题。

八　认知环境和互显性

我们已经论证过，互有知识是哲学家构想的概念，事实上并不存在。这并不是要否认人在某种意义上确实共享信息。首先，交际过程自身会产生共享信息；其次，要实现交际就必须共享一定的信息。因此，任何对人际交际的解释都必须采纳共享信息的某种提法。在本节里，我们希望超越在经验性方面有欠缺的"互有知识"和概念上模糊的"共享信息"这两个概念。我们要讨论人在什么意义上共享信息，还要讨论人在多大程度上共享有关其共享信息的信息。

人都生活在同一个物质世界里。我们毕生都从事的事业是从这个共同环境里得到信息并对其作最好的心理表征。我们各自构造的表征并不相同，一方面是因为个人所处的具体物质环境不同，另一方面是由于认知能力上的差异。感知能力在效率上因人而异；人的推理能力也有差异，且不限于效率方面。使用不同语言的人掌握的概念也会不同，因此就会构造出不同的心理表征，作出不同的推理。人还有不同的记忆，会用不同的理论、以不同的方式来解释自己的经历。所以，就算人所处的具体物质环境完全相同，用我们要提出的术语来形容，他们的认知环境还是会有差别的。

为说明认知环境这个概念，我们先看一个可资比较的现象。人的认知能力之一是视觉。就视觉而言，每个人都置身于某一个视觉环境里，它可被界定为个人可见的所有现象之集合。个人可见的内容是其所处的物质环境与其视觉能力两者的函项。

在研究交际时，我们关心的是概念认知能力。我们的观点是：可见现象之于视觉认知的重要性也就是显明事实之于概念认知的重要性。[45]定义如下：

（39）某事实在某时对某人显明，当且仅当他在此时能够对该事实作心理表征并接受该表征为真或可能为真。

（40）个人的认知环境是对其显明的事实之集合。

那么，所谓显明就是能被感知或推出。[46]一个人的全部认知环境就是他能感知或推出的所有事实之集合，即所有对其显明的事实。一个人的全部认知环境是其所处的物质环境及其认知能力两者的函项。它不但包括当事人在自己所处的物质环境里所知道的全部事实，而且还包括他有能力进一步了解的所有事实。个人已经知道的事实（即他业已获得的知识）当然会有助于增强他的能力，令其认识更多的事实，因为记忆中的信息是认知能力的一个组成部分。

我们想从两个方面对"显明"这个术语作进一步说明。第一，我们想将其适用范围从事实扩展到所有的定识；第二，我们要区分显明的不同程度。我们在这里采用的是认知的观点，而不是哲学中的认识论观点。从认知的角度看，错误的定识可能同真正的事实性知识难以区别，正如光学上的假象与真正的视像可能无法辨别一样。假象是"可见"的，同样，任何定识不论真假，都可以对个人显明。因此，一个定识在认知环境里是显明的，如果该环境提供的证据足以令人采纳该定识。众所周知，有时错误的定识也可以有十分充足的证据。

任何东西只要可以看得见，就都是可见的，但有些东西远比其他事物更为可见。同理，按照我们对"显明"所做的定义，一个人能构建并接受为真或可能为真的任何定识对当事人而言都是显明的。但进一步说，显明的定识中较可能为人想到的定识也就更为显明。对个人来说，在特定时期或特定时刻哪些定识更为显明，这又是当事人所处的物质环境及其认知能力两方面的函项了。

人的认知构造使得某些类型的现象（如可感物体或事件）对人特别彰显。例如，爆炸声或门铃声都是非常明显的，而背景中的蜂鸣音或钟的嘀嗒声就远没有那么明显。一个现象被注意到时，有些相关的定识通常比其他定识更易获得。在门铃刚响过的环境里，极为显明的定识往往是"有人在门外"；不那么显明的定识是"来人的身高足以使其够得着门铃"；更不显明的定识是"门铃没被人偷走"。而最为显明的定识则是"门铃刚响过"，与之相关的证据既彰显又确定。我们将在第三章进一步讨论一些要素，它们令有些定识在特定场合较其他定识更为显明。可在现阶段，重要的是认清事实，而非提供解释。

　　显然，我们提出的"相对个人显明"的概念比"事实上已知或实际上业经认定"这种概念更弱。一个事实可以既显明又不为人知；一个人实际构建的所有定识都对自己显明，但更多其他的定识对其同样显明，尽管他实际上并没有构建那些定识。不管对"知道"和"认定"这两个术语作何种宽泛的界定，这个观点依然成立。取强式的定义，知道某个事实包括对其作心理表征。取相对弱式的理解，说某人知道某事实并不必然意味着他对其作过心理表征。例如，念到这个句子之前，大家都在上述的弱式意义上知道当代美国语言学家诺姆·乔姆斯基［Noam Chomsky］从未与古罗马的凯撒大帝［Julius Caesar］一起吃过早饭，尽管我们以前从未想到过这一点。一般认为，人不但具有实际拥有的知识，还具有可以从这些知识演绎推出的知识。然而，即便以上述弱化的定义来理解"知道"，有些事情仍可以既为显明又不为人知，因为有些事可以既显明又虚假，而没有什么事情可以既为人知又不为真，单凭这一点就足以立论了。

　　有没有既显明又未经实际认定的事情？回答应该又是肯定的。定识不像知识，不需要为真。同知识一样，从弱式的意义上说，可从人所认定的内容中演绎推出的结果也可以被看成是当事人拥有的定识。但是，如果从人所认定的内容出发，仅仅借助非论证型推理所推出的结果，就绝不能算是当事人所拥有的定识。非论证型推理是指人通过构拟假设并验证假设这种创造性过程而作出的推理。在你还没念到这里时，虽然下面这句话的内容估计也可以根据你既有的知识和定识，借助非论证型推理而推出：美国总统罗纳德·里根［Ronald Reagan］和语言学家诺姆·乔姆斯基从未在一起打过桌球，但是这件事直到现在才成为你自己构建的定识。而在此之前，它只是个对你显明的定识。此外，一件事可单凭其可感知性而显明，完全无需从既有的知识和定识中推出。一辆车从街上开过，发出响声。你从未注意这件事，所以就对它毫无知识，也未构建相关定识，就是用最弱式意义上的"知识"和"定识"来衡量也是如此。但是，一辆车从街上开过这个事实对你仍是显明的。

　　我们现在要论证的是：因为"显明"比"已知"或"业经认定"更弱，所以我们就可以从中发展出"互为显明"这个概念。它不会像"互有知识"或"互有定识"那样脱离心理现实性。

只要两个生物体拥有相同的视觉能力且共处于同样的物质环境之中，那么相同的现象对两者就皆为可视，它们就可被看成是共享一个视觉环境。鉴于生物体各自拥有的视觉能力和所处的物质环境从不完全等同，所以不同生物体就从不会共享全部的视觉环境。此外，共享一个视觉环境的两个生物体并不需要实际看见同一个现象；它们只需有能力做到这一点。

同理，相同的事实和定识可以在两个人的认知环境中显明。在这种情况下，两人的认知环境相交，其交集就是两者共享的认知环境。两人共享的全部认知环境就是两者各自的全部认知环境的交集：即对两者共同显明的所有事实之集合。显然，如果人与人共享认知环境，那是因为他们共处同样的物质环境且拥有相同的认知能力。因为物质环境在严格意义上从不完全等同，又因为认知能力受先前记住的信息影响，在许多方面因人而异，所以人与人从不会共享全部的认知环境。再则，说两个人共享认知环境并不意味着他们构建的定识都是一样的，只是说他们有能力做到这一点。

在特定的认知环境里可以显明的一个信息就是那些置身于该环境的人所共同体现的特征。例如，每个共济会员都能获得一些秘密的定识，其中包括一个定识，即每个共济会员都能获得这些相同的秘密定识。换言之，所有的共济会员都共享一个认知环境，其中包括一个定识，即所有的共济会员都共享这个环境。再举一例，彼德和玛丽共处一室交谈，他们俩共享一个认知环境，该环境由所有因其共处一室而对其显明的事实所组成。而事实之一便是两人共享该环境。

任何共享的认知环境，倘若其共享者是显明的，那它就是我们所说的互有认知环境。在互有认知环境里，就每个显明的定识而言，该定识对共享此环境者皆为显明这个事实本身也是显明的。换言之，在互有认知环境里，每个显明的定识都具有我们所说的互为显明的性质。

比如，彼德和玛丽共享一个认知环境 E，其中（41）和（42）是显明的。

（41）彼德和玛丽共享认知环境 E。

（42）电话响了。

在该环境里，（43）—（45）以及据此模式构建的无穷多定识都是显明的：

　　（43）电话响了对彼德和玛丽显明。

　　（44）电话响了对彼德和玛丽显明对彼德和玛丽显明。

　　（45）电话响了对彼德和玛丽显明对彼德和玛丽显明对彼德和玛丽显明。

（43）—（45）这类定识越是复杂，就越不可能被人实际构建。不过，在这样的定识系列里，定识 n 不必被它所提及的个人实际构建，以令定识 n + 1 为真。所以，并不存在一个截止点，超过该点的定识有可能为假，而不为真；所有的定识自始至终都保持显明，尽管它们的显明度趋近于零。（41）—（45）以及 E 中的所有定识不单对彼德和玛丽显明；它们还互为显明。

　　互显定识这个概念显然比互有定识的概念弱（当然比互有知识的概念更弱了）。请看定识（46）—（48）以及可以据此模式进一步构建的所有定识：

　　（46）彼德和玛丽认定电话响了。

　　（47）彼德和玛丽认定彼德和玛丽认定电话响了。

　　（48）彼德和玛丽认定彼德和玛丽认定彼德和玛丽认定电话响了。

如前所述，（46）—（48）这类定识越是复杂，就越不可能被人实际构建。然而，在这个情况下，欲令定识 n + 1 为真，定识 n 就必须为彼德和玛丽所构建。此外，肯定有一个端点——实际上很快就会到达——到了该点，玛丽就不再认定彼德认定她认定他认定……对于这个点和其后各点而言，该定识系列的所有剩余定识皆为假，定识的互有性也就不能实现了。理解定识的互有性强于互显性的另一个方法是意识到（43）可能为真而（46）却为假，（44）可能为真而（47）为假，（45）可能为真而（48）为假，等等，反之则无可能。

互为显明不只是较互有知识或互有定识为弱；它弱得恰到好处。一方面，前文提到的来自心理学方面的指责对它并不适用，因为视定识为互显的观点是根据认知环境而提出的，而非根据心理状态或心理过程。另一方面，正如我们要在十二节论证的，互为显明这个概念已经够强了，足以对第六节讨论过的公开性这个概念提供精确而实质性的内容。然而，由于排斥了互有知识的概念而采用互为显明这个较弱的概念，我们也失去了交际研究所能提供的某种解释。

交际要求讯递者和受讯者在代码和语境的选用上有一定程度的协调。互有知识这个概念就是用来解释如何达到这种协调的：给定足够的互有知识，交际双方可以对代码和语境作出对称的选择。另一方面，互显这个现实的概念却比较弱，不能解释这种对称的协调。但是，且不要急于断言互显这个概念毕竟太弱，首先要自问以下问题：有没有理由来假定协调的责任须由交际双方同等承担，且双方必须对称地关心对方在想什么？不对称的协调往往更易于完成，而交际说到底是个不对称的过程。

设想跳交谊舞时如果选择舞步的责任由跳舞双方同等承担，那会导致什么结果（再考虑一下在解决由此而来的实时协调问题时，互有知识理论的帮助会多么有限）？如果把责任交给领舞的一方，另一方只需跟着跳，那协调问题就可避免或减轻许多。我们假定交际也是这么回事。讯递者必须担负起责任来，构建正确的定识，判断听者在理解过程中可以掌握哪些代码和语境信息，并认定听者有可能使用它们。避免误解的责任也由言者承担，因此听者要做的仅仅是运用最易得到的代码和语境信息去理解语句。

设想玛丽和彼德正在看风景，玛丽注意到远处的一个教堂。她对彼德说：

（49）我去过那个教堂。

她说这句话前并没有先自问一下：他是否注意到了那个教堂？他是否认定她注意到了教堂并且认定她已注意到他注意到了教堂？等等。抑或他是否认定那是个教堂并认定她认定那是个教堂？等等。她所需要的只是合理的信心，相信他能在需要时看出那个建筑物是所教堂，换言之，是相信在恰当的时候，某个定识会在他的认知环境里显明。他不需要在她说话之前就知道这个定识。其实，她说那句话之前，他可能认为那个建筑物是座城堡，可能只是因为她的语句的作用，那是所教堂这件事才对他显明。

受到风景的感染，玛丽说道：

（50）这种美景会让玛丽安娜·戴希伍德［Marianne Dashwood］神魂颠倒的。

这句话暗指简·奥斯丁［Jane Austen］的小说《理智与情感》，她知道彼德念过此书。她并没有先停下来想想他是否知道她也念过此书、是否知道她知道他念过此书，等等。她也并非没有意识到他们俩很可能对这本书的反应不一，对相关情节的记忆也不尽相同。她的话是立足于一些没说出来的定识之上的，他在她说话前也绝不需要持有那些定识。她所期望的是自己的话会起提示的作用，使彼德记起先前忘记的有关情节，并建立所需的定识以理解她这句话的暗中所指。玛丽的这种期望是合情合理的。

在以上这两个例子里，玛丽认定了哪些定识对彼德是显明的或将会显明。彼德相信他自然而然地构建的有关教堂和《理智与情感》的定识就是她期望他得出的定识，因为那些定识能助他理解玛丽的语句。为使交际成功，玛丽必须对彼德的认知环境有所认识。由于他们成功的交际，他们的互有认知环境得到了扩展。注意，对称式协调和互有知识在此未起任何作用。

采用互有知识理论的最根本原因与采用代码模式一样，是希望说明如何能确保交际的成功并说明听者如何通过万无一失的算法重建言者的确切意义。在这个理论体系中，对交际经常失误这个事实有两种解释：要么是代码机制的操作不够完好，要么是"噪音"干扰了交际。一个不受噪音干扰、操作良好的代码机制应该确保交际成功无误。

我们既否定了互有知识的学说，就不能再把万全的算法当做人际交际的可能模式。但是，鉴于交际过程显然并不保险，那为什么还要假定它受万全的程序制约呢？再则，如果人工智能研究确实能给我们带来一些教益的话，那么最重要的教益就是多数认知过程非常复杂，必须通过启发式推理来模拟，而不能采用万全的算法。[47]所以，我们假定制约交际的是一种启发式推理，本身并不完备。按照这种做法，交际中的失误是意料之中的：真正费解而需要说明的不是交际为什么会失误，而是交际为什么能成功。

我们已经看到，互为显明这个概念较弱，无法拯救交际的代码理论。可那从不在我们的目标之列。我们不把代码理论看成是理所当然正确的学说，也就不会根据该理论而断定互有知识必须存在。我们想要考察的是，交际双方实际可以构建何种定识，以揣测对方所持有的定识，然后探讨相关结论对交际的阐释所蕴涵的意义。

有时我们对别人的定识有直接的证据：比如，当他们告诉我们他们认定了什么。更常见的情况是，由于我们显明地与他人共享认知环境，我们有直接证据表明哪些是对他们显明的事情。当我们与他人共享的认知环境是互有环境时，我们有证据表明哪些是对大家互为显明的。注意，这种证据永远不能完全确定。单凭一个原因就能知道不同认知环境之间的界限不可能精确地划定：显明度奇弱的定识和不得而知的定识之间不存在可以识别的界限。

从对他人显明的定识，尤其是对他人强烈显明的定识，我们可以推出更多（尽管势必更弱）的关于他人实际认定内容的定识。从对大家都互显的定识，我们可以推出更多且更弱的关于他人赋予我们的有关定识的定识。能做到的基本上就是这些了。人是在下列情形里设法完成交际的：可以大量认定对他人显明的内容，可以认定许多对双方互显的内容，但却一点都不能认定真正互知或互相认定的内容。

导致建立互有认知环境的那些交际事例基本上也就是那些用于建立互有知识的事例。[48]我们已经论述过，关于互有知识的假定从未真正得到论证。（49）和（50）这两个例示的证据说明互有知识不是必要的。借助互有知识所作的迂回论证是多余的：互有认知环境直接提供了交际和理解所需要的全部信息。[49]

"认知环境"和"显明"这两个术语，不论是否涉及"互相"的概念，都具有心理现实性，但它们自身对揭示人脑的活动帮助不大。认知环境不过是个人能对之作心理表征并接受为真的定识所组成的集合。问题在于这些定识中哪些是个人会实际得出的？这个问题不但对心理学家有意义，也会吸引每个日常讯递者。我们要论证的观点是：交际时，言者的意图是改变受讯者的认知环境；但言者当然也期望对方的实际思维过程会因此受到影响。在下一节里，我们将提出以下观点：人的认知是以关联为目的的，因此，如果知道了某人的认知环境，就能推出他实际可能构建的定识。

九　关联与明示

　　一个人的认知环境是他所能得到的定识之集合。哪些具体的定识是他最可能构建和加工的？对这个问题当然有可能不存在广义的答案，但我们认为答案是有的，并将加以论证。本书要探讨的主要观点是：信息之所以值得人去加工，是因为它具有关联这个特性。第三章将对关联作技术性较强的讨论。在本节里，我们只想用非常一般的非专业术语来讨论关联的性质，还要初步谈谈关联在交际中所起的作用。

　　人是有效率的信息加工器。这是人作为生物最突出的优点。但什么是信息加工的效率呢？

　　效率只能通过目标来界定。有的目标是绝对目标，比如捕捉猎物、赢得比赛或解决问题：它们要导致特定的状况，这种状况在给定的时刻要么存在，要么不存在。其他的目标是相对目标，例如繁殖后代、练反手击球，或是认识自我：它们要提高某个变量的值，因此只能在某种程度上达到目标。就绝对目标而言，效率只涉及耗用尽可能小的所需资源（不管它是时间、金钱、能量……）以达到目标。就相对目标而言，效率涉及在达成目标的程度与耗用资源的程度之间求得均衡。在特殊情况下，耗用的资源为定值，比如所有能用的时间不管怎样都得用完，效率就涉及在尽可能高的程度上达到目标。

　　对信息加工的讨论，不管在实验心理学还是在人工智能的领域，大多涉及绝对目标的实现。"解决问题"已成为信息加工的范式。从这种角度看，研究的问题有着固定的答案；信息加工的目标在于找到这种答

案；效率涉及用最小代价找到答案。然而，这种做法并不适用于所有的
认知任务；许多任务并不是要达到绝对的目标，而是要改进已有的状
况。因此，认知效率可能应该根据不同的信息加工器而作出相应的
刻画。

较为简单的信息加工器只加工特定专门的信息，不管是像青蛙那样
的自然生物还是像电子示警系统那样的人造设施。比如青蛙加工的信息
涉及自身体内的新陈代谢和周围昆虫的动作；示警系统加工的信息涉及
噪音和其他原因引起的振动。它们对信息加工的方式是对少数变量的数
值变化作监控。可以把这种行为非正式地形容为是对几个指定问题的回
答："近处有无蝇状物体"，"室内有无大型移动物体"。与此形成对照
的是更复杂的信息加工器，后者可以界定并监控新的变量或设置并解答
新的问题。

对较简单的信息加工器而言，效率涉及以最小的加工代价回答指定
的问题。对更复杂的加工器比如人类来说，效率不能如此轻易地界定。
这种加工器的有效信息加工可能涉及设置并试图解答新的问题，尽管这
会带来额外的加工代价。设置并解答特定的问题必须进而被看成是从属
于更广义和更抽象的目标。复杂信息加工器的效率应该依照这个广义的
目标来加以刻画。

对人类认知的广义目标，我们除了较为一般的猜测外并无更好的说
法。然而，这些猜测性见解却有着非同一般的重要后果。人的认知目标
似乎在于完善个人对世界的认识，这就意味着增添更多的信息。增添的
信息应该更为准确、更易于检索、在当事人所更为关注的那些方面得到
进一步的充实。信息加工是毕生的永久任务。个人用于信息加工的全部
资源尽管不完全确定，但至少没有很多变通的可能。因此，长远的认知
效率在于根据既有的资源尽可能地完善个人对世界的认识。

那么，短期的认知效率又是什么呢？比如你的头脑在以下几秒或几
微秒时间里工作的认知效率是如何界定的呢？这个问题更为具体，也更
难回答。人脑每时每刻都有可能完成许多不同的认知任务，其原因有
二：第一，人的感官技能监控的信息大大超过了中枢概念技能所能加工
的数量；第二，中枢技能总有许多未完成的工作要处理。有效的短期信
息加工所面临的主要问题便是对中枢的加工资源作优化分配。资源分配

的对象应该是那些有可能以最小加工代价对人脑广义认知目标作出最大贡献的信息加工活动。

有的信息是旧信息：它已经出现在个人对世界的表征中。除非执行特定认知任务需要这种信息，而且从环境中得到该信息较从记忆中调用更为简便，这种信息是完全不值得加工的。另外有些信息不单是新信息，而且与个人对世界的心理表征毫无联系。它们只能作为孤立的零碎信息增加到既有的心理表征中，这通常意味着以过多的加工代价换取过少的收益。还有其他的信息不但是新信息，而且与旧信息有联系。这些互相联系的新旧信息被当做前提在推理过程中一齐使用时，可以衍生出更多的新信息。如果没有这种新旧前提的组合，就无法推出这类新信息。这种因新信息的加工而导致的信息增值效果，我们称之为关联。增值效果越大，关联性就越大。

我们来看一个例子。玛丽和彼德坐在公园的长椅上，彼德把身体往后一仰，从而改变了玛丽的视野。彼德的后仰动作改变了玛丽的认知环境；他向她展示了某些现象。她可以看，也可以不看；可以用不同的方式去理解所见到的现象。玛丽为什么要注意某个现象而不是另一个？为什么选用某一种方式去理解有关现象呢？换句话说，她的大脑为什么要加工因环境变化而对其显明或更为显明的某些定识呢？我们的回答是，这是因为她应该加工那些当时对她最为关联的定识。

比如，设想由于彼德的后仰，玛丽会看见一些事物，其中包括三个人：一个是卖冰激凌的小贩，那人她刚在长椅上坐下时就注意到了，一个是位普通的散步者，那人她以前从没见过，还有一个是她认识的威廉，他正向他们走来，是个万人嫌。对他们每个人的许多定识或多或少都对她显明。她可能在先前看到冰激凌小贩时已经考虑过了他的存在所带来的后果；果真如此的话，现在再注意他就是在浪费自己的信息加工资源了。那个不认识的散步者的出现对她来说是新信息，但由此产生的后果很小或根本没有；所以，她因此人的出现而观察到及推导出的内容就又不太可能对她具有关联性。相反，从威廉向她走来这件事上，她可以得出许多结论，这些结论又会带出更多的结论。因此，这才是她的认知环境的真正有关联的变化，是她应该关注的特别现象。如果玛丽所追求的是认知效率，她就应该对此事加以关注。

我们的观点是，人都会自动争取做尽可能有效的信息加工工作，不管他们是否意识到了这一点，情况都是如此。事实上，人有意识追求的兴趣尽管丰富多变，却都是在不同的条件下追求上述恒定目标的结果。换言之，人在特定时间的特定认知目标永远是一个更广义目标的特例：那就是增强加工信息的关联性。我们要证明的是，这是人际交流的一个决定性因素。

彼德的后仰行为对玛丽所显明的事实之一就是他的这个特定行为。现在设想她注意到了这个行为，推想到这是故意之举：可能他的后仰动作比较僵硬，不像是只想换个更舒适的姿势。她可能会自问他为什么要这么做。对此可能有许多答案。设想她能找到的最合理的答案是他那么做是为了使她注意一件特别的事。那么，彼德的行为就对玛丽显明了他欲使某些特定的定识对她显明的意图。我们把这种使一个想要显明某事的意图变得显明的行为称作明示行为或简称为明示。向他人展示某事是明示的一例。我们要论证的是：人的意向型交际也是一种明示行为。

明示的存在是毋庸置疑的。费解的是它的运作方式。任何可感知的行为都能使无穷多的定识显明。那么，明示行为的受讯者如何才能知道哪个定识是有意对他们显明的？例如，由于彼德的行为，有一些现象对玛丽显明了，她如何才能知道其中的哪几个现象是他有意要她注意的呢？

信息的加工需要付出心力，人只会在期待回报时才加工信息。因此，除非觉得某个现象对某人有足够关联，值得他关注，否则就无必要使他注意该现象。通过引起玛丽的注意，彼德表明他有理由认为她的关注会使她得到一些有关联的信息。当然，他有可能弄错，也可能是在企图转移她的视线，使她无法注意其他的关联信息，正如一个人就是说了某个断言也可能出错或者撒谎；但一言既出，就为该断言的真实性提供了默认的保证，同理，明示对关联性的保证也是不言而喻的。[50]

这个对关联性的保证使玛丽得以从新近显明的定识中推导出有意对她显明的定识。可能的推导过程如下：首先，玛丽注意到了彼德的行为并认定它是明示行为：就是说该行为意图引起她对某个现象的注意。如果她对他的关联性保证有足够的信心，她就会推断出他的行为对她显明的某些信息确实对她有关联。于是她就注意到了因他后仰而进入她视野的空间，发现了冰激凌小贩、散步者、那个讨厌的威廉，等等。在新显明的定识中，有关威廉的定识在关联性上是唯一值得她注意的定识。据此她可以推出彼德的意图正是让她注意威廉的到来。任何其他有关彼德明示行为的定识都与玛丽的信心相抵触，无法让其认可该行为所伴随的关联性保证。

玛丽不但意识到来人是她想躲开的，而且意识到彼德意图让她意识到这一点，她还意识到他也意识到了这一点。根据所观察到的他的行为，她了解到了他的一些想法。

明示行为对人的思想提供了证据，之所以能做到这一点，是因为明示意味着对关联性的保证。究其原因，是由于人的注意力会自动集中到自认为最有关联的现象。本书的主要论点是：一个明示行为会含有对关联性的保证，这个事实——我们将称之为关联原则——使明示背后的意图变得显明。[51]我们相信，要想使交际的推理型模式具有解释性，需要的正是这条关联原则。

十　明示—推理交际

明示提供了两层信息供人采纳：第一层信息可以说是已被展示的信息；第二层信息告诉我们第一层信息已被有意图地展示了。我们可以设想第一层信息获得了接收，但第二层却没有。例如，由于彼德的后仰动作，玛丽可能注意到威廉在朝他们走过来，尽管她完全没有注意彼德的意图。而对彼德来说，他可能不太介意玛丽是否意识到了他的意图，只要她注意到了威廉就行。

然而，在一般情况下，认识明示行为背后的意图对有效的信息加工是必要的：要是有人未能认识这种意图，就可能无法注意关联的信息。我们对先前的例子稍加修改，设想威廉在远处人群里，很难看清楚。如果玛丽没有注意到彼德的行为是明示的，她可能看着正确的方向，却没有注意到威廉。如果她感觉到了彼德行为的明示性质，她就会看得更仔细一点，从而发现彼德认为可能对她有关联的信息。

在我们修改过的例子里，彼德的明示行为所起的主要作用是极大地显明了某些信息。那些信息其实本来也会显明，只是其显明度会非常弱。然而，有时候一些基本信息根本不会显明，除非明示行为背后的意图受到注意。设想有个女孩在外国旅游，她只穿着单薄的夏装从旅馆出来，显明地是要出去走走。这时，坐在近旁长椅上的一位老人明示地朝天上看了看。女孩也看了看天，看见了几片微云。这些云彩可能她先前已经看见了，但一般不会多加注意。按照她对当地天气的认识——或者说由于她对当地天气缺乏认识——这些微云的出现对她并无关联。可现在，老人用显明刻意的方式引起了她对云彩的注意，从而保证她可以从中获得关联的信息。

老人的明示行为给女孩带来了全新的信息加工策略。如果她接受了他的关联性保证，她就必须弄清他为何认为云彩的出现会对她有关联。鉴于老人比女孩更了解该地区及其天气，他可能有理由认为云彩会变黑，天气会由晴转雨。这是个很典型的定识，可能会让人首先想到。老人因此可以有理由坚信：受他行为的启发，女孩就不难判定这个定识就是他所相信的。假如天快要下雨这件事其实对老人并不显明，他的行为就实在难以解释了。所以，女孩有理由认为老人让她注意云彩是意图要使下述定识对她显明：他相信天很快会下雨。这个明示行为的后果是她现在得到了一些先前不知道的信息，那就是他认为天很快会下雨，所以确实有下雨之虞。

在这个例子里，老人让女孩注意的情况有的已经对她显明，有的没有。云的出现以及云总有可能变成雨这个事实已经对她显明，现在不过是更显明而已。但在此刻之前，她还把天色很美看成是不会下雨的强烈证据。在那个特定场合，下雨的危险完全未对她显明。换句话说，云已经是即将下雨的证据，但这个证据实在太弱。老人展示了这个证据，从而使其变得格外有力。由于他的意图变得显明，天要下雨的定识也随之变得显明了。

有时明示行为展示的所有证据都与施事者的意图直接有关。在这类情况下，受讯者只有通过认识施事者的意图才能同时间接地发现施事者意欲显明的基本信息。展示的证据和传递的基本信息之间的关系是任意的。同样的证据在不同场合可被用来显明不同的定识，甚至是互为抵触的定识，只要它能显明明示行为背后的意图。

现举一例。两个囚犯来自不同的部落，语言不通，被送到一个石矿背对背地砸石头。突然，囚犯 A 在他的锤声里加入了一种特别的节奏：一二三、一二、一二三、一二。这种节奏虽则任意却很清晰，足以引起囚犯 B 的注意。这种砸石头的任意节奏对 B 并无直接关联。然而有理由认为它是蓄意而为的，B 可能自问 A 这么做目的何在。一个合理的定识是："这是个明示行为，"就是说，A 意使 B 注意该节奏。这又会使 A 想与 B 交流的愿望变得显明。在那种场合，这个结论足以具有关联性。

再看个更有启发性的例子。囚犯 A 和 B 在石矿干活，每人旁边都有个看守贴身监视着。突然，看守转移了注意力。两个囚犯都意识到现在是逃跑的极好机会，但首先他们必须一齐出手，同时制服那两个看守。在这个场合下，很清楚哪个信息会有关联：俩人各自都想知道对方何时动手。囚犯 A 突然吹起口哨，俩人制服了看守逃走了。在这个例子里，同样不需要一个现成的代码，让口哨表示"现在动手"的信息。要传递的信息已经很清楚：它是 A 在那样的场合唯一可能意图显明的信息。

如果这种事情一再重复，不就会造就一个代码了吗？设想那两个囚犯又给捉回来了，又遇到了相同的困境：又是一声哨起，俩人又逃走了，然后又给捉了回来。再下一次，囚犯 B 并没有意识到两个看守转移了注意力，但他听到囚犯 A 吹起了口哨：好在这次 B 不需要对口哨意图显明的内容再作推理：他知道是怎么回事。口哨已经变成了一个信号，通过一个深层的代码与"现在动手制服看守"的讯息相联系。

支持推理型交际模式的学者可能会倾向于把上述过程当做语言进化的总体模式，即把规范意义当做自然推理的结果。[52]这让人联想起百万富翁洛克菲勒［Rockefeller］的发迹史。一天，赤贫的年轻人洛克菲勒在街上捡到一分钱。他用钱买了一只苹果，擦擦干净，卖了两分钱；然后又买了两个苹果，擦擦干净，卖了四分钱……一个月以后，他买了辆做买卖的手推车。两年后，他已准备买间杂货店，这时他继承了百万富翁的叔叔留给他的遗产。我们永远不会知道原始人类对推理结果作规范化的努力要持续多久才能完全创造出一门人类语言。事实上，人类语言之所以得以进化，是因为人有着特殊的生物禀赋。

无论语言是如何产生的，也不论所采用的代码为何，一个经过编码的行为都可以有明示的用法，也就是说，它可以用来提供两层信息。一是基本层面的信息，其内容可以不受任何限制；第二个层面所提供的信息是：第一层信息已被刻意显明了。一个编码信号或其他任何具任意性的行为被明示地使用时，所呈示的证据与讯递者个人的意图直接有关，而只是间接地与她意图显明的基本层面信息发生关系。自然，讨论到了这个阶段，我们已经在研究格莱斯式交际的标准情况了。

　　有没有一条界限，可以分开以下两种情况？一种是明示，这种情况往往被称为"展示某事"；另一种是明显的交际，此时讯递者无疑在"表达某义"。格莱斯的一个主要研究课题就是划出这条界限：分清他所说的"自然意义"与"非自然意义"。前者的例子如：烟意味着火；云意味着雨，等等。后者的例子如："火"这个词意谓火；彼德的语句意谓天会下雨，等等。对这个区别至关重要的是格莱斯在其研究中提到的讯递者的第三种意图：一个真正的讯递者意图使对其传信意图的认识至少作为受讯者实现该意图的部分原因起作用。换言之，如不考虑第二层面的信息，第一层即基本层面的信息就无法完全复原。

　　我们力图在本节证明的是：不存在两个界限分明、定义清晰的明示类型。实际存在的是一个包含各种明示行为的连续统，从"展示某事"一直到"表述某义"。前者对基本层面的信息提供了有力的直接证据；后者提供的证据全都是间接的。就是在我们先前讨论过的第一个例子里（彼德明示地后仰让玛丽看见威廉正朝他们走来），也可以认为其中的有些基本信息是通过将彼德的意图显明而间接得到显明的。一个刻意作出任何明示行为的人会让别人注意自己，并刻意使一些有关自己的定识显明。例如，他自己也知道此举要表明的基本信息；他试图使自己的行为具有关联性。彼德的明示行为可能显明的不仅是威廉正在走近，还有其他一些定识：彼德预料玛丽会因此感到不安，而且他自己也正为此感到不安。

　　不过，我们是否愿意说彼德用他的行为"表述了某义"？我们同多数语言使用者的感觉一样，都不想那么说；但这与我们的研究目的无关。我们的研究目的不是分析日常语言用法，而是描写和解释人际交际的各种形式。我们现阶段的论点是：要么推理型交际是在为讯递者所表达的意义提供证据，这里所说的"意义"指格莱斯命名的"非自然意义"，那样的话，推理型交际就全然不是一类清楚界定的现象；要么展示某事应被视为推理型交际的一种形式，与借助某行为表达某义相同，那么推理型交际和明示就是一回事了。

这里涉及两个问题。一个是实质性的问题：哪些事实构成了一个范畴，应该放在一起描写和解释？我们的回答是明示的情况构成了这样一个范畴，而狭义的推理型交际（即这种理解不包括明示的一些难以称之为表述"意义"的情况）就不是这样的范畴。第二个是术语上的问题（因而不值得多谈）："交际"这个术语能否适用于明示的所有情况？我们的回答是肯定的。从现在起，我们要把明示性交际、推理型交际和明示—推理交际当做一回事。推理型交际和明示是相同的过程，只是观察的角度有所不同：讯递者的角度涉及明示，受讯者的角度涉及推理。

在明示—推理交际中，讯递者向受讯者显明自己欲显明基本层面信息的意图，因此可以通过传信意图和交际意图对它作描述。在下面两节里，我们要通过"显明"和"互为显明"这些术语来重新分析"传信意图"和"交际意图"这两个概念，并对这种修订所带来的一些经验性后果作一概述。

十一　传信意图

我们在本章起首部分指出：任何对交际的解释必须回答两个问题：第一，交际的内容是什么；第二，交际是如何达成的？到现在为止，我们只讨论了第二个问题。在本节里，我们回头考察第一个问题。对这个问题，一般的共识是把意义看成是交际的内容。那么问题又变成了"什么是意义"，对此就不再有共识了。

什么是意义？对这个问题的种种回答不管差别多大，都同意一个观点：典型的意义是语言的语句所直显表达的内容。于是，表达直显意义的言语交际便被看做是交际的通用模式。符号学的各种理论就持这个观点，它们不但是从语言理论概括推广得来的，而且都基于一个假定：交际用索绪尔的术语来说，总是用"符号能指"来传达"符号所指"。那些推理型学说也持上述偏重直显意义的观点，它们把所有交际行为都看成是广义的"语句"，用以传递"发话者的意义"。

我们相信借助语言完成的那种直显交际并不是典型情况，而是极限情况。把言语交际当做通用交际模式导致了理论上的扭曲，也造成了对研究素材的误解。人际交际的多数形式所带来的效果，包括言语交际的一些效果，实际上非常模糊，不能一概按照直显交际的形式来分析。此外，各种交际情况不能分成两种类型，而是构成了一个效果由模糊到精确的连续统。

我们首先用两个非言语交际的例子来说明这一点。玛丽回到家，彼德打开门，玛丽在门口站住，明示地嗅了嗅鼻子。彼德也嗅了嗅，闻到一股煤气味。这个事实具有高度关联性，如果语境中不存在反例或任何明显的其他可能，彼德会认定玛丽意图对他显明的是"有股煤气味"。这里，至少一部分得到传达的内容可以通过说"有股煤气味"这句话而得到较好的诠释；可以认为这就是玛丽的意思。如果不用明示的嗅觉行为，她确实可以靠说话来达到基本相同的效果。

现在把这个例子与下述情况作对照：玛丽和彼德刚刚来到海滨。她打开临海的窗户明示地嗅着，露出欣赏的神情。彼德也嗅了嗅，并没有注意到哪个特别突出的方面：空气很清新，比城里的好得多，让他想起他们俩以前的假日；他可以闻到几种气味：海、海草、臭氧、鱼；种种愉快的思绪映入脑际。因为玛丽在嗅的时候露出了欣赏的神情，所以彼德可以有理由认定她是想让他至少注意这些方面的部分内容。尽管如此，他却不可能进一步确定她的意图到底是什么。是否有理由认定她的意图更为具体？她要表达什么意思？对这个问题有没有一个合适的答案，可以通过直显的语言来作出诠释？倘若不用原来的表达方式，她能否用语句来达到相同的交际效果？答案显然是否定的。

对玛丽闻到煤气味那样的例子可以合理地赋予讯递者一个意义，而一般讨论交际时也只涉及这种情况。诸如玛丽在海滨的例子显然也是交际行为，但因其内容不够确定，所以往往都被排除在外。但是这两种例子并不能归入界限分明的不同类别。很容易想出中间的情况：比如，一个客人在炖肉端上来时明示地嗅着，露出欣赏的神情，等等。

直显交际模式所带来的扭曲和误解也出现在言语交际本身的研究中。暗寓型言语交际的一些重要方面受到了忽视。语用学家假定语句传递的是言者的意义，如果语句是一个断言，其言者意义就是一组定识。其中之一用直显形式表达；其他的定识（如有的话）则用暗寓的方式表达，或可称之为"寓谓"。[53]一般认为，语句的显谓内容和它的寓义之间的唯一区别在于前者通过解码而得，而后者通过推理得出。但作为言者和听者，我们都知道，一个语句暗寓的内容一般比直显表达的模糊得多。语句暗含的意思一经明说，往往就会令人有曲解之感，原因就在于这种经常是刻意营造的模糊被消除了。直显地表达隐喻和其他修辞格的内容会造成更大的曲解，因为其中的诗意一经明说，往往就会受损失效。

为求减少曲解，语用学家倾向于集中讨论像（32）这样暗寓义相当精确的例子，而无视（51）这样同样寻常的暗寓义模糊的例子：

（32）彼德：你要不要咖啡？

　　　玛丽：咖啡可是会提神的。

（51）彼德：今天打算干什么？

　　　玛丽：我头疼得厉害。

在（32）里，玛丽寓谓的是她不想喝咖啡（或在其他一些场合，她想喝咖啡），原因是咖啡会提神。这里的寓义都可以显谓，不会造成曲解。在（51）里，玛丽寓谓了什么呢？她什么都不想干？她尽量少干点？她尽力而为？她还不知道会干些什么？没有准确的定识，除了她直显表达的那个，后者可说是她意图与彼德共享的。然而她的语句里除了显谓的内容，还有别的意思：她显明地意图使彼德从她的话中得出一些结论，而且不是随便任何结论。（51）那样十分普通的例子在语用学文献里从未讨论过。

语用学家往往理所当然地认为意义是命题与命题态度的结合体，尽管各派对这个观点的表述和发展上可能有很大的差异。换言之，他们认为讯递者的传信意图是意使受讯者得到对某些命题的某种态度。以"断言"这种经常被视作最基本的情况为例，其传信意图被分析成是意使受讯者得出一个信念，相信所述命题为真。

对关心推理在交际中作用的人来说，有充分理由假定交际的内容具有命题性质：命题较易界定，其推导过程也较易描述。谁都不清楚如何对非命题内容如图像、印象或情感作推导。因此，命题内容和命题态度似乎提供了唯一相对坚实的基础，据此能够建立一个部分或全面的推理型交际理论。如果交际的许多内容不具有命题形式，那也只能徒叹可惜了。

初看起来，符号论者的观点似乎更加全面。他们提供了一个先验的理论，能够解释如何传递任何形式的表征，不论是命题还是其他形式：那就是使用代码。然而，符号论者对他们称之为"内涵意义"（即交际的较为模糊的内容）的研究却只停留在极度纲领性的阶段，未能就所涉的心理表征作出初步分析，以期最终达到心理学上的充分解释。[54]符号学的做法之所以更为全面，仅仅是因为它更加肤浅。

对交际的较为模糊的方面表现出颇为一贯的关注的唯一学派是浪漫主义学派，从施莱格尔兄弟［the Schlegel brothers］和柯勒瑞治［Coleridge］到里却兹［I. A. Richards］以及他们的众多追随者，不管后者是否承认这种渊源关系。其中包括许多符号论者如罗曼·雅可布森［Roman Jakobson］在某些著述中的观点、维克特·透纳［Victor Turner］或是罗兰·巴尔特［Roland Barthes］。然而，他们都用模糊的术语来论述模糊，用隐喻式的术语去分析隐喻，还把"意义"这个术语用得过滥，使其变得几无意义。

对人际交际的较为模糊的效果作精确的描写和解释，这在我们看来，是任何交际理论所面临的重要挑战。区分意义与交际，承认有些内容在严格意义上并不属于讯递者及其行为所表达的意义，却仍能在交际中得到传达，这种做法迈出了偏离传统交际理论和多数现代交际理论的重要的第一步。一旦迈出了这一步，相信我们所提出的理论能够回应上述挑战，完成以往各家所未竟之业。

对交际的解释要么与心理学毫不沾边，绝口不提思想、意图等概念，要么假定讯递者的意图是唤起受讯者的某些特定的思想。我们认为，较好的做法是把讯递者的传信意图描述为意欲直接修订受讯者认知环境的意图，而非意欲直接修改受讯者思想的意图。认知环境修订后的具体认知效果只能部分地为人所预见。讯递者与从事其他行为的人一样，对自己所构想的意图的实现具有一定的支配能力，在一定程度上可以影响受讯者的认知环境，但对受讯者具体思想的影响则小得多。这些因素在讯递者构想自己的意图时已经考虑在内了。

因此我们建议按下述方式修订"传信意图"这个术语。讯递者发出刺激信号，意图藉此传递。

（52）传信意图：使定识之集合 I 对受讯者显明或更加显明。

我们将意图视为心理状态，我们还假定意图的内容须作心理表征。特别是，讯递者头脑里必须对有关定识之集合 I 作心理表征，该集合正是她意图对受讯者显明或更显明的内容。然而，对定识之集合作心理表征并不需要对集合中的各定识也作心理表征。只要为该集合提供一条能起区别作用的描述性概括就行了。

如果讯递者的意图是显明某些具体的定识，她对集合 I 的心理表征当然可能取一系列定识的形式，这些定识皆为 I 的成员。以（53）的对话为例：

（53）乘客：火车什么时候到牛津？
　　　检票员：5 点 25 分。

此时检票员的传信意图是向乘客显明火车 5 点 25 分到牛津这个唯一的定识。在这种例子里，讯递者要传递一个或几个她实际想到的具体定识。以往对交际的研究通常也只考虑这类情况。我们在（52）中对传信意图的刻画直接适用于这些情况，但与其他理论不同的是，（52）的适用范围还不限于此。

再看处于另一个极端的最模糊的交际形式。这里，讯递者可以对 I 作心理表征，其中并未直接列出集合 I 中的任何定识。例如，玛丽嗅着海边空气时的传信意图可以作如下描述：她打开窗户作深呼吸时所有对她显明的定识都由于她那个明示行为而应该对彼德显明或更加显明。这些定识中，她无需意图传递任何一个具体的定识。

如果有人问玛丽她想传递的到底是什么内容，她可能会提供的最好答案之一就是"她想同彼德分享一个印象"。什么是印象？它是不是一种心理表征？能否简化为命题和命题态度？我们的看法是印象或许最好描写成个人认知环境的显著变化，该变化缘自对许多定识之显明性的相对微小的更动，而不是由于单个定识或少数几个新定识突然变得十分显明。把印象归入可供交际的内容，这与我们的常识性感觉颇为一致，但这种直觉在当今交际理论界却得不到解释。然而，在我们试图建立的明示—推理交际模式中，印象直接划归可用于交际的那一类事物，其鲜明的模糊性可以得到精确的描述。

在人际交际的许多甚或是多数情况下，讯递者意图显明的内容部分精确，部分模糊。她脑海里具有的对 I 的刻画可以依赖于对 I 中某些而非全部定识的心理表征。例如，（51）中玛丽说她头疼时的传信意图可作如下描述：她意图对彼德显明她头疼这个定识以及为使该定识成为对彼德问话的关联回答而显明地需要的所有跟进定识。同理，玛丽嗅着煤气味时的传信意图可以是：不仅对彼德显明"有煤气味"这个定识，而且还对彼德显明因这个初始定识而变得互为显明的所有后续定识。

我们不想把定识一分为二，一类在交际中得到了传递，另一类则未经传递。我们的做法是把定识视为一个集合，通过交际，它们在不同程度上变得显明或更加显明。由此可以认为交际本身也具有不同的程度。如果讯递者强力显明她那意欲强力显明某个定识的传信意图，那个定识在交际中就被强力地传递了。相关的例子是别人问你"付了房租没有？"时，你干脆地回答"付了"。如果讯递者的意图是同时增加一大批定识的显明性，因而她对各个定识的意图只微弱地显明，那么各定识在交际中就被弱式地传递了。相关例子就是某人欣喜而明示地嗅着海滨的新鲜空气。以上两例之间当然还有程度各异的一系列例子。在强式交际的情况下，讯递者能较准确地预见受讯者将会具体获得的部分思想。在弱式交际的情况下，讯递者仅能期望对受讯者的思想作某种导向。在人际沟通中，弱式交际往往已经足够，甚至比强式交际更为合用。

相对而言，非言语交际一般属于弱式交际。言语交际的优点之一是它能产生最强式的交际，使听者根据言者语句的直显内容而将其意图确定为单一的、强烈显明的定识，而完全无需考虑任何其他可能。另一方面，言语交际的暗寓内容通常取弱式交际的形式：听者形成的定识只要是几个大致相似但不完全等同的定识中的任意一个，往往就能满足言者的部分传信意图。由于所有的交际形式以往都被视为强式交际，非言语交际就被错误地赋予了种种"意义"，影响了相关描写的正确性。而在以往对言语交际的研究中，直显内容和暗寓意义的区别被认为不在于交际内容的不同，而仅在于交际方式的不同，寓义与修辞表达形式所共有的模糊性经过这番理想化后也不复存在。我们通过定识的显明性而对传信意图所作的解释纠正了这些曲解，既没有引进因事特设的机制，也没有采用模糊的描述。

十二 交际意图

在第六节引进交际意图这个概念时，我们提到了斯特劳森（Strawson，1964a）首先讨论过的一个问题。斯特劳森指出，讯递者的诸意图应该具有"公开性"。这个概念虽然不难从直觉上把握并加以说明，但是要准确地解释清楚却并不容易。一种解释出自斯特劳森自己，认为意图的公开性在于被一系列更高阶的意图所支持，每个意图的作用是令系列中级阶低于自己的前一个意图为人所认识。西弗尔（Schiffer，1972）提出了另一个解决方案，用互有知识来分析"公开"的意义。对上述两种解决方案，我们都已经表示了否定意见，认为两者皆不具备心理现实性。

我们自己的解决方案与斯特劳森的分歧较大，更接近西弗尔的方案，但都避免了两者的缺陷。它用更精确的"互为显明"这个概念来取代"公开"这个模糊的概念。我们因此得以对交际意图作重新定义。通过明示行为有意图地交际就是发出某个刺激讯号以完成一个传信意图，并藉此完成下列意图：

（54）交际意图：对受讯者和讯递者互为显明后者具有该传信意图。

这个新定义可以解释斯特劳森和西弗尔先前讨论过的那种例子。它们表明将传信意图传递给受讯者还不足以构成交际行为。例如，在本章第六节里，我们举过一个类似的例子：玛丽把出了故障的电吹风拆开，让零件散成一摊，藉此意图告诉彼德她想让他修理电吹风。她想使这个传信意图对彼德显明，但同时又不想让该意图变得"公开"。用我们现在的术语说，她不想让自己的传信意图变得互为显明。从直觉上说，玛丽的行为尚不足以构成交际行为，我们对交际意图的重新定义对这种直觉作出了解释。

传信意图是仅仅对受讯者显明还是对受讯者和讯递者互为显明，这两种情况的区别何在？是否应该作为真正的标准，把交际同其他信息的传送形式分辨清楚？这种提法是否只是技术上的改革，以兼顾哲学家凭空臆造的几无可能发生的边缘性事例？还是具有更重大的意义？我们的回答是：确实存在着重要的区别。

先考虑一个更加广义性的问题：假设一个人具有某个传信意图，她为什么要费心让受讯者知道她有这个传信意图呢？换言之，明示交际的动因是什么？格莱斯只讨论过一个动因：有时将自己的传信意图知会别人是完成该意图的最好或唯一的途径。我们也讨论过，有时尽管传信意图未经显明也能实现，比如对意欲传递的信息提供直接证据，讯递者仍然作出了明示交际行为；然而，就是在这种情况下，明示行为也有助于受讯者将注意力集中到相关信息上，因而有助于传信意图的完成。这个说法仍属格莱斯所说的交际动因，只是在范围上略有拓展。

不过，我们要论证的是，采用明示交际除了有助于实现传信意图外，还有另外一个主要动因。单纯的传信仅改变了受讯者的认知环境，而交际改变了受讯者和讯递者双方的互有认知环境。从认知的角度看，互为显明可能意义不大，但它具有十分重要的社会意义。如果两个人的互有认知环境起了变化，那么他们交流沟通的可能性也会起变化（特别是他们进一步交际的可能性）。

我们可以再看一下先前那个例子，彼德身体后仰，让玛丽看见威廉正向他们走过来。如果由于彼德的行为，威廉来了这件事对他们俩互为显明，同样互显的还有"他们可能会被威廉的言谈烦死"等定识，那么他们就必须作出有效的反应，也就是要当机立断。玛丽只需说："走吧！"她可以相信彼德会懂得她这么做的道理，也相信如果他也有同感，他便会立即行动，而不会再发问或耽搁。

再看修电吹风的例子。假如玛丽当时真的使希望彼德修理的愿望互为显明，结果会有两个可能。要么彼德修了电吹风，从而满足了玛丽的愿望，可能还让她欠了他一份人情；要么彼德没修电吹风，那等于是拒绝或回绝了玛丽的请求。而玛丽实际上并没有对俩人的互有认知环境作更改，从而既不会欠彼德的人情，也不会被人拒绝。如果彼德修了电吹风，那是因为他自己乐于助人，玛丽也不欠他什么。如果彼德决定不帮她修，他有可能作出如下推论：她不知道我知道她意图知会我她的愿望，所以如果我置之不理，她会把我的反应归咎于自己没能告诉我她的愿望；她可能会觉得我有点迟钝，但不会认为我不够友善。从玛丽的角度看，她可能有意让彼德作出这番推论。如果他不帮她修电吹风，她会觉得他不够友善，但不会认为他心怀敌意。他虽然没能满足她的愿望，但从性质上说这也算不上是回绝。他们俩人之间的交往关系也会一如既往。这个事例告诉我们，明示交际可以带来其他信息传送形式所不具备的社会蕴意。

如果讯递者使其传信意图互为显明，那么她就导致了如下情形：现在，对交际双方互为显明的是：讯递者的传信意图的实现与否，可以说决定权操在了受讯者的手里。如果讯递者意图对受讯者显明的那些定识变得显明，那么她就成功了；如果受讯者拒绝认可这些定识为真或可能为真，那么讯递者的传信意图便落空了。设想受讯者的行为使相关传信意图的完成变得互显（我们马上会解释那是怎么回事），那么讯递者意图对受讯者显明的定识之集合 I 就变得互显，至少表面上如此。我们说"至少表面上如此"是因为如果讯递者并不真诚，I 中的有些定识对她并不显明，那么按照我们对"互为显明"的定义，这些定识对她自己和其他人来说就不会互显。[55]

讯递者通常希望知道她是否成功地完成了交际意图，这种愿望对她和受讯者是互为显明的。在面对面的交际中，一般期望受讯者用颇为常规的方式来回应这种愿望。比如，如果受讯者拒绝接受对方传递的信息，那么一般的期望是他应该把这个决定告诉人家。否则，互为显明的就是讯递者的传信意图已经实现。

在非双向交际中，需要考虑各种可能的情况。讯递者可能对受讯者拥有绝对的权威，令其传信意图的达成在事先就已经互显了。新闻记者、教授、宗教或政界领袖都认定他们所传播的内容会自动变得互显，可叹的是他们往往有足够的理由如此自信。假如讯递者缺乏那种权威，却仍想与受讯者建立互有认知环境，她需要做的只是使其传信意图与自己的可信度相匹配。例如，我们写这本书时意图互显的仅限于如下内容：我们提出了一些猜想，而且是基于一定理由的。也就是说，我们认为互为显明的是：你会同意我们在陈述自己的具体想法时具有足够的权威性。据此创建的互有认知环境足以使我们继续传递更多的思想，而后者是我们原本所无法传递的，倘若上述条件不具备的话（当然，我们还希望说服你接受我们的观点，但我们希望通过论证的力量达到这个目的，而不是通过使你认识到我们的传信意图）。

本章以提问的形式开篇：人与人之间是如何交际的？我们的回答是人使用了两种颇为不同的交际形式：编码交际和明示—推理交际。然而，这两种交际形式的运用方式截然不同。明示—推理交际可以独立运用，有时也确实是这样用的，可编码交际只能用来增强明示—推理交际。语言在言语交际中正是这么用的，我们将在第四章里对此作出论证。

明示—推理交际可以作如下定义：

（55）明示—推理交际：讯递者发出刺激讯号，对讯递者和受讯者互为显明讯递者意图藉该讯号对受讯者显明或更加显明定识之集合 I。

这个定义的措辞不排除无心交际的可能：也就是说，一个只意图起传信作用的刺激讯号却可能使该传信意图互为显明，这按我们的定义应算成交际行为。例如，设想玛丽打哈欠，意图告诉彼德她累了，并希望自己的哈欠会显得自然。但她做得不够老到，哈欠很明显是装出来的。那样她的传信意图也就变得互为显明了。我们没有理由不把这种情况归入无心的明示交际。然而，很容易对（55）的定义作修改，使意向性成为界定交际的标准。

无论作何定义，人际交际大多具有意向性，充分的原因有二：第一个原因就是格莱斯所指出的：通过为自己的传信意图提供直接证据，人可以传递多种信息，远胜于为基本信息本身提供直接证据。人际交际具有意向性的第二个原因是为了改变和扩展人与人所共享的互有认知环境。

至此，我们对明示—推理交际作了相当清楚的描述。然而，我们尚未解释其运作方式。我们已指出，有关解释可以在关联原则中找到。为使该原则真正具有解释力，我们必须首先大幅度地澄清"关联"这个概念。为了做到这一点，我们必须考虑信息的心理表征方式及其在推理中的加工方式。这就是下面两章内容的安排。

附 注：

[1] 参见瑞迪［Reddy］（1979）对这些起误导作用的隐喻的论述。

[2] 定识（assumption）［相关动词 assume 在取此特别意义时译为认定，在表一般意义时译为假定］与命题（proposition）不同。命题是可确定真值的思想，可真可假，而定识是当事人主观上当作事实的思想，所以从认知上说不应该是假的。当然，被当做事实的思想也可能有假，但那是认知上出了错误。定识与预设（presupposition）也不同。后者是隐伏在语句之中、为某种词语或结构所触发的、可以在加工相关语句时逆向回溯推出的、言者在说话时理所当然地视为交际双方已知事实的思想。定识还不能混同于假设（hypothesis）。假设只是个未经验证真假的设想。——译注

[3] 应从本书原文第一版的出版年份 1986 年再往上推算。——译注

[4] 在此有必要对相关概念作一梳理。讯息［message］指交际的内容或意义，也有译成信息的，但那样会与本书常用的另一种意义上的信息［information］相混淆。讯号特指电讯通讯时的信号，也可泛指一般信号，用它来翻译 signal，与后者在书中的双重用法完全相当。在这里因为要与电讯通讯中的讯息相对应，故不把 signal 译成信号。到下文专门讨论言语交际时，我们会转而把 signal 译成信号，以同电讯通讯相区别。讯号既有形式的方面，又有内容的方面。但与讯息相对时，则突出讯号的物质形式。讯号或信号指经过编码、通过信道传递、由接收方解码的形—义结合体。讯号有可能是少数人私下约定的形—义结合关系，也可能只有短暂的使用寿命，而符号［sign］则是语言群体所共有的约定俗成的形—义结合体，比泛义的讯号更固定、更持久。记号［symbol］也是意义和形式的结合体，它与符号的关系各家说法不一（见莱昂斯［Lyons］（1977）《语义学》卷一第四章，剑桥大学出版社）。在本书中，记号的用法并无特别的理论取向，与符号似可通用。在以下章节中，还会多次遇到刺激［stimulus］这个概念，在本书中一律指人发出的作交际之用的信号。因汉语中不习惯单独用"刺激"这个名词表示讯递者发出的交际信号，所以我们把它译成刺激信号。——译注

[5] 例如，雅可布森［Jakobson］（1960）和莱昂斯［Lyons］（1977）都引用了该图。前者将其用作语言功能的分类基础；后者认为该模式虽不完备，但尚能将就解释言语交际。

〔6〕页码指本书英文参考书目所用版本的具体页数，下同。——译注

〔7〕语句：原文为 utterance，指前后有无声阶段或被别人的话所隔断的一个言语片段，多数使用情况下等于在语境中实际使用的句子。一般译为话语，也有人译为话段，但尚未普及。之所以不用惯常译法，是因为话语还被用来翻译 discourse，后者指某个交际行为的语言产物，取口语形式时可以包括一组 utterance 或是两人之间的多轮对话。为示区别，本书中我们把口语中的 discourse 译作话语，把书面语中的 discourse 译成语篇，后者可以指一个段落、一篇文章，甚至一个剧本。——译注

〔8〕皮尔斯〔Peirce〕称之为 semiotics，而索绪尔〔Saussure〕称之为 semiology，两者范围大致相当，见莱昂斯〔Lyons〕（1977）《语义学》卷一第四章。译成中文时也刻意显示名称上的区别。——译注

〔9〕索绪尔的法文版原著第一版于 1916 年出版。——译注

〔10〕参见斯珀波〔Sperber〕（1985：第三章）循这个思路对列维－斯特劳斯〔Lévi－Strauss〕有关著述的考察。

〔11〕参见史密斯和威尔逊〔Smith and Wilson〕（1979）所作的总体评估。

〔12〕参见斯珀波〔Sperber〕（1975a，1980）就符号论对文化艺术象征手法的分析所作的讨论及其另辟蹊径的主张。

〔13〕这是莫里斯〔C. W. Morris〕（1938）提出的不甚恰当的术语。按莫里斯在该文所下的定义，语形学研究符号之间的形式关系，语义学研究符号与其指谓对象之间的关系，语用学研究符号与其使用者或解释者之间的关系。对当今语用学范围的讨论见舍尔、纪弗、比尔维希〔Searle, Kiefer and Bierwisch〕（合编）（1980：引言）；莱文森〔Levinson〕（1983：第一章）。

〔14〕该结构的歧义在于"贝丝的礼物"既可以是"送给贝丝的礼物"，又可以是"贝丝送的礼物"。——译注

〔15〕原文的（4）、（5）两例皆以句号结尾，译成汉语后故意不设标点，以便读者因不同的命题态度和语调作不同的语义解释。——译注

〔16〕显谓（explicitly communicate, explicate）：本译稿新创译语，与显义（explicature）相对照。另有人将两者都译作"明说"。更具体的讨论见本书第四章。——译注

〔17〕原书在此用国际音标给英文例句注音，中译文改用汉语拼音。——译注

〔18〕参见格莱斯〔Grice〕（1975、1978）。另参见莱文森〔Levinson〕（1983：第三章）对格莱斯学派语用学文献的综述。对格莱斯学说作更详细阐述的著述有巴赫与哈尼希〔Bach and Harnish〕（1979）；利奇〔Leech〕（1983）。在法国，杜克罗〔Ducrot〕（1972，1980a，1980b 及许多其他著述）发展了一种与格莱斯学说有点类似的理论。

[19] 参见洛夫塔斯［Loftus］（1979），内舍尔［Neisser］（1982）。

[20] 这两部电影都是 20 世纪前期由马克斯五兄弟［Marx Brothers］主演的美国喜剧片。——译注

[21] 我们在本节的讨论更直接适用于西弗尔［Schiffer］的说法，对刘易斯［Lewis］的说法不甚适用。另参见下文注［48］。

[22] "共同知识"（common knowledge）这个术语在本书中并不常用。经常使用的是"互有知识"（mutual knowledge）、"共享定识"（shared assumptions）、"共享知识"（shared knowledge）、"共享信息"（shared information）以及下文将重点讨论的"互为显明"（mutual manifestness）［中文简称"互显"］。——译注

[23] 有关互有知识假设的更多讨论，参见约翰逊 – 莱尔德［Johnson – Laird］（1982a）；斯珀波与威尔逊［Sperber and Wilson］（1982）。

[24] 参见阿姆斯特朗［Armstrong］（1971）；巴赫与哈尼希［Bach and Harnish］（1979）；班内特［Bennett］（1976）；布莱克本［Blackburn］（1984）；戴维森［Davidson］（1984a）；戴维斯［Davies］（1981）；格莱斯［Grice］（1957，1968，1969，1982）；哈尔曼［Harman］（1968）；刘易斯［Lewis］（1969）；洛阿［Loar］（1976，1981）；麦克道威尔［McDowell］（1980）；派顿与斯坦普［Patton and Stampe］（1969）；瑞卡纳蒂［Récanati］（1979，1987）；西弗尔［Schiffer］（1972）；舍尔［Searle］（1969，1983）；斯特劳森［Strawson］（1964a，1969，1971）；赖特［Wright］（1975）；俞［Yu］（1979）；齐夫［Ziff］（1967）。

[25] 如果一个人意图将某事告知他人，该意图可称为"告知某事的意图"：原文为 intention(s) to inform，法译本作（son）intention d'informer quelqu'un de quelque chose。在下文里，该术语被简称为（the）informative intention，法译本作 l'intention informative，中文在此译作"传信意图"。另有人译作"信息意图"。——译注

[26] "讯递者"［communicator］在本书指交际行为的发出者；"受讯者"［audience］指交际行为的接受者。在讨论广义交际形式时，作者多用这一对术语。讨论言语交际时，则多用"言者"［speaker］和"听者"［hearer］。译文有时也将并列出现的"言者"和"听者"一并译为"交际双方"。另外，本书的"言者"和"听者"一般都应该理解为"说写者"和"听读者"。——译注

[27] 加狄纳［A. H. Gardiner］（1932）是个突出的例外。

[28] 为求行文方便，除非语境另有所示，我们把讯递者设为女性，受讯者设为男性。

[29] 我们在此考查的是舍尔［Searle］在《言语行为》（1969）中表达的观点，而非他在《意向性》（1983）中发展的更新且较为不同的观点。舍尔的论点之一以据称是对格莱斯分析的反例形式出现（Searle，1965：221—239；1969：44—

45）。这个反例已经在格莱斯［Grice］（1968：160—165）及西弗尔［Schiffer］（1972：27—30）中得到了完满的处理。

［30］参见第十节对其他无码交际事例的更详细的讨论。

［31］注意，如果想把交际的激进推理理论与缓和的代码理论调和起来，这并不太难做到。代码论者可以向推理论者承认所有代码都是常规的集合，且解码就是一个推理过程，步骤如上文所述；而推理论者也可以承认交际涉及的推理都是解码式推理。然而，这种妥协的结果会把两种理论最坏的缺陷合为一体：它既不能涵盖交际中无码推理的作用，又会漠视许多解码过程中的非推理特征。

［32］我们假定意图（27a）所涉及的"回应"总是这样的：受讯者应被告知某事（我们在此取的是"告知"的最宽泛的定义）。这远非通常为人接受的观点。格莱斯自己起初想到的是两种回应：作为对陈述之回应的信念和作为对指令之回应的行为。其后他（在 Grice, 1968；1969）又剔除了作为对指令之回应的行为，只考虑心理意义上的回应：遇到陈述时，意向中的回应是使受讯者意识到讯递者持有某个信念，有时进而使受讯者采纳相同的信念；遇到指令时，意向中的回应是使受讯者意识到讯递者具有某个意图，并使受讯者接纳相同的意图。其他有些学者表达了不同于这两种看法的观点（参见 Searle, 1969；Armstrong, 1971；Bennett, 1976）。我们在第八节到第十二节展开自己的观点，在第十一节专门加以阐述。

［33］参见西弗尔［Schiffer］（1972：第三章）的例子和讨论，作者借此认为这种意图并非必要。

［34］例如可参见格莱斯［Grice］（1982）和瑞卡纳蒂［Récanati］（1987）的做法。

［35］也可以采用舍尔［Searle］（1969：47）的建议，用一个自反性意图来代替无穷多的意图，即一个复杂意图，其包含的次级意图中有一个意图，意使整个复杂意图得到认识。这种自反性意图是"公开的"，一如有序排列的无穷多意图的公开性。从心理学的角度看，单独一个自反性意图可能显得比无穷多的意图更为合理，但我们对此持怀疑态度，原因如下：通常，如果一个表征含有对另一个表征的有定指称，这种指称可以由受指表征直接代入。例如，（a）含有一个指称式，其所指为玛丽话语的表征，后者又在（b）中详细列出；因此从（a）—（b）可以合法地推出（c）：

（a）彼德相信玛丽说的。

（b）玛丽说天在下雨。

（c）因此：彼德相信天在下雨。

理解（a）那种表征或是领悟其关联性往往就涉及这种替换。一个适例就是讯递者的意图 I 意使受讯者认识其意图 J。没有领悟 J，就不能实现或完全领悟意图 I。

由于自反性意图 I 含有次级意图，意使受讯者认识 I，这就产生了一个无限长的式子。鉴于无限长的式子既无法让人思考，更遑论为人理解，因此它就制造了麻烦。自反性意图毕竟不能提供心理学上合理的方法，以使"公开"这个概念更为精确。

　　［36］尽管无穷多意图说（及其变体自反性意图说）和互有知识说同样都能处理由斯特劳森［Strawson］（1964a）提出、西弗尔［Schiffer］（1972）进一步论述的那类例子，仍有可能想出非典型交际的其他例子，它们会因上述两种理论的不同而得到不同的处理结果。无穷多意图说不能排除的情况是：讯递者的意图虽为受讯者所认识，但不是双方互相认识的意图。互有知识说不能排除的情况是：互有知识是无意间造成的，因而交际也是无意之中达成的，或至少在受讯者看来是那样。这些情况尚未在文献中论及。由于我们不知道从这些额外的例子能得出什么定论可以反驳这两种理论，因而就不再讨论下去了。

　　［37］一个显著的例外是心理学家赫伯特·克拉克［Herbert Clark］及其合作者。参见克拉克［Clark］（1977，1978）；克拉克和路西［Clark and Lucy］（1975）；克拉克和海维兰德［Clark and Haviland］（1977）；克拉克和马歇尔［Clark and Marshall］（1981）；克拉克和勋克［Clark and Schunk］（1980）；克拉克和卡尔森［Clark and Carlson］（1981）。

　　［38］格莱斯于 1967 年在哈佛大学的威廉·詹姆士系列讲座上授课，题为"逻辑与会话"，讲稿汇集了最早在格莱斯（1957）和格莱斯（1961）提出的思想。其中的第二讲和第三讲讲稿以格莱斯（1975，1978）发表；格莱斯（1981）对第四讲的部分内容作了概述；最后三讲中的许多思想在格莱斯（1968，1969）中得以呈示；全部讲稿加上一篇重要的"回顾式后记"于 1989 年结集发表（Grice，1989）。

　　［39］格莱斯并未在自己的著述中讨论过他的那些准则在解歧过程中所起的作用，论及这个题目的有凯茨［Katz］（1972：449—450）；沃克［Walker］（1975：156—157）；威尔逊和斯珀波［Wilson and Sperber］（1981：156—159）。

　　［40］利奇［Leech］（1983）可能让人觉得就是受了这种诱惑。

　　［41］我们已试图在威尔逊和斯珀波［Wilson and Sperber］（1981）中表明如下观点：所有准则都可被约简为一条恰当定义的关联准则。

　　［42］真诚性（truthfulness）、信息量（informativeness）、关联度（relevance）和清晰率（clarity）诸准则：这是对格莱斯会话诸准则的另一种叫法。——译注

　　［43］语言语义学（Linguistic Semantics）：莱昂斯［Lyons］认为 linguistic semantics 这个术语有歧义，既可以指研究自然语言意义的学问，也可以指隶属语言学的语义研究，与哲学语义学相对。参见 Lyons（1995）*Linguistic Semantics.* Cambridge University Press. 格莱斯作为分析哲学的日常语言学派的一员，主要从事的是从哲学角度对语言意义的解析工作。但他的思想现在已经成为语义学和语用学的重要部

分，所以也对语言学中这两个学科的相对疆域的划分产生了重大影响。——译注

[44] 此外，肯普森［Kempson］（1975）、斯陶纳克［Stalnaker］（1974）、威尔逊［Wilson］（1975）用格莱斯理论对预设这个现象作了分析；塞道克［Sadock］（1979）、莱文森［Levinson］（1983：147—162）从格莱斯理论的角度考察了隐喻和转义语言；舍尔［Searle］（1975）、巴赫和哈尼希［Bach and Harnish］（1979）用格莱斯理论研究了间接言语行为。另见上文注［18］。

[45] "显明"（manifest、manifestness）和"互为显明"（mutual manifestness）［中文简称"互显"］：本译稿新创译语，在译文中兼作名、动词之用。另有人译作"显映"和"互为显映"，简称亦作"互显"。还有人译为"彼此心照"和"互明"。——译注

[46] 有人提出（参见 Fodor, 1983：102）：远刺激的概念性识别作为知觉过程的输出，需要先经过推理上的认证才能被个人当做事实接受。果真如此的话，可被感知就不成其为显明的充分条件。这种说法的最佳佐证就是人可以不信自己的感觉，因而虽有感知却并不相信。然而，人也可以推理而不信其结果，比如当合法推出的结论与一个坚信不疑的信念相抵触时。似乎知觉的输出如同推理的输出，不需要认证就能被接受为真。另一方面，知觉的输出（如同推理的输出）可以被推理否定。因此，我们可以更确切地说，显明就是能被感知或推出而没有被立即否定。

[47] 算法（algorithm）与启发式（heuristic）：据梁宁建（2003）《当代认知心理学》（上海教育出版社）第十一章第二节，"算法是指在问题空间中随机搜索所有可能的算子或途径，直到选择出一种有效的方法来解决问题的策略。算法实际上是一个按照逻辑步骤以保证问题得到解决的一套程序，是具有能够得出正确答案的特定步骤，即把解决问题的方法一一进行尝试，并根据可运行的步骤操作，最终解决问题。尽管解决问题的效率不高，但是通常总能够起作用。启发式是指个体根据自己已有的知识经验，在问题空间内进行粗略搜索来解决问题的策略。它要求以与问题相关领域特定的知识为前提。启发式并不能完全保证问题解决的成功，但是运用这种方法来解决问题比较省时、省力，而且效率较高"。因此，菲尔德曼［Feldman］（2005）*Essentials of Understanding Psychology*《理解心理学》［精编本］（McGraw – Hill Higher Education 第六版）把算法简单定义为一种只要应用得当就能保证解决问题的规则，而把启发式简单定义为一种可能得出答案的认知捷径。——译注

[48] 例如，刘易斯［Lewis］（1969：56）所说的共同（即互有）知识的基础大致与我们的互为显明相当。我们与他的分歧在于他继而纯粹出于定义上的考虑而提出：这种基础的存在是共同知识本身存在的充分条件。另见克拉克和马歇尔［Clark and Marshall］（1981）。

〔49〕我们这种摒弃"互有知识"，转用"互为显明"的做法已得到广泛的讨论（参见《行为科学与脑科学》第十辑第四期中巴赫和哈尼希〔Bach and Harnish〕、吉布斯〔Gibbs〕、拉塞尔〔Russell〕、麦考莱〔McCawley〕、盖瑞格〔Gerrig〕和欣克尔曼〔Hinkelman〕的有关评论，以及我们在斯珀波和威尔逊〔Sperber and Wilson〕（1987b）中所作出的回答）。作为对加纳姆和帕纳〔Garnham and Perner〕（《行为科学与脑科学》，1990：178—179）的后继评论的回应，我们在斯珀波和威尔逊〔Sperber and Wilson〕（1990a）中力图将《关联》中较为零散的论点汇集起来，用更清楚的措辞表明了"互有知识"和"互为显明"这两个概念间的差异。——第二版注

〔50〕我们的"确保关联"这种提法有时被误解为具有下列蕴意：语句无可避免地都会具有关联。但这段论述可以表明，我们并不持那种观点，正如我们也不认为断言无可避免地都会为真。——第二版注

〔51〕在本书中，"关联原则"这个术语自始至终都意指如下（交际）原则：每个明示的交际行为都传递了关联性推定；"关联原则"在这里并不是指以下这个更广义的（认知）原则：人的认知倾向于追求最大关联。我们将在《后记》中提出：有必要区分两条不同的关联原则：关联第一原则（或曰认知关联原则）和关联第二原则（又称交际关联原则）。——第二版注

〔52〕公允地说，推理论者一般都未曾屈从于这种诱惑。格莱斯〔Grice〕（1982：237）就语言的产生所提供的解释虽是推理型的，但却称之为"没有事实根据的说法"。另见刘易斯〔Lewis〕（1975/1983：181）。

〔53〕"寓谓"（implicate, implicitly communicate）：本译稿新创译语，与戚雨村、石安石所倡译的相关名词"寓义"（implicature）相呼应。后者的其他译法为"含义"、"含意"、"隐涵"及"暗含"。——译注

〔54〕参见凯瑟琳·科布拉特—奥瑞奇奥尼〔Catherine Kerbrat‐Orecchioni〕（1977）的综述。

〔55〕正因为如此，我们才没有把传信意图分析为旨在使 I 互为显明的意图。遇到讯递者不相信自己试图传递的信息时，这种分析就不够充分。然而，这个问题还有另一种处理方法：明示交际可被描写为是旨在创立社会人格之间真正互有认知环境的尝试。讯递者如果是真诚的（且受讯者在显明自己接纳所传递的信息时也是真诚的），那么真实的个人与其社会人格就合为一体，否则就互相背离。从社会学的观点看，这种说法可能更为恰当，其实它与我们在此采用的说法相比，两者只是表述方式不同而已，并无实质上的区别。

第二章　推理

一　非论证型推理

在上一章，我们对明示—推理交际模式作了概述，侧重考察讯递者行为的明示性质，对理解的推理性质则着墨不多。在这一章里，我们将搭建一个理论模式的框架，用以解释理解所涉及的推理能力。至此，我们已经提出了两个宽泛的假说并希望以此作为进一步研究的基础。[1]

其一，我们已暗中假定推理型的理解过程是个非论证过程：我们论证过，就是在最完备的场合，交际还是有可能失败的。不论是采用解码还是演绎方法，受讯者均无法得到讯递者的交际意图。他最多只能根据讯递者明示行为所提供的依据而构建一个定识。这种定识可以确认，却不能证明。

其二，我们明确假定受讯者能得到的任何经概念表征的信息都能在这种推理型理解过程中被用作前提。也就是说，我们假定推理型理解的过程是"综合"的，而不是"局部"的：局部过程（即根据确定的前提或听觉感知的内容做演绎推理）要么是语境自由的，要么只对某些规定领域的语境信息有感应，而综合过程（即经验性的科学推理）则可以自由获取记忆中所有的概念化信息。

"可自由获取概念化记忆的非论证型推理过程"：这个名称听起来像个标准的中枢思维过程，这种联想确有根据。当今认知心理学大都假定存在着"中枢"过程与"输入"、"知觉"或"周边"过程的区别。简而言之，输入过程相对而言是专司某职的解码过程，而中枢过程相对来说则是全应性的推理过程。有关区别将在下文讨论并例示。

我们明确地坚持这样的观点：推理型理解不涉及专用的机制。我们尤其要论证的是，言语理解的推理层面涉及对专用的、非推理型的语言过程的输出结果作中枢的、全应的推理。因此，我们的研究似乎应该受制于福德［Fodor］的"认知科学虚无论之第一法则"。该法则认为："认知过程越是具有综合性……就越不为人所认识"（Fodor，1983：107）。[2]这条法则对语用学的研究也全盘适用，假如我们对该领域的认识没有出错的话。

福德指出，虽然知觉系统的某些操作方式已为人所认识，但是我们对所谓的中枢思维过程的运作方式仍然知之甚少，后者将知觉系统获取的信息与储存在记忆中的信息整合交融，并执行各种推理任务。他讨论了科学理论构思这个中枢思维过程的典型例子。科学理论的建设和证实是一种综合操作，因为任何证据，不管与其联系是否紧密，任何假说，无论合理与否，都有可能影响该操作的结果。福德认为，正是由于科学理论构思的这种综合性质，才使对该思维过程的研究如此难以进行。假定其他中枢过程也具有这种特性，对它们的研究同样可能会举步维艰：

> 不存在严格意义上的中枢过程心理学，其原因也就是不存在严格意义上的科学证实哲学的原因。这两种研究都显示了综合要素在信念确定过程中的意义。这些要素如何产生其效果？对此尚无人具有初步的认识。（Fodor，1983：129）

如果推理型理解是个中枢思维过程，那么建立完备的明示—推理交际理论的愿望似乎真的会陷入深潭。

我们并不完全认同这种悲观论点。科学理论构思是不是揭示中枢认知过程的最恰当模式，对此我们持怀疑态度。尽管我们认为推理型理解也属于中枢过程，但是它在有关方面与科学理论构思有许多相异之处。

首先，虽然这两个过程用福德的话说都具有综合性，它们在运作时各自参照的时间尺度却大不相同。鉴于科学理论的建设和评估可能会占用毕生的时间，因此，可以考虑的假说和可能计入的证据在数量上都会十分庞大，不管从理论上还是从实践上看皆是如此。与此相对照的是，日常语句的理解几乎是瞬时作出的，不管原先可以计入的证据有多大，不论原本可能考虑的假说怎么多，实际上唯一得到考虑的就是那些即刻可以获得的证据和假说。

其次，科学理论构思的数据来自自然，这种数据不会主动助人建立正确的科学理论。与此相反，用于理解过程的数据出自助人的来源。人要是真的不想让别人认识自己的交际意图，那就不会作明示交际了。故此，人是根据自己的交际目的来制作刺激信号的。此外，完全可以想象得到，建设一个十分完备的科学理论对人来说可能是件力不可及的事；但另一方面，可以证明的是：成功的推理型理解是具有正常智力的人都能做得到的。尤其是言语理解，因其具有描写充分的语言刺激信号，对自身的达成也有相对清晰的标准，所以远较科学理论构思更适宜作为研究的对象。推理型理解是一个中枢过程，而不像视觉或语法能力那样是个独立且特设的能力。正因为如此，对它所作的充分解释对认识其他中枢过程也会有启示。而正如福德所正确强调的那样，迄今为止，我们对后者仍知之甚少。

正如我们将要在第三章所展示的，鉴于言语理解几乎是瞬时发生的，其完成得到了信息源即言者的主动帮助，所以，听者从整个概念化记忆选择语境的过程就更加便于研究。然而，可及信息的丰富性仅仅是探索中枢认知过程的两个主要障碍之一。另一个障碍来自这种信息所经历的推理过程的性质。虽然逻辑提供了几种论证型推理的模式，大家的共识是：理解涉及的推理过程是非论证型的。尽管按照通常的假定，非论证型推理必须以某种形式的归纳规则为基础，但现在并不存在成熟的归纳逻辑系统，能为中枢认知过程提供一个合理的模式。

此外，人在做非论证型推理时，可能有能力操纵不止一种的技能。科学家在自觉运用明确的标准逐一证实获得的证据时，很可能用的是独特的推理系统。它不同于我们大家——包括科学家——平时使用的那些系统，后者是我们自发、立时且无意识地作出的推理，其使用场合包括开车时对其他车辆运行情况的推断，对某种美食滋味的推断，或是对言者交际意图的推断。在此我们只关注自发性非论证型推理，我们认为它比科学家辛苦获得的推理技能具有更广义的心理学意义。

有一种观点认为：归纳逻辑系统才是自发性非论证型推理的正确模式。可就是这种观点也有质疑之处。推理这个过程根据其他定识取真或可能取真的力度，来认可某定识的取真或可能取真。因此，推理是确定信念的一种方式。此外还有其他方式。比如，知觉过程根据一个非概念化认知经验的力度，来认可某定识的取真或可能取真。论证型推理是唯一为人充分了解的推理形式，它将演绎规则应用于一组初始前提。因此，非论证型推理往往就被视为非演绎推理规则的应用过程。然而，这种倾向性观点的基础是类比，而不是论证。事实上，有理由怀疑，人作出自发性非论证型推理时是否真的采用了非演绎推理规则。

　　演绎推理规则从一组前提出发，推出为前提所逻辑蕴涵的所有有价值的结论。[3]非论证推理规则不能期望从一组前提出发，用非论证的形式推出为前提所支持的所有有价值的结论，这一点已成共识。例如，不可能对艾廷顿［Eddington］的实验结果应用推理规则而推出相对论。反之，得出有效非论证型结论的过程一般分成两个不同的阶段：假说的构思和假说的证实。艾廷顿的实验第一次从经验上证实了爱因斯坦［Einstein］的理论，但前者绝没有蕴涵后者。假说的构思被认为是创造性的想象行为；而另一方面，假说的证实可被看成是受制于推理规则的纯逻辑过程。

　　推理规则的功能在于保障受其制约的推理的逻辑有效性。在有效的论证型推理过程中，对取真前提应用演绎规则能保证结论也为真。与此相似的是，在有效的非论证型推理中，假说的证实同样可被看成是受制于一组逻辑规则的过程。这些确认规则可能共同应用于前提或"证据"以及暂时的结论或"定识"，然后根据证据对定识提供某种程度上的证实。这些逻辑上的考虑容易令人联想到心理学上的相关考虑。

　　人是比较善于作非论证型推理的，否则，人类就会灭绝。这可能是因为人拥有逻辑规则，这种规则能够约束定识的证实，具体方式刚才已经详述。然而，这种说法算不上是什么解释，因为我们并不清楚这些规则的具体内容。此外，在这个蒙昽的考察阶段，还可能存在其他的解释。就我们所知，人之所以能作出成功的推理，其原因可能并不主要在于假说证实过程中的逻辑约束，而更应该归功于假说构思过程中的认知约束。

　　对人的概念系统的约束可能造成的后果是：唯一可能为人自发地构想出来的假说都具有下列特性：倘若它们不为真，则很可能会与知觉上恒定的信念相抵触。事实上，存在着独立的原因，可以令我们假定人的概念系统确实受到了这种约束。例如，任何人类语言都不会有"绿蓝"

［grue］这样的词，这个棘手的术语出自内尔森·古德曼［Nelson Good-man］（1955），适用于任何具有下列性质的物体：在某时间 t 之前观察时呈绿色；抑或于某时间 t 之后观察时呈蓝色。如果 t 为公元 3000 年且你此前见过的所有翡翠都呈绿色，那就有证据假设所有翡翠都是绿蓝的，由此得出公元 3000 年后观察得到的所有翡翠都会呈蓝色。此外，所有翡翠皆为绿蓝而不为绿这个假说在公元 3000 年之前无法通过既有的实验性证据来证伪。很了不起的是，自然语言并无这样的谓词，从而避免了这种悖论的出现。

所以，我们的观点是，人自发作出的非论证型推理更有可能是一种合理约束的猜测性行为，并不具有多少逻辑过程的性质。果真如此的话，评价非论证型推理的标准就应该是成功或失败、有效或无效，而不是逻辑意义上的正确或谬误。我们愿意顺着这条思路想下去，进而提出更强力的论点：人脑能自发调用的逻辑规则只能是演绎规则。我们要论证的是：演绎规则在非论证型推理中起着关键的作用。当然，演绎推理的正确并不能保证整个非论证型推理也同样正确，演绎推理只是非论证型推理的一个组成部分。人的自发性非论证型推理从整体上看并不是个逻辑过程。假说的构思固然涉及演绎规则的运用，但并不完全受其支配；假说的证实是个非逻辑的认知现象：是在加工定识的过程中得到的副产品，这种加工过程可以是演绎过程，也可能取其他形式。

非论证型推理按其定义就不可能由演绎构成。但许多作者似乎作出了更绝对却未经证明的假设，认为非论证型推理不能包含演绎作为其从属部分。例如，受讯者对寓义的复原是非论证型推理的典型事例，而语用学文献中愈趋常见的观点则认为演绎在这个过程中起的作用微乎甚微。利奇［Leech］（1983：30—31）宣称寓义的复原过程"不是形式化的演绎逻辑，而是非形式的理性的问题求解策略"，又说"所有的寓义都是概率的"。莱文森［Levinson］（1983：115—116）提出，在某些方面，寓义"看来与逻辑推理颇为不同，不能借助衍推之类的语义关系来直接加以模仿"。巴赫与哈尼希［Bach and Harnish］（1979：92—93）认为复原寓义的推理形式"不是演绎的，或许可以称之为寻求合理解释的推理"。布朗与尤尔［Brown and Yule］（1983：33）则更笼统地写道：

> 我们可能确实能够借助演绎推理……从一组特定的前提……推出一个特定的结论，但是，在日常话语的理解过程中，很少有需要这么做。……我们多半采用一种比较松散的推理形式。

德·布格朗德与德莱斯勒［de Beaugrande and Dressler］（1981：93—94）也表达了同样的观点：

> 人显然能够掌握传统逻辑无法解释的复杂推理过程：未经论证就遽下结论、做主观的类比、甚至在缺乏应有知识时就作出推理……衡量这个过程的重要标准不在于该过程在逻辑上是否存在谬误，而在于这种过程已能很好地处理日常事务了。

然而，那些语用学家尽管对理解过程中演绎推理的作用表示怀疑，却一般很少正面论述理解涉及的推理过程的性质。巴赫与哈尼希［Bach and Harnish］（1979：93）对此的评论是：

> 人所作出的经验性普通思维充斥着概括过程和推理原则，就算我们能够意识到它们的存在，我们也只是在无意识地使用它们。要想窥探个中的细节，单凭认知心理学的现有知识是远远不够的。不管这些过程性质怎样，不论其启动机制是什么，不管所涉原则或策略为何，它们能够奏效，而且运作完好。

尽管这些推理程序在理解日常语句时运作完好，但这个事实本身并不能免除我们从事探究其性质的工作。如果说这种情况对我们有什么启迪的话，那就是现有理论框架对相关过程描写的无能为力反而应该让我们对其性质更感兴趣。[4]

语用学理论如果只将理解的推理过程定性为非论证型，除了这个纯属消极性的刻画之外再没有更多的论述，那一般都注定会失之模糊。此外，那些采用了"关联"或类似概念的语用理论（也就是多数语用学理论）出于一个额外的原因更需要对非论证型推理提供某种程度上的解释：达成关联的一个常见途径是对受讯者提供能支持或削弱某定识的证据。作为例示，请看下列对话：

> （1）彼德：天气预报说会下雨。
>
> 　　玛丽（站在窗边）：看来真的会下雨。

玛丽的话并不证明天会下雨，但它证实了彼德的信念，借此达成了关联。我们说过，关联信息是修改并完善世界总体表征的信息。借助非论证型推理过程来证实某个定识正是一个恰当的范例。

　　因此，理解过程涉及的对定识的证实似乎可以具有两种颇为不同的形式，或是在两个颇为不同的层次运作。一方面，就像我们在第一章看到的那样，对某个明示行为的理解涉及构建和证实有关讯递者传信意图的假设。另一方面，正如我们刚才所提出的，明示的最关联的效果可能是证实受讯者的某个先前的定识。因此，对非论证型推理过程的更为清楚的解释对关联在交际和认知中的作用都会有启示，有助于解答下列问题：在构建和证实有关讯递者传信意图的假设时，涉及的是哪些要素？对世界表征的修订与完善是怎样进行的？还有，上述两个方面的相互关系为何？

　　我们将提出一条研究非论证型推理的途径，希望能对解决上述问题有所裨益。但是，首先我们必须廓清自发性非论证型推理的范围，并对世界总体表征作更多的介绍。

二　逻辑式、命题态度和事实性定识

　　根据福德（1983）的观点，我们把人脑视为众多专门系统的合成体，每个系统具有自己的表征和计算方法。这些系统分属两大类型。一类是输入系统：加工视觉、听觉、语言和其他知觉信息。另一类是中枢系统：整合各输入系统提供的信息以及记忆中的信息并执行各种推理任务。[5]

　　我们假定每个输入系统都具有自己的表征和计算方法且只能加工具有相应表征制式的信息。听觉只能加工声响信息，所涉及的过程与嗅觉过程相异，其他输入系统也是如此，不再赘述。输入系统的功能之一是将"较低层次"的感觉表征转化为"较高层次"的概念表征，后者都具有相同的制式，不管源自何种感觉模式。中枢过程正因为操作对象是这些独立于特殊模式的中性概念表征，所以才能整合并比较各输入系统产生的信息及记忆中的信息。

许多中枢过程都具有推理性质，这给概念表征系统加上了重要的约束。概念表征必须具有逻辑特性：表征与表征相互间必须能够构成蕴涵或矛盾关系，而且能作为演绎规则的前提或结论起作用。然而，并非所有概念表征的特性都是逻辑特性。一个概念表征既是个心智状态，也是个大脑状态。[6]作为心智状态，它具有快乐或悲哀这样的非逻辑特性。作为大脑状态，它能具有在某时位于某大脑历经某时段这样的非逻辑特性。我们把所有这些非逻辑特性抽取出去，把概念表征中剩下的逻辑特性称作逻辑式。正是借助自身的逻辑式，一个概念表征才能与其他概念表征建立诸如矛盾或蕴涵的关系。

逻辑式是个合式，是其内部成分的有结构的集合。逻辑式按其自身的结构特性参与相应的形式逻辑运算。如前所述，逻辑运算和其他形式运算的区别在于前者具有恒真性：从取真表征 P 可以推演出取真表征 Q。[7]与此对照的是，诸如删除表征首端成分的操作是形式运算但不是逻辑运算。这种"真"与逻辑之间的关系可能造成的印象是：只有能取真或假的概念表征才能具有逻辑式。我们的观点却与此不同。我们的基本主张是：表征只要是合式，就适合作逻辑加工；而能取真或假的表征就必须在语义上也是完整的。也就是说，它必须对可能世界或现实世界中的某个境况作表征，后者的存在能令该表征取真。我们认为，一个不完整的概念结构仍然可以是合式，同样可以对其作逻辑加工。

我们暂且把语义上完整，从而能取真或假的逻辑式定义为命题型逻辑式，否则就是非命题型的。非命题型逻辑式可以举出的形式上的例子是含有自由变量的谓词演算式：它不是完整的命题，但在语形上仍可为合式。心理意义上的非命题型逻辑式可以举出的例子是句子的涵义。[8]在下面的例（2）中，由于"她"和"它"不与有定指的概念相对应，而只标示了可供充填概念的空位，所以该句既不为真，又不为假。

（2）她把它拿在手里。

尽管（2）不是个命题，它显然具有逻辑属性。例如，它蕴涵（3），后者同样不是命题。（2）还与（4）相矛盾，后者是个命题，或可被理解成命题：

　　（3）她把一件东西拿在手里。
　　（4）没人手里拿过东西。

　　不完整的逻辑式在认知活动中起着重要的作用。首先，我们将会论证，这种逻辑式可以作为定识的框架贮存在概念记忆中，根据语境信息得到完善，成为完整的定识。其次，如前所述，句子的涵义往往是个不完整的逻辑式。我们将在第四章说明，自然语言的句子说出来以后，语言输入系统便自动将其解码转为逻辑式（或在遇到歧义句时转为一组逻辑式），言者一般期望听者将该逻辑式完善成为言者意图传递的完整命题式。[9],[10]
　　然而，纵然非命题型逻辑式可以在信息加工的中期阶段起重要的作用，只有完整的命题式才能表征确定的境况。正是这些境况构成了一个人的百科知识，即他对世界的全面表征。
　　人脑并不仅仅构建和储存逻辑式，它还以不同方式来持有这些逻辑式。哲学家会说：人脑能持有不同的命题态度；而认知心理学家可能会说：不同的表征以不同的方式得到加工和贮存。例如，一个命题式可以作为对某个实际境况的描写而被人脑所持有，也可以作为对希冀境况的描写，或是对另一个表征的恰当解释（例如对原表征的总结）。一个人的百科记忆不单由一组概念表征所构成，这些表征还具有命题型或非命题型逻辑式，作为诸如信念或愿望的不同态度的对象、以不同的方式为人脑所持有。
　　同样，语句不但表达了表征，还传达了对表征的不同态度。有些基本态度是通过句法手段传达的，特别是通过动词的语气。以英语为例，直陈语气与信念态度相对应；祈使语气与愿望态度相对应。其他态度是借助词汇手段表达的：言者的态度在主句或插入小句中明文表示，分别见（5）及（6）：

　　（5）I wish that P.（我希望 P。）

　　（6）P, I suppose.（P，我猜想。）

能够借助词汇表达的态度较之能用句法表达的态度远为丰富多样。可以设想的是，同样的选择或许也存在于概念表征系统即思维语言之中。就是说，可能存在一两种基本表达方式，以区分诸如信念和愿望那样的态度，外加一系列概念手段，以表达或记录林林总总的其他态度。我们想对这个设想的可能性作一番探究。

　　我们假定人脑拥有一个基本记忆库，[11]具有如下特征：其贮存的任何表征都被人脑处理为对现实世界的真实描述，也就是事实。这意味着信念或定识这种基本命题态度被预载到了人脑本身的构造之中。因此，一个表征虽然未被明文表达为定识，却可以被人脑当做定识而持有。这种基本定识被人脑当做世界的真实描写而持有，尽管没有被明确地作如是表征；我们称之为事实性定识。

　　人的内在表征系统显然十分丰富，足以允许对表征作二阶表征。换句话说，思维语言可被用作自身的元语言：我们不但能持有定识，而且还可以对其作思考，并对其他表征作思考。人脑因此有可能不仅持有信念 P，而且还就"自己相信 P"这一事实向自己作表征，或向自己表征"别人相信 P"，或是表征"自己相信别人相信 P"，等等。因此，关于内容 P 的信念或定识可以通过两种不同方式为人脑所持有：要么作为基本的事实性定识 P，要么作为事实性定识"我相信 P"。[12]

　　可以设想愿望态度与信念态度相仿，同样具有自己的基本记忆库或贮存制式。这意味着愿望如信念一样被预载到了人类认知系统的构造之中。因此关于内容 P 的愿望也通过两种不同方式为人脑所持有：要么作为基本愿望 P，要么作为事实性定识"我希望 P"。另一种可能是，只有一种基本记忆库，只贮存事实性定识。那样的话，愿望会被表征为事实性定识，其形式为"我希望 P"，而且愿望就只能通过这种形式起认知作用。

　　按照我们的理解，事实性定识是唯一明显的事例，可以说明一种态度能被特别的贮存形式加以标识，而另一个可能的事例则只有愿望这个态度了。其他的命题态度似乎都不可能在人脑内拥有自己的基本记忆制式，例如有关内容 P 的怀疑、遗憾、担心、假装等态度。如果这个说法言之成理，那么这些态度就只能借助事实性定识来起认知作用，其形式为"可疑的是 P"、"我感到遗憾的是 P"、"抱歉 P"，等等。

因此，经适当的简化处理，可以将对世界的表征视为一组事实性定识，其中有些属于基本定识，另一些定识则表达了对内嵌命题型或非命题型表征的态度。事实性定识最适宜作自发性非论证型推理。每个新获得的事实性定识与一组既有定识相结合，被应用于推理的过程。我们已经说过，这种推理过程的目的是修订及完善个人对世界的总体表征。[13]

一个表征如果不作为基本的事实性定识贮存，而是被嵌于表达态度的结构之内再作贮存，那么它的加工方式往往是自觉而非自发的。实验心理学中为人熟知的那种问题求解的任务所采用的表征就是这样加工的。用思辨方式持有的见解、宗教信仰或科学假说也是如此加工的。对这些间接持有的表征所作的推理多半是有意识的过程。虽然这些现象具有重要的自身研究价值，但是我们认为不能从这些过程推及那些自发且基本无意识的推理过程，后者在多数日常思维中为人使用，在日常言语理解中用得尤为频繁。

我们致力发展的推理交际模式以及关联这个概念并不与某种特定的推理形式直接挂钩。例如，我们假定，宗教或文学研究领域的学者所从事的历时漫长而高度自觉的文本解读工作同样是个受关联因素制约的过程，一如自发的语句理解过程那样。然而，在本书中，我们想集中讨论后者。自发性推理甚至在学术文本解读中起着作用，可学术思维则是人的比较特殊的行为，甚至对学者来说也是如此。因此，要想对人类的所有推理形式包括推理型交际作充分的探讨，必然的先决条件便是研究自发性推理。

三 定识的力度

人脑是以大小程度不等的信心来持有事实性定识的；我们视这些定识为较可能取真或较少可能取真。我们主要在两种情况下会有意识地考虑这个问题。首先，我们有可能不得不在互为矛盾的两个定识中作出选择。比如，我原来认定鲍勃会在外地，可现在却认定自己看见他正在街上走过：这两个定识中我认为更可能为真的定识会取代另外那个。其次，我们可能必须在不同的行动方向之间作出选择。比如，我想买些汽油而且认定街头和街尾那两个加油站都在营业。如果我觉得街尾的加油站在营业这个定识更可能为真，那我就会去那儿。

如果我们寄托了更大信心的定识就是事实上更可能为真的定识，那我们往往就能在面临不同定识和行动方向时作出正确的抉择。换言之，我们对世界的表征充分与否，不但取决于我们所持有的是哪些具体定识，而且还取决于我们对它们有多大信心。如果我们认为某些定识得到了充分的证实，而实际上得到充分证实的也正是那些定识，这时我们对世界的表征就是一个充分表征。要完善我们对世界的表征，除了增加业经证实的新定识外，还可以适当地提高或调低我们对有关定识的信心程度，这也是在我们心目中这些定识得到证实的程度。

"证实"这个术语取自一个不甚成熟的逻辑学分支（后者又是从涉及心理的俗概念中借用了该术语）。如何改造这个术语，令其为认知心理学所用？对此可以提出两个颇为不同的答案。一种观点是："证实"这个逻辑概念本身已经是个很好的心理学概念了；逻辑学家的系统总的来说就是一个完备的心理学模型。需要做的仅仅是把"证实"这个客观概念置换成类似的主观概念：比如建立一个把主观概率值赋予各个表征的系统。我们姑且把这种观点称为逻辑的观点。

另一个观点是："证实"这个逻辑概念不应该改造，而应该摒弃。人有能力对一个定识作出判断，将其视为较有可能或较少可能取真。要对这种能力作出解释，不能采用那种将主观概率值赋予定识的系统，而需要借助定识的非逻辑性质：我们采用隐喻式的语汇将其称作定识的力度。姑且把这种观点称为非逻辑的或功能的观点。我们正是想循着这个思路作一番探究。

根据逻辑的证实观，每个事实性定识都由两个表征组成。第一个是对境况所作的表征，形如例（7a）；第二个是对第一个表征的证实值所作的表征，形如例（7b）：

（7）（a）珍妮喜欢吃鱼子酱。

（b）（a）的证实值为 0.95。

这两个表征是如何得到的？按逻辑证实观的说法，第一个表征是构建定识这个非逻辑认知过程的输出。第二个表征是逻辑计算过程的输出，该计算过程的输入有两个部分，一是有待证实的定识，二是既有的证据。新证据的获得可能引发新的逻辑运算，致使某个定识的证实值得到提升或调低。根据这个观点，证实值是个基本概念，而定识的力度——倘若这个概念还有讨论价值的话——则取决于定识的证实值。

根据功能的证实观，事实性定识具有单一的表征，如（7a）。一个定识的力度源自该定识的加工过程，无法用逻辑的证实观对其作解释。按照这种理解，一个定识的力度在性质上与该定识的可及性相匹配。一个较可及的定识就是较易想起的定识，例如，本书的读者要是持有（8）和（9）这两个定识的话，多数人会觉得（8）比（9）更为可及：

（8）开罗是埃及现在的首都。
（9）底比斯［Thebes］是埃及第 20 王朝的首都。

显然，要想解释这种可及性的差别，求助于逻辑证实观是行不通的，后者能做到的是用两个二阶表征分别将（8）和（9）赋予不同程度的可及性。更合理的解释是：习惯成自然，一个表征加工的次数越多，就越可及。因此，一个定识在形成过程中涉及的加工量越大，其后被调用的次数越多，其可及性就越大。

同理，一个定识的初始力度可以取决于获得该定识的途径。例如，根据清晰的知觉经验而构建的定识，其力度一般都非常强；听了别人的话而构建的定识，其力度与定识持有人对说话人的信心相匹配；通过演绎推出的定识，其力度取决于演绎涉及的相关前提的力度。此后，定识的力度可作如此调整：每当该定识有助于加工新信息时，其力度便得到增强；每当该定识令加工新信息变得更困难时，其力度就被调低。按照这种解释，力度的这些变化既非特定逻辑运算的对象，亦非其输出。它们其实是作为各种认知过程的副产品出现的，其间既涉及演绎过程，又涉及非演绎过程。

　　这里我们举一个较为直观的例子。珍妮曾亲口告诉我她喜欢吃鱼子酱，我也没有理由怀疑她的话，因此我十分坚定地持有定识（7a）。有一次，我看见珍妮在很高兴地享用鱼子酱，我所持有的那个定识可以助我理解这个事实，其力度因此变得更强。可另有一次，我看见珍妮谢绝了鱼子酱。这一次，调用我关于珍妮喜欢吃鱼子酱的那个定识不但无助于事，而且还会使我见到的事实更难以理解。故此，相关定识的力度就变得更弱。其间，我从未加工过有关（7a）证实值的表征。（7a）的力度作为其他过程的副产品而得以建立并相应变更，无需以表征的形式存在及变动。

　　然而，这还不是问题的全貌。表征的功能特性——如可及性和力度——虽然无需取表征的形式便能在人脑中存在、变更并影响认知过程，但仍然可以被加以表征。人从直觉上可以分辨不同定识的可及性。我们在讨论上文的例（8）—（9）时就已诉诸这种直觉。同样，人的直觉也可以辨析所持定识的力度。这些直觉可用不同方式来表述，例如借助下列语句：

　　（10）我非常肯定珍妮喜欢吃鱼子酱。
　　（11）我坚信珍妮喜欢吃鱼子酱。
　　（12）我的所见证实了我关于珍妮喜欢吃鱼子酱的定识。
　　（13）我觉得珍妮更可能喜欢吃鱼子酱，而不是喜欢吃牡蛎。

这些语句的背后隐伏的假设是：我们已经认定自己持有的定识的力度与定识取真的可能性是完全匹配的。换言之，我们相信自己的认知机制对定识所作出的加强或削弱具有认识论意义上的合理性。我们相信自己对世界的表征在这个方面也是完备的，一如先前谈到的其他方面。因此，关乎定识力度的直觉便被表述成有关其证实程度的直觉。这种直觉正是关于定识的定识，可以对其作如是加工。它们十之八九都是就单个定识之力度的变化所构建的定识，例如（12），或是就一对定识的相对力度所构建的定识，如（13）。在有些场合，这种定识很可能真正起到了认知上的作用，例如，有时人会自觉地试图解决矛盾，力求判定两个互为抵触的定识中的哪一个更可能取真。

根据逻辑的证实观，我们持有的定识可靠与否，取决于我们是否能够以运算的方式对每个定识的证实值作出检验。而根据功能的证实观，定识的可靠性——倘若它们确实可靠的话——取决于我们能否使自己的认知机制与我们所处的世界充分协调。如果达到了这一点，那么我们定识的力度一般就会与定识取真的可能性相匹配。逻辑观认为，对定识证实值的表征是该定识的一个方面，是作用于每个定识的逻辑过程的结果。功能观认为，对定识证实程度的表征是个不同的定识；它一般是我们直觉的产物：原有的定识在加工过程中会产生一些效果，对某个效果的直觉导致了上述新的定识。就算定识的证实程度从未受到表征，这些定识也依然能够存在。

虽然逻辑观和功能观都尚未发展到可以有效验证的地步，但两者的区别已足以对它们作出经验性的比较。我们将力图表明，这些比较对功能观提供了支持。

就定识的力度而言，我们凭借有意识的直觉只能得出最粗略的绝对型判断。我们可以把具体的定识判为"肯定（真）"、"很强（充分证实）"、"强（较好证实）"、"弱（有限证实）"，但这些范畴之间的界限很模糊。除非我们受过归纳逻辑的训练，否则就无法借助更精细的范畴来作出更为准确的绝对型判断。而另一方面，我们往往可以作出颇为精细的比较型判断。比如，我们可能意识到某个新证据加强了一个定识，尽管其结果仍然属于原先的那个绝对型类别：比如一个先前划为"强"的定识，现在仍然属于这个范畴，但我们视其为较先前更强。然而，并非所有的比较型判断都能同样容易地得出。如果两个定识没有任何联系，且两者同属一个粗类型，比如两者同属"强"定识，那就几乎无法对它们作比较。请看（14）和（15）：

（14）珍妮喜欢吃鱼子酱。
（15）伦敦切尔西一带的印度餐馆比中国餐馆多。

一个非常强烈地相信（14）和（15）的人可能难以或根本无法回答这样的问题："你是否觉得更加可能的是珍妮喜欢吃鱼子酱，而伦敦切尔西一带的印度餐馆多于中国餐馆的可能性则没有那么大？"

人似乎不可能具有一个既全然无意识，又比自己的意识直觉反映出的能力复杂得多的系统，用以计算和表征定识的力度。我们因此要摒弃这样一种可能：一个人可能无意识地借助逻辑学家提出的那种数字运算方法来测算定识的证实值，但却不能有意识地做到这一点。[14]我们得出的更广义的结论是：定识的力度不能像卡纳尔普［Carnap］（1950）所提出的那样从数量上加以测算，力度的值是个比较值，不是数量值。

卡纳尔普在其1950年发表的研究主观概率（估量证实度的另一种称法）的论文里，循着下述思路将分类型概念、比较型概念和数量型概念作了对比。

分类型概念为种属关系订出必要和充分条件。例如，一个整数要么是素数（如果除了它本身和1以外，不能被其他正整数除尽），要么不是。

比较型概念在比较型判断中起作用。例如，有些东西比其他东西暖和，有的声音听起来比别的声音响，有的食物味道好过另一些食物，等等。有些分类型概念具有与之匹配的比较型概念，但并非总是如此。"含咖啡因"既是个分类型概念（一种物质要么含咖啡因，要么不含），又是个比较型概念（有的物质的咖啡因含量比其他物质高）。另一方面，"具有素数性质"则无比较型的解读：数字不能具有多一些或是少一点的素数性质。

卡纳尔普提出的第三种概念是数量型概念，在涉数比较时起作用。例如，"距离"是个数量型概念，因为我们不能只说伦敦到爱丁堡的距离比到牛津远，还要丈量相关距离的英里或公里数，然后说出伦敦到爱丁堡的距离比到牛津远了多少，然而，正如卡纳尔普所指出的，并非所有的比较型概念都具有与之匹配的数量型概念。虽然我们可能知道一种食物的味道比另一种好，但并没有明确的方式来计量食物的美味程度，因此也无法算出一种食物的味道比另一种好多少。

客观数值尺度的存在使我们能顺利地作出准确的绝对型判断并比较不同的事物，比如将一个孩子的年纪和一辆小轿车的车龄作比较，或是将伦敦的特拉法格尔广场到白金汉宫的距离与埃弗莱斯特峰山脚到峰顶的距离相比较。在数值尺度不适用的场合，绝对型判断就失之粗略，不同事物间的比较也难得多。例如，一个人可能辨别得出一种香槟酒比另一种更好喝，或一种鱼子酱比另一种更好吃，却可能无法弄清楚某种香槟酒是否比某种鱼子酱更加美味。

就是可以得到客观数值尺度，也并不意味着人在心里作比较时使用了某种与之类似的心理数值尺度。例如，箱子越提越沉，这种感觉想来并非基于下述定识，即路走得越长，箱子自身也就真的会随之称斤论磅地越来越重。同理，对不同物体热度的比较就比对同类物体热度的比较难得多，前者如液体与固体的热度比较或固体与气体的热度比较。这强烈说明人在一般场合对热度的判断并不借助与温度计类似的心理热度表。

假设人使用了数值尺度，那就难以解释为什么在比较不同物体时会遇到困难。面对这种难题，似乎更合理的假设是：人使用的并不是数值尺度，而是一种启发式策略（比如一种以匹配程序为基础的过程），且只应用于同类物体：如比较几种鱼子酱的味道、比较各种液体的热度、比较内容相关的几个定识的力度，等等。

因此，人在比较内容不相干的两个定识时所显示出的欠佳表现有力地表明：力度作为一个应用于定识的基本心理概念，是比较型的，而不是数量型的。这个结论更支持功能的证实观，而非逻辑的证实观。功能观认为，对力度的判断和比较属内省式直觉，一如就味道、痛感或可及性所作的判断和比较，它们显然都是比较型的。当然，这么说并没有解释这些判断和比较是怎么作出的，但它也没有带出新的问题，判断的程度问题只是既有的众多问题中的一个。另一方面，逻辑观意味着对每个定识指派绝对的数量型证实值。这引发了两个新的问题：既然有些事例可以作精细的比较，那为什么不能对所有事例都作如是比较？还有，我们对力度有意识作出的绝对判断为什么会这么粗略？

已有人研究过受试对象在估算证实程度时所犯的逻辑错误，其结果可以使我们得到支持功能观的其他论据。[15]我们知道，不管是这些进一步的论据还是我们在上文提出的论据都不是定论。至此我们希望表明的是，功能观开始显示出某些合理性，值得继续探讨下去。

从功能的角度看，人之所以能成功地作出非论证型推理，不应该在证实定识的逻辑过程中寻求解释，而必须在定识构建及应用的限制条件中寻找答案。事实性定识是从四个来源获取的：知觉、语言解码、定识与记忆中储存的定识图式以及演绎。在本节的剩余部分，我们将简要讨论定识是如何在上述四个来源中构建的，并论述定识获得初始力度的方式。

知觉机制对一个感官刺激指派一个相应的概念识别，例如：

（16）这是株兰花。

（17）门铃响了。

（18）人行道是湿的。

在正常的知觉条件下，这些对刺激作出的基本描述成为强定识。这些定识一般是正确的，因为人类的知觉机制是漫长的生物进化过程的产物，非常适宜执行这类任务。

语言输入机制对具体类型的感官刺激指派逻辑式。我们已经讨论过，经解码获得的逻辑式尚不构成完整的命题。此外，就算是补全后成为命题了，它们仍不足以成为事实性定识。然而，对说出的句子之逻辑式作补充而得到的命题式可以通过标准程序整合成一个关于言者所述内容的定识。例如，如果有人听到彼德在 t 时间说（19），他的语句就会被解码，得出句（20）的逻辑式。后者可被补全，得出命题式（21）。该命题式又可进一步与（22）的定识图式整合，得出定识（23）：

（19）［wǒ tóu téng］

（20）我头疼。

（21）彼德在 t 时间头疼。

（22）彼德说＿＿＿＿

（23）彼德说彼德在 t 时间头疼。

我们将在第四章里更详细地讨论形如（23）的定识构建和应用的过程，以及这些定识在经验上的充分性。

概念性记忆是个巨大的定识库，存有形如（24）—（28）的各种定识：

（24）车在车库里。

（25）莱里是个哲学家。

（26）兰花是珍奇花卉。

（27）户外气温低于摄氏 5 度时，这个池塘就结冰了。

（28）哲学家都很风趣。

　　我们假定记忆也含有定识图式，这是一种逻辑式，补全后可进而得到命题式，后者具有适宜做事实性定识的制式。[16]因此，可将定识图式（29）补全，得定识（30）；也可将定识图式（31）补全得定识（32）：

（29）户外气温为摄氏＿＿＿度。

（30）户外气温为摄氏零下 6 度。

（31）＿＿＿是（单身汉/已婚者/离婚者/鳏夫）。

（32）莱里是单身汉。

　　此外，当现有定识与某个图式相匹配时，相关的其他图式似乎也被用来推导出后继定识。例如，当取（33）式的定识被构建时，取（34）和（35）式的定识似乎通常也在考虑之列：

（33）如果 P 则 Q。

（34）如果（非 P）则（非 Q）。

（35）如果 Q，则（Q，因为 P）。

因此，定识（36）的构建通常会导致对定识（37）或（38）的考查：

（36）如果小狗吠多高兴了，它就会摇尾巴。

（37）如果小狗吠多不高兴，它就不会摇尾巴。

（38）如果小狗吠多摇了尾巴，它这么做就是因为它高兴了。

从记忆中调出的定识都伴有一定程度的力度。定识图式补全后得出的定识具备了初始的合理性，有可能值得对其作加工；这些定识的后继力度取决于它们后继加工的过程。

　　给定一组定识作为前提，后继定识能够作为演绎过程的结论推演出来。例如，从（16）和（26）可以推出定识（39）：

　　　　（16）这是株兰花。
　　　　（26）兰花是珍奇花卉。
　　　　（39）这是株珍奇花卉。

同理，（40）可以根据定识（25）和（28）推出：

　　　　（25）莱里是个哲学家。
　　　　（28）哲学家都很风趣。
　　　　（40）莱里很风趣。

定识（41）可从（27）和（30）推出：

　　　　（27）户外气温低于摄氏5度时，这个池塘就结冰了。
　　　　（30）户外气温为摄氏零下6度。
　　　　（41）池塘结冰了。

我们将要论证的是：通过演绎形成定识是非论证推理的主要过程。我们还要说明新定识是如何从那些参与推出新定识的原有定识那里承袭力度的。但我们首先必须对演绎过程本身作一番思考。

四　演绎规则和概念

　　信息的演绎型加工在相当程度上与语言解码及其他输入过程一样，都具有自动、无意识和习惯反射的特性。演绎系统与输入系统的区别在于前者应用于概念表征而不是知觉表征：也就是说，它应用于具有逻辑式或命题式的表征。演绎系统与其他中枢系统的区别在于前者所执行的运算在类型上异于后者。

　　演绎推理可以从句法（运算）或语义两个角度加以考察。我们规定，两个定识 P 和 Q 之间具有衍推这个语义关系，当且仅当所有会令 P 为真的境况都同样会令 Q 为真，即：当且仅当不存在会令 P 为真而 Q 为假的境况。这种关系是语义关系，因为它指涉具体定识所表征的境况，即用于对定识作语义解释的境况。根据这个定义，（42）衍推（43），因为不存在令（42）为真而（43）为假的境况：

　　（42）苹果长在果园里且葡萄种在葡萄园。

　　（43）苹果长在果园里。

　　我们规定，参照特定演绎系统，两个定识 P 和 Q 之间具有逻辑蕴涵这个句法关系，当且仅当其中的一个定识可根据该演绎系统的规则从另一个定识推演出来。一条演绎规则是一种运算，它按照定识的逻辑式而作用于定识。逻辑蕴涵是一种句法关系，该关系仅凭定识的形式特性而建立，并不指涉其语义特性。例如，大多数标准逻辑系统都含有一条合取消除规则，该规则应用于取（P 且 Q）式的定识，得出具 P 式或具 Q 式的结论。在含有这条规则的系统里，（42）就逻辑蕴涵（43）。

　　逻辑蕴涵和衍推至少从下列意义上说有着必然的联系：演绎规则这个概念本身如果不借助衍推这个语义概念就无法得到恰当的阐释。从形式上看，演绎规则与其他运算过程无甚差别。真正的区别在于演绎是个恒真性操作：就是说，当它作用于定识时，得出的结论与前提构成了语义衍推的关系。故此，所有的逻辑蕴涵同时都是衍推。然而，反之则并非必然成立。

　　多数标准逻辑系统原则上以完备性为目标，意思是说，它们的目标在于构造一个系统，其中每个设定的衍推同时也是个逻辑蕴涵。虽则如此，在付诸实践时，它们却只关注由一小组"逻辑微词"如"且"、"或"、"不"、"有些"和"所有"的意义导致的衍推关系，而无视与这些词无关的其他衍推。比如，标准逻辑中就没有演绎规则可以从（44）导出（45），尽管（44）衍推（45）：

　　（44）所有的单身汉都快乐。

（45）所有的未婚男人都快乐。

从单纯逻辑的角度看，也没有理由关注这种衍推关系。不完备逻辑这个理念并没有矛盾之处。反之，如果一个逻辑系统的规则不能对设定的衍推关系作出至少是部分的构拟，那才会导致矛盾。

人脑的基本机制是否包含演绎规则？如果答案是肯定的，那么具体是哪些规则？纯逻辑学家对这个问题并不会太感兴趣。逻辑学家关心的是可构造的演绎系统的实质，不管它们是否具有心理实在性。然而，认知心理学一般都对这个问题颇为关注，而语用学理论对此尤其重视。我们与许多同行一样，都假设存在着一组演绎规则，它们在信息的演绎加工过程中会自发地起作用。这是个经验性假设，可以从以下几个方面加以论证。

第一，对任何从概念性方面（即用一组定识）对世界作表征的生物来说，采用演绎系统会导致记忆贮存的极大经济性。既然有了一组演绎规则，任何由定识组成的集合所具有的逻辑蕴涵都可以通过演绎规则从该集合推导出来，而无需单独一一贮存。第二，任何生物如果有意完善自己对世界的概念表征，都会发展出一种工具，不但用它来算出新定识加入既有的世界表征后的结果，还要使它能保证从初始正确的前提推演出正确的结论。第三，任何生物如果希望对世界作出准确的概念表征，都会发展出一种工具，以揭示既有表征中的不一致之处，从而也揭示其中的不准确之处。除了演绎系统，人尚未构想出具有相似功力又同样清楚明确的其他推理系统。[17],[18]

我们由此假定，人所具有的执行自发论证型推理的能力，其核心是一组演绎规则，也就是一组计算过程，它们一般不考虑定识的语义特性，仅当后者在形式上得到反映时才会予以考虑。[19] 至此我们尚未讨论定识的形式，而定识正是通过其形式才受制于演绎规则的。下面我们就要为其勾勒一套理论。它虽然只是思辨性的观点，但就我们所知，与现有的经验性证据并无冲突。这些思考有些起的作用仅仅是说明我们对言语理解的总体主张原则上具有心理实在性，而其他的观点则具有更实质的内容。

似乎有理由认为逻辑式特别是定识的命题式是由更小的成分构成

的，演绎规则是根据这些成分及其结构上的排列来执行其操作的。我们把这些成分称为概念。那么，一个定识就是由概念组成的有结构的集合。

概念与包含它们的逻辑式一样，都是在颇为抽象的层次考察的心理对象。从形式上看，我们假定每个概念都带有一个标签或地址，它起着两个相异而互补的作用。第一，它作为一个地址出现在记忆里，在其项下可以贮存并调取各种信息。第二，它可以作为一个成分出现在逻辑式里，其存在会使演绎规则作出相应的反应。这两个作用之所以互为补充，是因为当一个概念的地址出现在被加工的逻辑式中时，记忆中位于该地址项下的各种信息就可以得到调用。

可被贮存在记忆中某个概念地址的信息分为三个不同的类型：逻辑信息、百科信息和词汇信息。概念的逻辑条目由一组演绎规则组成，应用于该概念作为成分出现其中的逻辑式。百科条目含有概念的外延和（或）指谓信息：即例示该概念的物体、事件和（或）特征。词汇条目含有自然语言与该概念相对应的信息：自然语言用以表达该概念的词或词组。因此，根据这个观点，概念地址是一个接入点，在加工含有该地址的逻辑式时可能需要的逻辑、百科和语言信息都可以从中获得。以下我们逐个考察这三类条目：

逻辑条目由一组演绎规则构成，每条规则对一组输入和输出的定识（即一组前提和结论）作形式描写。我们的第一个实质性主张是：能在一个概念的逻辑条目中出现的演绎规则只能是作用于该概念的消除规则。也就是说，这些规则所应用的对象只能是明确含带相关概念的那些前提；而规则推出的只能是消除了这个概念的结论。

标准逻辑都无一例外地含带这种规则。例如，"合取消除规则"这条标准逻辑规则的输入是单独一条合取式前提，产生的输出是作为原合取式成分的两个合取支的一个：

（46）合取消除规则

　　（a）输入：（P 且 Q）

　　　　　输出：P

　　（b）输入：（P 且 Q）

　　　　　　　　输出：Q

也就是说，该规则所应用的对象只能是明确含带概念"且"的那些前提，而在产生的结论中那个概念已被消除。标准规则"肯定前件规则"[20]的输入是一对前提，其一是个条件式，其二是该条件式的前件，产生的输出是该条件式的后件：

　　　　（47）肯定前件规则
　　　　　　　输入：（i）P
　　　　　　　　　　（ii）（如果 P 则 Q）
　　　　　　　输出：Q

也就是说，该规则所应用的对象只能是明确含带概念"如果…… 则"的那些前提，且在产生的结论中那个概念已被消除。标准规则"否定析取支规则"[21]的输入是一对前提，其一是个析取式，其二是与之相关的一个析取支的否定式，产生的输出是另一个析取支：

　　　　（48）否定析取支规则
　　　　　　　（a）输入：（i）（P 或 Q）
　　　　　　　　　　　　　（ii）（非 P）
　　　　　　　　　　输出：Q
　　　　　　　（b）输入：（i）（P 或 Q）
　　　　　　　　　　　　　（ii）（非 Q）
　　　　　　　　　　输出：P

也就是说，该规则所应用的对象只能是明确含带概念"或"的那些前提，且在产生的结论中那个概念已被消除。我们假定这些规则以某种形式分别居于概念"且"、"如果……则"和"或"的逻辑条目之下。
　　标准逻辑都划出一条绝对的界限，以将它们视为正宗的逻辑概念同非逻辑概念区分开来，前者如"且"、"如果……则"和"或"，后者如"当"、"知道"、"跑"、"单身汉"。我们遵循另一个传统，[22]认为这后一类概念也造成了逻辑蕴涵。哪些概念含带逻辑条目？哪些没有？逻辑条目又含带哪些规则？从认知的角度看，概念分为哪些自然类型？这些都是经验性的研究问题。至此，作为一个经验性假设，我们只是提出了逻辑条目在形式上的一般限制。上述问题将在第五节讨论。

作为概念含带的第二类条目，百科条目含带概念的外延和（或）指谓信息：即例示该概念的物体、事件和（或）特征。例如，"拿破仑"这个概念的百科条目就会含带关于拿破仑的一组定识；"猫"这个概念的百科条目就会含带有关猫的一组定识；"争论"这个概念的百科条目就会含带与争论相关的一组定识。近十到十五年来，对记忆中概念信息的组织已经做了大量的研究工作。与我们在此所说的百科条目相对应的信息也得到了各种模式的描写。这些模式意在解决条目的结构问题，弄清条目中各种定识之间的关系并理顺不同条目之间的关系。既有的模式很多都采纳了诸如图式、框架、原型或剧本之类的术语。[23]

这些术语背后的观点是，人倾向于对经常遇到的物体和事件形成定型的定识，抱有固定的期望。例如，我心目中典型的宠物包括狗和猫但不包括大象和蜘蛛。有人认为：这种图式化的定识和期望是作为一个单位或"组块"来储存和调取的；它们极易取用，在加工语句时如涉及相应的物体或事件且缺乏更具体的信息时，这种定识和期望就会被调用。因此，如果我听说邻居买了个宠物，就会认定是只猫狗之类的动物，而不会是大象或蜘蛛，除非有更具体的信息与我的设想相反。对于这些模式，我们并不想支持或反对其中的某个具体主张。我们与所有这些模式所共有的基本假设是一致的：用我们的术语说，百科信息不但包含事实性定识，而且还包括定识图式，后者可以由合适的语境转化为完整的定识。

从直觉上说，百科条目和逻辑条目的区别是相当清楚的。百科条目通常因言者和时间而异：以拿破仑或猫为例，我们头脑里有关它们的定识不是完全相同的。百科条目是开放性的：一直有新信息加入其中。不存在一个上限可以把一个百科条目界定为完整的条目；也不存在一个基本下限，作为掌握相关概念的起码要求。相反，逻辑条目信息量不大，内容有限，相对而言不因言者和时间而变化。概念的逻辑条目的内容有一个终点，不到该点，就绝对算不上是掌握了相关的概念。比如设想一个儿童尚未意识到"X知道P"蕴涵P，因而把"知道"和"相信"的用法混为一谈。我们就会说他还没有掌握那个概念。另一方面，如果他已经弄懂了这个逻辑上的道理，但却举不出一个他认为可以称作"知道"的例子，我们会认为这是他记忆或经验上的不足（或是哲学意义上的潜能标志），而不是理解上的失误。

　　逻辑和百科条目的区别在许多方面与传统上的分析性真理和综合性真理的区别相对应。这后一个区别一直是个著名的争议性话题。然而，我们的主张并不是想坚持这两种真理及信息内容有着根本的区别，而是认为信息必须以两种不同的形式作表征且以两种不同的方式起作用，这样才能使交际顺利进行。这个主张似乎是不容置疑的，至少在当前的研究气氛里是如此。

　　当今认知心理学的整个框架都是建立在表征和计算的区别之上的，我们划分的百科定识与演绎规则的界限是这个区别的个例。百科条目的信息是表征型的：它由一组定识组成，后者可以让推理规则作用于其上。相反，逻辑条目的信息是计算型的：它由一组演绎规则组成，当与本逻辑条目相关之概念出现在定识中时，演绎规则就能应用于这些定识。这并不是说同一项信息不能有时以一种形式贮存，有时又以另一种形式贮存，或同时以两种形式贮存。例如，上文说到的规则（46a—b）（合取消除规则）可被表达成（49）这样的命题式。一个人也很有可能经过思考把自己的计算行为描述成（49）：

　　（49）从一个作为前提的合取式可以有效地推出任一合取支为结论。

但关键在于表征和计算是两种形式有别而互为补充的过程，两者不可或缺，都是言语理解必不可少的。我们提出的逻辑条目和百科条目的界限就反映了表征和计算这个区别。

　　把一个特定信息的内容（在此即定识）与该信息在加工时所处的语境区别开来，这也是当今认知心理学的惯常做法。我们认为：一般而言，定识的内容受制于所含概念的逻辑条目，而加工定识的语境则至少部分取决于定识所含概念的百科条目。需要再次强调的是，关键不在于同一信息能否有时作为定识内容的成分起作用，有时又作为定识加工时的语境成分起作用。确实有理由认为这种双重功能真的存在。关键在于：为了领会"定识在语境中得到加工"这个论点——尤其是我们所主张的"对定识关联性分析的依据在于该定识在语境中加工时给语境所带来的变化"——原则上应该有可能区分定识的内容和它所处的语境。这个区别也反映在我们提出的逻辑条目和百科条目的区别上。

因此，逻辑条目和百科条目的区别对我们的理论框架十分重要，事实上，对任何在我们看来哪怕是有一点点言之成理希望的理论框架而言，这个区别都是至关重要的。但是，这个区别主要是从形式和功能两方面划定的，并不必然意味着有两种截然不同的真值。

概念的第三类条目是词汇条目，含带自然语言用以表达该概念的词项信息。我们假定这类条目含带类似生成语法的词汇条目所规定的句法和音系信息：即关于该词项的句法范畴属性和同现可能、音系结构以及其他信息。

概念既有逻辑条目，又有词汇条目，这为输入过程和中枢过程提供了连结点，也为语言输入系统同中枢概念系统的演绎规则提供了连结点。要复原语句的内容，就要有能力识别语句中的每个词，复原与之相关的概念，并应用附属于其逻辑条目的演绎规则。

因此，我们假定一个词的"意义"由与之相联系的那个概念提供（在遇到歧义词时可以由几个概念提供意义）。这使我们对词汇语义学形成了一种略具普世性[24]的观点。多数词汇语义学理论假定所有词的意义都具有相同的制式，唯有专名可能例外。各派理论的不同之处在于对这个普遍制式的不同描写。我们的认识是，不同的词可能具有不同制式的意义。

一种经典看法是，词的意义由定义提供，定义表达了该词使用的个别必要条件和共同充分条件。例如，"母亲"的定义可以是"女性家长"。如果是这样的话，该词义的表征方式便是将词汇条目"母亲"指派给"女性家长"这个概念，或是把"母亲"这个概念与（50）这个消除规则相联系（其中 X 和 Y 代表成分串，有可能空缺）：

（50）"母亲"—消除规则

输入：（X—母亲—Y）

输出：（X—女性家长—Y）

按此经典看法，对专名无法给出使用的充要条件，所以它们与其他词语截然不同：它们有指称却无意义。例如，"荷马"不能被定义为"《伊利亚特》和《奥德赛》的作者"，因为否认荷马写过这些书并不会导致矛盾。"荷马"也不能定义成"一个希腊男人"（这本身也不过是个很不完整的定义），因为否认他是希腊人或否认他是个男人都不会导致矛盾，等等。果真是那样的话，对有指称但无附属逻辑条件的词来说，我们的理论也能轻易地作出描写，办法是把它们与具有空逻辑条目的概念联系起来。

与经典看法持相反意见的人特别是索尔·克里普克［Saul Kripke］和希拉里·帕特南［Hilary Putnam］认为：[25]专有名词远非独具特性，其指称关系由一种"洗礼命名仪式"般的初始行为所确立，并由一种因果链所维系，后者将专有名词的每个具体用法同这个初始行为相联系。他们认为这个观点至少也适用于指自然类的词，如"盐"或"长颈鹿"：别人给你看盐的典型样本并告诉你这叫作"盐"，你就因此学会了"盐"的意义。你老师也是这么学的。所有"盐"的恰当用法都由一条因果链联系到某个初始的"洗礼"行为。诚然，化学家可以为"盐"下定义，但并不是非要知道这个科学定义才能正确使用"盐"这个词语的。就算有人知道"盐"的定义，最好还是把它看成隶属相关概念的百科条目，作为对盐的性质的认识，而不是对盐的意义的认识。如果这个"指称因果论"完全正确，那么表示自然类的词语在我们的理论框架内可以表征为带有空逻辑条目和恰当百科条目的概念。

根据各种版本的"原型理论"，[26]词的意义也不取决于一套逻辑属性，而是取决于词用来指称的物体的心理模型。比如你心目中有一个原型长颈鹿的心理模型，并用"长颈鹿"这个词来指称与你的模型相似的物体。如果有一部分词的意义是用这种方法来刻画的，那么在我们的理论框架里，它们就有一个空逻辑条目和一个含带所需模型的百科条目。[27]

然而，我们觉得因果论和原型论很可能都只涵盖了部分现象，就是在它们分析得最成功的例子里，如长颈鹿等，逻辑属性可能仍然起了一些作用。这让我们更赞同福德［Fodor］和他同事们提出的观点：[28]大多数的词不能定义或分解为更原始的概念。从这个意义上看，"母亲"、"单身汉"和另外几个经常引用的例子是例外情况，而非典型情况。以"黄"为例，假定可以用更原始的概念对它作定义，其中的一个概念无疑会是"颜色"，可其他概念会是什么呢？再看"长颈鹿"的例子，假定长颈鹿可被定义为一种动物，需要的话还可以定义为"四足动物"，然后怎么完成余下的定义呢？看来最多只能把"黄"定义为"黄颜色"，把"长颈鹿"定义为"长颈鹿种的动物（或四足动物）"，但这些并不是恰当的定义，因为它们使用的有些概念正是需要加以定义的。结论是形如"黄"、"长颈鹿"或"盐"这样的词的意义是一个不可简化的概念。这种概念具有逻辑属性，但它们不足以构成概念自身的定义。福德等人建议将这些逻辑属性表达为意义公设；它们也同样易于表达为消除规则，如：

（51）"盐"消除规则

　　　输入：（X —盐—Y）

　　　输出：（X—某种物质—Y）

（52）"长颈鹿"消除规则

　　　输入：（X—长颈鹿—Y）

　　　输出：（X—某种动物—Y）

（53）"黄"消除规则

　　　输入：（X—黄—Y）

　　　输出：（X—某种色度的颜色—Y）

　　我们提出的理论框架兼顾了空逻辑条目、能对概念作出恰当定义的逻辑条目，以及处于这两个极端中间任何位置的逻辑条目，后者为概念提供了一些逻辑规定，但不能对它作完整的定义。我们假定这些可能性确实存在于人脑之中。它们是如何具体为人所用的？具体的概念在多大程度上带有逻辑上的规定？我们认为这些属于经验性研究的课题。就每个概念而言，我们现在的议题是：一个概念出现在定识中会导致什么样的演绎推理？[29]

　　在本节里，我们提出自发性演绎推理采用的是附着于概念之上的消除规则。我们把概念处理为归于一个地址之下的三元组，包括逻辑条目、词汇条目和百科条目。从某种意义上说，地址和条目的区别是形式与内容的区别。地址具体出现在逻辑式中，而各类条目详细列出地址的逻辑、词汇和百科内容。但从另一种意义上说，本节讨论的都是纯形式的问题。逻辑条目是演绎规则的集合：即对逻辑式的形式操作；百科条目是定识的集合：即以逻辑式作出的表征；而词汇条目则是以语言形式作出的表征。所以，三类条目都能用于理解的计算分析中。

　　偶尔可能有某个具体概念的一个条目无内容或空缺。例如，像"且"这样的概念，因为没有外延，所以可能没有百科条目。我们也讨论过，专名和其他概念可被视为含带空的逻辑条目。最后，可能有概念含带百科和逻辑条目并在认知过程中起作用，但却未经词汇化，因而含带的是空的词汇条目。例如，似乎有理由假定，在英语中得到了词汇化的 the military 或 the armed forces 是个统称概念，可与之相对应的集 sol-dier/sailor/airman 为一身的特称概念却没有一个词汇条目。[30]

　　虽然逻辑和百科条目之间的界限有时不易划分，我们还是力图说明两者间存在着原则性的区别。我们也试图表明，这两种条目在理解过程中能起不同的作用。在下一节里，我们通过对演绎过程自身的考察来继续分析自发性推理。

五　演绎设施

　　在语用文献中，凡是考虑过演绎问题的著述都暗中以非形式的[31]（自然）演绎系统为模式，这种系统常见于逻辑入门教材（如莱蒙[Lemmon，1965]、托玛森[Thomason，1970]、麦考莱[McCawley，1980]）。一个非形式的演绎系统由一组为数较少的演绎规则组成，所作的推理取决于"且"、"或"、"如果……则"等概念的存现。上文的规则（46）—（48）（合取消除规则、肯定前件规则和否定析取支规则）就是例子。规则如何应用？根据什么顺序应用？抑或把哪组定识作为前提？并没有相应的指令提供，这是这种系统的典型做法。在非形式系统里做逻辑推演只需决定规则和前提的哪种结合会导致有价值的结果。无法事先预料哪些前提会被选上，哪些规则会得到运用及由此会得出什么结论。

尽管对演绎推理在理解中的作用存在着广泛的怀疑，现有的许多语用学理论特别是那些步格莱斯后尘的理论似乎正是建立在这种非形式的系统之上的。当作出了某个推理或是推出了某个寓义后，可以追溯既往地解释听者如何可以根据会话那一刻的既有前提，运用既有的推理规则而推出这个结论。然而几乎总有可能根据相同的那组前提，运用相同的那组规则而推出颇为不同的结论来——那种结论实际上既不在言者的意图之中，也不会被听者推出。

因此，非形式的系统未能对演绎过程的一个重要方面作出规定：使用者只能凭智力来断定如何最好地利用这个演绎过程。要想建立一个思维的模型或是用于言语理解的部分模型，就不应该依靠这种非形式的系统，原因就在于这些系统没有对理解过程的这个重要方面作出解释。形式系统（有效程序、自动机、算法）正是在这个方面与非形式的系统有所不同：它们的程序可以由一个自动机执行，在每个阶段它所作出的决策都已经预先设定好了。形式系统预先决定哪些定识会被用作前提。预先提供的一组定识会组成该系统的公理或初始论据，至少是就本演绎推理而言（因此这种系统常被称作公理化演绎系统）。可以应用哪些操作，必须应用哪些操作，都预先完全作了规定。使用者不需凭自己的直觉作任何决定：所有执行演绎所必需的信息、所涉其间的一切决定都由系统本身全部作了规定。

自从乔姆斯基［Chomsky］首先采用形式系统来研究语言之后，形式系统对模拟思维能力的重要性日趋彰显。乔姆斯基强调了非形式的传统语法和清楚明确的生成语法之间的区别。非形式的语法非常依赖于使用者的直觉，而且意在补充而不是解释这些直觉。它们并不试图将人类某种语言的所有使用者已经知道的知识说清楚，也不尝试排除人类语言的所有使用者都想不到要做的事。正如非形式的演绎系统依赖于使用者的逻辑能力那样，非形式的语法也预设使用者具有相当多的内在语言知识，而对这种知识它们并不想加以解释。

反之，生成语法意在对个人的语言知识提供明确全面的解释。生成语法由一组规则或原则组成，力图对一个语言的每个句子提供完整的描写，不让句子结构的任何方面依赖于个人的直觉。因此，它们在这个意义上是形式的，而且它们采用了不同于非形式的语法的方式来解释个人的语言直觉。生成语法和更广义的形式系统并不只是提供了一种模拟思维能力的方式。除此之外，现在尚不知是否存在其他模拟思维能力的方法。没有其他方法可以解释直觉，只有采用不诉诸直觉就能操作的形式系统。

我们想在这里提供的是形式演绎系统的一般概述，以模拟人在自发推理特别是正常语句理解时所使用的系统。我们并不是要提出一个全面的描写系统，而只是要指出它的一些基本特性。退一步说，还没有人提出过一个描写全面的自然语言形式语法。不管是形式演绎系统还是形式语法，要描写的现象都异常复杂，要作出的理论选择为数浩繁。我们觉得在现阶段重要的是提供一个一般框架，以后可以据此再提出更具体的假设并加以评估。

我们构想的演绎设施是个带记忆体的自动机，它能阅读、录写和删除逻辑式，比较不同逻辑式的形式特征，将其存入记忆体，并调用概念逻辑条目中含带的演绎规则。演绎的过程如下：在设施的记忆体内先放入一组定识，[32] 作为演绎的公理或初始论据。演绎设施阅读每个定识，调取定识中每个成分概念的逻辑条目，如果遇到任何规则的结构描写在相关定识中得到满足，就应用该规则并把结果定识作为推得的论据写入设施的记忆体。如果一条规则提供了两个输入定识的描写，设施便在自己的记忆体中检索，以确定是否存在着一对适用的定识；如有，则在记忆体中写下输出定识，作为推得的论据。这个过程应用于所有初始和推得的论据，直到演绎推理再也无法运作下去为止。

系统以下列方式对演绎中出现的羡余和矛盾作监控：将定识写入记忆体前，它先核查一下，看看那个定识或其否定式是否已在记忆体中存在。如果该定识已经在记忆体里了，设施便不再将其写入，并记下用于推导出该定识的论据和演绎规则，使相同的演绎不会重复。如果该定识的否定式已在那里，设施便停下，演绎过程也暂停，直到矛盾被解决；解决矛盾的一种方法会在下文讨论。在这些因素的制约下，设施继续运行，直到无法推出新的论据为止。

转用形式系统后，演绎设施的能力问题浮现了出来，这种问题在采用非形式的系统时有时被忽略了。多数非形式的系统——至少是逻辑学家发明的系统——是以完备性为目标的：就是说，它们的目标是提供演绎规则，可以根据给定的一组定识，根据逻辑蕴涵关系推出其所有的衍推（或所有与"且"、"或"等词的逻辑属性挂钩的关系）。不难表明，对任何一组有限的前提而言，这个衍推的集合是无限的。例如，任意一条单个的定识 P 衍推以下各个结论：

(54) (a)（P 且 P）
　　 (b)（P 或 Q）
　　 (c)（非（非 P））
　　 (d)（如（非 P）则 Q）
　　 (e)（如 Q 则 P）

这些都是 P 的衍推，因为不存在可想境况令 P 为真而（54a—e）的任一条为假。以完备性为目标的逻辑学家会因此设立演绎规则，使（54a—e）的各条都能作为 P 的逻辑蕴涵而推出。推导出（54a）的标准做法是应用合取引入规则，它以任意两个定识为前提（在此即 P 与 P）并推出它们的合取式为结论：

(55) 合取引入规则
　　 输入：(i) P
　　　　　(ii) Q
　　 输出：（P 且 Q）

推导出（54b）的标准做法是应用析取引入规则，它以任意一个定识为前提并推出它与任一其他定识的析取式为结论：

(56) 析取引入规则
　　 输入：P
　　 输出：（P 或 Q）

推导出（54c）的标准做法是应用双重否定规则，它以任意一个定识为前提并推出它的否定之否定式为结论：

（57）双重否定规则
　　　　输入：P
　　　　输出：（非（非 P））

相似但更复杂的推导可得出（54d—e）。

在非形式的系统中，这种规则的存在并不会带来严重的问题，因为要选取哪一列推理步骤、何时放弃，这是由使用者运用自己的智力来决定的。然而，上文描写的形式系统假定：虽然规则可以按一定的顺序调取和测验，但是每条规则一经调取，如其输入条件得到满足，则必须强制应用。在这样的系统里，上文中的每条规则一经启动，就会对自己的输出结果无限地应用下去，推理过程就永不会停止。

我们暂且对引入规则作如下定义：该规则的输出定识含有其输入定识中的每个概念，且至少再多一个概念。我们认为正确的结论应该是，引入规则在人对信息的自发演绎加工时不起作用，而这种加工正是我们的演绎设施想要描写的。在信息的自发加工过程中，唯一可用的演绎规则是消除规则。这也是真正构成人的部分基本演绎设施的唯一演绎规则。

这个主张非同小可，是大多数研究演绎心理学的人所不愿意提出的。考虑过这个问题的人所提出的解决办法一般是接受引入规则，但在某些方面限制其作用，以避免规则的无休止应用。我们将在下面讨论他们的理由。不过要注意的是，我们之所以摒弃引入规则，目的不单是希望避免规则的无休止应用。我们的主张是：信息的自发加工从未用到过引入规则。例如，言者从不会在说了（58）后期望单凭这句话就推出（59a—e）中的任何一个结论。也没有听者会单凭这句话而推出这种结论。

（58）首相辞职了。

（59）（a）首相辞职了而且首相辞职了。

（b）或是首相辞职了，或是今天暖和点了。

（c）并非首相尚未辞职。

（d）如果首相尚未辞职，那么老虎就会灭绝。

（e）如果今天是女王的生日，那么首相辞职了。

直觉告诉我们，（59a—e）的各条结论以及其他通过引入规则推出的结论都是平凡的。[33]与这种直觉上的平凡感相联系的事实是：这些结论并没有改变其输入定识的内容，只是增加了其他任意的东西；后者绝对不能被视为是分析或阐释了原输入定识的内容。反之，消除规则是真正的解释性规则：其输出定识阐释或分析了输入定识的内容。我们的假设是：人的演绎设施只调用消除规则且只产生非平凡结论，定义如下：

（60）非平凡逻辑蕴涵

定识之集合 P 逻辑蕴涵且非平凡蕴涵定识 Q 当且仅当在只涉及消除规则的推理中，P 为初始论据的集合，Q 是终极论据集合的成员。[34]

换言之，人的演绎设施是一个对任何输入的定识集合之内容作阐释的系统。

然而，那些构建人类演绎系统模式的心理学家却极少得出这样的结论。事实上，他们多数对自发理解的研究不甚关心，而更关心人在从事具体推理任务时的表现：三段论推理、区别有效和无效论证，等等。鉴于这些都是有限的任务，而不是开放型的，而且许多已经提出的模式也不是形式的，而是非形式的模式，因此非平凡蕴涵的问题往往就被忽略了。就是在研究这个问题的文献里，得出的结论几乎总是认为引入规则不能完全免除，其原因有二。第一，据说某些频繁而直接应用的自发性演绎类型需要使用引入规则。例如，直觉上清楚的是：给定前提（61a—c），可以自发地推出结论（62）；给定前提（63a—b），可以自发地推出结论（64）（受制于记忆和注意力的一般限制）：

（61）（a）如果铁路罢工了而且小车坏了，那就没法去上班了。

（b）铁路罢工了。

（c）小车坏了。

―――――――――

（62）没法去上班了。

（63）（a）如果锅炉需要修理或电被截断了，那么房子就没法
住人了。

（b）锅炉需要修理了。

―――――――――

（64）房子没法住人了。

这些例子被看成是清楚的例证，说明在解释人的演绎设施时，至少某种
版本的合取引入规则和析取引入规则是需要的。

这种观点背后的假定是，要从（61）推出（62）或从（63）推出
（64），唯一的途径或者心理学上唯一可行的途径是采用引入规则。推出
（62）需要采用在下面（d）行的那一步合取引入，然后再根据（a）和
（d）应用一步肯定前件规则，得出所需结论：

（61）（a）如果铁路罢工了而且小车坏了，那就没法去上班了。
［前提］

（b）铁路罢工了。［前提］

（c）小车坏了。［前提］

（d）铁路罢工了而且小车坏了。［对（b）、（c）应用合
取引入规则］

―――――――――

（62）没法去上班了。［对（a）、（d）应用肯定前件规则］

与之类似的是，有人认为推出（64）需要采用在下面（c）行的那一步
析取引入，然后再根据（a）和（c）应用一步肯定前件规则，得出所需
结论：

（63）（a）如果锅炉需要修理或电被截断了，那么房子就没法住人了。［前提］

（b）锅炉需要修理了。［前提］

（c）锅炉需要修理或电被截断了。［对（b）应用析取引入规则］

———————

（64）房子没法住人了。［对（a）、（c）应用肯定前件规则］

这些当然是在多数标准逻辑里单凭基本规则的应用就能得到的最简单的推演。

然而，要证明合取引入规则和析取引入规则是必不可少的，首先需要证明不存在只使用消除规则的其他推演过程，或者需要证明任何其他的推演过程都缺乏心理上的依据。就前一点而言，其他的推演过程无疑是存在的。任何标准逻辑都会允许下列派生规则的使用：

（65）肯定合取（支）规则
（a）输入：（i）（如果（P且Q）则R）
　　　　　　（ii）P
　　　输出：（如果Q则R）
（b）输入：（i）（如果（P且Q）则R）
　　　　　　（ii）Q
　　　输出：（如果P则R）
（66）肯定析取（支）规则
（a）输入：（i）（如果（P或Q）则R）
　　　　　　（ii）P
　　　输出：R
（b）输入：（i）（如果（P或Q）则R）
　　　　　　（ii）Q
　　　输出：R

这些规则与肯定前件规则本身一样，都是消除规则。有足够理由认为它们在自发的信息演绎性加工中起了作用，下文会对此作出说明的。我们假定规则（65）的某种版本依附于"且"的逻辑条目，而规则（66）的某种版本依附于"或"的逻辑条目。

有了规则（65）和（66），就可以从（61）推出（62）并从（63）推出（64），无须采用引入规则。从（61）到（62）的推导就会如下面（61'）般进行，在（b'）行应用一步肯定合取规则，继之以一步常规的肯定前件规则：

> （61'）（a）如果铁路罢工了而且小车也坏了，那就没法去上班了。[前提]
>
> （b）铁路罢工了。[前提]
>
> （b'）如果小车坏了，那就没法去上班了。[对（a）、（b）应用肯定合取规则]
>
> （c）小车坏了。[前提]
> _____
>
> （62）没法去上班了。[对（b'）、（c）应用肯定前件规则]

从（63）到（64）的推导就会如下面（63'）般进行，根据所涉前提应用一步肯定析取规则，直接推出结论：

> （63'）（a）如果锅炉需要修理或电被截断了，那么房子就没法住人了。[前提]
>
> （b）锅炉需要修理了。[前提]
> _____
>
> （64）房子没法住人了。[对（a）、（b）应用肯定析取规则]

因此，不采用引入规则的其他推导途径无疑是存在的。

这些推导在心理上的可行性取决于规则（65）和（66）自身的心理可行性。瑞普斯［Rips］（1983）出具了实验证据，表明肯定析取规则（66）不但具有心理实在性，而且是最常调用的规则之一，比肯定前件规则本身还要常用。他的实验证据还表明，析取引入规则是最少调用的规则之一，确实为许多受试者所排斥。鉴于（63）—（64）这样的推导被经常而且轻而易举地应用，这强烈说明析取引入规则并没有被采用。

关于肯定合取规则（65），我们没听说过实验方面的证据。然而，在以关联为基础的理论框架里，肯定合取规则和肯定析取规则都会有极高的价值，原因如下：如果一项信息以含带合取或析取前件的复杂条件式出现，在记忆里找到现成库存的整个合取或析取前件的机会显然比找到其中一个成分合取支或成分析取支的机会小得多。肯定合取规则和肯定析取规则所做的是允许根据一个合取支或析取支作出推导，无需提供整个合取或析取前件。它们因而增加了所呈信息与个人既有的世界表征相互作用的机会，以利得出新的结论。对一个意在完善自身的世界表征的生物体来说，（65）和（66）这两条规则就会具有重要的价值。

心理学文献中支持引入规则的另一个理由是建立在受试者完成特定推理任务的表现上的：尤其是在对论证有效性的检验方面。因此，既然几乎所有受试者都认为（67a—b）衍推（68），既然有的受试者认为（69）衍推（70），那么这个事实就被视为证据，说明合取引入和析取引入这两条规则都具有心理现实性：[35]

（67）（a）雪是白的。

　　　（b）草是绿的。

（68）雪是白的且草是绿的。

（69）地球是圆的。

（70）地球是圆的或者地球是方的。

意识到非平凡蕴涵问题的心理学家随后又假定上述规则的应用受到某种方式的制约，以避免规则的反复应用。一种解决办法是允许系统制定目标，并仅在以下两个情况同现时才允许应用引入规则：（i）其输入描写得到满足且（ii）系统具有特定的目标，需要推出一个合取或析取的结论，比如出于检验（67）—（68）或（69）—（70）的论证有效性的目的。受制于这种操作条件的规则叫做"逆向"规则，有别于常规的"顺行"规则，后者只要输入描写得到满足，就能自动应用。[36]

　　我们并不怀疑听者有时想从一句话推出一个特定的结论，因而必须借助某种程序来得到该结论。但我们确实怀疑这种程序所采用的演绎规则是否会完全不同于正常理解所用的规则。也就是说，我们质疑的是：是否会有那么一套演绎规则，其唯一的作用是证实一些自己无法自发推出的结论。似乎更可行的是："逆向推理"的作用只是搜索一组前提，据此可借助常规演绎规则推出所需结论。换言之，"逆向推理"是个检索策略，而不是推理的独特形式。如果没有消除规则可以直接根据一组既有前提而推出所需结论，那么该结论就是根本无法直接推出的。上面的（67）—（70）就是这样的例子。

　　然而，没有理由认为人在检验论证有效性时只能采用直接推导的方式。一个论证是有效的，当且仅当其前提衍推结论，即当且仅当前提为真时结论必为真。我们已经提出过，人的演绎设施是不完备的，因为有些有效论证不能通过演绎设施的规则直接推出结论。（67）—（68）和（69）—（70）就是这样的情况。由此可以预料的是：在演绎机制难以胜任的时候，某种非演绎或非直接演绎的程序可以对演绎设施作补充，以检验论证的有效性。在那种情况下，就是受试者作出了正确的有效性判断，也不能就此认为这些判断是直接推得的。

　　我们设计的演绎设施就提供了这么个间接程序，因为它能对矛盾作监控。要说明论证的有效性，一个办法是表明肯定前提而否定结论会引起不一致。例如，假如（68）的否定式与（67a—b）或者（70）的否定式与（69）是推导的初始论据，演绎设施就会揭示其中的不一致之处，由此确立（67a—b）衍推（68）且（69）衍推（70）。

　　我们因此摒弃了有关人类演绎能力的两个极端观点。我们不相信所有的演绎推理都必须纯粹由演绎规则来解释（那是瑞普斯（Rips，1983）暗中所持的立场）。另一方面，我们的确相信演绎规则系统在执行以下操作时是个异常有效的设施：减少必须分别贮存在记忆中的多个定识的数量；获取论证的结论；从新获取的概念信息里推出蕴涵内容；扩大新信息对既存概念性世界表征的影响。所以，我们也摒弃了约翰逊－莱尔德［Johnson-Laird］（1982b，1983）的观点，后者认为根本不存在得到心理表征的演绎规则：

问题的关键是一个推理系统可以用完全合乎逻辑的方式操作，尽管它并不采用推理规则、推理图式、意义公设、或任何其他在逻辑演算中被常规使用的方法。（约翰逊－莱尔德［Johnson-Laird］1982b：20）

似乎有理由作出与约翰逊－莱尔德［Johnson-Laird］观点一致的假定，即受试者在执行某种推理任务时采用了多种启发式策略，那是不能直接作推导的。但是不能据此认为根本不存在得到心理表征的演绎规则。这种关系类似于另一种情况：尽管受试者正确完成了某些推理任务，但也不能据此作出推论，认为他们必定采用了演绎规则。

因此，我们要提出的是有关人类演绎能力的混合型理论。我们的假设是：面临一组定识时，在记忆和注意力的一般局限内，[37] 推理设施应该直接而自动地算出其演绎规则定义下的所有非平凡的蕴涵结果。这是该设施常规工作程序的一部分。与之相对的是，平凡蕴涵并不通过直接运算而得出。调用和检测平凡蕴涵有效性的程序与用于推导可获得的非平凡蕴涵的自动程序很不一样。从某种意义上说，前者不太自然，可能耗费较多的时间，还会犯各种错误。换言之，这两种蕴涵的推理操作过程应该有显著的不同。这一点还可以通过实验来检测。

本节里我们用非常浅显的术语描述了一个可用于自发性信息加工的演绎设施。该设施的作用主要在于分析和加工定识的概念内容。这个作用是通过依附于概念逻辑条目的消除规则来实施的。我们的中心论点是：在正常情况下，定识的演绎加工涉及对其非平凡蕴涵的运算，而且从不涉及平凡蕴涵。当定识在由其他定识所构成的语境中受到加工时，我们同样认为，在正常情况下，只有非平凡蕴涵得到了运算推导。如果我们的看法是正确的话，那么既然平凡蕴涵在理解过程中不起作用，我们在本书的余下部分就不再予以考虑了。从现在起，除非特别注明，当讨论到蕴涵或逻辑蕴涵时，我们仅意指经上文定义过的非平凡蕴涵。

对人类演绎设施原则上可以运算的蕴涵范围作出限定，这当然没有穷尽对信息演绎加工的讨论。除了需要确立哪些演绎规则是真正存在的，另一个问题是：给定一组定识，其蕴涵信息必须按某种顺序来调用，而这种顺序的确定方式尚未得到任何解释。此外，信息总是在由其他定识构成的语境中得到加工的，而我们也没有对语境的选择作出说明。至此，我们所做的只是对给定一组定识后原则上可以得出的蕴涵设立了上限。前提是如何选择的，蕴涵是按什么顺序来运算推导的，这些是后面两章的议题。在下一节里，我们想用更为浅显的术语来考察一下，当选定的命题内容和语境在演绎设施的记忆中相遇时，哪些演绎推理会得到执行。

六 演绎的一些类型

在前文章节中我们已经提出，要评估新信息对个人的关联度，就要看该信息从哪些方面完善了个人的世界表征。对世界的表征由一组具有内在组织的事实性定识构成。我们现在要提出的是，新信息对既有世界表征的完善可以通过演绎设施的运作来加以考察。

一组定识被置于演绎设施的记忆体中时，其成分概念之逻辑条目中的演绎规则都得到了调用。从上文提供的例子可以看出，这些规则在形式上可分成不同的两类，在此分别称作分析性规则和综合性规则。分析性规则只取单独一条定识作为输入；综合性规则取两条互为独立的定识作为输入。例如，合取消除规则（上文的规则（46a－b））取单独一条取合取式的定识作为输入，所以是条分析性规则。而肯定前件规则（上文的规则（47））的两条输入一条是取条件式的定识，另一条定识与该条件式的前件相同，所以是条综合性规则。

我们规定，任何结论，如果它是单凭分析性规则从一组初始定识中推导出来的，那么该结论就被那组定识分析性蕴涵：

（71）分析性蕴涵
一组定识 P 分析性蕴涵定识 Q 当且仅当在以 P 为初始论据的演绎中，Q 为终极论据之一，且在推导过程中只应用过分析性规则。

注意，据此定义，每个定识都分析性蕴涵自身。

于是，任何不具分析性的蕴涵便是综合性蕴涵：

（72）综合性蕴涵

一组定识 P 综合性蕴涵定识 Q 当且仅当在以 P 为初始论据的演绎中，Q 为终极论据之一，且 Q 不是 P 的分析性蕴涵推论。

实际上，这意味着综合性蕴涵是至少应用了一条综合性规则的推理结果。

对理解的推理型解释有时被认为是混淆了两个方面的问题而备受指责，一个是对定识或语句的理解，另一个是领悟理解过程的逻辑后果。鉴于我们不承认"逻辑"语汇与"非逻辑"语汇的区别，而且把"逻辑"演绎规则与"语义"演绎规则视为同物，我们似乎特别容易受到这样的指责。可事实上，这个问题已经部分得到了解决，因为我们已经区分了平凡和非平凡这两种蕴涵并提出理解过程只涉及后者。然而，直觉上仍然感到，就是在非平凡蕴涵中，有些蕴涵更多地涉及对各个定识的理解，另一些则与推出定识的逻辑结果关系更紧密一些。我们所划分的分析性与综合性蕴涵的区别可以对这个直觉作出解释。

一组定识的分析性蕴涵是对理解这些定识并领悟其内容而言充分必要的蕴涵。一个人要是声称理解了某定识但又否认与之相关的某个分析性蕴涵，那就绝不会被认为是弄懂了该定识。与此相对照的是，要是没能领悟一组定识的综合性蕴涵，那就不算是未能理解原定识所提供的信息，而是未能充分利用该信息。

一组特定定识的综合性蕴涵指的是那些蕴涵，其推导涉及至少一条综合性规则的运用。例如，（73a—c）综合性蕴涵（74a—b），其间所涉的综合性规则是肯定前件规则：

（73）（a）公交车来了。

（b）要是公交车来了，我们就能准时上班了。

（c）如果我们能准时上班，刚才多睡了一会儿就没关系了。

（74）（a）我们能准时上班。

（b）刚才多睡了一会儿没关系。

也可以看一个"非逻辑"的例子，（75a—c）综合性蕴涵（76a—c），其间所涉的综合性规则是类似（77）那样的包含规则：

（75）（a）票在钱包里。
　　　（b）钱包在箱子里。
　　　（c）箱子在车里。
（76）（a）票在箱子里。
　　　（b）票在车里。
　　　（c）钱包在车里。
（77）包含规则[38]
　　　输入：（i）（X—在—Y—里）
　　　　　　（ii）（Y—在—Z—里）
　　　输出：（X—在—Z—里）

能够理解（75a—c）这组定识的人当然先要能领悟（78a—f）那样的分析性蕴涵：

（78）（a）票在某处。
　　　（b）某物在钱包里。
　　　（c）钱包在某处。
　　　（d）某物在箱子里。
　　　（e）箱子在某处。
　　　（f）某物在车里。

谁要是接受了（75a—c）但否认（78a—f）的任一条，就犯了理解上的错误而非逻辑上的错误。另一方面，一个人可能完全理解了（75a—c），却没有算出（76a—c）的综合性蕴涵。设想你在不同的时间场合分别获得了这些定识，因此从未把它们归在一起算出（76a—c）所开列的综合性蕴涵。这个缺憾并不意味着你对各条定识的理解有什么欠缺。我们的记忆中都贮存着成千上万条定识，从中可以算出成千上万条综合性蕴涵，假如它们真的可以被一齐纳入演绎设施的记忆体的话。虽然事实上这种情况从未发生过，也确实永远不会发生，但这并不意味着我们没有完全领悟每一条单个的定识。

注意，综合性蕴涵之所以具有综合性，不是因为其前提的表述形式，而是由于推导这类蕴涵所采用的规则的性质。没有理由规定一个单个的复杂定识不可以具有综合性蕴涵。例如，（79）中取合取式的定识综合性蕴涵（76a），正如（75a）和（75b）这两个独立的定识也可以综合地蕴涵（76a）：

（79）票在钱包里且钱包在箱子里。
（75）（a）票在钱包里。
　　　（b）钱包在箱子里。
（76）（a）票在箱子里。

（76a）这个蕴涵从（75a—b）推出与从（79）推出的唯一区别在于（79）须先作合取消除，然后才能应用规则（77）。除此之外，两种推理步骤是完全一样的，而且，它们的推理过程都是综合性蕴涵。

至此，我们的结论是：单个定识可以有三种逻辑蕴涵：平凡蕴涵，那不是由我们的设施直接运算推出的；分析性蕴涵，它对理解定识自身而言是必要和充分的内容；还有就是综合性蕴涵，它的主要功用不在于领悟所加工的信息，而在于使有关信息得到充分的利用。我们的理论框架因此提供了一些启示，有助于重新认识"语义蕴涵"和"逻辑蕴涵"的区别，理解内在意义与延伸意义的区别，"语义蕴涵"和"逻辑蕴涵"的对立原是前理论的划分，不够准确。

分析性和综合性蕴涵的区别具有重要的实际后果。一个具体定识的分析性蕴涵是该定识的内在意义：只要定识自身可以重新调取，其分析性蕴涵就可以再次推出，办法很简单，就是把该定识放到演绎设施中再加工一回。反之，综合性蕴涵不属于导出该蕴涵的那条定识的内在意义（不包括（79）那样的合取式）。综合性蕴涵必须根据两个独立的基本定识推出，而且，记忆中光存有这些定识还不足以推出这种蕴涵：所涉定识必须在演绎设施的小规模的工作记忆中归到一起。就算这些定识有一次处于这样的关系，也不能保证它们以后还会被归到一起。因此，如果不立即算出两者的综合性蕴涵，就可能再也没有机会得到这些结果了。

与当今多数记忆模式理论一样，我们假定信息在存入记忆前被尽可能地分解成了较小的单位。故此，像带有合取式的那种定识就不会作为一个单位被贮存，而是会按其成分合取支被分解成更小的定识，最终可能分别存入不同的百科条目之中。任何生物如果想要完善其总体世界表征，就应该希望从自己目前加工的一组定识中尽量多地获取综合性蕴涵，而且要赶在该组定识被拆散作个别贮存之前完成。反之，分析性蕴涵只是作为达到目的手段才值得获取，那个目的就是获取更多的综合性蕴涵。

我们已经说过，进入演绎设施记忆体的定识可以有四个来源：知觉、语言解码或百科记忆，或者作为演绎过程自身的结果而加入设施的记忆体。从直觉上看，从百科条目调用或推导得出的定识都是旧信息，而通过知觉或语言解码导出的定识都是新呈现的信息，后两项来自输入系统，经过加工才成为旧信息。在本书中，我们关心的是新呈现的信息所带来的效果，特别是从语言输入系统导出的定识对采自既有的对世界作表征的旧信息所带来的效果。

因此，我们要考察的演绎效果具有下列特点：置于演绎设施记忆体中由初始论据构成的集合可以分为两个子集，P 和 C，其中 P 可被视为新信息，C 为旧信息。我们且把以 P 和 C 的并集为前提而作出的演绎称作 P 在语境 C 中的语境化。P 在 C 中的语境化有可能产生不能单独从 P 或 C 中推出的新结论。我们把这种新结论称作 P 在 C 中的语境蕴涵：

 （80）语境蕴涵
 　　定识的集合 P 在语境 C 中语境蕴涵定识 Q 当且仅当
 　　　　（i）P 与 C 的并集非平凡蕴涵 Q，
 　　　　（ii）P 不非平凡蕴涵 Q，且
 　　　　（iii）C 不非平凡蕴涵 Q。

语境蕴涵是新信息，因为它不可能单纯从一组既有定识构成的 C 中推出；然而，它又不只是新信息，因为它既非单凭新呈现的信息 P 得出的分析性蕴涵，也不是仅仅根据 P 得出的综合性蕴涵，而是新旧信息的综合，是两者相互作用的结果。

从逻辑的角度看，上述对语境蕴涵所作的定义只存在一个略微不同寻常的地方：它将综合性蕴涵的前提分成两个独立的子集，其中一个子集被处理为是在另一个子集的语境中具有了蕴涵。从逻辑上说，这两个子集当然是相同的：Q 是由 P 和 C 的并集所综合性蕴涵的，两个子集的区别是个语用区别，不是逻辑区别。新呈现的信息被视为是对取自既有世界表征的信息的增补，两者还相互作用。

新信息加入由旧信息构成的语境后，不但带来了语境蕴涵，而且还带来了前者自身的分析性蕴涵，可能还有自身的综合性蕴涵。然而，这些蕴涵是独立于语境的，与语境蕴涵不同。语境对语句解释的影响必须主要从语境蕴涵的角度去认识，选择一个语境而不是另一个来加工信息，其根本原因主要也在于此。语境蕴涵这个概念在本书的余下部分会起主要的作用。

演绎设施的一个中心功用因而就是在旧信息构成的语境中，自发、自动而无意识地推导出任何新呈现信息的语境蕴涵。若其他方面无特别规定，得出的语境蕴涵越多，所呈现的新信息就越能够完善个人的既有世界表征。[39]

演绎设施也在自发的非论证型推理中起主要作用：它是定识的主要来源，其运作过程影响了它所执行的演绎推理的初始和终极论据的力度。我们现在就转而讨论推理的这些方面。

七　语境效果：演绎在非论证型推理中的作用

前面说过，根据新信息 P 和旧信息 C 的并集作出的演绎是在 C 中对 P 的语境化。这个过程可以产生我们要作为新概念提出的语境效果。本节我们将介绍语境效果这个概念。在第三章，我们将提出，关联可以借助语境效果来加以刻画。

语境效果这个概念背后的直觉性想法是这样的：对语境作修改和完善会给该语境带来某种效果，但并不是任何更改都能做到这一点的。我们已经提到过，增加的新信息如果只是在复制旧信息，就算不上是对语境的完善；增加的新信息如果与旧信息毫无关系，那也不算是对语境的完善。我们所关心的那种效果是新旧信息相互作用的结果。其中的一种已在上文得到了描写。语境蕴涵属于语境效果：在综合性蕴涵中，新旧信息以前提的形式相互作用，这个至关重要的过程产生了语境蕴涵这种语境效果。

从直觉上看，我们提出的这种理论框架里应该还有另外两类语境效果。一方面，新信息可能为旧定识提供进一步的证据，因而加强了旧定识；另一方面，新信息可以提供与旧定识相反的证据，这可能导致旧定识的弃置。在上面三节的讨论中，我们在很大程度上有意忽略了这么一个事实：置入演绎设施记忆体中的定识带有程度各异的力度。另外，我们也没有顾及演绎可能导致矛盾的情况。现在我们要考察一下演绎的这两个方面以及它们导致的效果的类型。然后我们要对语境效果这个概念作一个总体的刻画。

演绎中各个前提的相对力度如何影响结论的力度？这个问题既可以从逻辑的角度去考察，也可从认知的角度来研究。对逻辑问题的进一步认识应该有助于加深对认知问题的理解。

请看（81a—d）这组前提及其综合性蕴涵（82）：

（81）（a）如果彼德、保罗和玛丽参加了晚会，晚会就办得很成功。

（b）彼德参加了晚会。

（c）保罗参加了晚会。

（d）玛丽参加了晚会。

（82）晚会办得很成功。

再看（83），那是（81a—d）的合取式，因此也衍推（82）：

（83）如果彼德、保罗和玛丽都参加了晚会，晚会就办得很成功，且彼德、保罗和玛丽都参加了晚会。

如果我们能赋予（83）一个证实值，就可以容易地说明：从逻辑的观点看，（82）的证实值必须至少与衍推它的（83）一样高，它不能低于（83），因为这意味着（83）可能为真而（82）却为假，但这种可能已遭排除，因为（83）衍推（82）。另一方面，如果晚会有可能在彼德或保罗或玛丽缺席的情况下仍然办得很成功，那么（82）的证实值应该比（83）的还要高。

所以，从逻辑的观点看，一个结论的证实值是有其下限的：它不能低于由所涉前提构成的合取式的证实值。从认知的观点看，现在的问题是：既然（我们假定）演绎设施不能推出所涉前提组成的合取式，也不能计算出该合取式的证实值，那么它是怎样确定这个下限的？我们必须先作进一步的逻辑考察才能解答这个认知问题。

由此我们要考虑的是如何可以确定合取式（83）的证实值。定识之合取式的证实值取决于其合取支的各个证实值。从逻辑的观点看，整个合取式的证实值不会高过最弱合取支（即最不确定的合取支）之值。设想彼德和保罗肯定来参加了晚会，但不清楚玛丽是否也来了，那么同样不清楚的就是彼德、保罗和玛丽是否都来参加了晚会。另一方面，合取式的证实值可以比它最弱的合取支更低。设想（81b—d）的证实值都达到了"强"这一级，但未达到"肯定"这一级。一般来说，这三个定识都为真的可能性比其中任一个为真的可能性要小。因此，合取式的证实值应该比下属任一单个合取支的值低。事实上，合取支的数量越多，且各合取支的证实值越低，则整个合取式的证实值就越低。

因此，对于用于演绎的前提合取式来说，其证实值存在着一个上限，要确定这个上限，既不需要推出该合取式，也不需要计算其证实值。合取式证实值的上限是其最弱合取支的值；不需要计算就能确定这个上限。

需要注意的是：在只涉及一次规则运用的演绎中，根据不同的前提可以推出不同的结论。只有实际参与推出特定结论的那些前提才会影响结论的证实值。例如，假如我们在（81）中再加入一个前提（81e）：

（81）（e）如果保罗和玛丽参加了晚会，罗杰就提前离开。

现在，根据（81a—e）这组前提可以导出另一个结论：

（84）罗杰提前离开了。

显然，我们不希望（84）的证实值受（81a）或（81b）的证实值的影响，也不希望（82）的证实值受（81e）的证实值的影响。因此，一个具体结论只能从那些实际用于推出该结论的前提那里继承其证实值。

所有这些结论都指向了一个以演绎设施的运作为基础的认知理论，用以解释演绎过程中前提力度与结论力度之间的关系。该理论可按照以下思路去构建：根据演绎设施的操作方式，运用分析性规则时，结论继承前提的力度；而运用综合性规则时，会出现三种可能：要么两个前提都达到了"肯定"这一级，那样结论也是"肯定"；要么一个前提是"肯定"，另一个不是，那样结论就继承较弱前提的力度；要么两个前提都不"肯定"，那样结论继承的力度就比较弱前提的力度更低。

应用一条以上规则的连续推理会导致如下结果：如果实际用于推导某个结论的所有前提都"肯定"，那么结论也"肯定"。如果前提除一条外其余都"肯定"，那么结论就继承那条不够肯定的前提的力度。如果前提中多于一条不够肯定，那么结论的力度就比最弱前提的力度更弱。如果结论是从几个"弱"前提推出的，那么它所继承的证实值就会既模糊又极微弱。然而，通过继承得到的力度只是下限：一般来说，从演绎推出的结论比所涉前提构成的合取式更可能为真。

我们把复制、提升和调低力度级别的能力赋予演绎设施。这些能力比用于计算数量型证实值所需要的能力要求低得多。正如所料，这些程序不能确定绝对的证实值，只作最粗略的定性（如"弱证实"，"肯定"），但通过将某定识的力度调得高过或低于其他定识的力度，就可以对不同证实值作出一定的比较。

如果一个结论是从几个不够肯定的前提推导出的，它的证实值就会非常模糊。假如我们是在构建一套最佳逻辑系统，这会是个极大的缺陷。但事实上我们尝试设计的是一套认知系统。如果我们的模型无法精确判定从几个不够肯定的定识推出的结论的力度，这个结果也与我们通过内省得到的证据颇为吻合。我们不知道有任何其他证据可以显示人脑具有更强大更准确的方法，可以自发地确定其事实性定识的力度。

回到我们对语境效果的讨论。首先考察一下，当定识的力度被纳入讨论范围后，先前作为语境效果例示的语境蕴涵会受到什么影响。语境蕴涵是综合性蕴涵的一个次类。我们就来看看综合性蕴涵和实际用以推出该蕴涵的诸前提之间的关系。综合性蕴涵不为任一单独的前提逻辑地蕴涵：它不能光从某个前提通过论证型推理得出。另一方面，要是抽掉任何一个前提，就不能根据余下的诸前提而推出同样的结论。因此可以说，每个前提都在由其他前提构成的语境中成为结论的论据或证据。或者可以按我们的建议作这样的表述：在综合性蕴涵的推导中，每个实际使用的前提都增强了所有前提共同蕴涵的结论的力度。每个单个前提对这个共同结论的力度所作出的贡献是其自身力度等级的函项。

按照我们的定义，语境蕴涵是综合性蕴涵与用来推导该蕴涵的前提之一所构成的一种关系。一个语境蕴涵 Q 不能通过论证型推理从定识 P 得出，P 在语境 C 中语境蕴涵 Q；但 Q 可以通过论证型推理从 P 和 C 的并集中得出；或者假定 C，Q 可以通过非论证型推理从定识 P 得出。因此，这是个只涉及演绎逻辑规则的非论证式推理的事例。这些规则不但有助于在既有定识的基础上构建新定识，还对确定新定识的力度作出了贡献。

我们由此把语境蕴涵这个关系看成是语境增力的一种特例。它可以被称作依存式增力，因为结论的力度不但依赖于新增的诸定识 P，还依赖于语境 C：P 会影响其语境蕴涵的力度，但不能完全确定之。依存式增力当然是与更为人知的独立式增力相对的，后者是与逻辑意义上的独立式证实相当的认知过程。我们现在就转而讨论这个话题。

独立式增力的发生是因为一个单一的结论为两组不同的前提所独立蕴涵。请看（85a—b）这组前提：

(85) （a）如果晚会结束得晚，那它就办得很成功。

　　　（b）晚会结束得晚。

（85）逻辑蕴涵（82），而前面已经谈到过，（81a—d）那组前提也蕴涵（82）：

（81）（a）如果彼德、保罗和玛丽参加了晚会，晚会就办得很
成功。

（b）彼德参加了晚会。

（c）保罗参加了晚会。

（d）玛丽参加了晚会。

（82）晚会办得很成功。

现在设想根据（81a—d）对（85a—b）作语境化，这样会造成什么
效果？

我们说过，演绎设施能采用下列程序来避免羡余信息：将一条定识
写入记忆体之前，它先核查一下该定识是否已经收入了。如果是的话，
就不再将其写入，还对推导出该定识的论据和演绎规则作了标识，以使
该推导不会再重复进行。然而，当时虽然讨论了演绎设施两次遇到同一
个定识时所作出的反应，却并没有考虑到一个可能：那就是重复出现的
同一个定识可能具有不同的力度。对这些情况的处理可能会带来重要的
效果。

问题就在于如果一个定识已经出现在演绎设施的记忆体中或者可以
从记忆体中的那些定识推导出来，它的力度在遇到从另一组不同前提推
导出来的相同定识时应作如何调整？我们把（82）仅仅从（81a—d）
继承的力度称作 S_1，把（82）从（85a—b）继承的力度称作 S_2，把
（82）从（81a—d）和（85a—b）的并集继承的力度称作 S_3。现在的问
题就是：S_3 与 S_1 和 S_2 构成了什么关系？

不管从直觉上说还是从逻辑上说，S_3 应该分别大于 S_1 和 S_2（当然，
除非 S_1 或 S_2 是"肯定"，那样的话 S_3 也应该是"肯定"）。原因是直截
了当的。首先，S_1 和 S_2 中较大的那个为 S_3 提供了下限：如果 S_3 低于这
个下限，它就不能反映每组前提为共同的结论独立提供的支持。其次，
如果 S_3 仅与 S_1 和 S_2 中较大的那个等同，也就是说，如果它仅仅反映了
其中的一组前提为共同的结论所提供的支持，那么它就完全没有反映出
另一组前提独立提供的支持。因此，S_3 应该既大于 S_1，又大于 S_2。换
言之，（82）从（81a—d）和（85a—b）的并集继承的力度在程度上应
大于它单独从（81a—d）或（85a—b）继承的力度。如前所述，根据演

绎设施的操作方式将这个逻辑条件付诸实施并不困难。

依存式增力和独立式增力可以结合起来。设想（86a—b）在（81a—d）中得到语境化且（81d）是所有前提中最弱的：

　　（86）（a）要么鲍勃参加了晚会，要么玛丽参加了晚会。
　　　　　（b）鲍勃没有参加晚会。

（86a—b）逻辑蕴涵（87）。

　　（87）玛丽参加了晚会。

这导致了对（81d）的独立式增力，因为它与（87）的内容完全相同。鉴于（81d）在（81a—c）的语境中也是（82）的一个论据，（82）由此也因（81d）而得到了依存式增力。（86）在（81）中的语境化因而使（81d）和（82）都得到了增力。

至此我们已经考察了两类语境效果：语境蕴涵的加入和既有定识的增力。但是，一个人对世界的表征还可以通过消除不真定识而在很大程度上得到完善。这种至关重要的语境效果可以在新旧信息出现矛盾时产生。

在讨论演绎设施的运作方式时，我们说过，当它遇到矛盾时便会停下，直到矛盾得到解决。例如，设想（88a—b）在（89）中得到了语境化：

　　（88）（a）如果珍妮花来了，晚会就办得很成功。
　　　　　（b）珍妮花来了。
　　（89）（a）如果比尔来了，晚会就办得不成功。
　　　　　（b）比尔来了。
　　　　　（c）晚会办得不成功。
　　　　　（d）如果晚会办得不成功，我们就不会再办晚会了。
　　　　　（e）我们不会再办晚会了。

（88a—b）逻辑蕴涵（90），后者是（89c）的否定式：

（90）晚会办得很成功。

推出（90）这样的结果后，我们前面说过，演绎设施会试图解决这个矛盾。解决矛盾时，必须考虑到这两个互相抵触的定识各自的力度。

演绎设施不但能够在记忆体中阅读和写入定识，而且还能够删除定识。我们且假定，当发现两个定识互相抵触时，如果有可能比较两者的力度且其中一个的力度强于另一个，那么演绎设施就会自动删除较弱的定识。一个定识被删除后，任何分析性蕴涵该定识的定识也会被演绎设施删除。至于综合性蕴涵该定识的任何一对定识，演绎设施会删除其中较弱的那个定识。这个程序会得到递归应用，直到没有任何定识可被删除为止。如果这种程序得以应用，矛盾就会从根本上消除，演绎过程就可以恢复运行了。

比如，设想（90）比（89c）强。发现矛盾后，演绎设施会删除（89c），然后会检查记忆体，看看里面是否有分析性蕴涵（89c）的定识，并查找任何综合性蕴涵该定识的成对的定识；它会发现（89a）和（89b）综合性蕴涵（89c），并会删除这两个定识中较弱的那个。

现在注意（89c）和（89d）综合性蕴涵（89e），也就是说（89c）在（89d）这个定识所提供的语境中，是（89e）的一个论据。删除了（89c）对（89e）会有什么影响呢？显然，（89e）会失去它从（89c）那里经依存式增力而得到的所有力度。它也有可能从其他定识得到过独立式增力；那样的话，它就仍然会留在设施的记忆体中，它的力度大小与那个提供独立支持的定识力度相匹配。它也可能没有其他力度的支持，全部力度来自（89c）和（89d）；那样的话，失去了这个支持就会使（89e）的地位从具有某种力度的定识下降到仅仅是个未获支持的可能性。

在有些情况下，这种直接解决矛盾的手段得不出什么结果：比方说，因为演绎设施无法比较两个互相抵触的定识的力度，或是因为它们的力度都一样强。我们假定在这些场合，矛盾会通过其他途径得到解决：比如，通过有意识地寻找进一步的证据来支持或反对矛盾的一方。

这个设想似乎与一个内省证据相符合，那就是：有些矛盾的解决办法是表面上直接而自动地摒弃错误前提，而其他矛盾的解决则需要深入的思考。

如果一个新定识在与自己相抵触的语境中被语境化，结果有可能不是弃置一个语境中某个既有的定识，而是对新信息自身的部分或全部否定。这种情况就没有产生实质性的语境效果。如上例所示，只有当新定识置换了语境中的一个既有定识并进而削弱或删除了与该定识建立了分析性或综合性蕴涵关系的其他语境定识，才能产生语境效果。举例而言，如果（90）比（89c）更弱，它自己就会被删除，（88a—b）在（89a—e）中的语境化就不会有任何效果。

现在我们已经描述了各种可能的语境效果：语境蕴涵、增力、还有矛盾导致前提从语境的删除。[40] 至此我们考虑了两种增力：依存式增力和独立式增力，在这两种情况下，结论的力度都取决于用以推出该结论的诸前提的力度。在结束这个议题前，我们还想提出一个观点：另外还有一种增力，我们称之为追溯式增力。在这种情况下，实际用于语境化的诸定识可能因该语境化达到了某个预期结果而得到增力。我们在这里先提前谈一些余下两章的内容，简要勾勒一下这种追溯式增力在言语理解中发生的方式，并考察一下相似的效果是否能在更广泛的自发性推理中发生。

在言语交际中，听者一般根据言者提供的一种保障而被引导接受一个定识为真或可能为真。听者的部分工作就是找出言者保障为真的是哪些定识。我们的假想是听者在执行这个任务时考虑到了关联性问题，这为听者提供了指引。他期望言者意图传递的信息在言者期望得到语境化的语境中加工时，会具有关联性。也就是说，会以低加工代价得到实质性语境效果。因此，如果听者认定（91），

（91）言者意图断言 P，

而 P 恰好如预期般关联，那么（91）这个定识便得到了增力；此外，如果听者相信言者说的是真话，那么定识 P 也会得到增力。如果 P 只有当定识 Q 加入语境时才能如预期般关联，那么（92）这个定识便得到了

增力：

　　（92）言者意图使听者认定 Q。

同样，如果听者信任言者，那么定识 Q 也得到了增力。

　　致使这些追溯性增力基本有效的原因如下：任何任意选取的定识一般都不可能具有关联性，值得引起个人的注意；因此任何对语句的解释如果达到了让人满意的关联度，那就极有可能是正确的解释。换言之，听者如果得到了一个充分关联的解释，就可以比较确信那就是言者意图传递的意思。这一点将在第四章详述。

　　言语理解可能让人觉得是个独特的情况，与其他推理能力的运用非常不同。言者希望被理解，所以主动为听者提供理解上的方便。按照这种论点，环境却没为观察者提供认识上的方便。实际上，这个论点并不像表面上那么有理。环境大多是人造的，充斥了着意的痕迹，以助人充分地感知它。你可能承认这点，但仍想深究：那对自然环境又作何解？自然大概不会助人认识自己吧？其实，这个说法也不那么肯定有理。

　　人类的认知能力是自然的一部分；作为自然进化的结果，这些能力十分顺应自然。可能在人脑最自发得出的定识里，真定识比假定识更有关联性，因此关联达成时，就会提供基本有效的追溯式增力。如果真是那样的话，福德〔Fodor〕视科学思维为典型中枢思维过程的见解就大错特错了。大自然帮助人对它有了真正然而有限的认识——比如完全适合石器时代的猎人和食物采集者。科学试图更彻底地认识自然，但没有得到自然的帮助，因而就享受不到自动的追溯式增力。

　　逻辑学家讨论假说的构建和证实时，一般都从这些过程在科学研究中所体现的形式得到启发。然而科学思维可能在有关方面与日常概念性思维很不一样。至少我们认为它与言语理解不同。在言语理解时，对非论证型推的描写可以只采用演绎规则，无需借助任何其他的逻辑规则；定识的力度是作为它的构建和使用方式的副产品得到的，特别是作为它在演绎过程中的加工方式的副产品而得到的。

　　考察了各种可能的语境效果后，我们现在有资格作一番概述了。如果语境化所做的一切只是将新信息的全部、部分或零内容增加到语境中去，而一点没有对语境作其他方面的更改，那么这种语境化就没有带来语境效果。否则就会有一定的语境效果，采取的方式或是从语境中删除某些定识、或是调整语境中某些定识的力度，或是推出语境蕴涵。[41]

　　本章就推理能力提出了一个大致的纲要，我们假定这些能力在自发性推理特别是言语理解过程中得到了应用。我们十分清楚，这里的陈述颇为简略，引发了许多问题而未作解答。然而，我们觉得这些问题并不是无从入手的。我们认为，在我们提出的理论基础上，对非论证型推理的心理学研究成为一个有意义的问题，而不再是个无法探究的谜团。我们还刻画了"语境效果"这个概念。在下一章里，我们会围绕"语境效果"的概念建立起"关联"的明确定义。

　　附　注：

　　[1] 如第一章注 [2] 所言，本译稿力图分清原文的几个不同用语：assume/assumption 在一般行文及讨论逻辑推理时译为"假定"；在讨论交际语用推理时译为"认定"（动词）和"定识"（名词）。hypothesize/ hypothesis 译为"假说"、"假设"。suppose/supposition 译为"设想"。也有人把 assumption 译成"假设"或"设想"。——译注

　　[2] 现在我们不会再假定输入（专用）系统与中枢（全应）系统之间存在着这么大的差别了。在过去的十年间，越来越多的证据表明所谓的中枢系统应该从模块论的角度加以认识。相关讨论参见斯珀波 [Sperber]（1994b）。——第二版注

　　[3] 为一组前提所蕴涵的结论并非都能单凭推理规则而生成。例如，P 这样一个前提蕴涵了取（P 或 Q）式的无穷多的结论，其中 Q 为任何假定，因而会需要某种非推理性的方式来生成 Q。但那些无法通过推理来生成的结论在认知上价值不大；它们性质"平凡"，"平凡"的确切含义将在第五节论及。

　　[4] 顺带要指出的是，倘若一方面坚称言语交际受制于互有知识这个要求，另一方面又承认非论证型推理在言语交际中的作用，那就会导致悖论。互有知识要求的关键在于能通过一种万无一失的算法来解释言语交际；而承认非论证型推理的作用等于是排除了该算法存在的可能。这个悖论之所以不甚明显，恐怕是因为对这些问题的惯常讨论方式一般都较为隐晦。

　　[5] 有关反对用福德 [Fodor] 的理论框架来处理"中枢"系统的那些意见，参见本章注 [2]。——第二版注

　　[6] 在此我们只假定大脑状态与心理状态之间在实例层次上的等同。参见福德 [Fodor]（1974）。

[7]"推演"是演绎推理的简称。——译注

[8]这里的"涵义"[sense]与所指[reference]相对，最早由弗莱格[Frege]提出。——译注

[9]关于思辨型思维中不完整逻辑式所起的作用，参见斯珀波[Sperber](1985：第二章)。

[10]命题式（propositional form）是命题型逻辑式（propositional logical form）的简称。——译注

[11]或是基本的记忆贮存格式：要点在于所有贮存于此或以该格式贮存的表征都能用相同的方式调用及加工，不同于另行贮存的其他表征。

[12]参见斯珀波[Sperber](1985：第二章)就该区别所作的详述及讨论。

[13]鉴于逻辑式、命题式以及事实性定识都不具有直观性，我们只能用自然语句来表达它们，尽管句子与前三者之间并不存在——对应的关系。这种做法在实践上并无大碍，就像在日常交际中的情况一样，听读者通常能顺利地识别一个特定语句意在表达的定识。我们并不是要暗示自然语言如何逼真地反映了思维语言的结构。我们要指出的仅仅在于：它们同为具有语义特征的形式化物体，其中的一个可以顺利地用来表达另一个，因此两者之间需要具有一定的相映之处。

[14]再退一步说，就算有人能有意识地做到这一点，他也不能无意识地做到，例证见诸卡纳曼与特沃茨基[Kahneman and Tversky]合作的著作。

[15]参见卡纳曼、斯洛维克、特沃茨基[Kahneman, Slovic and Tversky](1982)，尤其参见第一章、三十四章和三十五章。

[16]定识图式以何种格式贮存在人脑中？它们或许可以嵌在事实性定识之中，后者表明对该图式的某种充实为真或可能为真。或许它们也可以作为完整的命题型事实性定识贮存，但其经验性价值极弱，只有通过增加新成分得到加强后才能达成关联。例如，下列定识图式（29）可以用（i）或（ii）的格式贮存：

（29）室外气温现为摄氏＿＿度。

（i）就某数值 n 而言，"室外气温现为摄氏 n 度"为真。

（ii）室外气温现为摄氏某某度。

鉴于我们并无论据从原则上支持上述任意一种格式或是其他任何可以设想到的格式，我们不会继续深究这个问题。

[17]这并不是说这种系统肯定不会被设计出来：约翰逊－莱尔德[Johnson-Laird](1983)提出了一种研究方案，旨在发展一个新式推理模式，有别于那些以演绎规则为基础的模式。

[18]有必要强调的是：本章采用的演绎系统只是为了例示演绎推理的一种操作方式而设计的。演绎推理能够想象出的操作方式可谓众多浩繁，我们还远未获得

有效的证据，能让我们从中作出选择。——第二版注

[19] 这与当今认知心理学的一般看法十分吻合。认知心理学认为认知系统完全是一个计算系统，参见福德［Fodor］（1980）。

[20] Modus ponendo ponens，又译作"肯定前件假言推理"、"分离律"、"离断律"，直译为"肯定肯定式"。——译注

[21] Modus tollendo ponens，又译作"分取逆断律"，直译为"否定肯定式"。——译注

[22] 比如可参见凯茨［Katz］（1972）；福德［Fodor］（1981a）；福德、加瑞特、沃克和帕克斯［Fodor, Garrett, Walker and Parkes］（1980）。

[23] 对这些概念的讨论参见温诺格拉德［Winograd］（1977）；明斯基［Minsky］（1977）；以及香克与阿贝尔森［Schank and Abelson］（1977）。

[24] 普世性（ecumenical）：指促进基督教的各种教派的合作和谅解的宗教主张。在此暗喻容许各种词具有自己的独特制式。——译注

[25] 参见克里普克［Kripke］（1972）；帕特南［Putnam］（1975）；另参见福德［Fodor］（1982）。

[26] 有关的综述及讨论参见普尔曼［Pulman］（1983）；卡斯顿［Carston］（1984a）。

[27] 我们还只是考察了百科条目的命题型内容；然而，并无理由禁止百科条目含带或是调用"图像"。对概念性思维而言，不管什么类型的心理物体都可被用作信息的来源。

[28] 福德、加瑞特、沃克和帕克斯［Fodor, Garrett, Walker and Parkes］（1980），福德［Fodor］（1981a）对诸如凯茨［Katz］（1972）、米勒与约翰逊－莱尔德［Miller and Johnson－Laird］（1976）那样的分解语义学说的经典论述提出了反对意见。参见 J. D. 福德［J. D. Fodor］（1977）对分解语义学说的综述及评价。

[29] 对这些问题的颇有见地的讨论参见卡斯顿［Carston］（撰写中）。

[30] 在汉语中，对应于"兄弟"和"姐妹"这两个词汇化的狭义概念，似应还有一个涵盖两者的广义概念，来表示"兄弟和姐妹"，但这个概念除了在极有限场合可以扩大"姊妹"的意义来概括外，并没有通用的单纯或是复合词汇条目，最多只能用"兄弟姐妹"这样的词组来指称。可资比较的是英语里的 siblings，可以统指"兄弟姐妹"。—— 译注

[31] 这里所说的"非形式"是指自然演绎系统只包括推演规则、不采用公理和变形规则的特色。本节下文的讨论会作出更多的说明。——译注

[32] 为求简便，我们只会说明演绎设施在处理定识时的工作方式；该设施对所有其他逻辑式的处理方式也完全一样。

〔33〕这里的"平凡"（trivial）与"不平凡"（non‑trivial）都是数学里的专业词汇，似也可以把前者译为"非实质性的"，把后者译为"实质性的"。——译注

〔34〕黑体字母在此指谓定识的集合，斜体字母指谓个别的定识。——译注

〔35〕参见瑞普斯〔Rips〕（1983）。该文还对自然演绎心理研究的既有文献作了出色的综述。

〔36〕有关区别"顺行"规则和"逆向"规则的讨论以及划分两者的理由，参见瑞普斯〔Rips〕（1983）。

〔37〕可能还受制于一些非强制性的约束，以抑制那些不像能有助于追求关联的推演；参见第四章第五节。

〔38〕我们使用这条臆想的规则，纯粹是出于解释上的方便，无意藉此说明这种规则确实存在。不难想象的是，对包含关系以及其他传递关系作处理的并不是演绎规则，而是约翰逊‑莱尔德〔Johnson‑Laird〕提出的心理模型。

〔39〕一般来说，对某个生物体而言，新信息并非必定是全新的信息，而只是正在加工的信息。根据这种较宽泛的定义，从记忆中调用的信息也可算作是新信息。对每项新调用的信息 P 而言，是将其加入正在加工另一项信息 Q 的语境中去？还是把 P 当作新信息，在含有 Q 的语境中加工？生物体必须根据某种理据作出最佳决定。关联方面的考虑在此应该起很大的作用，一如认知的其他方面。

〔40〕有人认为我们忽略了第四种语境效果，即对既有定识的弱化。我们对语境化产生语境效果的条件所作出的正式定义，已经顾及到了弱化这个情况（本章注41）。然而，我们假定弱化总是另一种更基本的语境效果的副产品：例如，对某个既有定识的抵触并将其消除会弱化所有在力度上或多或少依赖于该定识的语境蕴涵。——第二版注

〔41〕关于语境化产生语境效果的条件，我们或许也可以提供一个更为形式化的刻画：令 C 为语境，P 为新前提之集合。令 P 的结论为可从 P 单独推演出的结论之集合，C 的结论为可从 C 单独推演出的结论之集合，且 P∪C 的结论为可从 P 与 C 的并集推演出的结论之集合。将两个内容相同但力度有异的定识计作不同的定识。那么，P 在 C 中的语境化不产生语境效果，当且仅当下述两条件得到满足：

（i）C 之结论是 P∪C 之结论的子集；（ii）C 之结论相对于 P∪C 之结论的补集是 P 之结论的子集。

如果条件（i）和（ii）未同时得到满足，则 P 在 C 中的语境化就会产生某种语境效果。

第三章 关联

一 关联的条件

在上一章我们介绍了语境效果这个概念并讨论了它的各种类型：语境蕴涵、矛盾和增力。语境效果是描写理解过程的关键。听者随着话语的展开而调用或构建许多定识，然后对它们作加工。这些定识形成了一个逐渐变幻的背景，新信息就是参照这个背景而得到加工的。语句的解释不只涉及对直显表达的定识的确定，更重要的是：它还涉及将该定识加入一组已被加工过的定识并求出其种种后果。换言之，语句解释还包括对新定识的语境效果的认识，而实现这种效果的语境则至少部分取决于先前发生的理解行为。

在话语理解的各个阶段，听者所关注的是不同的各组定识。对每组定识而言，他可能从未把它们归在一起加工过，以后可能再也不会加工这同一组定识了。算出这组定识的综合性蕴涵，听者就能获得新信息。否则这个信息可能会就此湮没，因为等到那组定识被拆散时，里面的成员便会被遗忘，或是被存入听者百科记忆的不同位置。

听者脑海里的那些定识不仅有可能是唯一一次同现，它们还按照某种顺序同现，而且可能就以该顺序得到加工。因此，新定识在语境中加工时，构成语境的许多定识自己刚刚被加工过。语境效果这个概念有助于描述语句理解的两个基本特征：理解涉及对一组定识的共同加工，而且其中作为新呈示信息得到凸显的某些定识是在由先前已加工的信息所构成的语境中得到加工的。

语境效果这个概念对关联的刻画至为重要。我们要论证的是：语境效果的获得是达成关联的必要条件。如果其他因素维持不变，语境效果越大，关联就越大。

在开始具体论证前，我们想先澄清一下什么是我们打算做的，什么不是。我们并不想对日常英语所用的"关联"这个词下定义。"关联"是个意义模糊的词，不同的人有不同的用法，同一个人在不同时间也有不同用法。它并不是在每种人类语言里都有对应的译法的。没有理由认为对英语中"关联"这个词的充分语义分析也能对科学的心理学研究中的同名概念作出刻画。

然而我们确实相信，科学的心理学所需要的概念非常近似于日常语言的"关联"这个概念；换言之，我们相信存在着一个重要的心理特征，它是思维过程的特征，与日常的"关联"概念大致相当。因此将这个技术性概念称作"关联"也并无不当。我们要做的就是对这个特征作出描述，即将关联作为一个有用的理论性概念加以界定。

我们假定人对关联具有直觉，可以贯彻始终地将关联信息与无关联信息区分开来，或在某些场合区分关联大的信息与关联小的信息。然而，这些直觉不太容易把握，也不易用作证据。关联这个概念在日常语言中意义既模糊又多变，不但不能提供理解上的便利，反而成了障碍。此外，对关联的直觉是相对于语境而言的，而一个人在某时某刻头脑里具有的确切语境是无法控制的。如果要求人将头脑中的语境限制在明确的人造语境范围内，这会完全违背语境构建的自然过程，由此得到的直觉是没有什么价值的。

尽管存在着这些困难，我们还是打算启用这种涉及关联的直觉。我们首先要澄清的是，假如我们声称某定识在直觉上有关联而另一个没有，或一个定识比另一个更有关联，我们只是期望你能体会出一些区别；至于你平时是否用"关联"这个词来形容这个感觉，这与我们的议题无关。其次，我们认为这些对关联的直觉性判断具有启发性，值得注意。但我们不觉得它们是结论性的判断。直觉为我们的研究提供了出发点，但肯定不应将其视为唯一而且是终极性的标准。我们要提出的"关联"作为一个理论性概念，其价值最终要取决于使用这个概念的心理学模型的价值，特别要取决于我们藉此构建的言语理解理论的价值。对关联的直觉并不是理解过程所涉及的唯一一种直觉。

如果选出一组具体的定识 C 并加入某个任意挑选的定识 P，没有什么理由可以期望 P 在 C 的语境里会有什么关联或带来什么语境效果。例如，设 C 为你在看这个句子时头脑中持有的一组定识。现在我们要是告诉你：

(1) 1881 年 5 月 5 日在喀布尔是个阳光明媚的日子。

(1) 直显表达的定识不太可能在 C 中有任何语境效果，或在 C 中有（任何意义上的）关联。直觉上很明显，（1）表达的定识在 C 中无关联。我们对此的解释是（1）在 C 中没有语境效果：语境中不存在哪个定识可以与（1）相结合而产生语境蕴涵，（1）也不影响语境中任何既有定识的力度，这是因为（1）与这个语境毫无关系。

还有其他情况可以使一个定识缺乏语境效果。现在我们要是告诉你：

(2) 你在看书。

看到这个句子前那一刻你脑海里持有的所有定识构成了相关的语境，不管这些定识是什么。相对于这个语境，（2）直显表达的定识可能是无关联的。对此的解释仍可以是（2）在 C 中缺乏语境效果：想来你已经知道自己在看一本书，所以（2）在那个语境里可能得出的蕴涵早就被算出来了。此外，想来你认为那个定识是"肯定"的，所以就不可能再对它作增力了。

再看第三个例子，它是由于另一种原因而缺乏关联的。现在我们要是告诉你：

(3) 你睡得很熟。

(3) 直显表达的定识与你现在头脑中持有的许多坚信不疑的定识相悖。想来你不但知道自己现在正在看书，还知道这个行为与熟睡的行为相抵触。不管你如何信任我们，就这个问题而言，你还是更相信自己，这也是正确的判断。因此，当（3）所表达的定识被加入当前的语境并引起矛盾时，如上一章所述，该定识就会被删除。换言之，（3）在当前的语境里不会有语境效果，所以我们直觉上才会觉得它缺乏关联。

因此，一个加入语境的定识会在三种情况下缺乏语境效果且无关联。第一种情况由（1）例示，定识可能提供了新信息，但该信息与语境既有的信息无任何关系。第二种情况由（2）例示，相同的定识已经出现在语境中，其力度不受新呈示信息的影响，因此新呈示的信息完全缺乏新意，肯定没有关联。第三种情况由（3）例示，定识与语境相抵触，且因自身太弱，无法推翻矛盾信息。对该定识的加工并没有导致语境的改变。

应该强调的是，所有这些情况里，只有语句直显表达的定识才缺乏语境效果且无关联：一个人故意表达一个无关联的定识，这件事本身就可能具有极大的关联。比如，它可以是一种手法，用以显明说话人希望换个话题的意愿，而这个意愿很可能具有关联。或者用个具体的例子，我们表达了（1）—（3）这些无关联的定识，目的在于作出我们希望是有关联的点评。关联可以通过表达无关联的定识来达成，只要这个表述行为自身是有关联的。

根据这些例子，我们提出：一个定识如果在具体语境中缺乏语境效果，那么它在该语境就无关联。换言之，在语境中具有语境效果是达成关联的一个必要条件。

下一个问题似乎是：获得语境效果是否可能不单是达成关联的必要条件，而且还是充分条件。有不少证据肯定这一点。例如，考虑一下这段（真实的）对话：

（4）街头募捐者：想不想买一面皇家全国救生船协会的旗？
过路人：不买，谢谢！我总是在伯明翰我妹妹那儿度假。

要理解过路人回答的关联所在，听者必须能补出（5）这样的前提，并得出（6）那样的语境蕴涵：

（5）（a）伯明翰在内陆。
（b）皇家全国救生船协会是个慈善机构。
（c）买旗是捐助慈善事业的一种方法。

　　　　（d）在内陆城市度假的人不需要皇家全国救生船协会的
　　　　　　服务。
　　　　（e）不能指望不需要某慈善机构服务的人为它捐款。
　　（6）不能指望这个过路人捐助皇家全国救生船协会。

过路人的回答引起我们注意的是：认识其关联（或更准确地说，认识言者意图让该回答具有的关联）与能够从中得出语境蕴涵，这两个方面的联系非常紧密。有一点看来是清楚的：一个人要是不能够补出像（5）那样的语境并得出（6）那样的语境蕴涵，就不能认识这个回答在言者意向中的关联；反之，谁要是意识到了这个蕴涵，就会承认这个回答在恰当的语境中具有关联。对定识之语境效果的领悟似乎是断定其关联与否的充分条件。

　　因此，似乎可以提出下列定义：

　　（7）关联
　　　　一个定识在语境中具有关联当且仅当它在该语境里具有某个语
　　境效果。

这个定义所把握的直觉是：为了在语境中具有关联，一个定识必须与该语境建立某种联系。(7)的定义给所需的联系定了性，从而对这个直觉提供了解释。例如，它预计那个过路人在（4）中的回答在（5a—e）的语境里是关联的，因为它与该语境相结合，产生了语境蕴涵（6）。当然，在实际生活中，（6）会在相关语境里进一步得到加工，产生更多的语境蕴涵和其他语境效果：比如对听者的各种定识作增力或减力，从而保证过路人的回答在更大的语境中具有关联。

　　虽然（7）的定义与一些对关联的直觉式判断相一致，我们预料会有其他一些判断，与（7）的定义相抵触，尤其会与定义中的下述主张相抵触：具有任何语境效果，不论多小，都是关联的充分条件。涉及"关联"恰当使用的直觉就像正确使用比如"弹性"这个概念的直觉一样：一件东西越难弯曲，我们就越不情愿称它为有弹性，尽管我们可能承认，只要一件东西可以稍作弯曲，那么从技术上说，它就有弹性。关于"关联"的直觉也是如此：一个定识的语境效果越弱，我们就越不情愿称它为关联，尽管可以申辩说：只要定识有一分语境效果，那么从技术上说，它就具有关联。

比如，设想我们现在告诉你（8）：

（8）我们花了很长时间写这本书。

一看之下，（8）所表达的定识对你头脑里的思想所构成的语境来说似乎并无关联，如果你现在正专注于对关联这个概念的讨论。我们花很长时间写这本书，这不是你此刻期望考虑的事情。

然而，我们希望你具有与我们相同的直觉，认为（8）还不完全像（1）—（3）那样无关联（如果你不认同我们的直觉，那也请放心，这不会带来重要的后果，可以略过本段的余下部分）。与这个直觉相联系的是：在你可能获得的语境中，（8）具有某些语境效果，这与（1）—（3）不同。例如，你可能已经猜想我们花了很长时间写这本书。如果是那样的话，我们就对你的这个猜想作了独立式增力，也对你先前可能已经由此推出的任何蕴涵作了增力。抑或（8）对你来说是全新的信息，那样的话，你可以把这个定识与你对这本书已经形成的任何意见结合起来，得出一些语境蕴涵：比如，如果你不喜欢这本书，那你得出的蕴涵就是我们浪费了很多时间。一分语境效果，一分关联。

尽管如此，仍有理由要求我们试图超越（7）的定义。那些理由比判断（8）是否有关联的争议性直觉更有说服力。但凡涉及关联的直觉，其中最需要解释的不是那种判定是否有关联的直觉，而是判定关联程度的直觉。我们现在就转向这个议题。

二　关联的程度：效果和心力

刚才提出的关联的定义并不充分，原因至少有两个：第一是因为关联是个程度的问题，而我们还没有讨论过如何确定关联的程度；第二是因为我们把关联界定为定识与语境之间的关系，但是还没有讨论过确定语境的方法。所以在现阶段，我们还只是界定了一个形式特征，尚未描述它与心理现实性之间的关系。

　　先来考察关联的程度问题。在极其广义的层次上，我们要把关联这个概念比作能产性或收益这样的概念，后两个概念都涉及某种形式的成本—效益分析。一家创造了价值的公司，不管其产值多小，在某种程度上都是能产的，就像我们所宣称的：一个具有语境效果的定识，不管其语效多么有限，在某种程度上都是关联的。但是，如果产值太低，那总有点让人起初不太愿意把那家公司说成是能产的，尽管与一家零产值的公司相比，这家公司显然在某种程度上还是能产的：这与"关联"之间有着清楚的对应关系。

　　公司的产值即产品的价值并不是评估其能产性时所要考虑的唯一要素。设想有两家公司产值相同，但根据不同的投入即不同的生产成本，付出较低生产成本的公司会被视为是更能产的。生产成本是评估能产性的第二个要素。这是个负因素：其他因素维持不变的话，生产成本越高，能产性就越低。

　　类似的描述也适用于对关联的评估。一个定识在特定语境中的语境效果并不是评估其关联度时唯一得到考虑的要素。语境效果是由思维过程造成的。而思维过程同所有生物过程一样，需要当事人作出某种努力，需要消耗一定的精力。为获得语境效果而付出的心力是评估关联度时所要考虑的第二个要素。心力也是个负因素：其他因素维持不变的话，付出的心力越多，关联度就越低。

　　上一节里，我们考察了用必要和充分条件表述的关联的定义。也就是说，关联被定义为分类型概念。我们也说过，这个定义虽然算不上是谬误，却未能把握一个事实：关联同样是且更主要是一个比较型概念。[1]

　　比较型概念最适宜用可以称作"限度"的条件来界定。例如可以看一下日常语言里弹性这个概念的用法。首先，物体不只是有没有弹性，而且是或多或少有弹性；换句话说，弹性不只是个分类型概念，而且还是个比较型概念。第二，弹性的程度（至少）依赖于两个逻辑上独立的要素，在以下定义中得到了反映：

（9）弹性

限度条件 1：物体的弹性取决于其易弯曲之限度。

限度条件 2：物体的弹性取决于其弯曲变形后与原状之差异的限度。

一个物体只要能被弯曲，那么条件 1 和条件 2 就在某种限度上得到了满足，反之亦然。因此，这两个限度条件逻辑上蕴涵了一个充要条件：物体有弹性当且仅当它能被弯曲。鉴于这个充要条件已被（9）中的定义所蕴涵，所以无需单独列出。

定义（9）只能使某些情况下的比较成为可能：其他因素维持不变的话，如果物体 A 比 B 更易弯曲，那么前者就更有弹性；或其他因素维持不变的话，如果 A 能比 B 弯曲得更厉害，那么前者就更有弹性。但是如果 A 易被弯成与原形相差不大的状态但无法弯曲得更厉害，而 B 虽然不易弯曲但却可以弯曲得很厉害，定义（9）就不允许在两者中间作出比较型判断。这似乎反映了日常用法的局限性。顺便说一句，如果我们想对日常语言中的"弹性"这个概念的逻辑条目作充分的表征，我们就会将定义（9）中的限度条件重新制定为推理规则，可以通过几种不同的方法来做到这一点。但是我们讨论弹性程度的理由并非要阐明日常语言中的比较型概念，而是要说明理论的比较型概念可能具有的形式。

我们试图发展一个理论性的关联概念，以供交际和认知研究之用。我们期望这个理论性概念能有助于预示人对关联的直觉，但不一定要解释他们对"关联"这个词的用法或是类似的日常语言术语的用法。我们可以采用刚才说明过的那种限度条件格式对（7）的定义加以完善：

（10）关联

限度条件 1：定识在语境中的关联程度取决于其语境效果能达到多大限度。

限度条件 2：定识在语境中的关联程度取决于所需要的心力能控制在多小限度。

这个定义蕴涵定义（7）中的充要条件，所以后者无需单独列出。

对关联的评估就像对能产性的评估一样，涉及对输出和输入作平衡：在此就是在语境效果和心力之间取得平衡。（10）对关联的定义就像（9）对弹性的定义一样，只能允许在某些情况下作出清楚的比较：其他因素维持不变的话，导致较大语境效果的定识更有关联；而且，其他因素维持不变的话，需要较少心力的定识更有关联。

现在让我们用几个生造的例子来对关联的这个比较型概念加以说明；这些例子的生造痕迹特别体现在它们使用的语境较实际生活中言语理解的语境小得多，且任意性更强。读者应该试图抵制那种自然的冲动，不要自行补充更丰富、更恰当的语境。这种冲动我们会在下文详细讨论。

请看由（11a—c）这些定识组成的语境：

（11）（a）准备结婚的人应该找医生咨询一下可能传给自己孩子的遗传性疾病。

（b）男女双方都得了地中海贫血症的应该被告诫不要生孩子。

（c）苏珊是地中海贫血症患者。

假设（12）和（13）这两个定识一样强，考虑一下它们在上面这个语境里会有什么样的语境效果。

（12）苏珊——一个地中海贫血症患者——要跟比尔结婚了。

（13）比尔——一个地中海贫血症患者——要跟苏珊结婚了。

（12）和（13）在（11）的语境里都有一些语境效果，因此按（10）的定义都有关联。特别是（12）和（13）都有（14）那样的语境蕴涵。

（14）苏珊和比尔应该找医生咨询一下可能传给自己孩子的遗传性疾病。

这与我们的第一直觉相符，即两个定识在这个语境都有关联。

然而，还有一个更深一层的直觉：在这个语境里，（13）比（12）

更为关联。我们可以根据定义（10）对此作出解释。在这个语境里，（13）有一个（12）所没有的语境蕴涵：

（15）苏珊和比尔应被告诫不要生孩子。

但是，心力方面的考虑又如何呢？（12）和（13）具有相同的概念结构，因此向演绎设施提供了相同的演绎规则。我们假设它们也在同一个语境中得到加工。那么我们能否假定它们需要相同的心力呢？答案是肯定的，但我们需要先澄清一个问题。

将（15）这个语境蕴涵写入记忆并对其作加工需要付出额外的心力。这个额外的心力需要在加工（13）而不是（12）时付出，因为只有（13）载有（15）的蕴涵。然而，要获得任何语境效果，付出这种心力是不可避免的。要是获得语境效果的收益永不足以抵消实施该行为本身而需要付出的心力，那就永远不能获得正面意义上的关联度，也不值得为思维付出心力了。

人总会觉得思维是值得付出心力的，只有在筋疲力尽的时候才不这么想。我们因此可以得出一个经验性结论：仅仅为了在记忆中写入语境蕴涵或为了增加或减少定识力度而必须付出的那种心力是不足以抵消该过程对交际所作的贡献的。此外，鉴于这个心力总是与它造成的效果呈相应的比例，所以在评估关联时完全可以忽略不计。人脑本身所关心的想必只是如何节约可以避免付出的心力。我们同样也只会考察为了导致语境效果而付出的心力，同时要忽略因语境效果的获得而需要为处理这个结果本身而耗费的心力。

澄清了这个问题后，我们现在可以说：（12）和（13）在同一个语境加工时所需要的心力完全相同。此外，因为（13）在（11a—c）的语境里比（12）具有更大的语境效果，我们的定义预示它应该更有关联，这个预示从直觉上看是正确的。

现在，为了说明"相对关联"是如何受到心力影响的，让我们来比较（13）和（16）：

（13）比尔——一个地中海贫血症患者——要跟苏珊结婚了。

（16）比尔——一个地中海贫血症患者——要跟苏珊结婚了，而且1967年是法国葡萄酒的好年成。

（13）和（16）在（11a—c）的语境里加工时，它们具有完全相同的语境效果：（16）所传达的额外信息与该语境全然无关，什么语境效果都没有。然而，这个额外信息需要一定的额外心力：（16）引入了更多的概念信息，因此也引入了更多的演绎规则和相应的程序。故此，根据我们对关联的定义，（16）的关联度应该小于（13），后者以较小的心力获得了同样的语境效果。这个预示在直觉上又是正确的。

至此，我们讨论的例子只涉及一种语境效果：语境蕴涵。现在让我们再看一个例子。在这个例子里，不同类型的语境效果同时达成了。请看（17a—g）组成的语境，其中各定识的力度标示于右栏。

（17）（a）彼德比山姆有钱。　　　　　［肯定］

　　　（b）山姆比比尔有钱。　　　　　［肯定］

　　　（c）比尔比吉姆有钱。　　　　　［肯定］

　　　（d）吉姆比查尔斯有钱。　　　　［肯定］

　　　（e）山姆比苏有钱。　　　　　　［强］

　　　（f）苏比吉姆有钱。　　　　　　［很弱］

　　　（g）苏比查尔斯有钱。　　　　　［强］

设想听者已知（17a—g）的语境并把言者说的每句话都当作"肯定"。设想言者有足够理由说（18）或（19）：

（18）苏比吉姆有钱。

（19）苏比彼德有钱。

从直觉上说，（19）表达的定识更有关联，其他因素维持不变的话，言者应该选择说（19）。

用我们对关联的定义可以很容易地解释这一点。在（17a—g）的语境中，定识（18）只有两个语境效果：第一，它把（17f）的力度从

"很弱"提高到了"肯定"，因为它与（17f）完全相同且自己是"肯定"的；第二，它把（17g）的力度从"强"提高到了"肯定"，因为（17g）被（17d）和（17f）综合性蕴涵，而且后两者现在都是"肯定"的。

定识（19）有五个语境效果。它语境蕴涵（20）和（21）：

（20）苏比山姆有钱。　　　　　［肯定］
（21）苏比比尔有钱。　　　　　［肯定］

定识（20）与（17e）相抵触，由于（20）更强（"肯定"对"强"），（17e）就从演绎设施的记忆体内被删除了，这是第三个语境效果。定识（19）还将（17f）和（17g）的力度提高到了"肯定"，这些是第四、第五个语境效果。这最后两个效果与（18）获得的那仅有的两个效果相同。

因为（19）比（18）的语境效果更大，又因为两者需要的是完全相同的心力（如前所言，减去获取语境效果本身所需要付出的额外心力），那么根据我们的定义，（19）应该比（18）更为关联，这从直觉上说是正确的。

现在设想听者只将（18）和（19）所表达的定识当做"弱"定识接纳。我们的定义预示：在这种情况下，（18）应该比（19）更为关联，这与上面的顺序相反。听者非常弱地相信苏比吉姆有钱，在听到（18）的断言后，会对他的信念略微作独立式增力，将它从"很弱"增强到"弱"。因此，（18）会达成少量的关联。另一方面，如果言者表达了定识（19），听者就不会相信它，因为他坚信山姆比苏有钱，这与（19）相矛盾。定识（19）就会被删除，不能达成任何关联。这符合我们的直觉，那就是：一个无法接受的夸张说法不会有关联，而一个可接受的平和论断却可能仅因其确认了听者原有的定识而达成某种关联。

然而，要注意的是，既然一个夸大其词的论断被说了出来，那么这件事本身就可能有关联，这使人更难以驾驭相关的直觉。比如，尽管听者可能不相信（19），他仍然可能推出言者大概有些理由相信苏有钱；他可能因此把这个说法看成是对自己的定识（17f）和（17g）的独立式增力。要使这样的推理成为可能，（17a—g）的语境就必须得到充实。不管怎样，关联不是依靠定识（19）达成的，而是依赖于定识（22）的：

（22）言者相信（19）。

依然假定听者只接受言者的论断（18）及（19）为"弱"，请看（23）：

（23）苏比彼德有钱，或者她比吉姆有钱。

（23）表达的定识会具有与（18）完全相同的语境效果，即它会将（17f）的力度从"很弱"增强到"弱"。然而，它会以更大的心力来达到这个效果：需要一系列演绎步骤来摒弃（23）的第一个析取支，该成分与（19）相同，并以"弱"的力度接受第二个析取支，该成分与（18）相同。付出这些初始心力之后，（23）的加工就会跟（18）的加工一样。我们对关联的定义因此预示（23）应该比（18）较少关联，这个预示似乎在直觉上又是正确的。[2]

关联的定义（10）不能用于在任意语境中比较两个随意选取的定识。比如，设想有一个内容斑杂的庞大语境，设想该语境含带今天早上的《泰晤士报》的全部内容以及另外两个定识。那两个定识都有实质性的内容，但在该语境中的语境效果非常不同。有什么程序可以用来比较这些语境效果呢？

抑或考察一下（24）和（25）：

（24）如果你种下这些美丽的球茎，到了春天你的花园就会五彩缤纷。

（25）常听说在海水里游泳比在漂白粉消过毒的水里舒服。

有什么程序可以用来比较加工这两个定识所需要的心力，不管它们是孤立于任何语境之外还是在特定的语境之中？更广义地说，是否有可能对这种评估语境效果、心力和关联的程序作出全面的规定？

　　还有另一种方式来提出基本相同的问题：能否把关联不单界定为比较型概念，而且还界定为数量型概念？我们的回答是：这是可以做到的。可以想象，逻辑学家会对这种数量型的关联概念感兴趣。然而，那种概念不该是心理学家试图构建的。

　　从抽象的层次看，关联这个概念不只适用于人类，而且还适用于任何信息加工设施，只要它们不单单涉及以固定的代价达到固定的目标。比如，有人可能想为某种抽象自动机的关联概念定性。设想我们的自动机只能获得一种语境效果，即语境蕴涵。那么将定识加入语境而获得的语境效果就可以通过对语境蕴涵的计量而得到测算。涉及确认值变化的语境效果也可以得到测算，只要这些值是数量型的，即逻辑学家惯于研究的那种类型。

　　再进一步设想我们的自动机的所有操作都可被分析为由一系列同样简单的基本操作所构成的组合操作；这么一来，执行如获取语境效果那样的特定任务所需要的心力就能通过对基本操作的计量而得到测算。或者，如果抽象的自动机以电脑程序的方式实现，心力的测算可以转化为对实现某个效果所需要的时间的计算。那么，问题就转变为对语境效果和心力两者之间的权重关系的确定，这个过程可以依照具体原则，也可以通过任意的方式进行，而对该自动机的关联就可以通过数量方式得以界定。

　　要对人脑获得的语境效果及其所需的心力作出评估，情况就不同了。在语境效果的那方面，我们已经论证过，涉及其中的是非数量型的确认值。如果是这样的话，那么这些效果就无法测算。在心力那方面，数量型评估的前景同样黯淡。例如，我们不知道复杂思维过程可以约简成什么样的基本操作。我们确实知道的是：一个思维过程的时间长短并不能充分反映人为此所付出的代价：在相同的时间里，高度集中的思维比悠闲的白日梦要付出更多的心力。

　　当然，测算语境效果和心力所带来的问题绝不是关联理论或语用学所特有的问题。这些问题对心理学整个学科都会造成困扰。然而，对关联理论而言，这些问题具有更为具体的内容。在关联理论的范围内，问题的关键不在于如何从外部测定语境效果和心力，而在于描述人脑如何从内部评估自己的收益和心力，并继而决定是否继续为之努力还是改变目标，重新部署心力的作用方向。

这里我们提供一条可行的探索性思路：语境效果和心力就如身体动作和肌肉用力那样，必然会带来某些物理—化学变化的迹象。我们可以假定人脑通过对这些变化的监控而测算自己的心力及其效果。虽然我们对所涉及的神经物理学或神经化学的过程知之甚少，这并不是个空洞的假定。它与另一个可以想象得到的观点相对照，[3]后者认为语境效果的测算方式应是统计语境蕴涵的实际数量，而心力的测算方式则是统计推理步骤的具体数量。有许多理由表明这后一种观点需要摒弃：统计每一步的推理意味着在每一步增加一项操作，那会显著地增加每个思维过程所涉及的心力。进一步看，这么做又会导致悖论，因为对心力做测算的原意想来是为更好地减少它。此外，如果对语境效果和心力的评估是这种计算的结果，人就应该能够作出绝对的判断并能比较任意两个思维行为的语境效果和心力，不管两者多么无关。然而，这个期望似乎并没有得到兑现。

语境效果和心力是思维过程的非表征方面。不管是否有意识地得到了测算，也不论是否得到了概念表征，它们总是存在的。当它们得到表征时，我们认为它们被表征为比较型的判断形式。这些判断出自本能，其基础在于对物理—化学参数的监控。

人不但对已经获得的效果和作出的努力有追溯性的直觉，而且还对它们有前瞻性的直觉。就是说，他们凭直觉知道需要为完成某个任务作出多少努力以及由此可能带来的效果（正如他们凭直觉知道某个将要作出的身体行动需要付出多少力量以及可能带来的效果）。前瞻性直觉并不取决于对物理—化学参数的监控，而必须取决于系统地对这些参数值作调节的那些要素。

不难确定各种要素以便预测哪种信息会得到最大的语境效果。比如，其他因素维持不变的话，定识的力度越强，语境效果就越大。与此相似的是，各种要素可以帮助预测为执行两项具体任务而需要的心力之间的比值。例如，在同一个语境里，加工的信息越多，付出的心力就越多；而加工同样的信息时，参照的语境越大，付出的心力也越多。人可以对这些比较型能力加以利用，力图最大限度地提高所加工信息的关联度。

　　支配关联性评估的双要素是如何平衡的？哪个效果值得付出哪个心力？在纯形式系统里，这纯粹取决于系统的内部规定，不取决于新的发现。对于一台核算经济效益的电脑而言，对心力和效果的评估可以用几元几分的币值来衡量。而对心理过程而言，这个问题似乎没有合适的总体解决方案。但是，细想之下就会意识到，这个问题其实根本不需要总体性的解决方案。

　　效果和心力的相对比重几无可能在所有情形对任何人都保持恒定。例如，因警觉度的放松，一个人可能改变意愿，不愿再付出一定量的心力。有时人只希望得到一定量的语境效果；而另一些时候，人还有更高的要求。还有，有的人总是比较警觉，任何有关联的事情对他们而言就比迟钝的人更有关联。言者要是不知道听者在这方面的禀性，就有可能出错，使听者付出过多的心力或向他们提供过少的效果。

　　思维效果和心力是思维过程的非表征特性。关联作为效果和心力的函项，也是一种非表征特性。就是说，关联这个特性不需要表征，更无需运算，便能达成。就是在该概念得到表征时，所采用的也是比较型判断和粗略的绝对型判断（如"无关联"、"弱关联"、"非常关联"），并不涉及精细的绝对型判断，即数量型判断。

　　鉴于我们关注的是作为心理特征的关联，因此就没有理由把关联的数量型定义作为研究的目标。我们需要做的是考察如何在思维过程特别是言语理解过程中搜寻并达成关联，以此为我们的比较型定义添加经验性内容。我们的首要任务是从语境的纯形式刻画转向更经验性的描述并探讨这个转向的蕴意。

三　语境是给定的还是选定的？

　　我们已经说过，用于加工新定识的语境实质上是个人旧定识的一个子集，新定识与这个子集相结合，以产生各种语境效果。我们也提出了两条标准，用以比较不同定识在一个给定语境中的关联。然而，我们仍须面临如何确定语境这个严峻的问题：个人定识的某个特定子集是如何选定的？为了方便讲解，我们将参照下列特定情形来讨论上述问题：听者如何加工言者直显断言的定识。在第六节，我们会对提出的解释做引申，以处理任何刺激讯号所显明的定识。

在本节中，我们要讨论多种观点，其共性在于它们都理所当然地假设在任何给定时刻，个人只能得到一个语境。我们将力图表明：这类观点的失误之处就在于这个潜在的假设。在下一节里，我们将提出一种不同的语境观。

很多文献都或明或暗地假定：用于理解某个语句的语境不容选择；在言语交际的任何特定时刻，语境被看成是一次性确定的，是给定的内容。[4] 此外，一般都假定语境在理解过程之前就已经得到了确定。按照这种看法，与语句直显表达的定识相结合的语境就是该话语行为起始时出现在听者头脑中的语境。这个观点的最简版本是这样一个假设：用于理解某个语句的语境是同一个对话或话语的前述各语句所直显表达的定识之集合。这个初步假定似乎能在下列对话中得到证明：

(26)（a）彼德：我累了。
　　　（b）玛丽：要是你累了，那我去做饭。

不难想象一个情形，能让玛丽的回答在直觉上有关联。在一个由彼德表达的定识所构成的话语语境里，玛丽表达的定识会语境蕴涵（27），这似乎就可以解释为何玛丽的回答有关联。

(27) 玛丽会去做饭。

然而，考虑一下这段对话的另一个版本：

(28)（a）彼德：我累了。
　　　（b）玛丽：我去做饭。

直觉上看，玛丽在（26）的回答与其在（28）的回答区别不大：两句话差不多以同样的方式达成关联。但如果用于理解的语境仅仅是彼德直显表达的那个定识，那我们就必须对玛丽的两个回答作非常不同的处理：与（26b）不同的是，（28b）在这个语境里什么语境效果都没有，因此不应该有任何关联。

现在让我们来看第二个假设：用于理解的语境不但包含话语中前述语句所直显表达的全部定识，还包括这些语句的全部寓义。我们有理由假定，如果彼德的那句话在某个境况里有关联的话，那么它就会有（29）那样的寓义：

（29）彼德希望玛丽去做饭。

有了（29）作为语境的一部分，（26b）和（28b）都语境蕴涵（30）：

（30）玛丽会按彼德希望的去做。

（26b）和（28b）在这个语境里就因此都有了关联，且达成关联的途径也一样。虽然（26b）有两个语境蕴涵而（28b）只有一个，但是（26b）具有比（28b）更复杂的逻辑式，需要对其作更多的加工，所以两者的优缺点相互抵消。这就可以直接解释为什么玛丽的两种回答直觉上让人感到同等地关联。

不过，再看对话的第三种版本：

（31）（a）彼德：我累了。
　　　（b）玛丽：甜食准备好了，我去做主菜。

前面的两个关于语境的假设都不能解释为什么玛丽在（31b）的回答同她在前两个对话版本的回答大致一样关联。在一个由前述话语直显表达的定识所组成的语境中，或是由直显定识和寓谓定识共同组成的语境中，（31b）并没有语境效果。要解释为什么（31b）能达成关联，听者利用的语境必须包括（32）那样的前提：

（32）一顿饭至少由主菜和甜食两部分组成。

把（32）加入语境后，便可从（31b）推出语境蕴涵（33）：

（33）玛丽会去做饭。

然后再根据（33）和（29）（彼德希望玛丽去做饭），可以推出语境蕴涵（30）（玛丽会按彼德希望的去做），一如后者可以在一个更为有限的语境中，从（26b）或（28b）推出。

单凭显而易见的常识就可以假定，在加工玛丽的回答（31b）时，会用到（32）那样的语境前提。然而，这样会与第二个假设相抵触：即用于理解的语境是前述各语句所表达或寓谓的定识之集合。彼德说自己累了，那句话并没有断言或蕴涵一顿饭至少由主菜和甜食两部分组成。（32）所表达的定识必须特意从"饭"这个概念的百科条目中调取。

因此，我们可以考虑第三个假设：用于理解的语境不但包含前述各语句所表达或寓谓的定识，还包括这些定识所用到的任何概念项下的百科条目。例如，如果彼德起初说的话寓谓他希望玛丽去做饭，那么"饭"这个概念的百科条目特别是定识（32）（一顿饭至少由主菜和甜食两部分组成）就会被自动加入用于理解玛丽回答的那个语境。有了这第三个定识，（31b）的关联性就得到了解释。

然而，请看对话的第四种版本：

（34）（a）彼德：我累了。
　　　（b）玛丽：甜食准备好了，我去做个牛髓骨。

从直觉上说，玛丽的第四个回答（34b）与她的第三个回答（31b）在关联度上差别不大。解释这一点的办法显然是假定用于解释（34b）的语境包含了（35）这样一个定识：

（35）牛髓骨是一道主菜。

把（35）加入语境后，玛丽的第三个回答（31b）（"甜食准备好了，我去做主菜。"）所直显表达的定识就为玛丽的第四个回答（34b）所语境蕴涵，从而解释了（31b）和（34b）在关联上的相似性。

然而，（35）这个定识属于"牛髓骨"这个概念的百科条目。该概念并没有出现在彼德所表达或寓谓的定识之中，而是因玛丽的回答才被首次提及。这与第三个假设相抵触：用于理解的语境包括前述各语句所表达或寓谓的定识，连同这些定识所用到的任何概念项下的百科条目。

有人可能会忍不住要提出第四个假设，以便容纳第四个版本的对话：用于理解一个语句的语境包括前述各语句所表达或寓谓的定识，加上这些定识所用到的任何概念项下的百科条目，再加上新语句所用到的任何概念项下的百科条目。注意，按照这个假设，语境虽然是一次性确定的，却不是先于理解过程确定的。相反，这第四种假设所暗含的是：理解的一个基本环节是确定新语句所使用的诸概念并将其百科条目加入语境。然而，仍然不存在语境的选择问题。

有了这第四个假设，（35）就成了理解玛丽的回答（34b）的语境内容，其关联性也因此得到了解释。

然而，请看对话的第五个版本：

（36）（a）彼德：我累了。

（b）玛丽：甜食准备好了。我去做个卡普里餐厅的特色菜。

要认识玛丽的回答（36b）的关联性，听者必须首先调取"卡普里餐厅"的百科条目并发现该餐厅的特色菜是牛髓骨，然后调取"牛髓骨"的条目并得知它是道主菜，即定识（35）。但是"牛髓骨"这个概念既没有出现在玛丽的回答中，也没有出现在彼德起初说的那句话所表达或寓谓的那些定识里。因此，根据我们的第四个假设，（35）不是理解（36b）的语境内容。

这个缺陷可能会引导我们去拟订第五个假设，如果我们还有耐力的话：用于理解一个语句的语境包含前述各语句所表达或寓谓的定识，加上这些定识及新语句自身所用到的任何概念项下的百科条目，再加上已加入语境的百科条目所包含的定识中任何概念项下的百科条目。第四个假设把一个层次的百科条目加入了语境。第五个假设把两个层次的百科条目加了进去。

　　这条思路的缺点现在已经变得非常明显。在构思最后两个假设时，我们已经假定语境被自动注入了大量的百科信息，这种信息多半——有时甚至是全部——都未能增加正在加工的新信息的语境效果。鉴于语境的每一次扩展都意味着心力的增加，这种构建语境的方法从总体上看会导致关联的阙失。例如，设想有下列对话：

　　（37）（a）彼德：约翰住在哪里？
　　　　　（b）玛丽：约翰住在卡普里餐厅隔壁。

如果我们第四个假设果真是正确的话，彼德理解玛丽那个回答的语境应该包括下述信息：卡普里餐厅的特色菜是牛髓骨。如果我们第五个假设果真是正确的话，有关语境还应该包括这样的信息：牛髓骨是道主菜。这些信息对弄清约翰的住处是用不上的，事实上，它们还会有打岔的效果。

　　此外，很容易找到例子来表明两个层次的百科信息可能还不够。设想彼德说他累了之后，玛丽回答道：

　　（38）甜食准备好了。我去做个约翰家隔壁那个餐厅的特色菜。

首先，有关"约翰"的百科条目（以及他住在卡普里餐厅隔壁的信息）会被加入语境，这会导致"卡普里餐厅"这个条目（以及它的特色菜为牛髓骨的信息）的加入。然而，听者仍然需要"牛髓骨是道主菜"这个信息，而那个信息要在"牛髓骨"的条目里才能找到。为确保"牛髓骨"这个条目是一次性确定的语境的一部分，就必须自动加入三个层次的百科信息。其他例子能说明有可能还需要更多层次的百科信息。这样下来，很快就能表明语境所包括的是记忆中的所有百科信息。

　　如果语境包含了听者全部的百科知识，那么实际上言者可以表达的任何新信息都会有关联，因为事实上任何新信息在如此庞大的语境中总会有些语境效果的。另一方面，在这么大的语境里要获得语境效果就需要巨额的心力，且不提所需的加工时间。由于心力的增加会使关联减少，这就意味着虽然任何新信息都能容易地达成关联，没有哪个信息的关联度可以大于最小关联度。进一步说，提示性话语就永远不会有关联，因为根据这种做法，提示只会重复已经收入语境的信息。这种思路显然不值得深究。

至此，我们接受的是广为持有的观点：用于解释具体定识的语境是一次性确定的。我们把语境看成是在理解过程开始之前或是在该过程的初始阶段就形成的。正如我们试图表明的，如果假定语境是一次性确定的，那就会导致荒谬的结果。然而，不论是语境的性质还是理解的性质都没有排除另一种可能：语境的形成涉及在整个理解过程中作出各种选择和修正。我们在下一节继续考察这种可能。

四　语境的选择

在上一节里，我们讨论了用于理解的语境的较为一般的方面。现在让我们更具体一点，试图在第二章介绍的语境这个概念的基础上加入一些心理的内容。在演绎过程开始时，演绎设施记忆体内的定识之集合可被分割成两个真子集，每个可以作为加工另一个子集的语境。至此，这纯粹是形式上的操作。它使我们能挑出那些综合性蕴涵，其推导实际上涉及了这两个由定识组成的子集，并把这些蕴涵描述为一个定识子集在另一个定识子集的语境中得到的语境蕴涵。它还可以被用于澄清心理学上更重要的一个区别，那就是为注意力所专注的、通常为新的信息与业经处理而留在注意力背景中的、通常为旧的信息之间的区别：这是个应用于日常推理过程的典型区别。

我们假定加工新信息特别是言语交际信息的一个关键步骤，是在演绎设施的记忆体内将新信息与一组适当筛选的背景定识相结合——后者由此构成了语境。相对于新信息的每个单位，许多来源庞杂（长时记忆、短时记忆、知觉）的定识的不同集合都可能获选成为语境。然而，这并不是说人可以获得的全部定识的集合中的任何任意构成的子集都能成为语境。个人百科记忆的组织以及所从事的思维活动限制了潜在语境的数量，从中可以在任何特定时刻选出具体的语境。

例如，一般的共识是长时记忆中的百科信息被组合成某种组块。文献里讨论这种组块时用了"图式"、"框架"、"脚本"和"原型"等名称。我们提到过的百科条目也是具有一定容量的组块,它们可以包含更小的组块,也可以被组合成更大的组块。似有理由假定,能从百科记忆转到演绎设施记忆体的最小单位是组块,而非单个的定识。例如,你要是记得卡普里餐厅的特色菜是牛髓骨并将其加入了语境,就不会忘了这个餐厅的其他信息,并且也会将其加入语境:比方说,该餐厅的例牌红酒是意大利维波利切拉葡萄酒的一种。[5]

此外,并非所有百科信息的组块在任何特定时间都同样可及。我们自己尚无关于概念信息提取的精确扎实的理论,但可以想出各种可行的假设。比如,很有可能只有当某概念出现在一个业经加工的定识中时,该概念的百科条目才能被调取。举例而言,若非你已在想着卡普里餐厅(或是牛髓骨),你可能就不会想起那家餐厅的特色菜是牛髓骨。故此有的时候这个信息可以一步调取;有的时候就需要经过几个步骤才能调取,其中的每一步都涉及语境的一次扩展;而另些时候,需要的步骤过多,实际上使该信息变得不可企及。

设想一个人即将加工新的信息。他的头脑里仍然残留着一些刚才加工的定识。人并不是"空着大脑"来加工新信息的;他们有某种短时记忆储存(或几个这样的储存,或在功能上等同于短时记忆储存的设施),其内容从不会被简单地抹去,至少在一个人醒着的时候是如此。

然而,仅仅指出信息可以从一个概念化过程过继到另一个过程是不够的。我们还想知道哪些信息保留在短时记忆储存里,哪些转到了百科记忆中,还有哪些被直接抹去了。这里,我们既不能提供正式的论据,也拿不出经验性证据来支持哪一套具体的假设。尽管如此,为求具体明确,我们仍然要提出一些建议,特别是关于演绎设施的。这些建议既与已经为人了解的那点不多的知识相吻合,又与我们试图发展的理论相匹配。

在每个演绎过程开始时,演绎设施的记忆体包含了一组初始定识:即前提的集合,然后推出所有可从该前提之集合推出的非平凡蕴涵,并执行所有可以允许的增力。到演绎过程结束时,如果没有导致矛盾,演绎设施的记忆体包括了所有原来的前提,它们有可能已经得到了增力,以及所有新推出的结论。现在对这些定识要作何处置呢?我们假设所有新推出的综合性蕴涵、所有应用过综合性规则的前提以及所有得到增力的前提都留在演绎设施的记忆体中；而其他在演绎过程结束时仍然留在演绎设施记忆体中的定识——即既未影响演绎又未受其影响的前提——就从设施的记忆体中被抹去了。然而，这并不是说它们不能暂时留在其他某个短时记忆储存中。

有足够理由认为演绎设施的记忆体并不是唯一的既有短时记忆储存。请考虑一下这种情况：一个人可以让自己的注意力分别关注两个任务：比方说，同时看电视和谈论家事。在这种场合，他似乎可以在两个颇为不同的语境间来回转换。[6]这强烈表明：除了演绎设施的记忆体，还存在着其他某种短时概念性记忆，暂时未用上的语境就储存在那里。我们假设从演绎设施记忆体中抹去的定识就暂时保存在这种一般用途的短时记忆储存中。

被上个演绎过程遗留在演绎设施记忆体中的那些定识便组成了一个即时语境，下一项新信息可以在其中得到演绎加工。

更具体地说，介于理解两个相邻语句之间的听者，其信息分配具有如下特性：在他的演绎设施记忆体中，是他理解前一个语句后得到的定识之集合（包括为得到该解释而实际使用过的那些前提）。其他曾在听者演绎设施记忆体中的定识，因为在上一个语句的解释中未起作用，现已被转入一般短时记忆储存中，在那里还有他对较早一些语句的解释（还有他在此之前刚刚关注过的其他信息和思想）。对上个语句以及再前面的语句的解释，一部分可能已被抄入了百科记忆。留在演绎设施记忆体中的各个定识，即对前一个语句的解释，构成了一个即时语境，在此，下一个语句可以得到加工。

然而，我们要提出的是：这个即时语境只是一个初始语境，可以在各个方面对它作扩展。

语境的扩展方式可以是"回到过去"，将先前一些演绎过程中已被使用过或推导出的定识加入语境。内省和实验的结果都已充分证明，这种定识易于调取，这就可以进一步解释为什么我们认为它们被暂时保留在一般短时记忆储存之中。

就言语理解而论，听者必须加入语境的可能不单是前一个语句的解释，而且还有对话中更早出现的语句之解释。请看彼德与玛丽对话的又一个版本：

    （39）玛丽：今晚我想吃的是牛髓骨。我饿极了。今天在法院上班挺带劲的。你今天过得还好吗？

    彼德：不太好。病人太多了，空调也坏了。真累。

    玛丽：很抱歉听到这些。那好，我自己去弄它吧。

要理解玛丽最后说的她自己去做"它"，彼德需要她开始那句话所提供的信息，即她想吃牛髓骨。然而，如果我们前面的假设没有出错的话，此时他对先前那句话的解释已从他的演绎设施记忆体转到了一般短时记忆。因此，这个解释应该再被转回演绎设施的记忆中，这样就扩展了即时语境的内容（该语境的内容就是彼德对玛丽此前说的那句话［即她听到彼德今天过得不太好，觉得很抱歉］作出解读后，在其演绎设施记忆体剩下的内容）。

    扩展语境的另一种方式是参照已经出现在语境中的概念或是在加工过的定识中的概念，再加入那些概念项下的百科条目（也可能是从这些条目选取的百科信息的较小组块）。我们已经通过上文中（31）—（38）的例子说明了这种扩展的必要性。我们也论证过，如果假定这种百科信息的扩展是在每个场合自动应用于每个概念的，那就会导致荒谬的结果。这个结果被我们用作论据反对语境一次确定论。但从另一方面看，一旦把语境的确定看成是选择的结果，一旦把它看成是理解过程自身的一部分，就似乎有理由假定这种扩展在感觉有需要时确实会发生——也只有在那时才会发生。

    扩展语境的第三种方式是加入可以即时观察到的周围环境的信息。人执行概念性任务时也一直注意着物质环境，前者的有些部分可能与后者无关，两者也可能毫无关系。这种半专注式监控的信息储存在哪里？我们也不知道，但可以做些推测：这种信息全都很短暂地保留在专门的短时知觉记忆储存中，从中有些信息可被转移到一般短时概念记忆储存和演绎设施的记忆体中。特别是语句的解释导致听者注意到某些环境信息并将其加入语境时，信息转移就会发生。例如，设想玛丽举起一片小牛肉对彼德说：

（40）你要是累了，我就去弄这个。

彼德就必须在语境中加入对玛丽手持之物的一些描述。玛丽语句的特定
形式提供了诱因，诱使彼德那样做：正如（39）中的"它"那样的回
指代词要求回溯前面的话语，诸如（40）中的"这个"那样的直指代
词则要求听者把环境信息加入语境。

至此我们已经提出，就一般推理过程而言，兼顾言语理解这个特殊
过程，在任何具体的时间，语境的选择取决于演绎设施记忆体的内容、
一般用途的短时记忆储存的内容、百科知识的内容，以及可以即时从物
质环境得到的信息这几个部分。这些要素所确定的不是一个单一语境，
而是一系列的可能语境。要从这个系列中选择一个具体的语境，其决定
因素是什么？我们的答案是：具体语境的选择取决于对关联的搜索。

许多语用学文献都假定理解过程是按下列顺序发生的：首先是确定
语境，接着理解过程开始运作，然后对关联作测算。换言之，关联被视
为一种变量，要在预先确定的语境这个函项中测算自己的值。然而，从
心理学的角度看，这是个很不合理的理解模式。人不会单纯去测算新信
息的关联，而是要力图尽可能有成效地加工信息；也就是说，人试图以
尽可能小的心力从每个新信息中得到尽可能多的语境效果。关联的测算
并不是理解过程的目的，它只是为达到目的而采用的一种手段，真正的
目的就是最大限度地增加任何受加工信息的关联度。

如果这个观点是对的，那就意味着理解过程的顺序应该完全相反。
正确的顺序并不是先确定语境，然后测算关联。相反，人都希望自己加
工的定识是关联的（否则就根本不会费心去加工它），因此当事人就会
试图选择一个可以支持自己希望的语境：一个可以最大限度增加关联的
语境。特别是在言语理解时，关联被视为是给定的因素，而语境却被当
作变量。[7] 在本节里，我们考察了这个变量域的确定问题。

这个视角的转变提出了一个明显的问题：我们已把关联定义为具体
定识与给定语境之间的关系。但如果按我们现在提出的观点，用于人类
理解过程的语境并不是给定的，那如何界定一个定识的关联性呢？为了
回答这个问题，我们将以语境中关联这个形式定义为基础，进而刻画一

个心理学上更恰当的相对于个人的关联。

五　相对于个人的关联

在每个演绎过程结束时，当事人便得到了一个由那些可及语境所构成的特定集合，供其使用。该集合是部分有序的：每个语境（初始语境除外）包含一个或多个较小的语境，且每个语境（最大语境除外）[8]被一个或多个更大的语境所包含。因此，可及语境的集合是部分地按包含关系排序的。这个形式关系有一个与之匹配的心理关系：语境的包含顺序是与其可及程度的难易顺序相对应的。初始的最小语境是即时给定的；只包含初始语境的那些语境可以一步调取，所以是最可及的语境；包含了初始语境和一步扩展语境的那些语境可经两步调取，所以是次级最可及语境，以此类推。注意对关联理论至关重要的一点：正如在语境中加工一项信息会付出一定的心力，调取一个语境也会付出一定的心力。语境越不可及，调取它所付出的心力就越大，反之亦然。

考虑一下新定识 A。相对于个人在特定时间可以调取的那些语境而言，该定识可能在一些或所有语境中都有关联，也可能全都没有关联，要看这些语境中的部分或全部是否已经含带或蕴涵 A 的一个实例，还是全都不含带 A 的实例，也要看新旧实例的相对力度。从中可以分出六种情况（下表并未穷尽所有可能，但就我们现在的目的而言已经有了足够的代表性）：

（41）（a）A 已包含（或蕴涵）于初始语境中，具有最强力度。那么 A 的新实例在该语境中就无关联，在所有其他可及语境中亦如此，因为所有这些语境都包含该初始语境。在这种情况下，无需超出初始语境的范围去搜索关联，因为这种搜索不会有成效。

（b）A 不为可及语境所包含（或蕴涵）；但 A 在这些语境中也没有关联。同（a），A 在全部可及语境中就都没有关联，无需扩展初始语境去搜索关联。

（c）A 已包含（或蕴涵）于初始语境及所有可及语境中，其力度小于最强力度。那么 A 的新实例对 A 的独立式增力会保障它在所有可及语境中的关联。在这种情况下，只要 A 在扩展的语境中比在初始语境具有更多的语境效果，且在语境效果上的收益不会因在扩展的语境中加工 A 所需要的更多心力而贬值，就有理由对语境作扩展。

（d）A 不为任何可及语境所包含（或蕴涵），且在初始语境中有一些语境蕴涵。那么 A 在所有能保留这些语境蕴涵的可及语境中都有关联。同（c），只要语境的扩展能产生更大的语境效果，且语境效果的增加不会因所需心力的增加而贬值，就有理由对语境作扩展。

（e）A 不为这些语境所包含（或蕴涵）；它在初始语境中无语境效果但在某些扩展语境中有语境效果。那么 A 在某些可及语境中有关联。在这种情况下，除非语境得到扩展，否则就不能达成关联。扩展应按（c）及（d）所列模式进行。

（f）A 不为初始语境所包含（或蕴涵），但为某些更大的可及语境所包含（具最强力度）；A 在某些不包含该定识的语境里具有语境效果（这些语境可能包括初始语境，也可能不包括）。那么 A 在有些可及语境里有关联，它的关联性是因提示性话语的作用而获得的。提示性话语只在不包含所涉信息的语境中才有关联：其作用是让人以较少的心力来调取该信息，而不需要对语境作连续扩展，那样会需要较多的心力。

我们马上就会举例说明，从直觉上看，在（41c）、（41d）、（41e）和（41f）这些情况下，定识都对个人有关联。在（41c）和（41d），定识达成的关联直接显明；两者的区别在于（41c）的关联是靠语境增力达成的，而（41d）的关联是通过语境蕴涵达成的。在（41e）的情况下，需要扩展语境以导出关联，因此需要为此付出心力，但一般这种心力并不会被有意识地感觉到，所以关联又一次直接或几乎直接地显明了。在（41f）的情况下，达成关联的是提示性话语，因此关联再一次直接得到了显明。

我们现在可以提出一个相对于个人关联的分类型定义：[9]

（42）相对于个人的关联（分类型）

一个定识在某时间相对于个人关联当且仅当它此时在当事人可及的一个或多个语境中有关联。

然而，出于第二节讨论的原因，我们对关联的分类型定义的兴趣不如对比较型定义的兴趣大。正如我们在前面对"语境中的关联"作了比较型的刻画，我们现在要通过效果和心力来刻画"相对于个人的关联"这个比较型的概念。在心力这方面，需要考虑的不单是在具体语境加工定识时所需要的心力，而且还要考虑调取该语境所需要的心力。每个对个人可及的语境都涉及了不同的效果和心力，因此达成的关联也会不同。事实上，同一个语境还可以通过不同的方式去调取，需要付出不同份额的心力，因此达成的关联值也会不同。故此，我们或许会想借助一组关联值来刻画定识相对于个人的关联，使每个加工该定识的可能方式都有一个相应的关联值：即令每个可能的语境及调取该语境的方法都与一个关联值相对应。

然而，从心理学的角度看，这种繁拙的程序是没有什么价值的。我们假定个人自动以追求最大关联为目标，对这个最大关联的判断影响着个人的认知行为。最大关联的获得涉及尽可能选择最理想的语境来加工定识：即能够尽可能导致心力与获得效果的最佳平衡的语境。达到这种平衡时，我们就说该定识得到了优化加工。当我们论及定识相对于个人的关联时，我们就意指经优化加工而达成的关联。我们现在作如下定义：

（43）相对于个人的关联（比较型）

限度条件1：定识相对于个人的关联程度取决于该定识在优化加工时获得的语境效果能达到多大限度。

限度条件2：定识相对于个人的关联程度取决于该定识在优化加工时所需要的心力能控制在多小限度。

同定义（10）一样（在语境中关联的比较型定义），这个相对于个人的关联定义不能对所有情况都作出比较。以两个互不相关的定识为例，每个定识在不同时间对不同的个人有关联：A_1 这个定识在时间 t_1 对叫比尔的男人的关联性是否大于 A_2 这个定识在时间 t_2 对叫琼的女人的关联性？我们提供的定义一般不可能对这类问题作出回答。从心理学的角度看，也没有理由非要对此作答。唯一在心理学意义上起作用的关联性比较是那些有助于实现最大关联的比较，那就是相对于自身的关联，或从讯递者的观点看，是相对于受讯者的关联。

让我们用一个较先前用例更为完整的例子（尽管它仍然远逊于实际生活中信息加工的复杂性）来解释这个相对于个人关联的定义。设想下列对话刚刚发生：

（44）玛丽：我今晚想吃的是牛髓骨。

彼德：今天真是漫长的一天。我累了。

理解了彼德的最后那句话后，我们假设在玛丽的演绎设施记忆体中，有一个初始语境，由（45a—c）三个定识组成，其力度为"强"而非"肯定"：

（45）初始语境

（a）彼德累了。

（b）如果彼德累了，他就希望玛丽去做饭。

（c）彼德希望玛丽去做饭。

（45a）是待加工的最后那个语句所表达的定识；（45b）是个前提，与（45a）结合后产生语境蕴涵（45c）。玛丽开始解读彼德最后一句话时，其演绎设施记忆体中可能含有的其他一些定识由于没有导致语境效果，所以在理解过程结束时被删除了。在实际生活中，当玛丽理解了那句话后，其演绎设施记忆体中留存下来的定识想必会大大超过（45a—c）的数量。

玛丽可以对这个初始语境作扩展，加入各种信息组块，尤其是下列组块：

组块 1. 有关彼德的百科信息，包括"彼德是个外科医生"这个定识。

组块 2. 有关玛丽的百科信息。

组块 3. 有关做饭的百科信息，包括打开冰箱看看有什么可以吃的这样的情景，以及"一顿饭至少包括一道主菜和一道甜食"这个定识。

组块 4. 有关当前关注的物质环境的信息。

组块 5. 该对话前期已经加工过的那些定识，其中包括："玛丽想吃牛髓骨。"

组块 1—5 可以从初始语境一步扩展而得。这几种可能的扩展又使得下一步扩展的内容成为可及信息。例如，"彼德是外科医生"这个信息使得组块 6 成为可及信息：

组块 6. 有关外科学的百科信息。

组块 3 中打开冰箱看看有什么可以吃的这个情景使组块 7 成为可及信息：

组块 7. 玛丽记得的冰箱里的东西，包括"冰箱里有巧克力奶油冻"这个定识。

组块 5 中出现的"牛髓骨"这个概念使组块 8 成为可及信息：

组块 8. 有关牛髓骨的百科信息，其中包括两个定识："牛髓骨是道主菜"和"牛髓骨这个菜是用小牛肉做的"。

组块 6—8 要通过对初始语境（45）作两步扩展才能成为可及信息。它们又进一步使其他信息组块成为可及信息。例如，只要"冠状动脉分流手术"这个概念出现在组块 6（有关外科学的信息）中，组块 9 就会成为可及信息：

　　　　组块 9. 有关冠状动脉分流手术的百科信息，其中包括定识
　　　　"做冠状动脉分流手术很累人"。

同理，由于"巧克力奶油冻"这个概念出现在组块 7 中，组块 10 也成
为可及信息：

　　　　组块 10. 有关巧克力奶油冻的百科信息，其中包括定识"巧克
　　　　力奶油冻是甜食"。

当然，更多层次的扩展以及在每个层次的更多扩展都是可能的，但是我
们不想作更多的扩展，而是想考察一下彼德和玛丽之间的下一轮对话的
种种可能，看看它们会对语境的选择带来什么效果。

　　　例 A. 首先设想彼德说了"我累了"之后就停下了。玛丽因此
可能形成了一个想法，该想法在（45）的语境中会对她有关联。例
如她可能决定自己做饭，这会语境蕴涵"她会按彼德需要的去做"。
这个语境蕴涵不但使她的决定对自己有关联，而且对彼德也会有关
联，所以她可能决定把这个想法告诉他并说出了（46）：
　　（46）玛丽：要是你累了，我就去做饭。

玛丽可能还会把语境扩展以包括组块 3（有关做饭的信息）和组块 5
（尤其是有关她想吃牛髓骨的信息），那样她就可以从自己的决定中再推
出许多语境效果。这些语境效果可以是玛丽作出的更具体的决定：决定
做什么菜，比如牛髓骨；决定采取哪些实际步骤，比如打开冰箱，
等等。
　　　这个事例不但揭示了关联在语句解释中的作用，而且还揭示了关联
在一般思维过程中的作用。每个思维过程的结果都会使人脑处于不同的
状态，可以通过一个初始提供的语境以及可能的扩展对其加以刻画。我
们假设人的连续思维是朝着搜索最大关联这个方向展开的，如果这个假
设正确，那么，面对既有信息，不论其来源出处，也包括源自人脑内部

的信息，人脑就应该从中撷取在初始语境中具有最大关联的信息：即具有最大语境效果且需要最小心力的信息。这种信息要在可及的扩展语境中寻找，不管它们涉及的是百科记忆、短时记忆储存、还是周围环境。这样，关联理论对连续思维的接续方式提出了假设，也假设了一个人会在哪些时刻转而关注周围环境而不是源自其头脑内部的信息，以获得有关联的信息。

例 B. 设想（44）的对话如（47）般延续（为方便读者，原对话同时收录，新增话语是最后一句）：

（47）玛丽：我今晚想吃的是牛髓骨。

　　　彼德：今天真是漫长的一天。我累了。我希望你去做饭。

彼德的最后那句话（"我希望你去做饭"）在（45a—c）的初始语境中达成了关联，因为它对（45c）作了增力，而后者又是玛丽根据彼德的上一句话（"我累了"）推出的语境蕴涵。从那一刻再往后，玛丽的思绪走向应该同例 A 考察过的一样，也就是说：假如彼德说了"我累了"之后不再说话，玛丽会具有的那些想法与此刻相同。然而，例 B 所达成的关联在程度上应该更大，因为根据前提（45c）（彼德希望玛丽去做饭）得出的所有结论都会得到增力。因此，这个例子是对（41c）那种情况的说明：通过对一个既有定识的增力而在所有可及语境中达成某种程度上的关联。

例 C. 设想有关对话如（48）般延续：

（48）玛丽：我今晚想吃的是牛髓骨。

　　　彼德：今天真是漫长的一天。我累了。要是咱俩都累了，就别做饭了，去卡普里餐厅吧。

彼德的最后那句话在（45a—c）的语境中有一个语境蕴涵；它蕴涵了（49）：

（49）如果玛丽累了，彼德就想一起去卡普里餐厅。

因为有了这个语境蕴涵，彼德最后那句话就在所有可及语境中都达成了关联，所以这个例子是对（41d）那种情况的说明。同时，他的话也从另一方面在所有可及语境里达成了关联：它与定识（45b）（如果彼德累了，他希望玛丽去做饭）和（45c）（彼德希望玛丽去做饭）相抵触，从而消除了这两个定识。

彼德那句话还使一个额外的信息组块成为可及信息：

> 组块11. 有关卡普里餐厅的百科信息，包括定识"卡普里餐厅的特色菜是牛髓骨"。

显然，语境的某些可能的扩展会削弱整体上的关联性：例如，加入组块6（有关外科学的信息）一点也不会增加语境效果，而所付出的额外心力却会导致关联性的流失。然而，其他的扩展倒会增加关联性。比如，设想组块2含有定识（50）：

> （50）玛丽累了。

把（50）加入语境后，彼德的最后那句话就会语境蕴涵（51）：

> （51）彼德想跟玛丽一起去卡普里餐厅。

在语境中加入组块5，特别是玛丽想吃牛髓骨的信息，再加入组块11（有关卡普里餐厅的信息），就能得到另一个语境蕴涵：

> （52）彼德想跟玛丽一起去一家有她想吃的特色菜的餐厅。

在一个含带有关玛丽和彼德（还有牛髓骨）的信息的语境中，（52）会进一步导致更多的语境蕴涵和增力。

> 例 D. 设想有关对话如（53）般延续：

（53）玛丽：我今晚想吃的是牛髓骨。

　　　　彼德：今天真是漫长的一天。我累了。我刚做了个冠状动脉分流手术。

彼德最后说的那句话在初始语境（45a—c）中并无关联。然而，对语境作扩展加入组块9之后（有关冠状动脉分流手术的信息，包括定识"做冠状动脉分流手术很累人"），它就有了关联。如果对初始语境（45a—c）作扩展，需要扩展三步才能使上述信息成为可及语境。可现在由于彼德在（53）的最后那句话里提到了"冠状动脉分流手术"这个概念，所以只需要对原语境作一步扩展就得到了可及语境。在这样一个扩展后的语境中，"彼德刚做了个冠状动脉分流手术"这个定识对（45a）（彼德累了）起了语境增力的作用，藉此达成了关联。这个例子因而是对（41e）那种情况的说明。

　　　例 E. 设想有关对话如（54）般延续：
（54）玛丽：我今晚想吃的是牛髓骨。

　　　　彼德：今天真是漫长的一天。我累了。我希望你去做晚饭。还有，顺便提一下，冰箱里有甜食，是巧克力奶油冻。

彼德最后那句话的第一部分（我希望你去做晚饭）所具有的关联性已经在对例 B 的讨论中描述过了。这会导致组块3（尤其是"一顿饭至少包括一道主菜和一道甜食"这个定识）被加入语境，正如在对例 A 的讨论中所描述的那样。对这个一步扩展的结果再作一步扩展，就能使组块7（含有"冰箱里有巧克力奶油冻"的信息）成为可及信息，对后者再作第三步的扩展，可使组块10（含有"巧克力奶油冻是甜食"的信息）成为可及信息。

　　　如果玛丽果真对初始语境（45a—c）作了上述三步的扩展，那么根据她的演绎设施记忆体中存在的那些定识，她就能通过演绎推出晚饭需要自己做的只是道主菜。彼德最后那句话的第二部分（"冰箱里有甜食，是巧克力奶油冻"）使玛丽能在扩展语境时只需加入组块3便能得出与上述三步扩展相同的结论。这也使组块10（有关巧克力奶油冻的信息）

成为扩展一步就可及的信息，而无需让玛丽先处理组块7（冰箱里的东西）的内容。

例 E 是对（41f）那种情况的说明，它揭示了提示性话语达成关联的途径：从记忆中调取某些关联信息所需要的心力可能大于解读语句中的相同信息所需要的心力。在这些情况下，提示性话语就有了关联：这种用法产生的语境效果本来可以通过其他途径产生，但那样速度会比较慢，也需要更多的心力。另一方面，如果有关语境已经得到了扩展，收入了言者想让听者注意的信息，这时再发出提示性话语就不会带来新的语境效果，处理该语句所需要的额外心力就给浪费了。结果得到的就不是关联，而是羡余信息。

上面讨论的五个例子说明了语境关联这个有点抽象的概念如何能够帮助建立起一个心理学上更有意义的相对于个人关联的概念。这些例子还表明了在追求关联性的过程中，百科记忆的组织结构起着关键的作用。事实上，记忆与关联的关系非常紧密，使关联理论大有可能对记忆本身的组织结构提供新的启示。例如，信息组块的组合方式原则上既可能有助于搜寻关联，又可能妨碍对关联的搜索；合理的假设是，有助于搜寻关联的组块组合方式趋向于占主导地位，而妨碍搜索关联的组合方式则为数不多。反过来看，对关联的追求可以加快某类组块的构建和充实。

在本节里，我们就"相对于个人的关联"这个概念作了刻画和说明，目的是要把关联构建成一个心理学上更趋完备的概念，以应用于言语理解及其他认知过程的描写和解释。至此，我们把关联处理为定识的一个特性。特别是我们将语句的关联性等同于该语句直显表达的定识的关联性。然而听者并不会简单地接受语句所表达的定识。更广义地说，人并不会简单地从所在环境中接受定识。这两种情形都涉及复杂的认知过程，需要付出心力。

反过来看，讯递者不能直接向受讯者呈示一个定识。言者或任何其他形式的讯递者所能做的仅仅是呈示一个刺激讯号，期望受讯一方的个人接受了该讯号后会进而修订自己的认知环境，也期望该讯号的接收会触发某些认知过程。对受讯者来说，一个刺激讯号起初只是众多现象之一：就是说它不过是物质环境中的一个可感知的因素。只有认出了它是个意图达成认知效果的现象后，它才会被识别为刺激讯号。

一个人注意的是哪些现象？他如何着手加工为这些现象所显明的信息？我们的主张是他倾向于关注有关联的那些现象，且对它们作出加工，以最大限度地增加关联度。然而，要提出这样的观点，就不能仅仅将关联当作人脑中定识的属性来刻画，而且还要将它刻画成环境中相关现象（刺激讯号，比如语句）的属性，是这些现象导致了定识的构建。这就是下一节的议题。

六 现象和刺激讯号的关联

一个人的认知环境是所有对他显明的事实之集合。一个现象通过使某些事实显明或更为显明来影响认知环境。个人因此就可以从心理上将这些事实表征为强或者更强的定识，而且还有可能用它们推出更多的定识，后者虽然与具体事实并不匹配，然而却仍然对当事人显明（见上文第一章第八节）。

一个现象可能使大量的定识变得显明。然而，这并不是说当事人实际上会构建这些定识的部分或者全部。房子里习以为常的气息，对此当事人不会加以注意，也不会因此构建任何定识。现在设想房里有了一股明显的煤气味，当事人就很可能构建（55）和（56）的定识：

（55）有股煤气味。

（56）房子里漏煤气了。

他不太可能构建（57）那样的定识，尽管它也已经变得显明：

（57）煤气公司没有罢工。

为什么他构建了某些定识，却没构建别的定识？首先，在具体的认知环境中，有些定识是他不得不构建的。以听觉为例，听觉功能要处理数量繁多、种类各异的噪音，其中只有极少部分才会引起人的注意：即能够致使中枢思维过程构建和调控相关的概念表征。听觉机制起了过滤的作用，在注意力以下的层次加工和过滤了大部分声响信息。只有在中枢思维过程向知觉机制调取相关信息时，这些在注意力以下的层次加工的现象才可能为当事人所注意。

然而，有些声响现象会自动率先吸引人的注意力，自动在概念化层次上导致定识的形成和推理的启动。知觉机制的组织方式能使某些类型的现象对中枢思维过程产生冲击作用。这些受器重的现象有的大概是先天设定的：例如，自动注意所有突然发出的响声对人类的生存作出了贡献，想来是自然选择的后果。

其他类型的现象作为后天学习的结果，也能率先引人注意。某个婴儿的哭声尽管声音不大，却会优先引起其父母的注意。煤气味会强烈吸引煤气用户的注意力。人一闻到煤气味，就会不由自主地构建（55）的定识，即"有股煤气味"。可以把某些现象的自动滤除以及其他现象对注意力的优先吸引看成是一种启发性设施，其目标在于最大限度地强化认知效率：总的来说，被滤除的是那些最不可能有关联的现象，而优先吸引注意力的则是那些最可能有关联的现象。换言之，知觉机制连同知觉彰显性本身都是以追求关联为目的的。

在一个含有家用煤气日常百科信息的语境中，定识（56），即"煤气漏了"的定识，是定识（55）的语境蕴涵。我们的观点是：定识（56）是对定识（55）的关联作增强后得到的结果。在这个事例中，（56）的构建确实非常有用，因为它能使我们很容易得到许多其他的语境效果。正因为对（55）的加工受制于对关联的搜索，定识（57）才不可能被构建：推出（57）所需要的心力大于推出（56）所需要的心力。此外，并不能以较少的心力从（57）导出丰富的语境效果。

一个现象的加工效率可大可小，这取决于为其显明的定识中哪些定识实际上得到了构建，如果确有定识得到构建的话。对有些现象来说，最好的办法是在知觉层次将其滤除。而对其他现象而言，最好对其作概念表征并在含有丰富百科信息的语境中对其作加工处理。因此，关联这个概念可以直接扩展成涉及现象的关联。

（58）现象的关联（分类型）
一个现象对个人有关联，当且仅当为其显明的一个或多个定识对个人有关联。

比较型的关联定义同样可以直接得出。按照惯例，我们将借助效果和心力来刻画关联的比较型概念。在这个问题上，就心力而言，需要考虑的不只是调取语境以及在该语境加工定识时所需要付出的心力，还要计入构建该定识所需要的心力。不同定识的构建和加工会导致不同的效果，也会需要不同的心力，因而会达成不同程度的关联。出于上一节讨论过的原因，我们将把现象相对于个人的关联刻画成该现象在优化加工时获得的关联。[10]

我们现在作如下定义：

（59）现象的关联（比较型）

限度条件 1：现象相对于个人的关联程度取决于该现象在优化加工时得到的语境效果能达到多大限度。

限度条件 2：现象相对于个人的关联程度取决于该现象在优化加工时需要的心力能控制在多小限度。

一个刺激讯号是一个用来获得认知效果的现象。刺激讯号的关联因此与其他现象的关联相同，所以定义（58）和（59）直接适用于刺激讯号。我们论证过，对一般现象的加工是为了最大限度地增加关联，对刺激讯号这个特定现象来说也是如此。所以，一个人要想造成一种特定的认知效果，就必须力图使自己发出的刺激讯号在优化加工时会恰好达到意向中的效果。这个效果既可以在注意力集中的层次达到，也可以在注意力以下的层次达到。孩子要想让父母疼她，最好的办法可能就是显明地作出真哭的样子：父母的注意力就会全被吸引过来，他们因此构建的最关联的定识就是"孩子伤心了"。另一方面，设想彼德想涂点须后水，用这种香水的男人气息来引诱玛丽，但又怕她要是猜出了自己的意图反而会觉得兴味索然，那么他最好的办法就是只用少量的须后水，因为太浓的香水味可能会引起她的注意，使自己的意图过于显明。

这里我们关心的是用以营造更加微妙的认知效果的刺激讯号：用以使一个传信意图互为显明的刺激讯号。我们把它称为明示刺激讯号。这种讯号必须满足两个条件：首先，它们必须吸引受讯者的注意力；其次，它们必须使受讯者的注意力集中在讯递者的意图上。

明示推理交际不能在准注意力的层次产生效果；它必然涉及概念表征的构建和中枢思维过程的征用。正因为如此，多数明示交际的刺激讯号才会优先吸引人的注意力：这种讯号的典型事例包括突如其来的大声喧哗如叫喊或门铃的响声、引人注目的视觉刺激讯号如挥手、闪烁的灯光或亮丽的海报，或是用力的触觉刺激行为如戳刺或紧握等动作。最重要的刺激讯号是：用母语说出的语句会自动引人注意：一旦听清楚了，就不可能把这些话当做背景杂音滤除掉。只有当受讯者有可能自愿地注意明示刺激讯号时，就像你现在正在做的，白纸上的小黑点这样微弱的刺激讯号才会引人注意。

明示刺激讯号必须满足的第二个条件是使受讯者的注意力集中在讯递者的意图上。也就是说，"所涉刺激讯号具有明示性"这个定识必须既足够显明又足够关联，以便使该讯号得到优化的加工处理。如果一个刺激讯号能够优先引人注意，而且除非被当做明示刺激讯号，否则就别无关联，那它一般都会满足上述条件的。明示交际使用的编码讯号显然能满足这个条件，尤其是言语交际使用的语句。语句要是不作为明示刺激讯号，那就只是些无关联的噪音或纸上的墨迹。无码明示刺激讯号也能满足这个条件。

无码明示刺激讯号可以是个普通的姿势动作，本身没有多少内在的关联性。这种动作是用不自然的刻板姿势作出来的，所以才会惹人注意。例如，彼德明示地后仰身体让玛丽看见威廉正走过来（见第一章第九节）。它也可以是个模仿行为：比如，玛丽可以模仿开车的行为，藉此告诉彼德她想离开那个派对。这种表演行为所显明的内容大都甚少关联或全无关联性。有个人作出了些极普通的身体动作：那能说明什么呢？这种行为所显明的唯一有关联的定识就是那些有关当事人传信意图的定识。

作为一个明示刺激讯号，要是其明示性不为人察觉，那么讯号再好也全无关联。让我们考虑这么一个事例：一个具有高度内在关联性的刺激讯号明示地得到了使用——或曰误用，比如一个大家以为双臂早已瘫痪的人伸手模仿了个开车的动作。这时，她能移动双臂这件事本身就会有高度关联性，大大超过了她可能想传递的任何内容的关联性，因而她的传信意图很可能没人会注意到。或者考虑一个政治上的事例，恐怖主义是以宣传某种事业为目的的，但是不论恐怖分子的传信意图为何，其行为本身就会带来许多重要的语境蕴涵，结果是这种行为虽然成功地吸引了公众的注意力，但其意图宣传的主张却反而不太为人理会了。

然而，就算明示刺激讯号能够吸引别人的注意力，并使其集中于讯递者的意图之上，这些仍然是不够的。它还必须揭示讯递者的意图。怎么才能做到这一点呢？我们认为这里的关键在于明示刺激讯号带来了讯递者对关联性的保证。[11] 一般来说，并不能保证一个现象肯定会有关联。有些现象毫无关联，因此就不值得在概念层次作加工；另一些现象可能是高度关联的，还可能引发一连串的思绪。不可能对所有现象的关联有什么先验的期盼。

而对明示刺激讯号这个特例来说，情况就颇为不同了。言者通过发出语句来引起听者的注意。既然吸引了听者的注意，言者就表明其语句有足够的关联，值得听者去注意。这不但适用于言语，而且还适用于所有形式的明示交际。明示刺激讯号唤起了对关联的明确期盼，一旦讯递者的传信意图得到了认识，关联就能随之达成。在下一节里，我们将对这个观念加以发展，把它正式描述为关联原则。然后，在本章的最后一节，我们将说明如何用关联原则去解释明示—推理交际。

七 关联原则

在第一章结束时，我们得出了明示—推理交际的如下定义：

（60）讯递者发出刺激讯号，对讯递者和受讯者互为显明讯递者意图藉该讯号对受讯者显明或更加显明定识之集合 I。

如前所述，这个定义没有解释明示的运作方式：未解释明示刺激讯号是如何显明讯递者的传信意图的。我们曾经说过，这个问题的答案应该在关联原则中寻找，但要使这个原则真正具有解释性，就得先对"关联"这个概念本身作出明确的刻画。现在这个工作既已完成，我们就可以回到对关联原则的探讨上了。

一个明示交际行为必须吸引受讯者的注意力，才能达到自己的效果。从这个意义上说，[12]明示行为就是个要求，它要求得到注意。如果有人要你做一个身体动作或认知行为，他就间接地表明自己有足够理由认为满足他的要求于你于他都有好处。这种暗示可能缺乏根据或纯属欺骗，但不能完全否认它的存在。一个人既提出了要求，就会认定对方有满足它的动因。就是敲诈者也必须让受害人觉得合作比拒绝好；同理，一个遇溺者呼叫救命时，他获救的唯一机会是有过路人基于道德上的原因觉得应该救他，不管这么做在行动上会遇到多大的困难。

再举个较为寻常的事例。主人既然请他的客人们用餐，就自动表明他提供的东西是可食用的，而且确实值得进食。正如请人用餐一般需要接受的一方做出适当的身体动作，以示参与，明示交际也需要接受的一方做出恰当的认知行为，以示参与，特别是需要对方付出注意力。如果玛丽指着远处，以引起彼德的注意，或是把一件东西拿到他面前让他看，或是跟他说话，彼德就有理由认定引起他注意的刺激讯号对他有关联，或至少认定玛丽有理由认为该讯号对他有关联。如果玛丽引起了彼德的思索，她就应该相信他会觉得那是件值得深思的事情。

因此，一个人处理向他发出的明示刺激讯号时的心境与处理其他现象时的心境有着实质上的区别。关注其他现象时，他可以希望它们会有关联：如果这种愿望毫无根据，就完全不值得关注这些现象了。然而，这种愿望能否实现取决于许多因素，其中的绝大部分都超出了当事人的控制能力，甚至可能不为他所意识到。支持这种愿望的理由是：人掌握了很多启发式方法，用来选出关联的现象。这些启发法有些是先天内在的，其余的是在经验中积累的。尽管如此，那些希望获得关联的想法有时被证明是没有根据的。就算这种愿望得到了证实，其证实度也是相对的：一般不可能期盼获得的关联能达到稳定而满意的水准。

然而，就明示刺激讯号而言，受讯者不但能对关联怀有愿望，而且还能对它抱有相当准确的期盼。显然，受讯者要是不对明示刺激讯号加以注意，那么该明示交际行为就无法生效。由此进而显明的是：只有当一个现象看上去对人有关联时，人才会注意到它。因此，发出明示刺激讯号的讯递者显然必须意图使该讯号看上去对受讯者有关联：就是说，必须意图向受讯者显明该刺激讯号是关联的。在这个解释的基础上再增加一层对互相性的考虑。设想明示刺激讯号的发出不仅对讯递者和受讯者各自显明，而且还对双方互为显明，那么，下述情形也就不仅显明而且互为显明了：讯递者必须意图使刺激讯号看上去对受讯者有关联，就是说，必须意图向受讯者显明该刺激讯号是有关联的。根据我们对明示一推理交际的定义，这等于是说一个明示讯递者必然传递了这样的信息：她所运用的刺激讯号对受讯者是有关联的。换言之，一个明示交际行为自动传递了关联推定。

　　一个明示交际行为所传递的关联推定具有哪些确切的内容？我们前面说过，明示交际行为告诉我们：讯递者尽其所知，认为该明示刺激讯号具有足够的关联，值得受讯者加以关注。这已是措辞最弱的关联保证了。但是关联推定具有更具体的内容。刺激讯号的关联性取决于两个要素：对其作优化加工所需要的心力，以及这个优化加工所带来的认知效果。我们认为，关联推定对效果和心力提出了不同的要求。就效果而言，可获得的效果在程度上绝不低于为使刺激讯号值得加工所需要的效果；就心力而言，所要求付出的心力在程度上绝不高于为获得这些效果所需要的心力。

　　讯递者意图传递一组定识 I。当然，从受讯者的利益考虑，I 应该是讯递者可以获得的最有关联的信息。然而，在这个方面，讯递者和受讯者的利益不需要一致。讯递者可能想把最有关联的信息留给自己处置；她可能基于自身的理由传递了关联度较小的信息。讯递者想传递的不只是任何由定识组成的任意集合，而是某个由定识组成的特定集合 I，她也可能基于自身的理由想传递这些定识。但是，既然她需要引起受讯者的注意，她就不可避免地会传递如下信息：I 有足够的关联，值得对那个可推出 I 的刺激讯号作加工。那么，从效果的方面看，关联推定是对充分性的规定。

　　讯递者面对的是一系列不同的刺激讯号，它们都可以使她的特定传信意图互为显明。为实现其交际意图，她必须从中作出一个选择。我们假定她会排除需要她付出过多心力（例如，本来一句话就可以解释清楚的事情却要画一幅地图来说明）或是让她反感（例如，因文化上的规矩而禁忌使用某些字眼）的刺激讯号。在多数情况下，还会剩下许多可能的刺激讯号供其选用。为了受讯者的利益，讯递者应该从中选择最为关联的刺激讯号：也就是需要最少心力的讯号。这里，讯递者和受讯者的利益是一致的。除非讯递者只是在佯作交际，否则，让他人理解自己的讯号是符合讯递者的自身利益的。因此讯递者也要使发出的讯号尽量简单，以便受讯者理解。要是受讯者怀疑讯递者并未选用符合其交际和传信意图的最有关联的刺激讯号——比如，要是听者相信对方的话里有蓄意且毫无必要的晦涩特征——他可能怀疑对方是否怀有真诚的交际意图，也有正当理由拒绝付出所需要的心力。所有这些都是互为显明的；因此，以下这一点也是互为显明的：讯递者意图对受讯者显明她选择了能够实现其意图的最为关联的刺激讯号。那么，从心力的方面看，关联推定所规定的就不仅仅是充分性了。

这种我们推定存在的关联度考虑到了讯递者和受讯者双方的利益。我们且将其称为优化关联度。现在我们就可以给出每个明示交际行为所传递的优化关联推定的详细内容了：[13]

　　（61）优化关联推定

　　　　（a）讯递者意图对受讯者显明的定识之集合 I 有足够的关联，值得受讯者费心加工该明示刺激讯号。

　　　　（b）该明示刺激讯号是讯递者传递 I 时所能采用的最为关联的讯号。

下面是关联原则：

　　（62）关联原则

　　每个明示交际行为都传递了自身具有优化关联的推定。

现在我们以自问自答的方式，通过对一系列具体问题的讨论来评介关联原则。

关联原则能否适用于一切交际形式？

不能：它只适用于明示交际，对简单的编码交际并不适用。例如，电报员传递的是编码信息，应该在编码时做到准确无误；不能期望她发出非常关联的刺激讯号。

在没有明确受讯者的场合，刺激讯号应该假定对谁有关联？

一个明示交际行为的受讯者是讯递者试图修改其认知环境的那些人。他们既可以是某些具体的个人，就像玛丽跟彼德说话时那样；也可以是符合某种描述的群体，比如在本书的这一段里，我们说话的对象是所有读到这里并觉得本书对自己有关联的人。在以广播电台为媒介的交际场合，一个刺激讯号的传递对象甚至可以是任何觉得该讯号对自己有关联的人。这时，讯递者就在把自己的关联推定传递给任何愿意接受它的人。

关联推定的可靠性如何？

众所周知，这个世界到处都是乏味的人。关联原则并不是说讯递者必然会发出有优化关联的刺激讯号；它所说的只是讯递者必然意图使受讯者相信他们是那样做的。连乏味的人都会显明地意使受讯者相信他们是值得倾听的。

一个语句所传递的关联推定并不一定要被当作是真的。讯递者可能未能达成关联；受讯者可能怀疑讯递者是否有能力达成关联。然而，从关联推定可以导出一个更为可靠的推定：就算不一定成功，讯递者也曾试图达成关联。就算讯递者未能向受讯者显明自己的话有优化关联，她仍然可能成功地显明自己正在试图达成优化关联。不过，明示交际不应只被理解为是传递了尝试达成关联的推定。受讯者可能愿意相信讯递者已经做了很大的努力以达成关联，但是如果他同时相信她已完全无法达成关联了，那就不会对她有所关注了。因此，不管讯递者可能对自己多么缺乏信心，她必须意图对受讯者显明自己的明示刺激讯号确实有足够的关联性。

你们是不是认为所有的明示讯递者都至少尝试达成优化关联？

这一点并不是从关联原则推出的。一个讯递者理论上可以假装传递其关联推定，正如她可以假装传递任何定识那样。可总的来说，明示讯递者确实试图达成优化关联。如果受讯者对关联的期盼落空了，他们甚少会认为原因或许是讯递者并没有试图达成优化关联。真要有那种想法的话，那就等于是认定那个所谓的讯递者其实并没有在跟他们说话，或许根本没在交际。这种少见的情况可以用冗言阻议这个现象来说明。

　　冗言阻议者在议会作长时间的发言，目的仅在于拖延议程。在这种场合，言语交际的所有常见特征都出现了，甚至还很明显，但有一个例外：讯递者并不想达成优化关联。就算冗言阻议者作了尝试，他们也不可能期望在阻挠议程所能维持的历时数小时乃至数日的时间里一直保持关联，因此他们并不能一直吸引听众的注意力，甚至根本不会去尝试做到这一点。冗言阻议者是否在交际，哪怕是有缺陷的交际，还是仅仅在假装交际？至少对于名义上的听众来说，发言者显然只是在佯做交际，发言根本不是真的以与会者为对象的。这就好比在受邀吃饭时，发现主人甚至没有费心去查一下摆在你面前的东西能否食用。这等于是发现他只是在假意招待你。

　　遇到未达成满意的关联度时，更可行的假设是讯递者虽然已试图达成优化关联，但是并没有成功。讯递者要为自己的交际行为承担风险，有时也会失败，而受讯者也估计到这种失败时有发生。例如，如果玛丽知道凡是艾瑞丝·默多克［Iris Murdoch］[14]写的书彼德都会买，又看见该作家的新作正在当地书店出售，她就有理由对彼德说：

　　（63）书店在卖艾瑞丝·默多克的新书。

彼德有可能恰好已经知道了这件事，那么（63）这句话实际上就对他并无关联。可是，玛丽这么说仍然会是完全恰当的，其关联推定的传递也是真诚的，因为玛丽至少已经试图达成优化关联。此外，她所冒的风险也是合理的：如果成功的话，她希望自己的话会对彼德达成高度的关联，所以值得为其承担风险。

　　受讯者期盼讯递者为达成关联而投入的心力程度随着不同的场合、不同的讯递者，以及交际双方的不同关系而发生变化。一般要求课堂上的教师作极其努力的尝试以达成关联；而学生发言时则被允许（甚至有时得到鼓励）无需担心是否有关联。主人对仆人说话时可以随意吩咐，只需认定自己的话会有足够的关联，而仆人对主人说话时却要非常肯定自己的话会有关联。

要达到怎样的关联度才算是"有足够的关联，值得受讯者加以关注"？

我们已经假定：一个人的认知资源在产生最大认知效果时便得到了优化调配。由此似可作出如下推论：一个刺激讯号的关联度必须大于任何其他的外部现象，也必须大于受讯者当时可能正在加工的任何其他内在表征，以使受讯者加以注意。然而，这种看法并没有把时间这个要素考虑在内。

有的现象和表征可以长时间保持其关联性和可及性；另一些则仅仅是暂时可及、片刻关联。一个关联性较小的刺激讯号如果不及时得到加工，其认知效果可能会永远失去，因此，有时更有效——即从长远看符合更大的总体关联——的做法是先关注这种关联较小的信息，而有意忽略某些完全可以在以后才加工的更为关联的信息。例如，某人正在看一本精彩的书，你打断他的阅读，目的是为了问一个关联性不太大但却是紧迫的问题，或是为了让他注意远处的某个算不上特别重要的事件，这么做与关联原则的要求并无冲突。

同理，有些刺激讯号并不具有什么内在关联性，但因其在恰当的时间发出，从而增加了后继刺激讯号的关联度。故此，前者的出现带来了更大程度的总体关联。长篇小说的第一句话往往如此：虽然其自身的关联度有限，它有助于语境的创立，使其后加入该语境的句子更有关联。故此，这开篇的第一句话就具有了足够的关联性，值得读者加以注意。

因此，所谓足够的关联不是一成不变的。受讯者获得信息的方式或途径会因时而异；其心智的敏锐程度也不会保持恒常，对关联的要求会有相应的变化。

设想一伙人下班后在咖啡馆或酒吧聊天，纯属朋友间的闲谈。此时些微的关联就应属足够：没人会愿意投入较多的心力，也无人会期盼得到至关重要的语境效果。就此而言，没人会付出巨大的心力以发出需要高度加工的刺激讯号。作为对照，考虑一下在研讨会上该是怎样一番情形。每个人在这里都应该集中注意力，愿意付出相当多的心力以发出信息和加工信息。在这种场合下，具有足够关联性，值得受讯者加以关注的信息确实是十分有关联的。在一种场合期盼得到通常仅在非常不同的场合才能达成的关联度，这么做是没有什么意义的。有理智的受讯者会根据不同的场合调整自己对关联度的期盼。

我们提到的种种要素都属于日常经验中的寻常特征，人人都会遇到。讯递者无需作太多的观察或想象便能估算出所需要的最小关联度。更具体的考虑会有助于把问题解释清楚。在各种社交场合，对关联度的期望值是由文化习俗规定的。在会话过程中，可以对关联度做调整，或是增加或是减少，每次操作一步。受讯者可以显明自己所期盼的最低关联度：例如采取提问的方式。尽管如此，误解仍然会出现。然而，正如我们会在下面解释的，能达到传递关联推定的要求，这就足够了——而这一点总能做到。关联推定无需被接受为真就能完成其最重要的功用，那就是确定明示刺激讯号的解释。

关联理论和格莱斯的学说有什么不同？

有很多不同之处。其一是关联原则比格莱斯的合作原则和会话诸准则明晰得多。其二是格莱斯假定交际涉及合作，而我们则不认为合作有那么重要。

对我们来说，一个真诚的讯递者和一个心甘情愿的受讯者唯一必须共有的目的就是达成理解：即让讯递者的传信意图为受讯者所认识。格莱斯则假定这种交际必须在达成理解的目标之上另外具有"一个共同的目的或一组目的，或至少有一个双方都接受的方向"（格莱斯，1975：45）。我们并不想否认这种说法往往与事实相符合，尤其是在会话的场合。[15]在言谈对话时、在研讨会上，或是在书里，很可能存在着互为显明的目的或方向。然而，这并不能从关联原则中推导出来，也不是每个明示刺激讯号所自动传达的内容。这种共同目的出现的时候，对它的认识便成为语境要素之一，而且只有作为语境要素，这种目的才能在理解中起作用。[16]

因此，达成优化关联不像遵守格莱斯的准则那么严格。尤其是有可能不用根据对话的实时目的"按需提供信息"（格莱斯的量准则第一条）就能达成优化关联：例如隐瞒某些会对受讯者有关联的信息。日常经历似乎告诉我们，在实际交际中，受讯者并没有自动期盼讯递者达到格莱斯所描写的那种程度上的合作。要是有人未能遂我们的意愿提供全部的信息，也未尽其所能回答我们的问题，那他无疑应该备受谴责，但受责的原因并非是由于违反了交际的原则。

格莱斯的学说与关联理论的一个更极端的区别在于：格莱斯的原则和诸准则是交际双方为达成充分的交际而必须知道的规范。讯递者一般都遵守这些规范，但仍可以违反规范以制造特别的效果；而受讯者则运用自己对规范的认识来解释对方的交际行为。

反之，关联原则是对明示—推理交际的概括。交际双方不需要知道关联原则就能交际，一如人不需要知道遗传学就能繁殖后代那样。讯递者并没有"遵循"关联原则；他们就是想违反这条原则也无法做到。关联原则的应用不存在例外：每一个明示交际行为都传递了关联推定。特定的交际行为传递了与自身有关的特定的关联推定，这才是受讯者在推理理解的过程中所应用的知识，而不是具有普遍意义的关联原则。[17]

不过，格莱斯与我们的最大分歧在于对交际的解释。格氏会话理论始于对直显陈述义与寓谓义的区分。该理论对直显交际并没有予以解释，而是认定代码模式基本上能用于解释这类交际，代码在此被理解为一组常规。寓义则被解释成是受讯者必须构建的定识，以维护言者遵守了准则或至少是合作原则的说法。而关联原则意在解释全部的明示交际，既包括直显交际，又包括暗寓交际。我们将在下节对其解释方法加以说明。

八　关联理论是如何解释明示—推理交际的

发出明示刺激讯号时，讯递者试图实现两个意图：一个是传信意图，即对受讯者显明一组定识 I；另一个是交际意图，即令自己的传信意图对交际双方互为显明。不难理解交际意图的实现何以能导致传信意图的实现：一旦意识到值得信赖的讯递者意使你相信某事，这本身就为相信该事实提供了上佳的理由。这种说法对人为什么要从事明示交际这个问题作出了颇为合理的解释。但它并未解释明示交际的运作方式，即未解释交际意图自身是如何实现的。

刺激讯号的发出如何能使讯递者的传信意图互为显明，从而导致交际意图的实现？这并不是个显而易见的过程。前文说过，就其他形式的意向性行为而言，通过观察某行为的效果可以使我们获得其深层意图的证据。就明示交际而言，意图导致的交际效果就是对传信意图的认识。然而，意图得到的传信效果一般要在其深层的传信意图被认识之后才能出现，因而在此之前往往也无法被观察到。这么一来，传信意图就无法通过观察其独立达成的效果而推出。问题在于：到底怎样才能推出这种意图？

要使传信意图变得互为显明，需要几个推理步骤。在交际双方的互有认知环境里，刺激讯号必须显明其他一些定识，从中可以推出传信意图。首先，必须显明刺激讯号的明示性。我们已在第六节说明了具体做法，那就是发出显明的意向性刺激讯号。一方面这种讯号会引人注意；另一方面，它只有被当作讯递者意图的证据，才会有关联。刺激讯号的明示实质一旦对交际双方互为显明，同时变得互为显明的就是讯递者怀有传信意图：即她意图对受讯者显明某些定识组成的集合 I。故此，认识讯递者传信意图的问题便简化为认识定识之集合 I 的问题。

关联原则所做的是认识 I 中的一个成员：那就是关联推定。关联推定不仅是 I 中的一个成员，而且还是关于 I 的定识。因而这个推定可以被 I 中的内容所确认或否定。就关联推定的两个不同部分（61a）和（61b）而言（重列于下，以便参照），对两者的确认和否定的可能性是不同的。

（61）优化关联推定

　　（a）讯递者意图对受讯者显明的定识之集合 I 具有足够的关联性，值得受讯者费心加工该明示刺激讯号。

　　（b）该明示刺激讯号是讯递者传递 I 时所能采用的最为关联的讯号。

就受讯者而言，关乎 I 中内容的每个定识或是核实了（61a）——I 有足够的关联——或是证伪之。可能存在临界的情况，即某些定识之集合处于具有足够关联性的边缘。然而，不可能出现证据不足的情况，即受讯者无法评估定识之集合的关联性：在加工 I 时，受讯者能自动判定其关联程度。而就关联推定的第二部分（61b）而言，情况就不需要这么界限分明了。给定关于 I 内容的某个定识，可能得到显明的是：讯递者本来可以采用更为关联的刺激讯号，这样就会否定（61b）。然而，（61b）可能既不能被证伪，又不能被核实：说到底，在日常场合，受讯者不能确切知道有多少刺激讯号可供讯递者使用，因此也就无法肯定她在传递 I 时是否采用了最为关联的讯号。因此，从整体上看，关联推定应该要么被明确地证伪（即当（61a）或（61b）被证伪时），要么只被确认，但不能被核实（即当（61a）得到核实而（61b）未被证伪时）。

就 I 中的有些定识而言，讯递者提供给受讯者的所有证据都是间接的：受讯者接受这些定识的唯一理由是讯递者互为显明的意图要求他这么做。对 I 中的另一些定识，讯递者还提供直接的证据，例如彼德明示地后仰身体，以使玛丽看到谁走过来了。关联推定的状况由理解过程自身加以调节。理解过程开始时，有关关联推定的初步证据完全是间接的；完全依赖于讯递者的保证，保证她的刺激讯号对受讯者具有优化关联。然而，通过对刺激讯号的加工，受讯者自然地获得了直接的证据，可以支持或否定刺激讯号所传达的优化关联推定。而到理解过程结束时，这个直接证据就已取代了初始阶段的间接证据。在意图显明关联推定时，讯递者必须意识到自己别无选择，只能提供直接而决定性的证据，以支持或否定关联推定。这是认识讯递者完整的传信意图即定识之集合 I 的关键步骤。

受讯者试图认识这个传信意图时，必须认定讯递者在做理性的交际：就是说，她有足够理由认为自己所发出的刺激讯号会具有意向中的效果。这一点不仅适用于对传信意图的认识，而且也适用于对其他意图的推理型识别。人在认识意图时都认定当事人是理性的，并试图为她的行为找出理性的解释。这并不是说大多数人，尤其是讯递者，总会完全理性地根据目的选择自己的手段，只是说如果他们不这么做，那就不可能仅凭其行为而推导出其意图。就交际行为而言，那样就会大幅度地削弱讯递者给人的理性感觉，因为交际的成功与否取决于受讯者是否有能力推出讯递者的意图。

一个意图使关联推定对受讯者显明的理性讯递者，必然期盼受讯者对刺激讯号的加工会确认该定识。换言之，她必须期盼 I 中的内容会核实（61a）且不会证伪（61b）。为了认识讯递者的传信意图，受讯者必须弄清楚讯递者有理由认为会确认关联推定的是哪个集合I。我们将论证他必须做的只是这件事。

受讯者的任务因而就是要就I中内容的可能解释而构建各种假设，并从中选出正确的解释。在不同的场合以及不同的认知区域，构建和选择假设的任务可能以不同的方式来完成。在有些情况下，最好的解决办法是列出所有可能的假设，经过比较而选出最好的一个。在其他场合，较好的解决办法是搜寻一个初始假设，测试该假设看它是否符合某些标准，如果符合标准就接受该假设并就此结束，否则就重复上述过程，搜寻第二个假设，步骤如前。举例而言，设想彼德不十分清楚他把墨镜放在哪儿了，但知道那副眼镜在家里。一种情况是他在外地，只能打电报给玛丽，告诉她在哪儿找他的眼镜。那么他就应该在心里列一个表，记下他可能放眼镜的所有地方，按出现的可能性加以排列，然后告诉玛丽最可能找到眼镜的地方。另一种情况是彼德在家里。他会按照自己想到的第一个假设去寻找眼镜；如果他找到了眼镜，搜寻便就此结束；否则，他就会去搜寻第二个地方，等等。

这两条策略：罗列假设并对其排序，或是搜寻假设并逐项检测，它们各自适用于不同类型的任务。在执行有些任务时，不可能或不方便列出所有可能的假设，第一条策略对此就不适用。例如，如果给定的任务是在学校里找一个既不是最高又不是最矮的学生，把全体学生按身高作排序就是浪费精力。在执行另一些任务时，没有决定性的标准可应用于孤立的假设，此时就不宜采用第二条策略。例如，在一个学校里，不考虑所有学生的身高，就不可能发现谁是长得最高的学生。

就其他一些任务而言，无论是罗列加排序策略还是逐项检测策略均不能单独适用。对真正的科学理论的探求不能基于对所有可能理论的检验之上，因为我们不知道它们的范围有多大；也不能根据一个标准来决定一个单独的理论是否正确。科学发现的策略要复杂得多，既涉及比较又涉及个别的检测；其结果至少从原则上说是永无终结的。前面已经说过，在这个方面，言语理解与科学发现不同：前者几乎立刻便得出最后结果，这意味着它使用的可能是较为简单的策略。

言语理解的达成能否采用以下途径：罗列受讯者对讯递者的传信意

图所构建的所有可能的假设并对其排序？这个想法也许会显得颇为可行，如果我们把言语理解看成是一种简单的过程，在这个过程中，一个讯号被解码成一小组可能的讯息，随后从中选出恰当的解释。然而，这种思路却应该被摒弃，因为对一个编码讯息来说，无论是它的修辞性解释还是它可能具有的寓义都是不胜枚举的。甚至在采用的刺激讯号是无歧编码的讯号时，情况都是如此。这一点我们将会加以论证。此外，就算可以列出明示刺激讯号的所有可能解释，这么做仍然会非常不便，甚至荒谬。我们已经看到，造成一种解释比其他解释更有关联的要素之一，是该解释需要较少的心力。假如找出正确解释的唯一途径是罗列所有可能的解释并对其排序，那么所有可能的解释就会需要等量的心力，后者意指为了构建并比较这些解释所需要付出的心力。很难设想会有任何明示刺激讯号，值得为之付出那么多的心力，那样做是不可思议的。

那么，理解是否可以通过以下途径得以完成？那就是先构建一个初始假设，然后对其作检验，如果第一个假设不够充分，就转向下一个假设。初步的印象似乎是：对这个问题的回答应该又是否定的。我们暂且作出如下表述：一种解读符合关联原则当且仅当一个理智的讯递者会期盼它对受讯者有优化关联。[18]现在设想受讯者检验了一个可能的解释并认为它符合关联原则。怎么可以就此推出他的选择是正确的呢？想必还有许多其他可能的解释也会符合关联选择的。鉴于是否符合关联原则是我们唯一的检验标准，采用逐项检验的策略就永远不会得出所希望的结果。

这种观点并不正确。它忽略了一个事实：检验假设的顺序对假设的关联性是有影响的。由此带来的结果是：关联原则一般不允许就单独一个明示刺激讯号选出多于一个的解释。我们将会论证，关联原则允许选出的解释是第一个得到检验并符合该原则的解释。

首先考虑一下，如果听者意识到一个明示刺激讯号业已发出，并由此意识到关联推定也得到了传达，这时他会怎样构建有关讯递者传信意图的假设？首先，某些定识的合理性可能已经在环境中得到了显明。请看（64）所示语句：

（64）彼德（对玛丽说）：你要不要喝咖啡？

彼德借助（64）这个问题来显明他想得到一个回答，也藉此显明一个恰当的回答会满足他对关联的期盼。由此而顺理成章的是，玛丽的下一个交际行为背后的传信意图就是要显明对彼德问题的回答。

讯递者使用的刺激讯号本身就是解释性假设的一个来源。对一个无码明示刺激讯号的描述（如"玛丽在欣喜地嗅着空气"，或"玛丽假装在开车"）直接调用了某些概念的百科条目以及这些概念所含带的定识图式。一个编码刺激讯号直接调用了一组高度确定的概念：代码本身规定了哪些概念得到激活，并将其组装成一个逻辑式，可以直接用作定识图式。语境提供了将这些定识图式充盈成完整假设的途径。

受讯者一旦从刺激讯号复原出一组初始的假设，就可以对其作进一步扩展，因为他认定这个由定识组成的集合 I 还包括从已复原的定识出发、根据语境可推导出来的更多的定识。此外，通过对语境的扩展，性质迥异的假设可能会成为可及信息。重要之处在于：给定了认知环境、给定了初始语境且给定了刺激讯号，某些假设会比其他假设更为可及。这就意味着前者需要的心力也比后者的少。

现在我们重新考察一下对假设作逐项检验这种策略的可行性。采用这种策略的受讯者为了最大限度地增加认知效率，就会按可及性的顺序来检验假设。设想他获得了一个符合关联原则的假设。他应该就此止步，还是应该继续检验下一个假设，理由是后者也可能符合关联原则？很容易证明，他不应该继续检验下去。设想他真的继续检验且找到了另一个假设，能够核实关联推定的前半部分，即设想中的定识之集合 I 有足够的关联。遇到这些情形时，关联推定的后半部分几乎总会被证伪。如果这种情况真可能出现的话，讯递者原本就应该采用另一种刺激讯号，使受讯者不至于付出心力去先行调取两个一样符合关联原则的假设，然后又必须在两者之间作出抉择。

举例而论，请看下列语句：

（65）乔治养了只大猫。

在寻常场合，听者对（65）的第一个解释是"乔治有只大的家猫"。如果觉得言者可能期望这个解释对听者有优化关联，那么听者就应止步于此。设想他并没有这么做，而是断定言者可能期望其他解释也有优化关联并继续搜索新的解释。鉴于"猫"这个词有歧义，它既可以指家猫，又可以指任何猫科动物，听者便得出了新的假设：（65）意图表示的可能是"乔治有只老虎，或是狮子，或是美洲豹"，等等。与"乔治养了只大的家猫"这件事相比，这个新信息或许会更有关联，因而核实了关联推定的前半部分。然而，关联推定的后半部则会被自动证伪。言者可以选用一个显明地更有关联的刺激讯号，形如（66）。抑或，倘若言者缺乏必要的信息，他可以选用（67）或（68）：

（66）乔治养了只老虎。

（67）乔治养了只老虎或狮子，我不清楚究竟是什么。

（68）乔治养了只猫科动物。

这些刺激讯号就会让受讯者节省心力，不必先调取并考虑"家猫"解，再调取"猫科动物"解，然后还要对两者作比较。故此，受讯者无需为此费心：第一个符合关联原则的解释就是最佳假设。其他所有的解释都会显明地证伪关联推定的后半部。

如果可供讯递者选择的刺激讯号是无限多的，从关联推定后半部分的内容可以推出：刺激讯号所具有的、符合关联推定前半部要求的所有解释中，受讯者想到的第一个解释就是讯递者意图传递的意思。但是，倘若讯递者可以选择的刺激讯号十分有限，因而要是她意图传递的不是受讯者想到的第一个具有优化关联的解释，而是另外的意思，而且她也无法提供其他更合适的刺激讯号，那会带来什么后果呢？在这种场合下，要么结果同前：第一个符合关联原则的解释得到了传达；要么什么信息都没有传达。

举一个例子，设想一个囚犯双手被铐，口不能言。在被带走之前，她唯一能做的只是对着朋友微笑。朋友能想到的第一个合理的解释是她在伤心地告别。除此之外，他又怎么能断定她是否意图传达其他的意思呢？如果她真的另有所指，那又是什么呢？单凭第一感觉是无法弄清的。然而，设想他可以想到的所有解释都包含了伤心告别这部分的内容，那么他就可以认定讯递者至少传达了这个内容。通过进一步的推理，他应该能够看出囚犯自己也能明白听者无法赋予她更完整的传信意图，以至尽管她极有可能希望传达更多的意思，却没有能力理性地意图这么做。故此，得以传达的至多只是一个伤心的告别。

如果两个截然不同的解释似乎同时进入了受讯者的脑际，而且又都符合关联原则，那结果又会如何呢？这时，受讯者就无法确定讯递者的传信意图，交际就会失败。它属于为数不多的几种情况之一：受讯者在解读过程中有意识地觉察到了歧义的存在。

要是讯递者作出了错误的关联推定，那样会造成什么结果？那会使受讯者的理解任务多付出一点心力，也多了一点失败的可能，但理解过程的实质并没有改变，且绝非没有成功的可能。一个解释事实上并不需要对受讯者有优化关联才能符合关联原则，它只需令讯递者觉得会对受讯者造成那样的效果。反之，第一个对受讯者有优化关联的解释可能恰巧是通过一种讯递者未能预想到的途径而达成了关联；这个情况便不符合关联原则。在各种场合下，受讯者的任务是找到一个符合关联原则的解释——即讯递者能够显明地期盼会达成优化关联的那个解释。如果受讯者可以信任讯递者并因此认定讯递者意向中的解释确实是受讯者得到的第一个有优化关联的解释，那么受讯者的理解任务当然就更容易了，但这并不改变理解任务的实质。

如果讯递者使用的是无歧编码的讯号，那会带来什么结果呢？是否还能应用"符合关联原则"这条标准呢？回答是肯定的。作为示例，我们现在来分析一则政治轶闻。在斯大林时代，在西方有两个朋友看法出现了分歧。保罗已决定移居俄罗斯，他把那里看成是正义和自由的国度。他要去那里，还要写信回来，把美丽的真相告诉亨利。亨利试着劝阻他，说俄罗斯充斥着压迫和惨况，供应奇缺，保罗的信反正会被邮检，没法说实话。由于保罗不为所动，亨利就说服他至少接收以下的约定：如果保罗用黑墨水写信，亨利就会知道他说的是实话。如果保罗用紫墨水回信，亨利的理解就是他没有说出真相的自由。保罗走了六个月后，亨利收到了保罗用黑墨水写来的信，内容如下："亲爱的亨利：这里是正义和自由的国家，是工人的乐园。商店里可以买到需要的一切，唯一的例外是买不到紫墨水……"

这个故事给我们的启示是，人用代码交际时，被传达的定识之所以能对受讯者显明，起决定作用的是讯递者显明的意图，意使有关定识显明。讯递者绝不会让自己被代码或约定完全约束住，以至于无法超越自己发出的讯号所代表的意图。编码讯号就算是无歧义的，也只是有关讯递者意图的证据，它必须在推理中使用，也必须在语境中使用。这种讯号所提供的假设仍然必须经过检验，看它是否符合关联原则。如果有关假设不能满足这个标准，那就必须摒弃。

与表面印象相反，根据关联原则，确实可以在解读过程中采用逐项检测的策略。关联原则允许受讯者选用自己最先得到的与该原则相符的解释，如果可以获得这个解释的话；否则就不接受任何解释。换言之，关联理论能解释明示交际如何会成功，也能解释它如何会失败。

当然，还有许多悬而未决的问题。例如，定识图式到底是如何充盈的？到底是哪些因素决定了假设的可及顺序？然而，这些问题并不是所独有的，它们是认知心理学整体所面临的问题。鉴于关联理论的特点之一是试图完全在认知心理学的基础上建立人际交际模式，因而它不能只利用认知心理学的真知灼见，同时也必须共同承受其弱点。我们力图表明，两者的关系并不是单向的，关联理论也能对认知心理学作贡献。另外一些遗留问题更直接地关乎交际研究本身，尤其是言语交际。直显交际与隐寓交际在内容上有哪些区别？两者的关系又是什么？语言形式如何对理解产生影响？如何确定修辞性意义？如何识别语力？这些问题会在下一章讨论。

附　注：

［1］有关比较型概念这个术语的论述请参见上文第二章第三节。

［2］正如我们在第二章注 38 中提出的，不难想象至少有些受传递关系制约的推理不是通过推理规则来计算的，而是用"心理模型"来处理的，例如"比……更富有"这样的关系。就算如此，当事人也会为此付出心力，并获得效果。关联这个概念对此依然适用，方式如前所述。

［3］盖茨达与古德［Gazdar and Good］（1982）曾把这个观点记到我们的名下。

［4］比如可参阅布朗与尤尔［Brown and Yule］（1983：第二章）；莱文森［Levinson］（1983：第一章 1.4 节）；莱昂斯［Lyons］（1977：第十四章）。

［5］餐厅例牌酒（house wine）：不是餐厅自己酿造的，而是餐厅自己选择的一

种比较低档的酒，供一般配餐使用，可以论杯购买，而其他多数酒尤其是高档酒则需要整瓶购买。所以，西餐厅一般都有 House Red 和 House White 各一款。另译"特供红酒"、"当日红酒"。——译注

[6] 这种难题在我们提出的理论框架里可以直接得到解决，但那么做就会为太少的效果而付出过多的心力。

[7] 表述过这种思路的有约翰逊－莱尔德［Johnson－Laird］（1967）、斯戴宁［Stenning］（1978）、斯陶纳克［Stalnaker］（1978）、麦考莱［McCawley］（1979）、塞格［Sag］（1981），特别是霍布斯［Hobbs］（1979）。然而，这些作者中的许多人所考虑的只是通过寓谓而得到表达的语境定识之中的一个有限子集（往往分析成"语用预设"），并不是理解一个语句时所用到的全部语境定识。

[8] 我们可以假定演绎设施的记忆体具有不大的有限容量，因而不可能对其作超容量的扩展。故此，最大的可及语境就是从大小上看无法再作扩展的语境。

[9] 相对于个人的关联定义（42）和（43）（以及下文第六节中相对于现象关联的定义（58）和（59））在后记中得到了讨论和修订。——第二版注

[10] 在某些语境中，比如在研究同一个刺激讯号的不同加工策略时，可能需要比较同一个现象经历不同的可能加工方式时所体现的关联度。显然，相对于现象关联的比较型定义可以略加修改以适用于这种目的。

[11] 参见第一章注 50。——第二版注

[12] 而且当然不是从言语行为理论的意义上说的。

[13] 优化关联推定在后记中得到了讨论和修订。——第二版注

[14] 艾瑞丝·默多克［Iris Murdoch］（1919—1999）：英国当代著名女作家。——译注

[15] 诚然，格莱斯的理论是作为"会话"理论提出的。然而它却一律被视作言语交际的广义理论，而格莱斯也没有对这种理解作出纠正。

[16] 有关合作与交际两者间关系的进一步讨论，请参见后记。另请参阅斯珀波［Sperber］（1994a）。——第二版注

[17] 在这些方面，关联理论的几个较早版本更为接近格莱斯［Grice］的做法。那时我们一般假定存在的不是优化关联推定，而是最大关联推定，而且还假定交际双方必须具有关联原则的知识并付之使用。不过，关联理论从一开始就包含了这样的主张：关联原则是无一例外的原则。

[18] 说"符合关联原则"时，我们的意思是符合在某个交际场合所传递的应用于具体示例的关联原则。参见上面本章第七节末。另参阅我们在斯珀波与威尔逊［Sperber and Wilson］（1987b：745）对摩根与格林［Morgan and Green］提出的观点的回应。——第二版注

第四章 言语交际要略

在这一章里，我们想扼要地论述关联理论对言语交际研究的一些启示。我们提供的仅仅是一个概略：不做文献评述，只是有选择地讨论一些问题，也不会每次都一步步地论证我们的结论。不过，我们希望表明，关联理论提供了一个语用学框架，可以在里面提出严肃的问题并构想新的答案。

一 语言与交际

语言与交际常常被视为是一个硬币的正反两面。按照这个观点，语言的本质在于它是在交际中使用的，而交际的本质在于它涉及语言或代码的使用。两者的关系被看成近似心脏与血液循环之间的关系：一方若不参照另一方，就无法描写清楚。在第一章里，我们已经论证过，交际的达成可以不依赖于代码的使用；在第三章里，我们揭示了无码交际的达成方式。在这一小节，我们要说明的是：合理地作宽泛定义的语言就是不用于交际也可以存在，而且确实存在着。我们希望就此彻底导致语言与交际的离异。语言之不可或缺，并非对交际而言，而是就信息加工而言；后者才是语言的基本功能。摒弃了语言/交际必然挂钩的假定后，值得考察的是下列问题：如果出于偶然原因，两者真的挂起钩来，比如像言语交际那样，那会出现什么后果？

从最宽泛的意义上说，一个语言是合式的集合，是由语法生成的、取自词汇的词项的合理组合体所构成的集合。从较狭窄的意义上说，一个语言是经过了语义解释的合式的集合。对式子作语义解释的途径是将它与其他事物系统地匹配起来：例如，匹配的对象可以是另一个语言里的式子、语言使用者的心理状态，或是世界的可能状态。这种较为狭义的语言是一个受语法制约的表征系统。这也是我们将采用的定义。

有可能对语言作更多的规限，把它定义为用于交际的、经语义解释的合式所构成的集合。那样的话，根据定义，语言与交际就的确是密不可分的了。然而，这种定义本身必须具有理据。从科学研究的角度看，一个定义如果能将本质上有系统联系的那些性质归拢起来，那么它就具有了理据。我们的观点恰恰在于：受语法制约的表征系统的性质与作为交际工具的性质不具有系统的联系。它们只是在人类自然语言这种个别现象中偶然地共存，一如象鼻子这种个别现象恰巧集嗅觉器官和握执器官的特征为一体，虽然这两种特征在本质上并无系统的联系。

必然涉及语言（即一个受语法制约的表征系统）使用的活动并不是交际，而是认知。语言是信息加工和信息记忆的基本工具。正因为如此，不但人必须拥有语言，具有信息加工能力的多种动物和机器也必须拥有语言。任何有记忆的生物或设施都必须能对世界或自身的过去状态作表征。任何有推理能力的生物或设施都应该具有表征系统，其表征式之间具有句法和语义的关系。显然，这些能力并不为人类所独擅。

语言是否为人类所独擅？就这个问题展开的大辩论是在对语言性质的误解之上进行的。辩论的焦点其实并不在于人类以外的其他生物是否拥有语言，而在于其他生物是否拥有用作交际媒介的语言。人创制了可用于交际的语言，这一点固然重要，但它并没有揭示语言的本质。人类的独到之处恰恰在于发现语言这个同为其他许多生物所拥有的事物还具有交际这个神奇的额外用途，正如大象的独创性在于发现自己的鼻子还具有捡拾物体这么个神奇的额外用途。这两种情况导致了相似的结果：一种为其他生物所广为拥有的性质因其新的用途而经历了显著的适应发展过程。然而，倘若我们以此认为语言的基本用途在于交际，那么这种结论的怪诞程度便不亚于大象得出鼻子的基本用途在于捡拾物体那样的结论了。

语言并不是交际的必要媒介：也有无编码的交际。语言也并非必然作为交际的媒介而存在：也有用途完全不涉及交际的语言。然而，语言确实是交际设施的必要特性。两个能互相交际的设施必须能够对交际的信息作内在表征，因此也必须拥有内在语言。对明示—推理交际而言，这个内在语言必须足够丰富，以对其他生物的意图作表征，并容纳复杂的推理过程。

事实上，要使明示交际成为可能，交际设施必须具有较编码交际的一般需求更为丰富的内在语言和更强的推理能力。蜜蜂用舞蹈编制的代码作交际，无需将意图赋予对方，也无需作推理。它们只需要一种能够表征空间中的方向和距离的内在语言。认知能力简单的生物可以作编码交际，而只有认知能力复杂的生物才能作明示交际。我们在此提出一个有待商讨的观点：明示—推理交际可以在多种动物的同类中进行，或许也在这些动物的异类间进行。作为前者的例子，能够作出威胁性行为并能分辨威胁与攻击之别的动物都能在自己同类中作明示—推理交际；而后者的例子或许可以举狗和人之间的交际事例，当一条狗认识到了主人的意图时，异类间的明示—推理交际就发生了。

人显然拥有一个内容丰富的内在语言，足以作明示—推理交际。人还拥有各种外化语言如斯瓦希里语或英语，这些语言当然是用作交际的。故此，人似乎可以用两种不同方式作交际：或是依靠明示和推理，或是凭借制码和解码。我们提出了一种不同的看法：人的意向性交际从来就不单单是制码和解码的过程。在本章里，这个观点会得到详细的论述。事实上，人的外化语言所编码的并不是人所希望传递的那种信息。通过语言编码的语义表征是抽象的心理结构，必须先通过推理得到充实，才能被当作有意义的表征。

虽然对一个语句的语言结构分析只能极为有限地确定其解释，语言交际的最显著特征在于它可以达到非常精确、非常复杂的程度，这是非言语交际很少能达到的。玛丽明示地嗅着鼻子，把彼德的注意力吸引到海滨的气息上时，他可以有无限的方式把她的行为对自己作表征：可能的解释如星云般模糊一片，难以分辨。它们有十分类似的意义和程度相当的关联。所有的非言语交际或多或少都是第一章里所界定过的弱式交际：一个人永远无法确定讯递者所显明的众多定识中，哪一个是她自己头脑中真正持有的。经传递的定识之集合可以通过概括性的语汇来加以定义，但该集合的单个成员却无法被一一枚举。

言语交际的情况颇为不同。首先，语句的语言描写受语法限定，不随听者的不同兴趣或观点而变化。其次，这种语言描写给出了一系列语义表征，使说出的句子的每个意义都得到一个表征。每个语义表征都是个图式，必须加以完善整合，以成为有关言者传信意图的定识。其复杂程度全凭言者的意愿而定。此外，图式意义相互之间一般都有较大的区别，可以通过颇为不同的方式加以完善。一个无码明示刺激讯号的各种不同解释趋向于组成一个由渐变体构成的连续系列，相关的例子可以举一个人赏识地嗅着鼻子这种行为。相反，一个语句的各种可能的解释往往截然不同，因此一旦选定了一个解释，其他解释就会被自动剔除。

请看例句（1）：

（1）他是个杂种。

我们且假定：根据对（1）的语言结构分析并且参照语境中可及的指称对象对代词作赋值，言者的话可被理解为是表述了（2a—d）的任意一个意思：

（2）（a）彼德是坏人。
（b）鲍勃是坏人。
（c）彼德是私生子。
（d）鲍勃是私生子。

语句（1）的这些合乎语言分析并在指称上可行的各种解释，要是都同等地合乎关联原则，那会是极为特殊的情况。因为每个可选的解释都是离散的，与其他解释泾渭分明，所以听者一般都能确切知道哪一个才是言者意图中的解释。语言交际是最强势的交际形式：它引入了直显的因素，而非言语交际却永远无法超越隐寓的层次。就一个语句所传递的各个定识而言，至少那些直显的定识是可以枚举的。

因此，我们认为，言语交际涉及两类交际过程：一类的基础是编码和解码，另一类的基础是明示和推理。编码交际并不是个自主的过程，而是为推理过程服务的。推理过程是自主的，无论是否与编码交际相结合，它基本上都以相同的方式起作用（尽管在编码交际不出现时，交际的效果一般会比较差）。编码交际当然就是语言交际了：声响（或图形）信号被用来传递语义表征。解码复原的各个语义表征之所以有用，只是因为它们为第二种交际过程即推理过程提供了假设和证据。推理型交际采用的不是专用的解码规则，而是通用的推理规则，后者对任何概念化表征信息都适用。

顺便提一下，这种言语交际观也有助于我们认识人类语言的起源问题。自然语言语汇的意义表征仅仅是推理型交际的工具，这一事实意味着推理型交际的存在必须先于外化语言的产生：人的外化语言之所以有助于人的进化，是因为人这种生物已经在大量地从事推理型交际了。还记得过去常用的语言与钱之间的比喻吗？词语和货币相似，两者的价值都是约定俗成的。对于这个比喻，我们想从另一个方向加以发挥。钱是现代货币经济的中心，正如语言是言语交际的中心那样。然而，货币系统只能出现在一个业已存在的经济体制之中，只能作为该体制的一部分才会有价值。同理，人的自然语言只能出现在一个业已存在的推理型交际系统之中，只能作为该系统的一部分才能体现其价值。言语交际是人类对明示—推理交际加以发展后得到的产物，是为人类所独擅的交际手段。

二　言语交际、显义和寓义

一个语句是对物质环境的修改，这种修改可以被感知。它借此显明了许多定识。举个例子，设想玛丽发出了（3）所录写的复杂语音：

（3）［neige yao liang le］[1]

这会向彼德显明一个由定识组成的集合 A，该集合可能包括定识（4a—e）（还可能包括其他许多定识）：

（4）（a）有人发出了声音。
　　（b）屋里有人。
　　（c）玛丽在家。
　　（d）玛丽说过话了。
　　（e）玛丽喉咙疼。

如果（4a—e）中的一些定识对彼德有关联，鉴于玛丽的行为使这些定识对彼德显明，单凭这一点，她的行为就有了关联。相对于那些定识，玛丽说出的句子的语言特性特别是语义特性就没有对关联作出贡献。清一清喉咙也可能同样对彼德有关联甚至更有关联，因为它会获得相同的效果，但一点都不需要语言上的加工。

玛丽的行为所显明的定识之集合 A 还包括了（5）：

（5）玛丽说了"那个要凉了"这句话。

在适当的条件下，一个形如（5）的定识会自动得到构建。就是在音响条件不佳的情况下，用听者的母语说出的语音刺激讯号仍会被自动地分析成一个特定语言结构的实例：如［neige yao liang le］被分析成"那个要凉了"。这种信息可能会被下意识地过滤掉，但只要声音的清晰度和彰显性的最低标准得到满足，语音信号就会得到自动分析并被赋予一个语义表征（或在遇有歧义时被赋予数个语义表征），使形如（5）的定识得以显明。

换言之，语言刺激讯号触发了自动的解码过程。正如我们无法有意把身边的有色物体看成是黑白物体，也无法不听见近旁响起的枪声，我们同样无法把自己懂得的语言所说出的一句话仅仅听成是一段未经分析理解的语音流。相反，我们会自动得出其语义表征，尽管这句话可能是我们无意间听到的，尽管我们知道这话不是对我们说的，抑或尽管我们完全没有意识到自己听到了这句话（这第三种情况的有关证据来自双耳聆听复述实验）[2]。像听觉和视觉那样的自动、反射性知觉系统所拥有的所有特点，在语言解码系统中也同样存在。福德（Fodor，1983）对此作了深入的阐释。用福德的术语来表述，语言解码系统是个输入系统，而不是个中枢加工系统，这就部分解释了为什么该领域较适宜作有成效的研究。这进而又表明，如果把理解界定成一个认识言者传信意图的过程，那么与其说语言解码是理解过程的一部分，还不如说它是真正的理解工作开始前的先行过程，仅仅为理解过程的主体提供了输入内容。

言语交际的达成从来就不能仅仅依靠语言信号的自动解码。这种解码就是在当事人已显明自己无意交际时也会发生：例如有人碰巧听见一个演员在练声。相同的情况是：一个语句要传递的信息与其语义内容毫无关系，如下列对话所示：

> （6）A：你的口吃矫正得怎么样了？
>
> 　　　B：灰化肥挥发会飞灰。[3]
>
> 　　　A：真棒！
>
> 　　　B：k－k－可 zh－zh－这 不是 w－w－我 常 sh－sh－说
>
> 　　　　——的话。

B 的第一个回答所传递的信息是他的口吃矫正得很好，可他并没有那么说，而是直接提供证据来表明治疗的效果。确切地说，这不是言语交际的情况，它超出了语用学研究的范围。严格意义上的言语交际是指言者从语义属性出发，明示地选用某个语句的情况，例如上例中 B 的第二个回答。

换言之，严格意义上的言语交际所指的是：已知言者并非仅仅在说话，甚至并非仅仅在借助说话而作交际，而是在对某人说某事。当然，大多数语句都有这个特性，个中原因就是一个充分的言语交际理论所要解释的。一种解释的方法是假定人学会了——或是被内在地赋予了——或多或少具有因事特设性质的语用规则，规定语句应该完全按其语义特性来作交际。[4]不过，这种解释遗漏了（6）那样的例外，需要对后者作出解释。

从关联原则可以导出一个更简单的解释。根据关联理论，一个明示刺激讯号的正确解释就是第一个符合关联原则的可及解释。对多数语句来说，这会是个根据语义属性得出的解释：语句的其他属性一般都不够关联，不能得出符合关联原则的解释。遇到（6）这样的个别情况时，语句的语义属性不能导出一个恰当的解释，而其他属性（在这个例子里是音响属性）倒可以做到这一点。因此，关联原则既能解释常见的根据语义作出的语句理解的情况，又能解释偶尔出现的例外。

设想玛丽的行为属于言语交际的寻常情况——就是说它使定识（7）变得显明：

（7）玛丽对彼德说"那个要凉了"。

鉴于对某人说某事属于明示交际，玛丽的语句所显明的定识之集合 A 就包括了（8）：

（8）玛丽意图通过说"那个要凉了"而对彼德显明一个由定识所组成的集合 I。

现在可以有两种办法来描述听者所面临的任务。一种是说听者必须从 A 中找到一个形如（9）的互为显明的定识：

（9）言者意图使 I 显明。

然而，设想言者不但实现了她的交际意图，还实现了传信意图——如果听者既理解了她的话又对她有足够的信任，她就能实现这两个意图。那么 I 作为该语句在交际中所传递的定识之集合就会是该语句所显明的定识集合 A 的一个子集。听者的任务因此就可以用另一种方式来描述：听者必须确定 A 中的哪些定识同时也会是 I 中的成员，假定言者是可以信赖的话。也就是说，他必须确定她的语句所显明的诸定识中，哪些定识能互显地表明言者意图使它们显明。

在典型情况下，集合 I 可能包括（10a—e）这样的定识：

（10）（a）玛丽的话对彼德有优化关联。
　　　（b）玛丽说饭菜很快要凉了。
　　　（c）玛丽相信饭菜很快要凉了。
　　　（d）饭菜很快要凉了。
　　　（e）玛丽要彼德马上来吃饭。

语用学的目标是解释上文说过的听者的任务是如何执行的：他如何可以把（7）那样的对言者行为的描述用作前提，再加上语境信息提供的那些前提，从而导出形如（10）那样的集合 I。

听者的任务包括许多推理型的子任务。首先是赋予语句单一的命题式，这个过程涉及对说出的句子解歧，即从语法赋予的几个语义表征中选择一个。在这个例子里，必须选出"凉"的一个意思（"觉得凉"还是"变凉"）。不过，复原一个单一的命题式不仅需要解歧，还需要把指称对象指派给每个指称表达式（例如我们讨论的例句中的"那个"）。像"要"那样的模糊词语所表达的意义必须具体化（例如在我们的例子里补出"很快"这个词）。换言之，必须通过多种方式来选定语义表征并加以充实完善，以得到语句所表达的命题式。这种任务是推理型的——对此并无争议。然而，语用学文献中很少对该任务的执行过程作出解释——除了认为格莱斯准则和互有知识可能有助于说明问题。[5]此外，这种任务的复杂性往往被低估了：它仅仅被看成是从一组有限的选择中确定一个意义和指称。可是，逻辑式经常需要充实，这一点却往往被有意忽略了；这种充实如何进行？对此一般也未作解释。

设想彼德确定了"那个"是指饭菜、"要"指不久的将来、"凉"的意思是"变凉"。也就是说他已经确定了玛丽的语句所表达的命题式是（10d）：

(10)（d）饭菜很快要凉了。

除了表达明确的命题式外，一个语句还表达了更多的内容：它是以语言特征确定的某种语态来表达该命题式的。例如，如果玛丽的语句（3）用的是降调，该语句就取陈述语态：是"述说某事"的例子。如果用了升调，那它就取疑问语态：是"询问是否"的例子。语态是经过语言编码的，但就像语句的逻辑式只能有限地确定其表达的命题式那样，语句的语态也只能有限地确定其表达的命题态度。听者的一个子任务就是全面确定这个命题态度，这又是个推理型的任务。

确定了语句的命题式和语态之后，听者便得以确定I中的又一个成员（这里指除了确定关联推定本身之外的又一个定识）：即"言者已采用这个特定的语态表达了这个特定的命题式"这样一个定识。比如，设想玛丽的语句用的是陈述语态，那么互为显明的就是玛丽意图使（10b）对彼德显明；换言之，可以推出（10b）是I的成员：

　　　　（10）（b）玛丽说饭菜很快要凉了。

然而，一个听者可以复原（10b），却仍然不知道玛丽意图传递的是什么命题态度；不弄清这一点，他就不能确定除了（10b）本身以外她意图传递的是什么。特别是就算玛丽说了"饭菜很快要凉了"，她也不需要同时断言"饭菜很快要凉了"。断言 P 表明讯递者相信 P。然而，按照较宽泛的意义去理解与陈述语态相匹配的"述说某事"，说 P 不一定要表示相信 P。例如，玛丽说"菜很快要凉了"，这可能是个隐喻用法或是带有反讽的意味，那样的话她要传递的信息就不是自己相信饭菜很快要凉了。

　　再者，断言 P 所传递的意思不仅仅是相信 P。因此，玛丽可以表示她相信饭菜很快要凉了，但实际上并没有作此断言。设想（10c）是 I 的成员：

　　　　（10）（c）玛丽相信饭菜很快要凉了。

要是言者传递的是"她相信 P"的意思，那也不等于是自动传递了 P。例如，设想互为显明的是彼德相信等到他做完了手头的活儿，饭菜还会是热的，而且他没有理由相信玛丽的见解比自己的更为可靠，那么玛丽意图使自己的语句达成关联的方法便不能是对彼德显明饭菜很快要凉了，而只能是显明她相信饭菜很快要凉了。

　　我们将在七节至十节讨论辞格理解和语力这两个问题。现在让我们设想彼德已经确定玛丽意图传递两个信息：一是她相信饭菜很快要凉了，二是饭菜很快要凉了。就是说，我们设想以下信息是互为显明的：玛丽意图使彼德从（10c）推出（10d）：

　　　　（10）（d）饭菜很快要凉了。

一个语句如果符合这个条件（即传递了自己的命题式），那它就被称作普通断言。

现在设想根据（10d）以及互显的信息，可以推出（10e）：

（10）（e）玛丽要彼德马上来吃饭。

再设想，互为显明的是语境蕴涵（10e）使整个语句有了足够的关联，值得彼德费心作加工。那么就可以推出（10e）是集合 I 中的成员，也可以推出玛丽的语句传递了（10e）。

然而，确定（10b—d）的方式与确定（10e）的方式有着显著的区别。（10b—d）的各个定识都包含该语句所编码的某个逻辑式，作为相应定识的一个成分。这些定识在推理中得到构建，利用语境信息来完善和充实所包含的逻辑式，然后得到命题式。命题式又被非强制地嵌入某种典型化的定识图式，以表达对该命题的一种态度。我们且把这个构建定识的过程称作对逻辑式的扩展。反之，（10e）则不是相关语句所编码的那些逻辑式中任何一个的扩展；它是根据语境信息而构建的，尤其是通过扩展从百科记忆中调取的定识图式而得到构建的。例如，彼德的百科记忆可能存有一整套"在家吃饭"的脚本，包括定识图式（11）：

（11）玛丽要彼德在 t 时间来吃饭。[t = 饭菜还热着的时候]

我们把（10b—d）与（10e）的区别看成是直显交际与隐寓交际这两个方面的区别。定义如下：

（12）直显[6]
　　一个经语句 U 传递的定识为直显，当且仅当它是一个被 U 编码的逻辑式的扩展式。

比照"寓义"，我们把直显交际所传递的定识称作显义。任何在交际中传递的定识，如果不是直显交际所传递的，那就是隐寓交际所传递的：与之相关的定识就属于寓义。按照这种定义，不对逻辑式作编码的明示刺激讯号当然只能有寓义了。

"直显"这个分类型概念可以被很自然地用于比较型的解释。显义把经语言编码的概念特征和经语境推出的概念特征结合了起来。语境特征的相对贡献越小，显义的直显性就越大，反之亦然。根据这种理解，"直显"既是分类型的概念，又是比较型的概念：一个在交际中传递的定识不是显义，就是寓义，但一个显义的直显性是可大可小的。

这种区别语句的显性与隐性"内容"的做法是非常规的。按照更传统的观点，语句的直显内容是一组解码后得到的定识，而语句的隐寓内容是一组经过推理而得出的定识。鉴于我们宣称没有定识是单靠解码获得的，任何定识的复原都需要一定的推理，所以我们不赞同这种传统的区分方法。

格莱斯的观点别具一格。根据他的理论，语句直显内容的复原似乎等同于复原我们所说的语句所表达的命题式和语态；语句在交际中传递的任何其他定识，不管是解码获得的还是推出的，都算是寓义。解码得到的寓义被他称作"常规寓义"；推理得到的寓义属"非常规寓义"，其中最为人熟知的就是著名的"会话寓义"。我们并不认为存在着格莱斯意义上的常规寓义，但这还不是我们与他在区分直显与隐寓意义方法上的主要分歧。

格莱斯的区分方法的主要问题不在于其对寓义的刻画，而在于他对直显内容的刻画。

首先，他没有考虑到相关逻辑式的充实这类问题，例如将"要"理解成"即将"；他把一些类似的情况处理成寓义，比如"且"在某些语境中作"然后且"解。格莱斯派的语用学家多数不加置疑地假定：语句理解的任何经语用手段确定的方面，除了解歧和指称指派之外，都必然属于寓义。可事实上，近期文献表明，如果把某些"寓义"重新分析为经语用手段确定的某种直显内容，那么经典寓义分析所存在的许多问题就会迎刃而解。[7]

其次，格莱斯很少论及命题态度的传递方式。在这个问题上，不清楚他会把什么当作"直显"义，把什么当作"隐寓"义。

再次，他的术语不能涵盖直显的不同程度。总的来说，与多数遵循格莱斯传统的语用学家的观点相比，我们认为交际的直显方面的内容比他们所料想的更丰富，其推理因素也比他们所认可的要多，因而与他们不同的是，我们认为直显内容更值得语用学去探索。

在以下两节里，我们要介绍关联理论对语句命题式的复原（第三节）以及寓义复原所提供的解释。为求行文的简便，我们只考察普通断言，即在交际中传递自身命题式的语句。在本章的最后几节，我们要把提出的解决方案推广到语句其他类型的分析上去。

三　命题式的确定

在复原语句的显义时，听者面临的第一个任务是确定语句的命题式。在本节里，我们要更详细地对这个任务加以描述并说明其执行方式。我们把注意力集中在普通断言上，此时语句的命题式本身也是一个显义。

听者的这个任务自然就是确定正确的命题式，而正确的命题式就是言者意向中的那个命题式。但这种说法并不能成为听者用以确定正确命题式的标准：如果他真的已经知道了言者的意图，那他就不会再有确认命题式的任务要执行了。听者根据什么标准来选择正确的命题式？虽然就解歧和指称指派这两个课题已经有了可观的文献，但是这个问题尚未得到认真的研究。有关解歧的实验性研究只是理所当然地认为语句一般只有唯一一个意思会成为言者可能意图传递的内容；个中原因却无人尝试去解释。研究解歧的心理语言学家志不在此。他们要描写的不是解歧的标准，而是解歧的步骤。

答案能否作如下表述：正确的命题式就是循一定步骤得出的结果（正如乘法的正确结果就是应用某种算法得出的积）？所谓的花园小径句的存在提供了强有力的反例，[8]否定这种说法。考察一下（13）及其可能的解释（14a—b）：[9][10]

　　(13) I saw that gasoline can explode.

　　(14) (a) I saw that it is possible for gasoline to explode.
　　　　　　　我明白汽油有可能起火爆炸。

　　　　(b) I saw that can of gasoline explode.
　　　　　　　我看到那罐汽油起火爆炸了。

单看（13）时，正常的解歧步骤会倾向于作出（14a）的解释。然而，后继的（15）会让人不得不重新作出解释：

(15) And a brand new gasoline can it was too.
     那还是一罐崭新的汽油呢。

这种花园小径句强烈表明：正常的解歧步骤得出的结果并不被人自动接受为正确的命题式。如果它不能符合某种尚待界定的标准，那就会被摒弃。

在第三章结尾处，我们提出了理解明示刺激讯号的一般标准：正确的解释就是符合关联原则的那个解释。从中可以进一步得出确定语句命题式的标准：如果一个命题式能得出总体上符合关联原则的解释，那它就是正确的命题式。可以说，在这种情况下，该命题式自身就符合关联原则。

无论解歧、指称指派和语义充实有哪些常规的步骤，它们最多只能试探性地分辨出命题式，该结果如果不符合关联原则，就会被弃置。这就是（14a）不获接受的原因。根据常规的解歧步骤从（13）复原的显义只是整个话语的前半部分，一旦话语后半部分（15）被纳入考虑范围之后，（14a）便不能导出符合关联原则的解释。

因此，我们要提出的观点是：听者应该致力复原的命题式就是符合关联原则的那一个。下一个问题是：听者可以用哪种一般性步骤来确定符合这个标准的命题式？在这个问题上，又是关联原则明确地勾勒出了答案的梗概。在解歧、指称指派和语义充实的每个阶段，听者应该选择最省力的结果，只有当这种结果不能得出符合关联原则的解释时，才会将其弃置。

我们现在要分别考察确定命题式的三个子任务：解歧、指称指派和语义充实。一个马上面临的问题是我们无法避免使用生造的例子。在理论性讨论或实验场合下，如果采用了生造的例子，对它的加工和理解就会脱离任何自然的语境。但这并不是说对这种例子的加工和理解会独立于任何语境。首先，它所指称的物体和事件会引发相关的百科信息，由此会调用一系列潜在的正常语境；其次，提供有关例子的作者或实验者可以对环境作描述，或让读者及受试者设想一个前述语句，诸如此类的做法可以提供一些自然语境的因素。

即便如此，在评估关联度时，生造的例子往往较多地考虑心力，较少顾及语境效果。如果不存在真实的语境制约因素或是实验者特设的制约因素，听者就会自动建立一个语境，从中导出可以想到的最省力的解释。这样，根据生造例子容易得出的结论便是：命题式的确定完全取决于最省力原则。但（13）那样的花园小径句的存在应该能使我们避免得出这样的错误结论。

虽然心力只是估算关联度的两个要素之一，它却是个非常值得研究的要素。生造例子在某种程度上将心力孤立了出来，这倒为研究该要素提供了方便。我们假定命题式的确定涉及两个心理机制：一个是语言输入模块，另一个是中枢推理能力。这两个机制之间的关系如何？各机制付出的心力是怎样影响总体付出的心力的？更具体地说，语言输入模块是否会一一构建一个句子的所有可能的语义表征，然后再由中枢过程选择其一？抑或鉴于输入模块构造句子的不同语义表征时所付出的心力有多有少，所以最容易获得的表征就最先得到了构建，只有在第一个表征被摒弃后才会构建第二个，以此类推？换言之，"错误的"解释是如何滤除的？

这里的讨论属纯思辨性层次，不能对上述问题作出回答。既有的数量可观的实验证据也不能算作定论，这可以从由此引发的争议中看出。[11]在思辨的层次可以提出的是：选择一个解释并滤除所有其他解释，这并不是个有意识的过程，这强烈表明它是个相对边缘化的过程。另一方面，能判定一个解释为"对"而另一个解释为"错"的是语境信息：就生造例子而言，它主要涉及普通的百科信息。

请看例（16）：

(16) The child left the straw in the glass.
小孩把麦管放在杯子里。

这句话的意思既可以是"小孩把吸管放在杯子里"，又可以是"小孩把麦秆放在杯子里"。在缺乏特定语境的情况下，获选的是"吸管"的解释。为什么？在纯语言的层次，并无理由假定"麦管"的"麦秆"义不如"吸管"义可及；因而也不能解释为何后者应该获选。这个选择显然涉及语境要素。

小孩用麦管从杯子里吸水，这是个典型的事件。与多数研究记忆组织的其他学者一样，我们假定这种事件是以单——个组块的形式被记录下来、贮存在记忆的单——个位置、并作为单——个单位被调用的。这种组块形成一个高度可及的百科语境。在该语境中，（16）的"吸管"解可以用最小的代价得到加工。当然，没有什么可以阻止一个小孩抓一把麦秆放在杯子里，言者也完全能够讲述这个事件。然而，加工这样的信息所需要的百科语境与加工（16）的"吸管"解所需要的语境相比，较难调取：它不会作为一个组块贮存，必须推导得出。作为推导的前提，一方面要收集有关小孩和杯子的信息，另一方面要收集有关麦秆的信息。因此，较易于调取的（16）的"吸管"解一旦复原后，也会相对易于加工。

如果我们像福德（Fodor，1983）那样假定输入模块不能调用普通百科信息，形如（16）那样的例子似乎就意味着输入模块必须构建语句的全部语义表征，反正错误的表征会在其后的某个中枢加工层次被滤除掉。然而，输入模块和中枢过程的关系无需这么简单：例如，输入模块可能构建语句第一个成分的语言上可能的所有解释，然后将它们提交给中枢机制，后者会在条件可能的情况下从中选出一个解释，并把选择结果通知语言模块。其结果是：语言模块的解码过程会部分受到抑制；处理下一个成分时，只有那些与前一成分的既选解释在语言上相匹配的解释才会得到保留，以此类推。按照这种思路来认识输入模块和中枢机制的互动，输入模块仍然不能调用百科语境信息；然而，语境要素完全可以通过抑制性的方式来影响输入过程。

例如，当（17）也就是（13）的前半部分被解码时，中枢机制需要在两种解释之间作出选择：一个是作为指示性限定词的"that"，另一个是作为标句词的"that"。

（17）I saw that…

（13）I saw that gasoline can explode.

指示性限定词需要一个特定类型的语境：例如根据手势指点的对象而创建的语境。在生造的场合，标句词的理解不需要特设的语境，因而理解起来较为省力，所以是个首选的解释。假定输入模块其后的操作会受到相应的限制，（13）的指示性限定词解读在该模块的层次上就会被自动滤除，而"can"就会被理解为动词而非名词。

与解歧有关的假设是通过解码而获得的，并在推理中得到评估。与指称式的意向所指有关的假设一般不能单靠解码而获得。[12]要构建一个与（18）中"那个"的指称有关的假设，听者不仅必须利用语言方面的信息，而且还须利用非语言信息。

（18）那个要凉了。

从语言的角度看，确定"那个"的所指对象的唯一限制是它不能指人。这给听者留下了无穷的指称选择余地。

听者该如何构建并评估与指称有关的假设呢？按照关联原则，[13]他首先应该考察当前的语境，看看其中呈现的任何指物个体的概念如果取代了"那个"之后，能否得出一个符合关联原则的命题式；如果得不到所需的结果，听者就应该扩展语境并重复上述步骤。这听起来可能像个笨拙的做法，但实际的操作却可以颇为简便。设想听者知道饭菜在桌上，但不知自己写完手头的信时饭菜会不会凉掉：那样的话，（18）的所有语境蕴涵早已经得出了，只需要对其作增力就能产生一个直接可及的语境效果组块。在这种情况下，听者很容易就能将"饭菜"作为"那个"的可能指称对象并加以检测，或能容易地检测所得出的总体解释是否符合关联原则。（18）会在这样的场景中得到最恰当的解释。如果当前的语境不能为"那个"提供一个恰当的指称对象，听者可以在语境中加入以"凉"为词项条目的各种概念的百科条目。这些条目所呈示的一个高度可及的图式就会是饭菜变凉的情况。由此得出的解释的关联性能够方便地得到检测。

许多人相信如果一个句子的所有其他意思都已被排除，只剩下一个意思，且句中的指称表达式都被赋予了指称对象，由此得到的意义与指称的结合就会对应于一个独有的命题式。我们已经提出了相反的看法。
请看（19）：

　　　　（19）The bat is grey.

设想"bat"被理解为是一种动物，"The bat"指一个具体的蝙蝠，而
"is"指向某个特定的时间，那么，按标准的说法，（19）就可真可假；
它表示了一个特定的命题式。这么说可能是对的，但（20）—（22）
又如何解释呢？

　　　　（20）Peter's bat is grey.
　　　　　　　彼德的蝙蝠是灰色的。
　　　　（21）The bat is too grey.
　　　　　　　这只蝙蝠的颜色太灰了。
　　　　（22）The bat is big.
　　　　　　　这只蝙蝠挺大的。

"Peter's bat"可以指彼德豢养的蝙蝠、彼德挑选的蝙蝠、彼德杀死的蝙
蝠、彼德提到过的蝙蝠，等等，不一而足。很难相信相关的领属结构也
具有歧义，可以指谓多少种关系就有多少个意义。也难以相信所有这些
关系都可以用一个定义来概括，以使所有结构都表示同一个意思，不论
使用场合为何。倒是下述观点似乎更有道理：一个包含领属结构的句
子，在消除歧义并确定指称后，其语义解释仍然不完全具有命题的性
质。这种现象应该被看成是领属结构在语义上的不完整，而不是歧义，
需要借助语境信息来填补。

　　同样可以认为，"too"那样的副词在语义上也不完整。这蝙蝠是相
对于某物来说才算太灰的。如果不知道那是什么，就不能完全弄清楚
"too grey"所要表示的程度。（21）在语法上完全正确，但它所表示的
句义与确定的指称结合后能与无数的命题式相对应。同样的论证还可以
用于——也确实常常被用于——分析（22）中"big"那样的标度性形
容词："big"所指的大小是相对于成年蝙蝠而言，还是相对于这只蝙蝠

的特定年龄而言，抑或是相对于任何宠物而言？各种可能都会有。脱离了参照标度的"big"还能表示完整的意思吗？

诸如（20）—（22）的例子强烈表明：语义表征与命题式之间存在的空隙不能单靠解歧和指称指派来弥合。语义表征往往也需要充实。这当然是个推理型的任务。请看（23）：

（23）修你这表得费点时间。

对这个语句作解码和指称指派，复原的解释是个自明之理，因此缺乏关联。修表当然需要时间，言者如果志在达成优化关联，就应该意图表达比自明之理更多的意思。一般来说，形如（23）的语句所表达的意思不应该理解为是自明之理，即有关的活儿要费点时间，该语句应该理解为言者是出于关联的目的而提及了修表所需要的时间，以此表明修表的时间比预想的要长。设想我总是把自己的表拿到同一个钟表匠那里去维修，一般一个星期能修好。那么如果言者说（23）时已经知道这些情况的话，她的意思就是这次修表的时间要超过一个星期。听者期望知道的信息越精确，言者的意图也就能越精确地得以确定。

关联理论照例可以预见到这种情形：一个语句同任何其他明示刺激讯号一样，是讯递者传信意图的一个证据。既然它激活了某些概念并作为语句还激活了某个逻辑式，就有理由认定：讯递者意图显明的定识中，至少有一些定识含带这些概念或这个逻辑式。语句的逻辑式更是一个定识图式。既有的意义不完整或是显然模糊的词项清楚地表明有关图式可以在哪些方面得到充实。就（23）中的"（一）点时间"而言，要做的就是找出对该概念的第一个可及的充实，使相应的解释有足够关联性，能符合关联原则。这里的"（一）点时间"可能是至少一秒钟、至少一小时、至少一周，等等，其中每个解释都是对该时间序列的前一个解释的充实，因为后继者包含了先行者的信息并且含有新增信息。在此，第一个可以获得的符合关联原则的语义充实所确定的信息是：这次修表需要的时间至少比平时预计的要长。

同理，比较（24）和（25）：

（24）我吃过早饭了。

（25）我去过西藏。

对这两个语句作解码和指称指派后，可以复原的语义是言者在说话前的某时段中的某个时点吃过了早饭及去过西藏。在实际生活中，预料听者会对该时段的跨度构建或多或少较为具体的定识。这样做的指导标准是已知关联推定得到了传递。比如，在例（24）中，言者在自己生命的某个时刻已经吃过了早饭，这一般是不言而喻的事实。如果她意图使自己的语句显明地具有关联，就必须意图显明自己是在近期才吃的早饭，值得作出说明：例如，才吃早饭没多久，所以现在不需要进食。而（25）的情况则相反，言者在一生中的某个时间去过西藏，这个事实本身可能就已经具有足够的关联性，如果没有更具体的信息，这个解释已能符合关联原则了。

现在我们考察（26）如何能被理解为（27）和（28）的下文，从而较粗略地说明解歧、指称指派以及充实是如何联合运作的：

（26）Peter's bat is too grey.

彼德的球棒/蝙蝠太灰了。

（27）Your team is disqualified from the baseball game.

你们的棒球队被取消了参赛资格。

（28）We have chosen John's mouse for our breeding experiment.

我们选了约翰的老鼠做繁殖实验。

设想在一个真实场合，（26）是（27）的后继语句且听者是棒球队的队员。（27）让听者调取相关的百科条目，包括棒球比赛、棒球队以及自己球队的信息，还有取消参赛资格的规则。该句也可能使听者产生疑问，不知为什么自己的球队被取消了参赛资格。设想听者的球队里有个叫彼德的队员一直在用一根灰色的球棒。在这种情况下，听者在理解（26）时肯定会假设言者说的是彼德的球棒颜色太灰，不能在正式的棒球赛中使用。这个假设还能在一个易于调取的语境中充分导出一系列语境效果，从而追溯性地增强了该假设的力度：尤其是解释了为什么听者的球队被取消了参赛资格。这是一个符合关联原则的解释。

设想在一个生造场合，比如在一个解歧实验里，（26）是（28）的后继语句。（28）使听者调用了自己头脑中有关老鼠、繁殖和实验的百科条目；然而，为了达到关联，他必须构建一些定识：谁是言者、谁是约翰、约翰与老鼠的关系为何、为什么要做繁殖实验。如果他知道课堂生物实验的图式，就可以轻易调用如下定识：言者是学校的教师、约翰是个学生、他带了只老鼠来做课堂遗传实验。同样的图式可以重复用于解释后继语句，以节省心力。根据（26）得出的假设是：彼德是另一个学生，他带了只灰色的蝙蝠，想在同一堂课上做遗传实验。可是这只蝙蝠颜色太灰，无法用作实验对象。这个假设也能在上述类型语境中导出一系列充分的语境效果，从而使自己的力度回溯性地得到了增强。尤其是如果（28）的解释在听者的头脑中引起了疑问，不知为什么选了那只老鼠做实验；那么（26）的这个解释就能回答那个问题。关联原则因此起了关键作用，使语句的命题式得以复原，由此也复原了语句的显义，不管在生造场合还是在自然的场合，都能得到这样的结果。

上述讨论除了扼要介绍了我们对解歧、指称指派和语义充实这三个过程的具体构想外，还提出了一个更广义的问题，它关乎语义表征在交际中的作用。一个广为流传的观点是：凡是人能想到且希望交流的思想，原则上都能用语言编码。凯茨［Katz］把这个观点融入了下列"表达原则"：

（29）每个命题（思想）在每个自然语言里都能用某个句子加以表达。（Katz，1981：226）

说每个思想都可以用某个句子表达，这是什么意思？按照较宽义的诠释，它的意思是每个思想都可以通过说某个句子而得到表达。如果对句子的复杂程度不加限制，这种说法似乎跟常识无异。这个常识性的直觉成了表达原则的最强最明显的论据。然而，按这种解释，表达原则就是在讨论语境中的语句，而不再跟句子有关了；该原则也成了语言运用的原则，而不是语言自身的原则，从中并不能衍推出这样的观点：每个能被人想到的思想都能被语言编码。

　　但是，凯茨［Katz］对表达原则作了更狭义且更有意义的诠释。他认为：就每一个可以想到的思想而言，在每个语言里都有一个句子，其意义之一单独地对应于这个思想；如果该句子被用来表示其本义，且就是这个本义与该思想相对应，那么，无论语境为何，该句子就表达了这个思想。根据这个观点，每个思想都被某个句子的一个意义所编码。

　　按照这个观点，至少原则上可以做到完全用语言来传递思想，无需依靠推理和语境（或许除了在解歧时会用得上之外）。要是果真如此，那自然语言为什么会有这么多句子，其编码内容不是思想，而只是不完全的逻辑式呢？为什么多数实际说出的句子只具有图式内容，除了解码还需要推理才能得到完整的解释呢？以下是凯茨［Katz］的回答要点：

　　　　它允许言者利用语境特征而高度简洁地说话。设想如果我们要表达的一切都必须在句子的语法中显在地详细反映出来，语句就会变得多么冗长。语用学把我们从这种无益的冗辞中拯救了出来。因此，我们有时可以不用（30）那样的句子，而改用（31）那样的语句。

　　　　（30）感谢上帝，那个刚问了有关心与物关系的愚蠢问题的人离开了房间。

　　　　（31）感谢上帝，他走了。

　　　　　　　　　　　　　　　　　　　　　　　　（Katz，1977：19—21）

　　但是请注意，（30）也不是个完整的命题：在不同的境况里，它会以不同的个体为指称对象，从而表达不同的命题式。理解该语句所需要的语境线索可能比（31）少，但仍然需要一定的线索。为消除指称上的不确定性，需要的是（32）那样的语句，其中的时间和空间信息可以通过通用坐标来确立。

　　　　（32）感谢上帝，那个在 t 时间处于 l 位置的人 x 已经于 t' 时间离开了那间当事人 x 于 t 时间呆过的房间。

　　但是，（30）或（32）是否表达了与（31）相同的思想，对此尚存疑问。也就是说，我可能想过"感谢上帝，他走了"所表达的内容，但没有想过（30）或（32）乃至任何类似语句所表达的意义；关于那个我庆幸已经离开的人，我不需要对自己把他描述为"那个刚问了有关心与物关系的愚蠢问题的人"或"那个在 t 时间处于 l 位置的人"或是采用任何外化语言的有定摹状辞所作出的描述。不无可能的是，在我们的内在语言里，我们经常不用通用坐标系统来确定时空指称对象，而是用一个个人的时空日志和一个以自我为中心的地图；此外，多数指称——例如对人或事件的指称——可以通过这些个人的时空坐标来确定。带有这种个人指称内容的思想不能用自然语言编码，只能得到不完全的表征。

　　两个人有没有可能怀有相同的思想？思想能否在交际中传达？对于这两个问题，上述讨论蕴涵了什么答案？答案是：就同一个对象而言，两个人可能都会想到他已经离开了，但仍未能怀有完全相同的思想，因为他们可能不是用完全相同的方式对这个人作个体化的。同理，在说"他走了"这句话时，我可能使你构成一个与我的想法相同的思想，因为它也是就同一个人所表述的同一件事（他走了），但你我思想的区别在于你是用不同的方式来确定"他"的所指的。如果说存在着我们无法完全共享的思想，如果说交际不导致受讯者完全复制讯递者的思想也能成功，这些说法在我们看来既非悖论，又不违反直觉。我们把交际看成是个扩大互有认知环境的过程，而不是个复制思想的过程。[14]

　　如果句子所编码的不是思想，那到底是什么呢？什么是句义？句义就是语义表征的集合，一个句子有多少歧义，就有多少语义表征。语义表征是不完整的逻辑式，它最多是思想的残缺表征。我们已经论证过，语义表征在许多方面都是不完整的：不仅因为它们含有像代词那样的不确定指称表达式，还因为它们含有意义不完整的成分，如"太"、"一点时间"，或是领属结构。我们认为，如果说自然语言的语义可能太弱，不足以对人可以想到的所有思想作编码，这样的观点同已知的语言在言语交际中的作用相比照，两者倒是颇为吻合的。

　　人头脑里所怀有的是思想，而不是句子的语义表征。句子的语义表征是心理对象，从不浮现到意识的层面上来。倘若它们为人意识到了，也是完全不会让人感兴趣的（语义学家当然例外）。经过语言解码这个自动而无意识的过程，语义表征变成了心理表征。其后它们可以被用作定识图式，首先确定命题式，继而确定语句的显义。只有这些显义才具有语境效果，因而值得有意识地加以注意。

四 寓义的确定

在上一节里，我们解释了关联原则是如何引导命题式的确定的。在第十节里，我们将讨论言者命题态度的确定方式。根据语境、语句的命题式和所表达的命题态度，语句的所有显义都能推导出来。我们暂且还是只考察普通断言，其命题式本身就是显义，这种显义确实为相关语句的多数语境效果提供了依据，因此也是语句关联性的主要依据。在这一节里，我们将说明关联原则是如何指引寓义的复原的。我们的论点是：言者对自己语句应该如何达到优化关联，有着显明的期盼。对言者语句寓义的复原，就是参照她的这种期盼而完成的。

言者可能有理由相信某个信息会对其听者有关联，但全然不知其关联性会在哪里。一个过路人问你几点了；你知道现在是下午五点。他既然问了这个问题，你就有理由相信"现在是下午五点"这个信息会对他有关联。但你无法知道这个信息是如何对他有关联的：会在哪个语境中得到加工，有哪些语境效果。凭直觉说，在这种场合，"现在是下午五点"这个简单的回答根本不会有寓义。你在提供该回答时的传信意图仅仅是显明那个时间。这是第一个推导出来的符合关联原则的解释。

对照另一个个案，这里，对语句达成关联的方式，言者确实有着显明的期盼：

(33) (a) 彼德：你想开梅赛德斯吗？
     (b) 玛丽：我不想开任何贵车。

我们假定(33b)是个普通断言，因此其主要显义（也是我们所关心的唯一的显义）也就是其命题式。(33b)的命题式并不直接回答(33a)的问题。然而，它使彼德能直接调取自己头脑中关于贵车的百科信息，设想里面含带着(34)所表述的信息：

（34）梅赛德斯是贵车。

如果在含带（34）这个定识的语境中加工（33b），就会导出语境蕴涵（35）：

（35）玛丽不想开梅赛德斯。

当彼得问玛丽是否想开梅赛德斯时，这个行为表明他调用了某个语境。（35）又会在彼得所调用的那个语境中具有一系列相应的语境效果。

　　这里我们谈到了问题的关键：玛丽所说的（33b）没有直接——即直显地——回答彼得的问题，但却显明了一个在语境中隐寓的回答。既然在正常情况下，她不能期望自己的语句有关联，除非它显明了这个隐寓的回答，那么互为显明的就是这个隐寓的回答是蓄意传达的：是她语句的一个寓义。言者意图使自己的语句显明地有关联，她显明地意图对听者显明的语境定识或语境蕴涵就是寓义。我们要区别两种寓义：寓谓前提和寓谓结论。（34）是（33b）的寓谓前提；（35）是（33b）的寓谓结论。

　　寓谓前提须由听者自供，听者必须从记忆中调取前提，或是从记忆中调取定识图式，对其加以扩展，从而构建前提。之所以有可能将这种前提作为寓义加以确定，是因为它们能导致符合关联原则的解释，而且显明地成为能造成这种效果的最易于调取的前提。寓谓结论根据语句的显义和语境而推演得出。之所以有可能将这些结论作为寓义加以确定，是因为言者应该期盼听者推出它们或其中的一部分，既然她意图使自己的语句对听者显明地具有关联。这样，寓谓前提和寓谓结论都能确定为符合关联原则的第一个可以推出的解释的一部分。

　　寓义（34）和（35）表现出两个属性，许多语用学家认为所有寓义——或至少是所有具有理论研究价值的寓义——都具有这两个属性。首先，它们是完全确定的。玛丽期望彼得自供的，不单是形如（34）的前提和（35）的结论，而且还应是只具有这些逻辑内容的前提和结论。其次，对这些寓义的真实性，玛丽承担全部责任。设想听到（33b）之前，彼德误以为梅赛德斯不贵，那么（33b）就会否认这个定识，其否认的力度等同于玛丽在直显地断言梅赛德斯是贵车。抑或设想彼德此前只是猜想梅赛德斯是贵车，那么（33b）就会对这个定识作增力，一如玛丽直显地断言梅赛德斯是贵车。换言之，玛丽对（34）和（35）的真实性所承担的责任等同于她用断言直言其事时所承担的责任。

现代语用学的一种倾向是把一切寓义处理为完全确定的定识，言者对其所承担的责任与她用断言直言其事所承担的责任完全相同。按照这种做法，语句的理解就是复原一组可枚举的定识，其中有些是直显表达的，另一些是隐寓传递的，但每一个都在言者的意向之中。

格莱斯自己并不认为寓义是确定的：

> 假设合作原则得到了遵守，为维护这个假设，必须作出一些设想。由于会话寓义的演算就是对这种设想的演算，又由于可能存在着多个可能的具体解释，其数量可能不胜枚举，因此，在这种情况下，所涉的会话寓义所指就会是多个具体解释的析取式；如果这些寓义在数量上是开放性的，则寓谓对象就不会是确定的，正如许多实际使用中的寓谓对象确实体现出了这种不确定性。（Grice，1975：58）

另有一些语用学家[15]尽管承认不确定性的存在，却主张将其排除在考虑之外。盖茨达［Gazdar］的观点如下：

> 鉴于不确定性不易作形式化处理，在以下的讨论中我多半不会予以考虑。如果是对寓义作更完整的研究，就不会略去这个现象。此处的省略其实只是为了形式化处理的方便。（Gazdar，1979：40）

这个忽略不确定性的建议可被视为合法的理想化，是一种求简的假定，在科学探索的其他领域，这种假定会被毫无质疑地接受，不需在此多加论证。按照这种观点，合理的做法是先略过复杂、模糊的既知现实，而研究理想化的对象，理想化的对象已经剔除了模糊性，适宜作形式化处理。如果把语句的寓义处理为意向中的确定的推论之集合，就能建立一个明确的理论模式，其后可以用各种方式加以完善，以解释更全面的语料所显示的模糊性。

然而，并非每个理想化做法都是合法的。如果在简化语料时，理想化导致了重大的扭曲，把理论研究引入了歧途，那这种理想化就不具有合法性。一个相关的例子就是乔姆斯基学派之前的语言学将一种语言归约为一个有限的语句库这种做法。我们认为，由于现代语用学家只关注上文（34）和（35）那样完全确定的寓义，因而掩盖了直显内容和隐寓含义之间的一个重要区别。其结果是，交际的一种错误的符号学观念得到了延续。特别是，语用学家因此丧失了对语体效果和诗意作充分分析的能力。

要注意的是，虽然在说上文的（33b）时，玛丽显明地期盼彼德推出（35）的结论以及（35）的可能让他感兴趣的所有蕴涵，如果这就是她所希望表达的全部意思，她就不能认定自己的语句有优化关联。如果（33b）的所有关联都依赖于对（35）的复原，那么玛丽原本可以直言（36），从而为彼德省却不必要的心力。

　　（36）我不想开梅赛德斯。

从关联原则可以导出，玛丽提供（33b）的间接回答时，应该期盼达到某些额外的语境效果，这是（36）所不能提供的。这些额外的效果会抵消为加工（33b）、提供前提（34）和推演出寓谓结论（35）所付出的额外心力。更广义地看，从关联原则可以导出，间接回答所提供的额外信息自身也必须达成某种程度上的关联。

尽管如此，也不能就此认为除了（34）和（35），玛丽还期盼彼德复原任何特定的寓义。一个交际行为所显明的仅仅是：讯递者意图显明哪些定识，或用等义的话说，交际行为仅仅使这些定识显明，其所依据的更深一层的定识乃是该讯递者是可信赖的。这并不必定使受讯者实际上怀有相关语句所传递的全部定识。这种情况对寓义也同样适用。寓义只是因交际行为而变得显明的（这同样是基于更深一层的定识即讯递者是可信赖的）。有些寓义被非常强烈地显明了，使听者简直非得将其复原不可。其他寓义的显明程度不那么强。对于这些弱式寓义，听者只需要关注其中的一部分，就能使言者意向中的解释获得显明的关联。

如前所述，语句（33b）使彼德能调取自己有关贵车的百科信息。一种显而易见的理解思路是调取其他贵车的名字，并推出玛丽不想开这些车的结论。劳斯莱斯和凯迪拉克都是贵车，这已是一般的陈规知识了，所以是高度可及的信息。因此，彼德有理由将前提（37）和（38）加入语境，推出结论（39）和（40），并考察其语境效果：

> （37）劳斯莱斯是贵车。
> （38）凯迪拉克是贵车。
> （39）玛丽不想开劳斯莱斯。
> （40）玛丽不想开凯迪拉克。

抑或他可以构建（41）那样的前提（就交际双方所处的互有交际环境而言，这是个颇有理据的前提），推出结论（42），并考察该结论的语境效果。

> （41）不想开贵车的人不爱显富。
> （42）玛丽不爱显富。

（33b）所表达的间接回答因此引发了多种理解的可能，这是与其对应的直接回答（36）所不能提供的。根据关联原则，玛丽应该会期盼其中的某些可能的解读会收到成效，以抵消该语句所引致的额外心力。

（37）—（42）是不是（33b）的寓义？从上文所说的理想化角度看，答案是否定的。首先，玛丽不需要特别意使彼德自供前提（37）、（38）和（41），并得出结论（39）、（40）和（42）。在恰当扩展的语境里，（33b）有多个不同的语境蕴涵，任何一个都可能得出足够的语境效果以抵消额外付出的心力。其次，正因为听者可以应用不同子集的寓谓前提和寓谓结论来达成言者意向意义的优化关联，玛丽就不需要特意显明某个解释。玛丽的互为显明的意图只是显明一些具有这种属性的定识，因此她在表达这些定识时就不会使它们强烈地显明。对于它们的真实性，她并不会像对（34）和（35）那样提供强有力的保证。因此，尽管在说（33b）时，玛丽提供了决定性的证据，表明自己认为梅赛德斯是贵车并且会拒绝开那种车，但是她并没有提供同样强烈的证据以表明自己不想开劳斯莱斯。

另一方面，如果认为玛丽在说（33b）时并没有怂恿彼德认为她不想开劳斯莱斯，那又是完全不合情理的。玛丽就差没有直显地作出那样的断言，或是真的迫使彼德得出那样的寓义了，除此之外，她在（33b）中对彼德的暗示是再清楚不过的了。虽然不能把（39）、（40）和（42）强行套入完全确定、目标清楚的推理模式中去，要是把它们视为全然无意之作、由彼德单独承担得出这些结论的责任，那显然是错误的。我们已经说过，玛丽如果没有期盼这些寓义会被听者推出一部分，如果她无意让这些寓义都因此变得微弱地显明，那么她所传递的关联推定就无法自圆其说了。

让我们循着这个论证思路来考察一下彼德在处理（33b）这个间接回答时，可能被怂恿得出的其他一些前提和结论。在寻常的现代认知环境里，可以显明的是：如果玛丽觉得梅赛德斯是贵车，她就也会觉得劳斯莱斯和凯迪拉克是贵车，因而（37）—（40）恰当地反映了她的观点。同样显明的是她会认为跟梅赛德斯一样贵或比它更贵的车都是贵车。但那都是哪些车呢？（37）—（42）那些相对较可靠的前提和结论逐渐带出了保险系数渐弱的寓义，比如（43）—（46）：

(43) 阿尔法·罗米欧是贵车。

(44) 宝马是贵车。

(45) 玛丽不想开阿尔法·罗米欧。

(46) 玛丽不想开宝马。

以上四例算不算是（33b）的寓义？玛丽尽管没有迫使彼德考虑这些可能，但她确实是在某种程度上鼓励他顺着这些思路想下去，虽然由此得出的结论必须更谨慎地对待，甚于（34）和（35）那种完全确定的寓义，或是（37）—（42）那种在强烈诱导下得出的推论。

现在设想彼德相信（47），并愿意费心从（47）和显义（33b）推出语境蕴涵（48）：

（47）不想开贵车的人也不会愿意坐游轮去旅行的。

（48）玛丽不会愿意坐游轮去旅行的。

玛丽是否怂恿过彼德，让他自供前提（47）并得出结论（48）？这是大有疑问的。（33）—（48）这些例子所表明的是：在言者强烈支持的定识与听者完全自发地从语句中推出的定识之间，并不存在一个切分点。如果认为在完全确定、目标清楚的推论与不确定的、完全无意间得出的推论之间存在着一条清楚的界限，那只是个无法维护的幻象。关联理论提供了一种方法，既能摆脱这种幻象，又不会有损于自己概念框架的明晰性。

我们且认为，语句的寓义像一般的定识一样，在力度上可以有强有弱。在交际中传递一个定识 A，就是要互为显明言者意图使 A 显明或更加显明。既然传信意图会使某个具体的定识得以显明，那么传信意图的互显性越大，有关定识在交际中传递的力度就会越强。力度强至极点的寓义是那些完全确定的前提或结论，如（34）和（35），这种寓义在实际交际中必须推出，才能保证有关的解释符合关联原则，对此言者承担了全部责任。力度属于强的寓义是那些如同（37）—（42）的前提和结论，那是听者被强烈怂恿着要自供的寓义，但实际上也没有被强迫那么做。怂恿的成分越少，听者可以选择的可能范围就越宽广，相关的寓义就越弱。最后到了一个端点，此时听者没有受到任何怂恿，所得到的前提和结论纯属自供，且由听者对此自负全部责任，如（47）—（48）所示。

根据这种解决方案，寓义的不确定性不会带来特别的形式上的问题。如果一个语句含有完全确定的寓谓前提或寓谓结论，它就会迫使听者只自供这个前提或结论，并将其确定为言者信念的一部分。如果一个语句含有为数不多的强烈寓谓的前提或结论，听者就会受到强烈怂恿去选用这些前提或结论的某个子集，并将这些前提或结论的某个子集（不必与听者选用的子集相同）视为言者信念的一部分。如果一个语句含有范围较宽的一系列弱式寓谓的前提或结论，它还会怂恿听者选用这些定识的某个子集，并将这些定识的某个子集（依然不必与听者选用的子集相同）视为言者信念的一部分。显然，寓义越弱，听者就越不能肯定他自供的特定前提或结论是否反映了言者的思想，而这就是不确定性的来源。然而，在相同的认知环境里，人可以怀有不同的思想，得出不同的信念。交际的一般目的在于增加认知环境的互有程度，而不是为思想的复制这种全无可能的事情提供保障。

　　作为本节的总结，我们要把在此提出的分析与其他对寓义的处理方法作一对比。

　　首先，在我们的框架里，寓义的传递与违反某条语用原则或准则无关。格莱斯提出的寓义分为两类：第一类不牵涉准则的违反，或只是表面上违反了准则；第二类真正违反了准则，就连寓义的复原也不能使遵守准则的假定得到恢复。我们认为，这第二类寓义的有关例子必须重新分析。

　　其次，按格莱斯的要求，寓义应该都是可以演算的，即寓义应该在推理过程中得到复原，这一点我们十分重视。在格莱斯以及多数语用学家的理论框架里，虽然可以为寓义的确定提供论证，但它们都具有追溯既往的性质，况且这种论证其实同样可以适用于另外一些颇为不同的定识，但后者恰巧根本不是相关语句的寓义。对第二类寓义（即通过刻意违反准则而得出的寓义）来说，这个情况特别明显；它们一般特别明显地违反了寓义的可演算要求。

　　作为示例，我们来考察一下格莱斯对反语的分析。玛丽说了（49），这样就明显地违反了质准则第一条（真实性准则）：

　　　　（49）吉姆是个好朋友。

彼德认定玛丽应该是在试图传递某些真实的信息，所以便开始寻找与（49）相关的真实定识，那可能是玛丽想要传递的。他断定她想要传递的应该是与自己的话相反的定识：

　　　　（50）吉姆不是个好朋友。

因此，从格莱斯的分析角度看，言者可以故意违反真实性准则，从而成

功地寓谓与自己的话相反的内容。然而，"寻找言者可能想要传递的与
原话相关的某个定识"，这并不能算作是个推理过程：这种过程几乎是
不受理性约束的。例如，彼德为什么不可以断定（49）应该理解成是表
达了与（51）密切相关的意思，只要（51）是玛丽可能希望传达的
意思？[16]

(51) 比尔是个好朋友。

关联理论不认可将（49）的意义分析为（50）——除非前者是明显的
口误——即便是仅仅出于下述理由：言者要是只想表达（50），她就可
以直接断言其事，从而使听者省却一些不必要的心力。在第九节里，我
们会提供一个不同的处理方法。

对寓义的标准解释之所以不能总是满足寓义的可演算要求，是因为
寓义的演算属于非论证型推理。它涉及定识的构建，这不完全是个逻辑
性的过程。其后，定识还需要得到证实。标准的解释对定识的构建几乎
不加任何约束。在实际分析中，标准解释只举出直觉上正确的定识，然
后说明该定识符合格莱斯诸准则或某些其他理论里同类的原则、约束或
规则。遗憾的是，直觉上错误的定识，比如认定（49）的言者意指
(51)，同样能这么容易地得到"确认"。

关联理论对这个问题的解决办法是不单考虑定识的认知效果，而且
还考虑加工定识所需要的心力。定识在构建时所经历的心理过程决定了
它们的可及程度，这影响了它们的关联性，后者又影响了它们的合理
性。因而可以预计的是：不同定识在任何证实过程开始之前就已经显示
出了不同的合理性。如果一个初看较为合理的解释被认为是符合了关联
原则，那么它就会得到唯一的确认，而其他初看不甚合理的解释就得到
了否认。

本节讨论所引发的另一个重要问题涉及语用学的研究范围。我们认
为语用学不应该只关心一组可枚举的定识的复原，其中有些是直显表达
的，其余的是隐寓传递的，但每一条都是言者所意图传达的。我们已经
提出，各种寓义构成了一个连续统，从特别意使听者复原的寓义，到仅
仅意图加以显明的寓义，再到对交际双方互有认知环境的进一步修订，

此时言者的意图仅仅体现在她意图使自己的语句有关联，从而具有丰富且不能完全预知的认知效果。只关注最强式寓义的语用学家和符号学家对言语交际的认识是非常扭曲的。他们忽略了——或至少未能解释——更为隐性的交际形式所达成的更为精妙的效果。在第六节和第七节讨论语体和比喻时，我们会重新论述弱寓义的作用。但我们首先要考察一下语言形式影响语用理解的一些途径。

五　命题式与语体：预设效果

言者意图说一个有关联的语句时，怀有两个互有联系的目的：其一，让听者得到某些语境效果，其二，尽量减少由此耗费的心力。两个语句如果具有相同的经语言确定的真值条件，似乎就应该具有相同的语境效果。我们要说明的是，恰恰相反，它们可能在语境效果和所需的心力两方面都有不同，这是语体的解释性理论的关键所在。

在这一节里，我们要考察一系列语体效果，这些效果基本由语句的语言结构确定，而且就是在确定命题式的过程中产生的。鉴于跟前面的做法一样，我们只考察普通断言，这种命题式也是相关语句的主要显义。以往对这些语体效果的研究需要借助下列各种区别：话题与述题、已知信息和新信息、主位和述位、预设和焦点、预设和断言，等等。以下举几对例句作为示范：[17],[18]

(52)　(a) Bill's twin sister lives in BERLIN.

　　　　　比尔的孪生姐妹住在**柏林**。

　　　(b) Bill has a twin sister who lives in BERLIN.

　　　　　比尔有个孪生姐妹住在**柏林**。

(53)　(a) It rained on MONDAY.

　　　　　下雨是在**星期一**。

　　　(b) On Monday it RAINED.

　　　　　星期一**下了雨**。

　　　(c) On MONDAY it rained.

　　　　　星期一下了雨。

（54）（a）John-Paul the Second is the present POPE.

约翰 – 保罗二世是当今**教皇**。

（b）The present Pope is John-Paul the SECOND.

当今教皇是约翰 – 保罗**二世**。

（c）It is John-Paul the SECOND who is the present Pope.

是约翰 – 保罗**二世**担任当今教皇。

在（52a）里，"比尔有个孪生姐妹"这个信息是预设的，被当作已知信息；在（52b）里，这个信息是以断言表述的，被当作新信息。（53a）—（53c）示范的是通过重音分布和语序变化可以得到的多种效果：因此，对"When did it rain？［什么时候下了雨］"这样的问题，（53a）或（53c）会是合适的回答，这与（53b）不同。而对"What was the weather like on Monday？［星期一天气怎么样］"这样的问题，（53b）会是个恰当的回答，而不是（53a）或（53c）。在（54a）里，直觉中的话题是"John-Paul the Second［约翰 – 保罗二世］"，而在（54b）和（54c）中，话题则是"the present Pope［当今教皇］"。

在这个领域有着浩繁的描写文献，但没有一个能就语言结构和语用效果之间的关系提供接近解释性的理论。[19]然而，许多零散的灼见似乎值得我们去继续探讨。其中之一是，自然的语序是先出现已知信息（即言者认为是已为双方所知道或是无争议的信息），后出现新信息，而且焦点重音要落在语句的尾部，因为这样从某种程度上会有助于语句的理解。这在一定程度上属于常规的定论，但已知信息也并不总是出现在新信息之前：在上面（53c）和（54c）那两个例子里，新信息出现在已知信息之前。格林［Green］（1980）考察了多种例子，可以对上述常规定论作证伪。问题的关键在于提出一种理论，既能够容纳"自然的"例子，又能解释"标记性的"情况。

另一个有探讨价值的观点是：在某种程度上，重音是与指点手势相对应的语音形式。作为一种自然手段，它把注意力吸引到语句的某个特定成分上来。重音与指点手势一样，都有内在的含糊性，这一点更加强了两者的相似关系。例如，在（55）中，重读名词"FOOTBALL［足球］"是下列各结构的一部分：名词词组"the football match［那场足球

赛]"、动词词组 "to see the football match［看那场足球赛]"、动词词组
"went off to see the football match［去看那场足球赛]" 和句子 "Susan
went off to see the football match［苏珊去看那场足球赛了]"：

　　（55）Susan went off to see the FOOTBALL match.
　　　　　苏珊去看那场**足球**赛了。

言者如果把焦点重音放在 "football" 上，她可能意图强调上述任何一个
包容性更大的句法成分，这种情况已为人熟知。我们且把最小的重读成
分（即本例中的 "football" 这个名词）称作焦点重读成分，把受其强调
的成分称作焦点。那样的话，焦点重读成分极少能确定单独一个焦点。
问题的关键在于说明如何从一组潜在的焦点中选出一个实际的焦点。
　　第三个有探讨价值的观点是：确定陈述性语句焦点的办法是看该语
句是被指定用来回答——或曰可被恰当地用于回答——哪个特殊疑问句
的。例如，（55）可被理解为对一系列互有联系的问题的回答，每个问
题都源自用相应的特殊疑问词对可能焦点的替换："Which match did Su-
san go off to see［苏珊去看什么比赛]"，"What did Susan go off to see［苏
珊去看什么]"，"What did Susan go off to do［苏珊去干吗]"，"What did
Susan do［苏珊干了什么]"，以及 "What happened［出什么事了]"。每
个可能的焦点都确定了一个疑问句式，反之亦然。虽然几乎每个研究这
个课题的人都接受这个直觉性的看法，关键在于对个中原因提出某种令
人满意的解释。
　　最后一点是，常常有人提出，诸如已知信息和新信息、焦点和预设
这样的两分法并不确切，真正出现的是一个渐变体或有层次的结构。设
想上文（55）的焦点是动词词组 "to see a FOOTBALL match"，因此该
词组承载的所有信息都得到了强调。然而，直觉上清楚的是，并不是所
有信息都得到了同等的强调："football" 这个词承载的信息比 "see" 承
载的信息更彰显。这个焦点好比是由一系列层层嵌套的焦点组成的，各
焦点的彰显程度互不相同，最小的焦点最彰显。这里，直觉上的看法又
是清楚的，尽管并不清楚这些现象应该怎样融入一个明确的理论之中。
　　对以上观察到的那些现象，有一种观点令它们具有了解释性的价

值：一个语句的句法和音系结构可以直接影响其加工和理解的方式。令人不解的是，这么多著述者尽管看到了语言形式和语用理解之间可能存在的自然联系，却仍然觉得有必要在两者之间设置一些语义和语用的中间层次，以便人为地去建立本来就自然存在的联系，假定上面讨论的那些灼见是正确的话。我们要进一步探讨语言形式和语用解释间的自然联系观，并说明如何将它纳入关联理论的框架内。

首先考虑一下，在我们的理论框架里，什么是最不经济的语句加工方式。如果不计加工上的代价，听者可以探寻所有可能的语句剖析、所有的解歧方式、各种潜在的语力、所有可能的指称指派和语义充实。作为这些探寻的结果，他可以接收每个由此生成的显义，将出现其中的所有概念的百科条目加入即时语境，使语境得到扩展，然后系统地考察显义在语境中产生的语境效果。此外，他还可以推出各显义的所有分析性蕴涵，将这些蕴涵的所有成分概念的百科条目加入语境，考察由此产生的语境蕴涵，等等，以次类推，没有穷尽。这种处理方式能保证所有可以想到的解释都不会漏掉、所有可能的语境都会得到探究、所有可能的语境效果全都会推导出来。然而，它显然也会涉及许多徒劳的加工操作。

不过请注意，因为语句是在一定时间内说出的，也是在一定时间内得到加工的，听者就会先接触它的某些成分概念，以及相关的逻辑条目和百科条目，然后才轮到其他概念。对意图达到优化关联的言者来说，有效地利用这种时间上的排列顺序是达到自己目的的关键。在此，我们要扼要说明这种考虑如何能有助于降低解歧和指称指派的代价。

解歧和指称指派完成得越早，所需要的心力就越小。随着语句的延续，头脑中必须记住的可能解释越多，付出的心力就越大。因此，意在优化关联的言者的遣词造句应该有助于早期的——而且是正确的——解歧。如何才能实现这个目标呢？

新近对语句剖析的研究表明，语句剖析在某种程度上是一个"自上而下"的过程：听者根据自己已经听到的内容，对语句的总体结构构建前瞻性的假设。[20]例如，他可能不但识别了遇到的每个词并初步对其作了句法范畴标记，而且还运用自己对相关词语的词汇属性和句法同现限制的知识，来预料后继词或词组的句法范畴。

有关解歧的实验文献表明，解歧和指称指派在某种程度上也是一个

"自上而下"的过程：听者对语句的总体逻辑结构作前瞻性的假设，并据此消除潜在的歧义和模糊。[21]我们要提出一种方法，可以根据前瞻性的句法假设来构建前瞻性的逻辑假设，因为句法假设在理解过程中所起的作用似乎已得到了相当程度的肯定。

　　我们且假定逻辑式同句法形式相似，都是带有加标节点（或等值的加标括号）的树形图。句法标记是 N、NP、V、VP 等范畴，其中 N 可被视为名词变项，NP 为名词组变项，V 为动词变项，VP 为动词组变项，等等。比照这种做法，逻辑标记应该是一组基本逻辑范畴，或许选自一个固定的范围，那又是人类心理设施的一部分。这种逻辑范畴可被视为各种概念表征的变项。我们用语言中的替代形式来表示这些范畴：因此"某人"是人的概念表征的变项，"某物"是事物的概念表征的变项，"做某事"是行为的概念表征的变项，等等。

　　作为一个最简单的例示，（56）的深层树形结构为（57），其逻辑式具有（58）的结构：

（56）约翰请了露西。

（57）

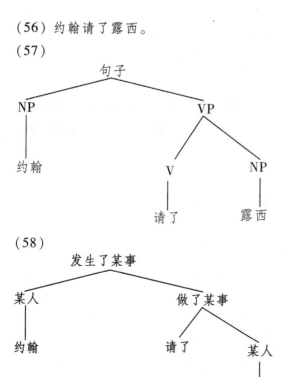

（58）

一个反映约翰邀请玛丽的命题表征就会通过其树形结构上的标记而表现以下信息：某人请了某人、某人请了露西、约翰请了某人、约翰做了某事，等等。

按照这种做法，逻辑范畴标记明确地对应于自然语言的句法范畴标记（尽管不需要一一对应），而且前者确实是后者的语义解释。结果是，假如听者作了前瞻性的句法假设，比如"约翰请了"后面会出现一个名词组，那么，通过对该假设的语义解释，他就可以导出前瞻性的逻辑假设：约翰请了某人。我们认为，这种假设在解歧和指称指派过程中起了关键的作用。

我们且假定，听者听到（59）的"Jennifer"这个词时，考察了一系列"Jennifer"的可能指称对象——即一组概念地址，每个概念的词汇条目都含有"Jennifer"这个词——并进而调取一系列与此相关的百科条目：

(59) Jennifer admitted STEALING.
　　　珍妮花承认了**偷窃**［行为］。

将"Jennifer"标注为 NP 这个句法范畴时，听者作出的前瞻性句法假设是：后面要出现的是个 VP。通过变项替代，得出了（60）这个前瞻性逻辑假设：

(60) Jennifer did something.
　　　珍妮花做了某事。

我们且假定听者认识一个叫 Jennifer Smith 的人，还认识一个叫 Jennifer O'Hara 的人。我们假设听者现在要考虑的是："珍妮花·史密斯做了某事"和"珍妮花·奥哈拉做了某事"这两则消息中，哪一个会在即时可及的某个语境中有关联，然后对"珍妮花"这个词临时指派一个指称对象。

例如，设想听者可以调取一个语境，在该语境中，"珍妮花·奥哈拉做了某事"这个信息会对他显明地具有关联。那么，根据我们现在应该非常熟悉的论证方法，听者应该认定言者说"Jennifer"时意指"Jennifer O'Hara"，否则她就该用另一个语句，以排除这种解释。此外，他还应该认定，让他得到"珍妮花·奥哈拉做了某事"的关联性的那个语境，会在理解过程中进一步起作用：否则为调取该语境所付出的心力就白费了。

在这个初始阶段，可能没有明显的指称指派可以使（60）有任何关联。不过，作出了某个指称指派后，（60）可以在听者的心目中引发一个有关联的问题（意指对这种问题的回答肯定会或可能会有关联）。陈述往往会引发有关联的问题。例如，如果我告诉你我不高兴，那几乎肯定会让你想知道其中的原因。同理，可能有某个指称指派虽然未使（60）本身有关联，却可能引发一个问题，如（61a）或（61b），而这种问题在听者即时可及的某个语境中能够达成关联。

（61）（a）What did Jennifer Smith do?

　　　　　珍妮花·史密斯做了什么事？

（b）What did Jennifer O'Hara do?

　　　　　珍妮花·奥哈拉做了什么事？

那样的话，按我们熟悉的论证方法，他应该认定这就是言者意图引发的问题，并认定这个语句的剩余部分会回答这个问题，还认定这个回答会在他刚才被怂恿去调取的语境里达成关联。

那么，假定已经为"Jennifer"这个词指派了一个临时的指称对象。下一个要加工的是动词"admitted"，该动词有两个可能的意义："承认"和"让……进门"，两个都用作及物动词。听者因此可以作出前瞻性的句法假设，假设其后出现的会是个 NP，并通过对变项的替代，得到（62a—b）这样的前瞻性逻辑假设：

（62）（a）Jennifer let someone in.

　　　　　珍妮花让某人进了门。

（b）Jennifer confessed to something.

珍妮花承认了某事。

听者现在既能调取"让……进门"和"承认"的百科条目，就可以消除动词"admit"的歧义，办法是自问下列问题：（62a—b）中的哪一个，也就是相关问题（63a—b）中的哪一个，在他的即时可及的某个语境中会显明地有关联：

（63）（a）Who did Jennifer let in?
　　　　　珍妮花让谁进了门。
　　　（b）What did Jennifer confess to?
　　　　　珍妮花承认了什么?

到了这一步，听者应该暂时接受这样的结果，同时保留语境信息，以作下一步加工之用。

最后，如果言者达成了优化关联，"stealing［偷窃］"这个词应该填入一个在理解过程中已经预留好的位置。就是说，它应该回答任何已经引发但尚未回答的问题，且相关回答应该在理解过程协助建立起来的语境中具有关联。例如，如果在听者调用的语境中对"Jennifer"这个词作出某个指称指派后，"What did Jennifer confess to?［珍妮花承认了什么?]"这个问题会对他有关联，那么整个语句就应该被理解成是根据上述指称指派而对该问题的回答。

如果言者的话说得确切，语句结束时，一路上就内容和语境所作出的所有临时性选择都应该得到了证实。另一方面，如果语句结束时，这些临时选择不能得到证实，那么，对言者传信意图的识别就需要在维持原有推理模式的基础上再增加一层推理。如果交际不出问题，听者就可以理所当然地认为言者完全清楚什么会对他具有关联；如果交际出了问题，听者应该试图找出原因，看看言者是否在哪些方面误解了他的知识状况，以至误认为她的语句会有优化关联。

现在要注意的是：正确的前瞻性假设——也就是终将得到证实的假设——在逻辑上都是互有联系的。取任何一对这样的假设，其中之一必为另一个所蕴涵。更准确地说，一组前瞻性假设构成了一个梯级，其中的每个成员都分析性地蕴涵直接居其前的成员，并为直接居其后的成员所分析性地蕴涵。就我们刚才所讨论的（59）的解释而言，相应的梯级含有三个成员（64a—c）：

（64）（a）Jennifer did something/

What did Jennifer do?

珍妮花做了某事/

珍妮花做了什么？

（b）Jennifer confessed to something/

What did Jennifer confess to?

珍妮花承认了某事/

珍妮花承认了什么？

（c）Jennifer confessed to stealing.

珍妮花承认了偷窃［行为］。

在这些假设里，意义最宽泛的（64a）会率先得到复原。正如我们已经论述过的，如果言者达成了优化关联，这个假设要么应该自身达成关联，要么应该引发一个有关联的问题；下一个复原的会是（64b），它应该对（64a）所引发的问题作出有关联的回答，或者应该自己引发一个有关联的问题。最后，（64c）应该对（64b）所引发的问题作出有关联的回答，并可能自身进一步引发这么一个问题："Why did Jennifer confess to stealing［珍妮花为什么承认了偷窃行为］"，从而为下一个语句的发出提供了基础。因此，（64）的梯级起了一个骨架的作用，整个解释都是围绕着这个骨架建立起来的。

（64）的梯级包含着（59）所含带的全部分析性蕴涵的一个子集。如上所述，该子集以分析性蕴涵关系严格排序。此外，鉴于（59）的焦点重音落在句末的"stealing"这个词上，这个子集明显地与语句的可能焦点的集合相联系：取语句的命题式，用相应的逻辑标记替换焦点，便能得到梯级中的一个蕴涵；梯级中的所有蕴涵，除了命题式自身，都可以用这种方式获得。我们且将这种由焦点重音的落点决定的、分析性蕴涵的严格排序的子集叫做焦点梯级。当焦点重音落在语句的最后一个词上时，如例（59）所示，理解过程中所作出的前瞻性逻辑假定的集合与焦点梯级恰好相合。

如前文所述，语句的焦点梯级中的蕴涵并不是一次性得到加工的。对各个蕴涵的加工能从两个方面对语句的总体关联作贡献：或是减少加工上所需要的心力，或是增加其语境效果。纵然一个蕴涵自身没有语境效果，它也能直接调用一个能产生效果的语境，从而减少了获得这些效果所需要付出的心力，这样就对关联的达成作出了贡献。至于语句的各个语境效果，它们可以根据焦点梯级的不同蕴涵分几步获得。

如果语句的焦点梯级中的一个蕴涵自身具有语境效果，因而自身达成了关联，我们就暂且将它称为前景蕴涵，否则就是个背景蕴涵。那样一来，语句的焦点就是被变项替换后能产生背景蕴涵而非前景蕴涵的最小句法成分。以上文的（59）为例，焦点可以是 NP "stealing"，可以是 VP "admitted stealing"，或是整个句子。如果（64a）本身就达成了关联，它就会是一个前景蕴涵，焦点就是句子全部；如果（64a）本身未达成关联但（64b）达成了关联，那么焦点就会是 VP "admitted steal-ing"；而如果（64b）本身未达成关联，那么焦点就会是 NP "stealing"本身。

一个蕴涵可以同时以上面所说的两种方式对关联作出贡献：一是调取语境，使新一轮的蕴涵能获得语境效果；二是自身导出语境效果。故此，言者很可能不知道或不关心前景和背景的确切界限会在哪里。例如，在处理上文的（59）时，如果听者充分调取了有关珍妮花脾性和喜好的百科信息，他很可能觉得她承认某事这个信息是有关联的。但他也有可能不愿意付出那么多的心力。这对言者来说区别不大。只要她有理由相信相关的焦点梯级中至少有一个成员自身能达成关联，而且是在其他成员也能调取的语境中达成关联的，她就无需太在意前景后景的分界点会在哪里。也就是说，她的意向中不需要特别规定自己语句的哪些蕴涵处于前景，哪些处于背景（哪些是已知信息，哪些是新信息），这与既有文献中的通常看法不同。

我们的讨论也能对上文提到过的一种直觉有所启示，那就是直觉上认为已知信息和新信息构成了一个渐变体。不管前景后景的分界点在哪里，（64b）那样的蕴涵很显然既是与（64a）相关的前景蕴涵，对

（64a）引发的问题作了部分回答，同时又是与（64c）相关的背景蕴涵，它提出的问题让（64c）至少对其作了部分回答。如上文所示，甚至（64c）这个必然的前景蕴涵也可以同时引发一个背景问题，供某个后继语句（或是本语句的后继部分）回答。因此，我们对前景背景的区分就像我们对焦点这个概念所作的定义，都纯粹是功能性概念，不应在句子的语言学描写中起任何作用。

不同的重音指派导致了不同的焦点梯级。如果焦点重读成分是"Jennifer"，（59）的焦点梯级就会是（65）：

（65）（a）Someone confessed to stealing/

Who confessed to stealing?

某人承认了偷窃［行为］/

谁承认了偷窃［行为］？

（b）Jennifer confessed to stealing.

珍妮花承认了偷窃［行为］。

如果焦点重读成分是动词"承认"，焦点梯级就会是（66）：

（66）（a）Jennifer did something/

What did Jennifer do?

珍妮花做了某事/

珍妮花做了什么？

（b）Jennifer did something regarding stealing/

What did Jennifer do regarding stealing?

珍妮花做了与偷窃有关的某事/

珍妮花做了与偷窃有关的什么事？

（c）Jennifer confessed to stealing.

珍妮花承认了偷窃［行为］。

（65）和（66）具有与（64）相同的逻辑属性：它们各自包含一系列逻辑上互有联系的成员，每个成员分析性地蕴涵直接居其前的成员，并为直接居其后的成员所蕴涵。此外，（65）和（66）都能循相同的基本步骤而获得：取语句的完整命题式，用逻辑变项先替换焦点重读成分的解释，再替换下一个包含焦点重读成分的最小句法成分的解释，以次类推，直到所有包含焦点重读成分的句法成分的解释都被替换完毕。

　　然而，以（64）为一方，（65）和（66）为另一方，双方存在着一个重要的区别，原因在于（65）和（66）的焦点重音没有落在句末的词语上。其结果是，（65）和（66）的由重音落点决定的焦点梯级，不能或至少不能完全对应于由语序决定的前瞻性假设所构成的梯级。不清楚言者如何能够一步步地引导听者构建一个又一个的前瞻性假设，用（64）所示范的方式走完（65）和（66）的梯级。例如，除非听者已经知道语句如何收尾，否则他就无法在处理"Jennifer"这个词时作出（65a）那样的前瞻性假设，也无法在处理"admitted"这个词时作出（66b）那样的前瞻性假设。虽然（64）—（66）各句的逻辑特征相同，且与（59）的句法结构有着相同的关系，但在正常情况下，只有（64）可以随着语句的展开，通过一步步构建的假设系列而得到复原。

　　如果说焦点重音自然落在语句的尾部，因而背景也自然先于前景得到复原，那就等于是说自然的顺序是先提问后回答，或是说复杂的信息是一步步在交际中得到自然传递的。然而，偏离这种模式的情况确实存在，它们也可以符合关联原则。例如，如果一个问题已被直接居前的语句直显或隐寓地提出了，重复该问题就会浪费心力。对直显问题的回答因此就可以用非常残缺的句子，而在无残缺成分的回答里，焦点也可以出现在背景之前，如作为（67a）的可能回答（67b—d）所示：

（67）（a）彼德：Who is the greatest English writer?
　　　　　　　谁是最伟大的英语作家？

　　　（b）玛丽：SHAKESPEARE is the greatest English writer.
　　　　　　　莎士比亚是最伟大的英语作家。

　　　（c）玛丽：SHAKESPEARE is.
　　　　　　　莎士比亚是［最伟大的］。

　　　（d）玛丽：SHAKESPEARE.
　　　　　　　莎士比亚。

每个回答都以"Shakespeare"这个 NP 为焦点，以"Someone is the grea-test English writer［某人是最伟大的英语作家］"这个定识为背景。只有在（67b）里，该定识才是完全直显的。这时，该定识在焦点之后展开，仅仅起了提示语的作用，确认听者本来已经能独立得到的解释。

（68b）和（69b）这类例子之间的对比能否纯粹用语用学的术语加以解释，对这个问题已经有过一些文献加以讨论了。[22]

(68)（a）I'm sorry I'm late.

很抱歉我来晚了。

(b）My CAR broke down.

我的**车**抛锚了。

(69)（a）I'm sorry I'm late.

很抱歉我来晚了。

(b）My car was BOOBY-trapped.

我的车给**锁**起来了。

问题在于这些例子中的重音是否已经失去了自己的自然强调作用，而受制于任意性规定的语言约束，抑或这种重音落点亦可被看成是语用原则特别作用的结果。如果可能对其作出语用解释的话，我们认为可以采用以下思路。

有一个颇为牢靠的直觉，认为在（68b）那种句首重读的例子里，出现在主语名词之后的内容从某种意义上说是可预料的。我们相信，恰当的解读可以从我们的弱寓义和弱交际这两个概念中导出。（68b）的言者为自己的迟到致歉的时候，听者自然会期盼得到一个解释。言者一提"my car"，听者就会自动作出前瞻性假设，设想是她的车出了事，使她不能及时赶到，并调取他有关"小汽车"的百科条目的相应内容。从百科内容里，听者可以找到下列高度可及且经过了有力证实的定识：小汽车会抛锚，油也有可能用完，还会发动不起来，所有这些都能充分解释言者为何不能及时赶到。

注意，言者可以弱寓谓这一系列理由，而无需直显地表述出来。因而如果她说："很抱歉我来晚了。我那该死的车！"她的话完全可以被当作是唤起了这些预料之中的理由里的一个。因此，在这些例子里，出现在句首名词组后面的内容已经在提到句首名词组时得到了弱交际，语境效果作为语句主要关联性的基础，可以根据弱交际带来的前瞻性假设而演算出来。

为试图解释（68b）和（69b）这两种例子之间的对比，已有的做法往往含糊地求助于"相对语义重点"或"相对新闻价值"这些概念，很少超越这个局限。在我们的框架里，有可能比它们做得更好。对听者来说，就是在他作出了言者因车子故障而迟到这个前瞻性假设之后，言者的车被锁住这个信息仍然会相当有关联。换句话说，出现在（69b）句首非重读名词组后面的内容，在加工句首名词组时创建的语境中，能得到重要的语境效果，而在（68b）的句首重读名词组后面出现的内容，却没有这样的效果。因此，（69b）的句首名词组后面出现的内容应该得到焦点重音，而（68b）的相应位置则不应重读。诸如例（68b）和（69b）之间的对比可以循这种思路加以解释，不需要求助于任何特设的重音指派规则。

至少在生成语法的近期文献里，[23]对比重音一般被处理为非语言现象或是准语言现象，不受制于特殊的音系约束规则。这与一种观点不谋而合，认为重音纯粹是一种自然设施，用以标出语句的某个值得注意的方面。按初步印象，鉴于不同语言中的对比重音有其不同的运作方式，这为上述观点带来了问题。对比重音在英语中用得比法语自由得多：例如，（70）读起来十分自然，可与之相当的法文例句（71b）只能作为前一个语句如（71a）的回声句才能显得自然：

（70）YOU must do the washing up.

你该［洗碗碟］：该你洗碗了。

（71）（a）男：Il faut que vous fassiez la vaisselle.

［应该］您［洗碗碟］：该您洗碗了。

（b）女：Non, il faut que VOUS fassiez la vaisselle.

不，该您洗碗了。

然而，这并不是个特别令人信服的反对意见，除非有证据能表明，对比重音的变化不能用语言加工的概念来解释。如果同样一种重音模式在一种语言里可能比另一种语言耗费更多的加工代价，或同一种语言的同一个重音模式采用某种表达方式会比另一种表达方式耗费更多的代价，那么志在优化关联的言者就应该较有节制地使用那些高代价的重音模式。

似乎较为清楚的感觉是，在法语那样的语言里，语调的调型相对较平，又强烈倾向于将焦点重音置于句末，因而如果在句子的其他位置使用对比重音，对调型所造成的干扰会比英语这类语言大得多，因为英语的调型相对多变，焦点重音的落点也较自由。调型受到的干扰越大，付出的心力就越多，在其他因素不变的前提下，语句的可接受性就会降低。我们因而预测，在法语这类语言里，语句内部的对比重音只能出现在上文（71）那样的回声式对话中，才可以为人接受。这时，语言形式和语用解释的对应减轻了总体付出的心力，提供了一种特别经济的方法，以确定一系列意向中的语境效果。

因此，我们的看法是：重音位置像其他语体特征一样，应该从心力的角度加以考察。尽管对比重音是个自然的强调设施，这并不意味着它的使用就不能在有些场合下耗费较高的代价，正像指点这种手势，它也是个自然的强调设施，用在某些场合时可能会让人付出较多的社交代价。[24]这就向我们揭示了一种研究重音模式的跨语言变异的有价值的做法。我们觉得这种方法也可以用于对非对比重音的许多语料的研究，后者是近年来一个颇有价值的研究重点。[25]

回到我们原来作出的有关语言结构和语用效果的自然联系的那个假设。我们来说明一下，上文的例子（52）—（54）在本节简介的框架里应该如何处理。先看（52a—b）：

(52) (a) Bill's twin sister lives in BERLIN.

比尔的孪生姐妹住在**柏林**。

(b) Bill has a twin sister who lives in BERLIN.

比尔有个孪生姐妹住在**柏林**。

对这些例子的标准描写是借助预设—断言的区分而作出的：（52a）预设

了（52b）所断言的内容，即"比尔有个孪生姐妹"。对于这个区分，可以引用两种直觉来提供佐证。设想比尔并没有孪生姐妹且听者知道这一点，那时我们都会赞同一种直觉：（52a）听起来会让人觉得比（52b）糟糕得多，这一点似乎确实毫无争议。有人认为还有一个更强的直觉：如果比尔并没有孪生姐妹，那么不管听者对此事的信念如何，（52a）都完全不能表达命题意义。对这第二个直觉我们尚存疑虑，在此我们不拟对其加以讨论，因为不管怎样，这只是个边缘性的语用学问题。[26]然而第一个直觉则可以从我们的理论框架直接导出。

我们且假定（52a）和（52b）都分析性蕴涵（72）：

(72) Bill has a twin sister.
　　 比尔有个孪生姐妹。

那么这两个语句的真值条件相同。然而，（72）是（52b）的焦点梯级的一个成员，而这个焦点梯级与前瞻性假定的梯级相对应。（72）在其中的作用是对居前假设"Bill has something［比尔有某物］"作扩展，或回答问题"What does Bill have?［比尔有什么］"而且至少是对这个应该有关联性的问题的部分关联的回答；这两个作用功能相当。如果"Bill has a twin sister［比尔有个孪生姐妹］"这个信息的唯一贡献是立即调取关于这个孪生姐妹的既有概念地址，那就应该选用更经济的（52a）。（72）这个蕴涵在（52a）里并不处于焦点梯级之中。与之相关的是，它也不是任何蕴涵问题的回答。事实上，（52a）的焦点梯级所蕴涵的第一个关联问题是"What does Bill's twin sister do?［比尔的孪生姐妹做了什么?］"一个旨在优化关联的言者何时应该选择（52b）而非（52a）？那就是当"比尔有个孪生姐妹"这个信息本身已具有足够的关联时。因此，如果言者觉得"比尔有个孪生姐妹"这个定识对听者既不显明，又不是显明地顺理成章，她就应该选用（52b）；而听者如果不接受这个定识的真实性，就会觉得（52a）比（52b）糟糕得多。

正如斯特劳森［Strawson］（1964）所提到过的，还有一系列更细微的直觉，涉及不同句法位置里的指称表达式所带来的预设效果。比较（73a）和（73b）：

（73）（a）The King of France visited the EXHIBITION.

法国国王参观了**展览会**。

（b）The exhibition was visited by the King of FRANCE.

参观展览会的有**法国国王**。[27]

斯特劳森认为，如果存在一个可指认的展览会但不存在可指认的法国国王，（73b）会是个恰当的断言，尽管该断言是错误的，而（73a）这个断言却根本不能作出。根据我们的理论框架，这些直觉可以为前景蕴涵和背景蕴涵的区别所预示。最强的预设效果是由背景蕴涵的分析性蕴涵所承载的。因此，如果（73a）的焦点是"the Exhibition［展览会］"或"visited the Exhibition［参观了展览会］"，而背景是"The King of France did something［法国国王做了某事］"或是"The King of France visited something［法国国王参观了某处］"，那么"存在着法国国王"这个信息就会为背景所分析性蕴涵。听者既然不接受这个信息，就根本无法调用一个令该语句有关联的语境。相反，如果（73b）的焦点是"the King of France［法国国王］"或"was visited by the King of France［⋯⋯有法国国王］"，而背景是"The Exhibition had some property［展览会具有某个属性］"，或"The exhibition was visited by someone［参观展览会的有某人］"，那么听者至少还能调用恰当的语境并弄清言者大概想造成什么样的语境效果。因此，直觉上才会感到这个例子里的指称失败所带来的后果不那么严重。

再看（53a—c）的例子，常常有人举出这三种句式来证明有需要划分两种不同的区别，一种基于从左到右的语序，另一种基于语调的凸显性：

（53）（a）It rained on MONDAY. 下雨是在**星期一**。

（b）On Monday it RAINED. 星期一**下了雨**。

（c）On MONDAY it rained. **星期一**下了雨。

韩礼德［Halliday］（1967—1968）对此作了区分，一方面是基于左右语序的主述结构或篇章结构，另一方面是基于语调凸显性的信息结构。他把主位定义为句子的左端句法成分，把述位定义为主位后面的所有成分。主位—述位的区别就像焦点—预设的区别一样，常被视为是纯语言的现象。布朗和尤尔［Brown and Yule］（1983：133）因而宣称"主位是句子分析的形式范畴"。在我们的框架里，对（53a）、（53b）和（53c）三者间区别的解释完全可以不引入主位这样的形式范畴。

我们可以看到，（53a）有一系列可能的焦点："Monday［星期一］"、"On Monday［在星期一］"和整个句子。[28]这个句子因此可被理解为对下列问题的回答："On what day did it rain［星期几下的雨］"、"When did it rain［什么时候下的雨］"以及"What happened［发生了什么事］"。（53b）和（53c）的效果是对这些可能的解释作出调整。（53b）的听者处理了"On Monday"这两个词后，就知道对星期一发生的事有问题要回答，且言者觉得这个问题对听者是有关联的。换言之，把不带重音的成分"On Monday"放在句首的效果是将这个内容推入了背景。同理，（53c）的听者加工了"On Monday"这两个词后，就应该知道它们回答了某个问题，这个问题他在这个阶段自己应该也能想到了。换言之，把重读成分"On Monday"放在句首的效果，就是选择它作为焦点。加工（53b）和（53c）那样的句子可能比（53a）耗费略多的加工代价；如果真是那样的话，那就是必须付出的代价，目的在于将状语置于背景之中，同时又将重音保持在语句句末，或是为了更准确地指出焦点的范围，那是正常容纳焦点的句法位置所无法做到的。[29]然而，（53b）和（53c）结构的特定效果仅仅来源于句法、重音指派和关联原则的互动。主位—述位的区别可能是一个强调直觉的重要手段，但是不论在语言学还是在语用学的技术性描写词汇里，都没有它的位置。

讨论话题与述题区别的经典文章是莱因哈特［Reinhart］（1981）。她把"句子话题"定义为直显地出现在句子里的句法成分，其指称就是句子所论述的内容；许多作者还使用了定义更模糊的"话语话题"。一般情况下，句子话题不带重音，在语序中居靠前位置。因此在（54a）中，句子话题是"约翰–保罗二世"，在（54b）中是"当今教皇"：

(54)（a）John-Paul the Second is the present POPE.
约翰–保罗二世是当今**教皇**。

（b）The present Pope is John-Paul the SECOND.

当今教皇是约翰 – 保罗**二世**。

（c）It is John-Paul the SECOND who is the present Pope.

是约翰 – 保罗**二世**担任当今教皇。

就话题的语用作用而言，基本的共识是：话题的功能是调取我们所说的对理解过程起关键作用的语境信息。因此经典型的话语话题是标题和图片说明，其作用恰恰是调取对有关语篇或图片的理解至关重要的百科信息；同理，句子话题一般是在语句中较前出现的不重读句法成分，其作用在我们的框架里是调取言者视为对理解过程举足轻重的百科信息。

重视话题研究文献的一个原因是：常常有人宣称，关联的最基本概念，也是最需要定义的概念，就是对话题的关联。比如布朗和尤尔［Brown and Yule］（1983：68）认为，尽管话题这个概念"很难界定清楚"，它"对关联和连贯这些概念却是至关重要的"。鉴于话题在调用语境时起了重要的作用，这些看法是可以理解的。只要语句在根据一个百科条目推出的专题语境中达成关联（这个"关联"取我们的定义），它就会具有话题关联（此"关联"取其引申之义，即"与话题相关"），这里的话题就是与该百科条目相联系的概念地址。然而，按照我们的理论框架，语句还可以在非专题语境中具有关联——指根据多种百科和环境信息推出的语境——从中难以就话题关联整理出系统的判断。话题关联语句只是关联语句的一个子集，话题关联这个概念倒是个引申性的概念，而不是基本概念。[30]

至于已知信息—新信息和焦点—预设这两个区别，我们除了前面已经说过的，没什么再要多说的了。在我们的框架里，背景信息是指通过减少所需心力而只是间接对关联作贡献的信息；它既不需要是已知信息，也不需要是预设信息。前景信息是指因导致语境效果而自身有关联的信息；它不需要是新信息。[31]然而，我们所说的前景—背景的区别同上述已知信息—新信息以及焦点—预设这两个区别之间的差异在于它们各自的理论地位。已知信息—新信息和焦点—预设这两个区别被典型地当作语言学和（或）语用学理论基本机制的一部分。相反，我们的前景—背景的区别在语言学理论里不起任何作用。而在语用学里，它只是个描写性的标签，用于区分理解过程中两种互补而各自都不可或缺的方面。也就是说，我们并不假定合格的说话者必须知道任何前景和背景的概念，不管是建立在人的语法系统中还是作为推理能力的一个组成部分。背景化和前景化的发生都是自动的效果，源自听者追求最大关联的倾向以及言者对这个倾向的利用。

本节的主要论点如下：鉴于语句具有成分结构、内在位序和焦点重音，另外，鉴于语句处理是在有限时间中进行的，所以，对这些结构特征的最有成效的运用就会导致多种语用效果。语言结构和语用理解之间存在着自然的联系，不需要任何特定的语用规约或理解规则：言者仅仅在既有结构约束和时间限制的基础上，使自己的语句顺应于听者原本就会采用的加工方式。[32]

六　寓义和语体：诗意

有人说语体如其人。我们宁可说语体即人际关系。根据交际所采用的语体，有可能推出这样的信息：言者对听者的认知能力和注意力集中程度的估计、言者愿意给听者提供多少帮助或指引以助其加工她的语句、双方的默契程度、他们在感情上的亲疏。换句话说，言者不但志在扩大她与听者共享的互有认知环境，还假定了一定程度的互有性，这通过她的语体得到了反映，有时在交际中也通过语体得到了传递。

语体的选择是言者或作者所无法避免的。志在达成关联的言者必须对听者的认知能力和语境资源构建一些定识，这必然会从她的交际方式上反映出来，特别会通过她选择表达的直显和隐寓内容上得到反映。试比较（74a—c）：

(74)（a）只有业余选手才能在奥运会比赛。

（b）奥林匹克运动会是每四年举行一次的国际体育赛事。只有业余选手才能参赛。

（c）奥林匹克运动会是每四年举行一次的国际体育赛事。只有业余选手——即不从体育活动中得到报酬的人——才能在奥林匹克运动会比赛。职业选手——即从体育活动中得到报酬的人——

不允许在奥林匹克运动会比赛。

这些语句的区别不在于它们的内容，而在于它们给听者提供了多少帮助，使他能复原这些内容。（74a）的言者相信听者已经知道的有关奥运会的信息，在（74b）和（74c）中得到了直显的表述。（74a）和（74b）的言者相信听者已经知道的有关业余选手的情况，在（74c）中得到了直显的表述。（74c）的语体比（74b）拖沓，后者又不如（74a）简练，这是由于言者对听者复原隐性内容能力的依赖程度有所不同而造成的结果。

一个志在优化关联的言者，如果她相信听者自己推出某些隐性内容比处理一个显性提示所付出的心力要小，就会将其全部保留为隐性内容。保留的隐性信息越多，她所显明的双方存在的互相理解程度就越大。当然，如果她对互相理解的程度作出了过高的估计，就有使她的语句更难懂乃至无法理解的危险。正确的平衡是不容易达到的：言者的估计和听者的能力之间就是有一点不匹配，也会使言者原来意图提供的帮助对听者显得是居高临下或直接令人不快。然而，重要的是，言者必须选择某种形式来传递自己的意向讯息，而她所选定的形式无可避免地会透露她对听者的语境资源和加工能力所作出的各种假定。完全中性的语体是不存在的。

语体变化的另一个层面是它们对听者搜索关联时所设置的限制程度或提供的指导程度。试比较作为（75a）回答的（75b—d）：

（75）（a）彼德：杰克是个好水手吗？

（b）玛丽：他是个好水手。

（c）玛丽：英国人**都是**好水手。

（d）玛丽：他是英国人。

如第四节所述，直接的回答让听者能顺其意愿自由处理提供的信息，而间接的回答则为语境效果的计算呈示了一条特定的加工思路。例如，说（75c）的时候，玛丽不但期望彼德调取并使用"杰克是英国人"这个定识，并推出"杰克是个好水手"；她还怂恿他对"英国人都是好水

手"这个定识作进一步推测，并从中得出一些额外的结论。相反，说
（75d）的时候，她的做法显得"英国人都是好水手"这个定识已经对
她和彼德互为显明了，且比"杰克是英国人"这个定识更加显明。可能
在有些场合，（75d）的主要关联性并非来自"杰克是个好水手"这个
强烈寓谓的结论，而是出自玛丽的这种说法：她把"英国人都是好水
手"当做互为显明的信息，这样就互为显明了她的意图是显明她认定自
己和彼德分享着一种民族自豪感。

　　我们要坚持的观点是：语体在追求关联的过程中形成。古典辞格是
用形式特征来界定的，这些特征可能具有预期的语体效果，也可能没
有。作为例示，考察一下连续反复或重复这个辞格。重复对语句理解所
造成的效果绝不是一成不变的。比较下列语句：

（76）Here's a red sock, here's a red sock, here's a blue sock.
　　　这里有只红袜子，这里有只红袜子，这里有只蓝袜子。

（77）We went for a long, long walk.
　　　我们走了长长的路。

（78）There were houses, houses everywhere.
　　　到处都是房子、房子。

（79）I will never, never smoke again.
　　　我再不、再不抽烟了。

（80）There's a fox, a fox in the garden.
　　　有只狐狸，有只狐狸在花园里。

（81）My childhood days are gone, gone.
　　　我的童年时代消逝了，消逝了。

在易于设想的不同场合，（76）可能意指有两只红袜子；（77）指言者
走了很长的路；（78）表明有很多很多房子；（79）指言者肯定不会再
抽烟了；（80）表示言者看到花园里有狐狸很兴奋；（81）表明言者因
消逝的童年而感慨。因此，重复的"强调"效果因不同的例子而体现为
不同的内容。具体地说，它们可能在语句的命题内容中得到反映，如
（76）—（78）所示，也可能体现为言者对有关命题内容的承诺程度，

如（79）的情况，或是言者态度的其他表述方式，如（80）和（81）所示。

一种解释这种变异的方法是建立特定的语义或语用解释原则，那样，举例而言，要是遇到两个重复的等级形容词，第一个就会理解为"非常"的意思；遇到两个重复的复数名词，第一个就理解为"许多"，等等。然而，在（80）、尤其是（81）的情况下，很难想出一些命题来对原语句作阐释，可以充分把握原句的含义，因为原来的那些语句似乎是在体现——而不只是描述——言者的心理或情感状态：它们导致了无法用命题来描写的效果。这些效果一经阐释就会失色。因此，为重复这个现象而逐例制定特设的语义或语用解释，这条思路似乎价值不大。

另一种可能是说明重复的效果源自更广义的心理学原则，或许源自针对自然环境中的重复输入信息而制定的认知策略的某种普适型组合。但从表面上看，很难弄清两只羊或一群羊如何可以被理解为是对一只羊的煽情、激越或是强调式的描写。此外，（80）和（81）例又为这种思路出了难题。

从关联理论的观点看，上述两条思路无论怎样都是多余的，因为（76）—（81）的解释可以从关联理论自动推得。在我们的框架里，听者遇到这些语句时所面临的任务是：使词语的重复顺应以优化关联为目标的假定。显然，重复自身触发的增量语境效果必须在价值上超过重复所耗费的额外语言加工的心力。（76）—（81）在解释上的差别直接显示了增加语境效果的不同方式。

加工（76）时，符合关联原则的定识是："这里有只红袜子"的两次出现分别指数量上不同的物体，因此，（76）的意思自然就被理解为"有两只红袜子"了。加工（77）时，符合关联原则的定识是：言者想表明走的路比听者一般想象的要长，也就是说，走了很长的路。加工（78）时，符合关联原则的定识是：言者想表明房子的数量较听者按常理想象的要多，也就是说，有大量的房子。这里的每一例中，重复更改了命题式，因而也更改了语句的显义，由此导致了额外的语境效果。

这些解释方式对（79）都不适用。在此，符合关联原则的定识是：言者对自己所表达的定识赋予了较听者的一般理解更高的证实值。由于言者意识到听者会对其语句持怀疑的态度，所以她就说了两遍"never

［再不］"这个可能为人质疑的内容，以使听者确信她会言行一致。也就是说，这里的"never, never［再不、再不］"与"definitely never［肯定不再］"的含义相当，反映了言者对所表达之定识的承诺程度。它增强了语句的显义及其所有语境蕴涵，从而增加了语句的语境效果。

加工（80）和（81）时，上面的几种解释均不适用。不论是对命题式作充实还是对寓义作增力都不可能增加效果。我们的观点是：在这些情况下，重复能怂恿听者扩展语境并藉此加入深层的寓义，因而会导致语境效果的增加。解释（80）的重复时不能得出"花园里有几只狐狸"的假定，也不能对"有只狐狸"这个定识作增力。相反，该语句的听者被怂恿去进一步发掘记忆中位于"狐狸"项下的百科条目的内容，同时得到保证由此获得的语境效果方面的收益会在价值上超过额外付出的心力："花园里有只狐狸"这件事的表述方式，使该命题获得的关联程度超过了听者所能自然意识到的程度。

同理，解释（81）的重复时不能认定言者的童年时代消逝得比常理认定的更快或更肯定。所以，为了确认关联推定，"gone［消逝］"的重复应该被理解为是怂恿听者去对语境作扩展。然而，（80）和（81）之间还是有差异的。对"花园里有只狐狸"这件事加以关注，并努力回忆起狐狸的基本特性，这有可能引出一些预料之中的强烈语境蕴涵，比如"鸡会有危险了"。这些强蕴涵可能会被理解为语句的强寓义。而（81）更可能是通过对语境的更多样化的扩展，借助一系列更广泛的弱寓义而达成额外的关联。换言之，听者被怂恿去运用自己的想象力，想象言者青春不再的情形，并对自己想象内容的恰当性承担较大的责任。

试比较（81）和（82）的解释：

（81）My childhood days are gone, gone.

　　　我的童年时代消逝了，消逝了。

（82）My childhood days are gone.

　　　我的童年时代消逝了。

我们并不是说，在给定语境中，（81）具有（82）所缺乏的语境蕴涵：两个语句的听者都可以从"言者的童年时代消逝了"这件事随意推出多个结论。(81) 所具有的是比 (82) 更多的寓义：即更多的、得到言者某种程度支持的从语境中得到的定识和蕴涵。为解释"gone"的重复使用，听者必须考虑到言者可能合理地期盼他从 (82) 导出的所有寓义，然后再认定还有一整列更深层的前提和结论，也是言者想要支持的。为此，听者必须扩展语境。作为结果，(81) 可能的含义是：言者正在感受着潮水般的滚滚回忆，允许听者自行想象。这些与态度、情感和心境的表达相联系的看似属于非命题的语义效果，可以借助第四节开发的弱寓义这个概念而得到解释。

如果一个语句通过一系列广泛的弱寓义而达成自身的大部分关联，我们就把这种特殊的效果称作诗意。一般而论，一种特定辞格的最显著的例子，即为修辞学家和语体研究者选出来考察的情况，就是那些具有我们所定义为诗意的例子。尔后这些诗意又被归结于相关的句法或音系结构。然而，正如上文的例子所示，重复的句法模式并非一成不变地导致显著的语体效果。这一点对古典修辞学所确定的全部修辞风格都适用。

作为示例，考察一下现代句法学家称之为缺空的句法结构，古典修辞学家称之为蒙上省略法，如 (83) — (85) 所示：

(83) Mary went on holiday to the mountains, Joan to the sea, and Lily to the country.

玛丽度假在山地，琼在海滨，而莉莉在乡间。

(84) Mary lives in Oxford, Joan in York, and Lily in a skyscraper.

玛丽住在牛津，琼在约克，而莉莉在摩天楼。

(85) Mary came with Peter, Joan with Bob, and Lily with a sad smile on her face.

玛丽赴会带着彼德，琼带着鲍勃，而莉莉带着一脸苦笑。

这些例子各自都清楚显示了句法、语义和音系上的排比关系。这使听者减少心力的自然倾向得以增强，从而在命题式和寓义中寻找相应的并行关系。例如在 (83) 中，第二和第三小句中缺少的 VP 可以准确无误地认定为"went on holiday [度假]"。此外，同样易于调取的语境——度假的典型情节——使三个小句产生了并行的语境效果，其中有些结论对玛丽、琼和莉莉一齐适用，另一些则从颇为常规的角度对三者的假期作了对比。一个志在优化关联的言者，如果故意使用了这种语言上的并列结构，那只能是因为她期望该结构能减少听者付出的心力，尤其是她认为对并行语境和并行语境效果的搜索会得有所偿。否则，这样的并列就可能对听者的心力作出误导，由此增加而不是减少了听者的心力。因此，如果并列结构确实反映了言者的刻意之选，（83）—（85）的形式就向听者表明：对并行语境和并行语境蕴涵的搜索是会有成效的。

（83）的并列结构并没有带来特别的语体效果。但（84）和（85）确实产生了特别的效果，其中以（85）为甚。这里我们提供一种解释：在（83）中，句法并列与语义并列相匹配，很容易在一个颇为常见的语境里得出并行的语境效果。所以，（83）的并列结构对关联作贡献的方式并不是导致特别的语境效果，而仅仅是减少心力。在（84）和（85）中，句法上的并列并没有在第三个小句中相应带来同样关系的语义并列："摩天楼"与"牛津"、"约克"不属同类；"一脸苦笑"也与"彼德"、"鲍勃"格格不入。然而，句中的句法并列非常彰显，不可能是巧合，也无法为人忽视；尽管存在着部分语义上的偏差，其强烈的结构效果仍然足以触发并行的加工处理。因此，问题在于如何找到一个语境，使这三个小句能一起从中得出并行的语境效果。这需要付出心力去想象一番：听者必须将相对无关的几个百科条目归到一起，构建一些非陈规的定识。

在（84）中，听者的任务是找出一组定识，在这些定识所构建的语境里，可以使"玛丽住在牛津"、"琼住在约克"、"莉莉住在摩天楼"这三个事实具有相同或是直接对比的蕴涵。对牛津、约克和摩天楼的基本知识可以让我们得出以下结论：玛丽和琼不住在摩天楼，而莉莉不住在旧市镇。不过，这些结论其实可以更廉价地获得，假如言者说出了莉莉住的城市名或是玛丽与琼所居住的房型。如果这句话的总体解释要符合关联原则，就应该相信言者寓谓了更多的内容：例如，她可能试图传达许多弱寓义，以表明玛丽和琼的生活方式较多地受其居住市镇风格的影响，而与居住的房型关系不大，而莉莉的情况则与之相反。

在（85）中，听者的任务是找出一组定识，在这些定识所构建的语境里，可以使"玛丽赴会带着彼德"、"琼带着鲍勃"、"莉莉带着一脸苦笑"这三个事实具有相同或是直接对比的蕴涵。可资参考的解释是：莉莉没带人来；她觉得伤心是因为没有人跟她一块儿来；她的苦笑后面有段不寻常的故事；玛丽、彼德、琼和鲍勃多少都牵涉其间；听者可以运用自己的想象从各种角度加以演绎。这样，理解该语句所需要的并行语境和并行语境效果都可以得到保证，从而产生一系列内容多样的微弱寓义。

在（83）、（84）和（85）中，由于语句形式的影响，对符合关联原则解释的搜寻致使听者采用了一种加工策略；加工（83）时，该策略导致了较寻常的解释；语句形式对关联的贡献仅仅在于减少心力。加工（84）特别是（85）时，该策略使听者超越了标准语境和前提，导致了典型诗意的产生。

诗意是如何影响交际双方的互有认知环境的？它们并不是在这种环境中加入强烈显明的全新定识，而只是些微地提高了大量弱显定识的显明程度。换言之，诗意带来的不是共同知识，而是共同印象。有诗意的语句可被用于专门营造这种显然是情感上的共鸣，而不是认知上的互有性。我们所提出的观点是：透过关联理论的显微镜来观察这些情感效果，可以看到多样化的微妙认知效果。

我们认为，诗意源自于对关联的追求，这种追求与一般情况的区别在于它大范围地调用了许多极弱寓义。语体差异也就是关联在达成方式上的差异。语体的一种可能的差异在于它们对诗意的不同依赖程度，正如语体差异也可以表现在它们对寓义的不同依赖程度上，还可以表现在它们的显义对前景化信息和背景化信息的不同驭用程度上。

七　语言使用的描述层面和解释层面

至此，我们的注意力一直局限在普通断言上：这种语句的主要显义就是其命题式。可在许多情况下——或许是多数情况下——语句的命题式根本就不是其显义。转义就是一例，非断言言语行为则是另一例。然而，通常并不认为这两种语句之间有什么特别紧密的联系。

传统上把转义分析成修辞义对字面义的取代。请看（86）这个反讽用法：

　　（86）（a）彼德挺博学。

　　　　　（b）他连莎士比亚都听说过。

（86a）的命题式是"彼德挺博学"这个定识，但这并不是言者想要显明的定识；它不是显义。（86a）的唯一明显的显义是（87）。我们已经说明过，一个人可以说 P，但并不断言或显谓 P。（86a）就是这样一个例子。

　　（87）言者说彼德挺博学。

同理，（88）这个隐喻用法的命题式并不是显义：

　　（88）这间屋子是猪圈。

言者并不期望听者听到这句话后便开始四下留意猪的踪迹。（88）唯一清楚的显义是（89）：

　　（89）言者说这间屋子是猪圈。

形如（86a）和（88）这样的转义语句似乎除了（87）和（89）这样的引述语以外，并没有其他的显义。问题是要解释这种语句是怎么有可能达成任何关联的。

　　非断言式言语行为的命题式也不是显义。请看（90）这样的是非疑问句：

　　（90）吉尔会来参加聚会吗？

（90）的命题式是（91）：

（91）吉尔会来参加聚会。

然而，如果（90）是个真诚的问句，言者的意图就不是要表达"吉尔会来参加聚会"的意思，而是要弄清楚她是否会来。（91）的命题式必须结合进（92）那样的定识图式以产生（93），即（90）的显义：

（92）言者在问是否 ——
（93）言者在问是否吉尔会来参加聚会。

同理，（94）所表达的请求具有（95）的命题式：

（94）请关门。
（95）［听者］要马上关门。

然而，言者的意图显然不是要告诉听者他要马上关门。（95）这个命题式必须结合进（96）那样的定识图式以产生（97），那才是（94）的显义：

（96）言者在告诉听者使下列内容成真 ——
（97）言者在告诉听者使下列内容成真：他要马上关门。

有关语力和言语行为的文献在数量上已相当可观，转义的文献就更多了。这两类文献所关注的中心问题都是对现象的分类，很少提供解释。尽管存在着这种表面上的类似，语力的文献和转义的文献很少有交融之处，仿佛不言而喻的是，它们基本上分别属于语言使用的不同方面。这种观点认为语力和转义界定了两种截然不同的题材，各自具有自身的一致性，那是我们所不能赞同的。我们要提出一种不同与此且更为整合的观点，它基于解释和描述之间的更根本的区别之上。[33]这个区别不是为了解释转义和语力而特设的额外手段。它可以很自然地从明示——推理交际的关联论解释中推导出来，而后者本来就是我们一直在尝试发展的方案。我们要在本节介绍这个区别并加以演示，然后要用它在第八节解释隐喻，在第九节解释反语，在第十节从新的视角考察言语行为和语力。

用于明示交际的刺激讯号多数是表征（当然是外在表征而非心理表征）。不但语言表达的语句是如此，许多其他类型的明示刺激讯号也是如此。关联理论对这一事实提供了直接的解释，且无须借助任何特设规则、限制或原则：例如，不需要达成一种默契，约定要是对某种事态作出了表征，那就会表明该事态的存在（这种说法毕竟还遇到了无数的反例）。

刺激讯号的识别，尤其是明示刺激讯号的识别，需要考察作为概念的结构组合体的逻辑式。我们已经知道，概念可以调用百科条目，而逻辑式可以用作定识图式。给定关联原则——特别是既然已经推定从心力的角度看，刺激讯号是讯递者尽其所能选用的最佳讯号——交际行为的受讯者就有理由认定：为了复原言者意向中的解释，他必须采用考察中的逻辑式所提供的定识图式以及该逻辑式的成分概念所调用的百科条目。

有些概念和定识图式不是由直接可感知的环境所导出的，需要时可以采用能为人识别的表征，将受讯者的注意力引导到它们上面。如果要让人想起狗，可旁边没有狗可以指给他看，那可以用狗的表征：一幅画、作出狗的姿势、模仿狗叫、用"狗"这个词或是其他语言与"狗"相当的词。如果要让人想起噬咬的狗，那就使用相应的语言表征或图像表征。既然这是个明示行为，受讯者能据此认定的就是：你在作交际，你所传递的信息值得他加以注意，你采用的刺激讯号是经济的，因而你不会让他无缘无故地思索"狗咬"这个心理表征，与这些定识相一致的第一个推导得出的解释应该就是正确的解释。

如果条件合适，世界上任何自然或人工的现象都可以用作其他现象的表征，只要两者在某些方面相似。一个贼爬上别墅的院墙后，不出声地模仿狗噬咬的样子，向墙下的帮凶示警。你问我巴西的形状，我指了指天上一块形状大致类似的云彩作为回答。玛丽在聚会上对彼德模仿了一下开车的动作，示意她想走了。

语句还可以通过另一种途径被用作表征：不是由于与某个现象相似，而是因其命题式真实反映了某个实际事态或可想象的事态。例如，作断言时，语句的命题式被用作真实世界的某个事态的表征；发出请求时，语句的命题式被用作一种希冀事态的表征。然而，语句也是现象，同其他现象一样，也可以被用来表征与自己相似的事物。这个可能常常为理论工作者所忽略。就是在未被遗漏的时候，我们认为它在言语交际中所起的作用还是被大大低估了。

请看下列对话：

> （98）彼德：你跟旅店老板说话用什么语言？
>
> 　　玛丽：Bonjour, comment allez-vous, bien, merci, et vous？
>
> 　　（法语：早，您好吗？很好，谢谢，您呢？）

玛丽想要传递的信息是她跟旅店老板说法语，但她没有通过断言来表达这个意思，而是模仿她想显明的这个事实。她之所以那样说话，是因为该语句类似于她跟旅店老板说法语的现象，尽管其命题式完全没有描述该现象。然而，正如例句（6）的口吃者炫耀治疗结果那样，玛丽的回答简直不能算是真正的语言交际。

现在请看（99）的对话：

> （99）彼德：那旅店老板怎么说呢？
>
> 　　玛丽：Je l'ai cherché partout！
>
> 　　（法语：那件东西我到处都找过了！）

这里，玛丽还是没有传递语句的命题式。她那样说话是因为该语句类似于旅店老板的话。两句话之所以相似，是因为玛丽的话是同一个句子的用例：它是个直接引语。直接引语具有语言结构，包括语义结构。直接引语被用于显明其语义结构时，属于言语交际的范围。语句被用作类似事物的表征而非其描述内容的表征，直接引语是最明显的例子。但这并不是唯一的例子。

请看彼德和玛丽对话的另一个版本：

> （100）彼德：那旅店老板怎么说呢？
>
> 　　　玛丽：那件东西我到处都找过了。

这回，玛丽的话是对旅店老板所说语句的翻译。它又被用作类似事物的表征：它之所以类似于旅店老板的语句，是因为它具有相同的语义结构。

再请看（101）：

（101）彼德：那旅店老板怎么说呢？
玛丽：他到处找过你的钱包。可我不信他。

（101）中，玛丽的第一句话是旅店老板语句的表征，虽然它既不是个直接引语，又不是译语。两个人的语句怎么会有相似之处的呢？两者的语义结构并不相同，因为旅店老板用第一人称代词而不是第三人称代词来自指，提到彼德的钱包时用的是第三人称代词而不是有定摹状词。两个语句的相似之处在于它们的命题式。

现在设想旅店老板并没有用"Je l'ai cherché partout"这样简单的一句话来回答问题，而是说了长长的一大串，既不包括上面这个句子，又没用任何与之相近的句子。请看以下例句：

（102）彼德：那旅店老板怎么说呢？
玛丽：说他到处找过你的钱包。

玛丽的话再一次被用作类似事物的表征，即它与旅店老板的语句相似。可这回类似的性质是什么呢？两者的语言结构不同，语义结构不同，命题式也不同。然而，如果玛丽的概述忠实于原文的话，两者的命题式尽管不同，却仍须有相似之处：比如，它们须共有某些逻辑属性，必须在某些语境中导致一些部分相同的语境蕴涵。

任何具有命题式的表征——尤其是语句——都可以通过两种途径来对事物作表征。它可以表征某种事态，方法是让自己的命题式真实地反映该事态；此时我们说这种表征是一个描述，或者说这是描述性用法。它也可以表征另外某个本身也有命题式的表征——比如一个思想——其依据是两个命题式之间具有相似之处；此时我们说前一个表征是后一个表征的解释，或曰这是解释性用法。

两个表征的命题式必须相似到何种程度，才能使其中一个成为另一个的解释？我们将会表明，对这个问题的答案因个案而异，但总可以从关联原则推导得出。在此我们想要指出的是，虽然可能存在一个起码的相似度，低于该程度就无法采用解释性用法，但不需要定出一个最大相似度，高于该程度时，相似就会被等同接替，解释也会让位给复制。等同是类似的极限情况；复制是解释的极限情况。一个表征被用于表征另一个具有相同命题式的表征时，这只是一个解释上的极限情况，如例（101）所示。

得到广泛承认的唯一一种语句的解释性用法是话语或思想的转述：一个语句被用来转述另一个语句，如例（99）—（102），或是转述一个思想，如（103）：

（103）玛丽：我们怕麻烦，不会去报警的，他想，那么他就可以稳稳地占有那个钱包了。

这里，玛丽的语句，除了插入成分"他想"，被用于转述她赋予旅店老板的思想。

除了话语或思想的转述，还有其他的语句解释性用法。请看（104）的定识：

（104）存在一个大于 8364357 且小于 8366445 的素数。

读者是否觉得上述定识合理？这其实也无关紧要。关键在于我们刚才解释性地用语句表征了一个定识，而并没有把该定识赋予任何人，也就是说期间并不涉及转述。这种用法已经在本书中多次出现：许多标了号码的例子被用作语句、定识或意图的表征。而这些语句、定识和意图并没有被赋予任何人，连虚构人物都没有。它们被用来说明某些抽象的观点。

作思辨性思考时，思想常常被视为对酝酿完善过程中的定识的大致表征。平凡[34]思辨就是这样：我不记得琼斯家的聚会安排在哪天了，所以就自我考问一番，是"星期二"、"星期三"、"星期四"，等等，希望等自己说到正确的日期时，就会有办法认出这一天。我考虑着这一连串的想法，试图以此表征记忆中有关联的那个信息，令我抱有一线希望的原因是：这样试下去，可能有一个想法会在心理上与记忆中的信息正好契合；可如果这些思想被处理为描述，那就非得等到事情发生后才能核实其中的一个并证伪余下的想法了。作科学思索时，不充分或不完整的假设也被有意地作为对思考的对象。这种假设不是对研究中的经验性现象的描述，而是对行将拟就的改良的假设的临时表征。

　　因此，话语或思想的转述并不是语言唯一的解释性用法。语句可作解释性使用，以表现那些因其自身内在本质而值得考虑的语句或思想类型，而不是因为它们可以代表彼德、玛丽、旅店老板等其他人的语句或思想，也不是因为它们可以体现公共舆论。但我们要论证的观点是，还存在着更为本质的语句解释性用法：在更基本的层面上，每个语句都被用来表征言者的思想。

　　言者意图显明的定识之一是：她正以某种态度持有某个思想，因为听者正是从这一点出发，才可能被引导得出带着相同态度的相同思想。你当然可以告诉我你明天来，但除非你先让我相信你也相信自己的话，否则你就不能让我相信它。这一点是几无争议的。事实上，一般的观点要更为极端。多数语用学家和语言哲学家都理所当然地认为存在着一种常规，或是原则，抑或是推定，[35]大致规定语句的意义必须是对言者思想的字面义表达，即言者思想的全等复制。我们觉得这种看法过于极端。人肯定不会总是用字面义来表达自己思想的，不那么做时，直觉上也并不觉得违反了什么规范。因此并不存在经验上的证据来支持字面义表达这个常规或诸如此类的规范。之所以要假设这种常规，完全是出于理论上的考虑：其深层隐含的交际代码模式认为语句传递的是其编码内容；非字面义的用法可以随后分析为字面义的偏移，或多或少也经过编码，可以通过推理而得到复原。

　　我们的做法与此不同。我们已经摒弃了代码模式，并希望我们对言语交际可能性的解释，除了受严格的语法制约规限外，不需要假设任何因事特设的制约因素。代码理论家认为在言语交际的过程中，言者将其思想编码成为语句，然后由听者对语句解码而获得原来的思想（当今的代码理论又加上了一个推理层面）。我们认为在言语交际中，言者发出语句，作为对自己思想的公开解释，听者随后对该语句构建心理解释，由此也对原来的思想作出解释。我们且提出，语句是言者思想的解释性表达，听者对言者的传信意图构建解释性定识。从我们对推理型交际的一般解释中可以导出：语句应该是言者思想的解释性表达。然而，我们认为没有理由假定存在什么常规、推定、准则或是字面义表达规则以规定这种解释应该以语句的字面义来复制思想。解释与思想有多相似，特别是什么时候属字面义表达，这些都可以根据关联原则来确定。

我们因此假定，每个语句都是言者思想的解释性表达。那思想本身又是什么的表征？怎么作表征？一个心理表征同任何具有命题式的表征一样，可以作描述性使用和解释性使用。作描述性之用时，它可以是对现实世界某个事态的描述，[36]或是对一种希冀事态的描述。作解释性之用时，它可以是对某个赋予他人的思想或语句的解释，[37]或是对某个值得自己以某种形式持有的既有或希冀思想的解释：例如某个方面的知识。可能还有其他的表征类型，或许可以考察一下，被思想解释的思想进而又可以表征什么且如何表征？但我们暂且不再深究下去，只是用图3把已经考察过的表征和关系作一展示。

任何语句都至少具有两种关系：语句命题式与言者的一个思想之间的关系，以及该思想与其表征内容之间的四种可能关系之一。转义和语力所涉及的所有基本关系都在图3中表示了出来，有关说明将在下面三节详述。我们的论点可以概述如下：隐喻涉及语句命题式与其表征的思想之间的解释性关系；反语涉及言者的思想与赋予他人的思想或语句之间的解释性关系；断言涉及言者的思想与世界上某个事态之间的描述性关系；请求或劝告涉及言者的思想与一种希冀事态之间的描述性关系；疑问和感叹涉及言者的思想与希冀思想之间的解释性关系。这些论点将在以下各节详加讨论。

八 字面义和隐喻

在这一节里，我们要考察图3里上半部分的关系：语句的命题式与该语句用以表征的思想之间的关系。我们已经说过，一般来说，两者的

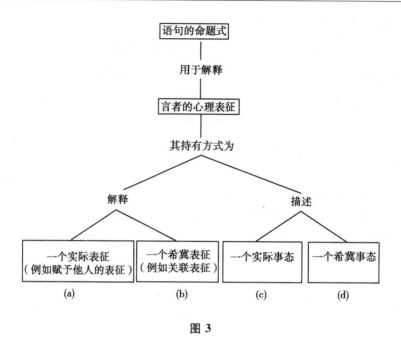

图 3

关系是命题式之间的类似关系，而不是等同关系。我们把字面义表达——或曰命题式的等同——当作极限事例，而不是规范要求。我们要表明的是，这种做法与关联理论相结合，可以为隐喻及相关的转义辞格提供直截了当的解释。

可能有人会觉得走这条路子的想法本身已经够危险了。"类似"这个概念不易界定，由此给人以负面的感觉。任意两个事物至少在某个方面会有类似之处。何时会感觉到类似？通过什么方式？这些在认知心理学里仍然是悬而未决的问题；其间涉及的机制也鲜为人知。不过，对此我们并无太多的诧异，因为我们觉得，要对广义类似性的知觉作充分解释，就应该依靠一个成熟的关联概念。此外，我们所关心的暂时只是类型十分有限的类似：命题式之间的逻辑类似（其定义为：两个命题式互相类似当且仅当它们共有逻辑上的属性）。我们要论证的是：这种类似性的确定同理解的其他各方面一样，都是在关联原则的指引下进行的。

我们且作如下定义：语句用于言者思想的解释性表达时，如果与言者思想具有相同的命题式，则该语句为严格字面义。非严格字面义的语句是指该语句的命题式与它所解释的思想的命题式共有某些而非全部逻辑属性。从关联理论的角度看，没有理由认为对一个思想的具有优化关联的解释性表达永远是最严格的字面义表达。关联理论推定言者的目标是优化关联，而不是取真的字面义。一个思想的优化解释性表达应该使听者得到有关该思想的信息，该信息具有足够关联，值得对其作加工，且需要为此付出的心力应该尽可能少。在许多颇为寻常的场合，一个语句的字面义并不具有优化关联：例如，有时需要付出的心力不能与获取信息方面的收益相抵。因此，在许多场合，志在优化关联的言者不应该通过字面义来解释自己的思想，听者也不应从字面义的角度去理解她的语句。

例如，设想我每月挣 797 镑 32 便士。作为我多年未遇的朋友，你在跟我一起喝酒的时候问我现在挣多少钱。如果我记得确切的数字，我就可以选择是用（105a）的严格字面义的真实回答还是（105b）的非严格字面义且明知不是确切为真的回答：

(105) (a) 我每月挣 797 镑 32 便士。
　　　 (b) 我每月挣 800 镑。

根据当时说话的场合，没有理由认为你作为听者需要了解确切的数额。从上面的任何一个回答，你都能推出完全相同的结论，从而了解我的地位、生活水平、购买力、生活方式、乃至其他任何你想从我的工资推断出的信息。我既志在优化关联，就应该选用能尽量经济地传递这些结论的回答。换言之，我应该选用（105b）这个虽不为真然而却是更加经济的回答，而不是（105a）这个具有严格字面义的真实回答，因为它在加工上更加复杂，并期望你会意识到我提供的是对自己思想的非严格字面义的解释。

再举一个较为抽象的例子，设想我有个复杂思想 P，对我显明一组定识 I，且我希望将 I 传递给你。现在设想下列条件得到了满足：P 太复杂，无法通过字面义来表达，但借助一个易于表达的定识 Q，I 中的所有定识都可以作为 Q 的逻辑蕴涵或语境蕴涵而直接推导得出。可问题在于 Q 不是我自己的思想；它还有一些我并不当真的逻辑蕴涵和语境蕴涵，我也不想传递那些蕴涵。我该怎么办呢？根据关联原则，只要你有办法把 Q 的蕴涵分成两类，一类是我所认可的，一类不是，传递 I 的最佳方式应该就是表达 Q 这个单独的定识，而将分类的任务留给你自己去完成。

在这些场合，表达 Q 的语句是我的复杂思想 P 的解释性表达：两者共有逻辑上的特征，更确切地说是逻辑蕴涵和语境蕴涵。此外，"必须符合关联原则"这个鉴定标准为区分两种不同的语境蕴涵提供了方法，藉此可以分清哪些是语句与思想所共有的语境蕴涵，哪些不是；也就是说，这个标准为你提供了一种方法，使你能对我的传信意图构建正确的解释性定识。

我们假定，听者可以理所当然地确定的只是有关语句被意图用作言者某个思想的解释。这并不意味着任何时候一个定识得到表达后，听者都必须算出它所有的逻辑蕴涵和语境蕴涵，并对其一一作鉴定，以弄清其中的哪一个子集是为言者思想所蕴涵的内容。根据我们提出的理论框架，这种费力的操作是大可不必的。如果言者的交际行为没有出错，听者需要做的只是按可及顺序着手算出可能对自己有关联的那些蕴涵，并不断将结果加入对语句的总体解释之中，直到该解释达到了符合关联原则的程度。这时，鉴别过程作为搜寻关联的一个副产品也已经结束，不需要为其付出特别的心力。

因此，听者只有当完全的字面义表达是证实关联推定的唯一途径时，才应该对语句作完全字面义的理解。一般来说，某种程度上的随意表达是预料之中的。例如，如果有人说"现在是下午五点"，而实际时间是五点零五分或五点差二分，那她也不应该受到责备，除非该语句的关联性取决于那种精确到分钟的准确度。如果有人说"我筋疲力尽了"，那也不需要就她是否的确筋疲力尽而辩诘：只要她被理解为是传递了一系列恰当的蕴涵义，她就达成了优化关联。

至此，我们讨论的例子一般都会被当作语言的随意用法，但不会被当作转义的事例：尚无需要考虑用转义代替字面义的情况。然而我们的论点是：这些随意用法和各种"转义"事例（包括诗性隐喻的最典型事例）之间并没有断层。在这两种现象中，语句的命题式都与被解释的思想的命题式有差异。处理这两种现象时，听者都认定一个命题式与另一个命题式共有某些可识别的逻辑蕴涵和语境蕴涵。这两种现象都涉及同样的解释能力和解释程序。

首先考察一个涉及夸张用法的例子。言者表达了（但没有显谓）（106a）的定识，并寓谓较弱的（106b）：

(106)（a）比尔是天底下最好的人。
      （b）比尔是个极好的人。

这种情况如何符合关联原则呢？我们且假定，如果直接显谓（106b），言者就不能尽情表达自己关于比尔的想法：其语境效果就会达不到她想传递的信息量。也看不出明显的可能，可以通过在句中加入副词和形容词而使组合后的意义能准确地表达她的思想。可能她的想法太模糊：比尔的优点有很多方面，她在说话时并没有完全考虑清楚。如果要她马上调取这些想法并使之精确化，那会涉及更多的工作，会超出她愿意承担的限度。另一方面她可以确信，要传递的所有定识都在（106a）的逻辑蕴涵和语境蕴涵之中。（106a）还有她不想传递的其他蕴涵。只要言者相信听者能够忽略或摒弃这些无关蕴涵，（106a）作为对言者思想的解释，就会比较弱的（106b）充分得多。

（106a）具体传递了什么？言者当然是在强烈地寓谓（106b）。然而，如果这是她想要传递的所有意义，那她完全可以直接表达（106b），从而为听者省却一些心力。同往常一样，语句中的间接表达因素应该通过语境效果的某种增加而得到抵消。通过（106a），言者就能怂恿听者在更大的范围搜寻一系列语境蕴涵。这些蕴涵或是（106b）所没有的，或是在（106b）中没有得到同等的增力。言者还能藉此怂恿听者去认定，在这一系列蕴涵中，有些蕴涵是言者意图寓谓的。他可能因此在头脑里把他们共同认识的人过滤了一遍，并认为言者最喜欢比尔；他得出的结论也可能是比尔的品行特别优秀，让言者无法用语言来形容，等等。可能得出的结论范围越大，寓义就越弱，听者就越要分担寓义推导的责任。因此，（106a）一方面传递了一个提示：言者对比尔持有某种态度、对比尔和他的优点怀有某种敬意，而另一方面，它也鼓励听者形成自己对比尔的看法，并体会交际双方观点的某些重合之处。

我们现在再回到原来的那个隐喻的例子：

　　　　（88）这间屋子是猪圈。

这是个极其标准化的隐喻。这种典型的例子调取一个百科图式，后者带
有一至二个高度可及的主要定识。据此，猪圈按成规就是肮脏凌乱的。
（88）在这个陈规语境中加工时，就会产生"这间屋子肮脏凌乱"的蕴
涵。如果言者原来并未意图致使听者推出这个蕴涵，她就应该选用其他
的语句以排除这个意思：因此（88）强烈地寓谓"这间屋子肮脏凌
乱"。然而，言者应该意图传递更多的内容，否则其语句的相对间接性
就无法成立：比如，该语句还传递了一幅超常的肮脏凌乱的景象，超过
了单说"房间特别肮脏凌乱"所能充分传递的内容。因此，就是这个极
其标准化的例子，用其他语句加以阐释后也不能避免意义的损失。
　　转到一个略微更有创意的例子，（107）是个颇为规范的隐喻。理解
该隐喻需要把"罗伯特"和"推土机"的百科条目结合在一起，而它
们一般是不会被放到一起构成主谓关系的。

　　　　（107）罗伯特是推土机。

从这个语句可以得出一系列大范围的语境蕴涵，其中许多蕴涵因互相矛
盾而会被自动剔除。（107）关联的建立依赖于找出一系列可被作为弱寓
义或强寓义保留的语境效果。此时没有哪一个强寓义能自动映入听者的
脑海，有的只是一系列弱一点的、不甚确定的寓义，涉及罗伯特的固
执、倔强、迟钝和不善变通。因此，听者对产生的解释所承担的责任，
较之处理（106a）和（88）时，要更多一些。
　　一般来说，潜在寓义的范围越广，且听者在构建这些寓义时所承担
的责任越大，则语境效果的诗意越浓，隐喻也越有创意。一个有创意的
佳喻正是那种可以从中保留许多语境效果并将其理解为言者弱寓谓意义
的隐喻。在最丰富最成功的隐喻例子里，听者或读者可以超越囿于即时
语境及所涉概念的理解探索，转而多方调用知识信息。在拓展语境的过
程中，如果遇到自己不欲准确刻画的内容，还可以加入自创的隐喻作为
解释，从而得到越来越多的极弱寓义，后者又示意听者对其作更进一步
的加工。其结果是一幅颇为复杂的语义图景。听者对此须承担大部分的

诠释之责，但其发现过程又是由作者所触发的。一个成功的创意隐喻所带来的惊叹或美感就在于这种凝聚感：单凭一个语焉不详的用词就能确定一系列内容分布极广的合乎情理的弱寓义。

以福楼拜对诗人勒孔特·德·李勒的评价为例：[38]

（108）他的墨水是暗淡的。

对该语句的严格字面义的理解显然是站不住脚的：难以理解知道一个诗人的墨水颜色会有什么关联。也不存在什么明显的强寓义。要确定该语句的关联，唯一的方法是寻找一系列内容跨度极大的微弱寓义。这需要对语境作几方面的扩展。墨水和手迹的百科信息能提供最可及的语境，但从中得到的多数蕴涵都是无关联的：勒孔特·德·李勒的诗歌毕竟是印成铅字给人看的，不是以手迹示人的；在这个初始语境里，唯一明显的寓义是他有着用淡墨水写作的人所具有的特定性格。如果在语境中加入"字迹如文风"这样的新前提，那么在初始语境中的另一些蕴涵——勒孔特·德·李勒的作品风格不够鲜明；他的作品可能会从文坛淡出——就能进一步引发有关联的蕴涵。对勒孔特·德·李勒的作品不甚了解的人可能得出结论，认为他的诗歌有弱点，他的作品不会持久，他没有全力以赴地搞创作，以及其他诸如此类的看法。对诗人有更深了解的人会从更详尽更有针对性的角度去理解福楼拜的评价。最终得到的解释有其特殊的诗意，它的产生既在很大程度上归功于福楼拜，又在很大程度上得益自读者。前者因能预见其理解过程，故出此言；后者则实际构建了该语句的解释。

按照这种思路，隐喻和许多与之相关的转义现象（如夸张、借代、提喻）都不过是在纯属普通的语言使用层面上的创意性发挥。对优化关联的搜索使言者在不同场合对自己的思想作出忠实性程度各异的解释。结果有时候产生了字面义，另一些时候产生了隐喻。因此，隐喻不需要特别的理解能力或解释程序，而是言语交际的某些非常普通的能力和程序的自然结果。在下一节里我们要说明的是：反语的理解也没有什么超凡之处。

九　回声语句和反语

现在我们要论证的是，反语和许多与其相关的转义现象（如弱叙和反叙[39]）与其他一系列现象同属一类，而这些其他的现象一般完全不被当做修辞手法。这些现象之所以能得到统一的分析，是因为在这些用法里，为语句所解释的言者的思想本身也是一种解释性用法。它是对异于言者的他人思想的解释（或是对同一言者过去思想的解释）。也就是说，这些语句是他人思想的二级解释，如上文图3中的（a）分支所示。如果我们的观点是正确的，那么反语遇到的情况与隐喻的情况无异：理解反语所需要的能力和程序不论为何，在理解颇为寻常的非修辞性语句时也会独立地用到。[40]

我们已经在第七节考察过语句用于解释他人言辞或思想的情况。它们总是（起码为）二级解释：同所有语句一样，它们首先对言者的思想作解释，只是由于这个思想自身也是对别人思想的解释，所以说出的语句最终表征了别人的思想。另一种异曲同工的说法是：一个用于解释他人思想的语句永远首先是本人对他人思想之理解的解释。当我们论及用于解释他人思想的语句时，就应该清楚，我们永远是在讨论二级解释。

对他人思想的解释如何达成关联？以最为人熟知的"转述引语"为例，其关联的达成方式是告诉听者某某人说了某事或怀有某个想法。在其他情况下，这种解释性用法达成关联的方式是把下述事实告诉听者：言者思考过某某人说的话，并对该语句抱有某种态度。也就是说，此时言者对某某人思想的解释本身就具有关联。我们把通过这种方式达成关联的解释称作回声性解释。我们要论证的是，反语是回声性解释的一种情况。

以下是回声语句的一个常见例子：

（109）彼德：琼斯一家不来参加聚会了。

　　　　玛丽：他们不来了，嗯。如果真的不来，我们可以请史密斯一家来。

玛丽的第一句话是彼德原话的回声语句。它达成关联的方式当然不是向彼德转述他刚说的话，而是提供证据，证明玛丽已经注意到了他的话，正在衡量其可靠性，斟酌其蕴涵的内容。

回声语句不一定只解释对象明确的思想：它可以是某一种人或大众思想的回声。设想你叫我快点，我的回答如下：

　　（110）欲速则不达。

这句话是对一则传统智慧的字面解释，其达成关联的方式是显明我觉得这个格言在该场合确有道理。然而，传统智慧之所以成为传统的一部分，显然是因为它无需归属于特定的来源，而是被当作大众常识的一部分。

针对某人的语句、或是某一类人的看法、或是大众格言，言者可以用多种方式显明地加以表征：怀疑、觉得有趣、惊讶、得意、赞同或谴责，以此表达自己对被回述思想的态度，而言者语句的关联性也可能极大地取决于这个态度的表达。有时，言者的态度是隐含的，需要从语调、语境和其他辅助性的语言线索中去收集确定；在另一些场合，态度则得到了直显的表达。我们的观点是，言语交际中的反语离不开对态度的隐含表达，而反语语句的关联无一例外地（至少部分）依赖于它所传递的信息，即言者对被回述看法的态度。

言者在表达对被回述看法的态度时，可以选用的态度是不受限制的。特别是她可以表明自己对所述内容是否赞同。试比较（111）和（112）：

　　（111）（a）彼德：这是个野餐的好天气。

　　　　　　　　　［他们外出野餐，阳光明媚。］

　　　　　（b）玛丽（高兴地说）：这可真是个野餐的好天气啊。

　　（112）（a）彼德：这是个野餐的好天气。

　　　　　　　　　［他们外出野餐，天下起了雨。］

　　　　　（b）玛丽（讽刺地说）：这可真是个野餐的好天气啊。

（111b）和（112b）中都可以觉察到回声用法。根据相关的情景，显然（111b）的言者对回述的看法表示支持，而（112b）的言者则轻蔑地驳斥了回述的看法。这些语句的解释方式完全相同；唯一的区别在于它们表达了不同的态度。修辞学家并不觉得（111b）那样的情况值得重视；（112b）自然是反语的一例。

反语语句所表达的态度无一例外，均属驳斥或谴责类。言者置身于所回述的看法之外，表明那不是她自己的想法。根据当时的情况，确实可以很明显地看出，她所相信的与回述的看法正好相反：因此，（112b）的言者显明地相信那不是个野餐的好天气。据此可以推出，她同伴说的"那是个野餐的好天气"并不正确，他的判断有问题，他们本不该出门，都怪他糟蹋了这一天，等等。这些寓义的复原首先依赖于对语句回声性的认识；其次也依赖于对所回述看法之来源的确定；第三依赖于对言者态度的辨识：确定言者对所回述的看法持驳斥的态度或是脱离干系的疏远态度。我们认为这些是一切反语语句解释的共同要素。

至于反语所传递的驳斥态度或疏远态度的具体范围，对此无须寻求明确的答案。说反语的人所传递的态度是否具体包括愤怒、狂怒、恼怒这几种态度？我们觉得这种问题应该只有编纂词典的人才会有兴趣。从语用学的角度看，重要的是言者能用回声性语句来传递一整列态度和情感，从直截了当的接受和支持到直截了当的驳斥和疏远。另一个要点是，对这些态度和情感的认识可能对解释过程至关重要。是否存在一组充分定义的反语态度？抑或是否存在表达这组反语态度的定义充分的反语语句？我们对此非常怀疑。实际存在的倒可能是一个连续体，含带着不同的态度和情感成分，造成了一整列界限不明的情况，无法贴切地归入既有的任何分类模式。反语并不是一种自成一体的现象。

我们现在把上述解释与对反语的经典型解释作一比较。后者把反语解释成是表面上说一种意思但实际上意指或寓谓其反义内容。经典解释——以及作为其现代改良版本的格莱斯理论对反语的解释——存在的最明显的问题是：按理言者本来是可以直接表达其意向讯息的，那她为什么会决定说出与本意相反的话呢？这真是个怪诞无比的做法！设想我们开车出去，你在上主干道前先停车看一看两边。附近没有车开过来，你正准备继续开车，我却不慌不忙地说道：

　　（113）有车来了。

你一个急刹车再望向两边，可大路空旷依旧。你问我到底想干嘛，我温和地解释说我只是想让你放心路上没车。我的语句满足了反语的经典定义。我说了明显的假话，而且有一个逻辑上相关的定识，即（114），那是我本来可以真实地表达的意思。

　　（114）没车过来。

你为什么不会马上得出结论，认为我想表达的就是那个意思？

　　反语的经典解释显然没能把真正的反语与（113）所反映的那种纯属荒谬的情况划分清楚。而在我们的框架里，两者的区别是清楚的。真正的反语具有回声性，主要用于讥讽回述的想法。我们按这些条件把上面的例子改写一下。你是个过于谨慎的司机，总是小心翼翼地避免出危险，从来不在有车辆驶近时把自己开的车拐进主干道，就是来车还在很远的地方也不愿冒险。我们在路口停车观察时，看见大路笔直，两边都没车开过来，除了一个远在地平线上刚刚现身的骑车人。你把车开上主干道时，我用责怪的口吻说了（113）。在那种场合里，这句话很可能是反语。我对你回述的是你反复表达的那种看法，但回述的场合使得这句话明显地变得荒谬。因此，要使（113）具有反语的性质，只需要加上回声成分以及相关的态度：或是讥讽或是驳斥。

　　注意，要是认为我在这个例子里只是想寓谓与所说话语相反的意思，那会是个极不充分的解释。（114）最多是我语句的一个寓谓的前提，肯定不构成其要点。这句话的要点是：针对你总在表达的那种想法，表示我的态度。藉此寓谓你过于拘谨、小心翼翼得蠢态毕露，等等。如果我原本只想传达（114）的意思，我当然就会直接表达这个定识了。

　　经典定义把反语界定为说一种意思而意指其反义内容。实际上，有许多例子是超出这个定义范围的。请看（115a）这个许多标准著述作为反语引用的例子：[41]

　　（115）（a）等到一切结束后，两个敌对国王在各自的营帐里着
人高唱"赞美你，主啊"庆祝胜利时……（伏尔泰《老实人》）[42]

如果把这个语句的意义等同于（115b）或（115c），那不但会缺乏理
据，而且肯定是错误的：

　　（115）（b）等到一切结束后，两个敌对国王没有在各自的营帐
里着人高唱"赞美你，主啊"庆祝胜利时……
　　　　　（c）等到一切结束后，两个敌对国王在各自的营帐里着
人念诵"上帝啊，求你按你的慈爱怜恤我"为失败而悲恸
时……[43]

伏尔泰并不是要说双方都没有打胜仗也没有庆祝胜利，他要说的也不是
双方都打了败仗并为自己的失败而悲恸。原话的真义不在于此。我们的
理论既能解释直觉上的感受，觉得这是个真正的反语事例，又能解释它
为什么不寓谓（115b）或（115c）。伏尔泰在回述敌对双方两个国王所
标榜的战绩。鉴于双方的说法互相矛盾，很清楚如果作者稍加留意，就
不会对这两个说法一律赞同。显然他应该相信——而且还期望他的读者
都会相信——至少其中的一个说法是假的。然而不需要得出更强的结
论，认为有一个确定的定识，它的意义与直显说出的话相反，而且认为
那是伏尔泰想要传达的意思。

　　其实（115a）同许多反语的最佳例子一样，是个花园小径语句，它
可能让读者暂时出现加工上的困难，这种困难会因其后产生的适当回报
而得以抵消。读者先把它当作一个普通断言来念，由此得出了荒诞的结
论，认为双方都打了胜仗，只有到那时才会从回声语句的角度去重新理
解。作者没有添加一些直显的内容以使读者马上得到真义，而是隐寓地
表达回声意义，这就开拓了一条全新的理解思路。什么样的听者才不需
要直显提示就能得出回声性的解释？这种听者会自动认定：一场战斗之
后，交战双方总会宣称自己是获胜者、这种行为总是荒诞的、而作者和
读者不是受人愚弄之辈，等等。因此，通过对回声意义的隐寓表达，作

者成功地表明他与读者同具一种愤世嫉俗的眼光，那是（115d）这个直显解释的版本所缺乏的。

（115d）（d）等到战事结束后，两个敌对国王在各自的营帐里着人高唱"赞美你，主啊"庆祝他们所谓的胜利时……

第七节的（86）例也能直截了当地为我们的理论框架所容纳。

（86）（a）彼德挺博学的。
（b）他连莎士比亚都听说过。

要相信（86），就还必须相信任何听说过莎士比亚的人都很博学——那肯定是个可笑的见解。（86）的言者因此是在嘲笑"彼德挺博学的"这个想法，并强烈寓谓他一点也不博学。然而，如果显明的是彼德自己或其他任何人都没有存过"彼德挺博学的"那个念头，那么这个反语就达不到预想的效果：那样就没有什么可以回述的了。

我们对隐喻和反语的解释具有两个共同的基本特征。第一，我们认为，隐喻或反语的表达及其相应的正确理解之所以可能，答案能够从言语交际的非常一般的机制里找到，而不是因为人还具有什么非凡的能力。[44]第二，我们认为隐喻语句和字面义语句的种种用法构成了一个连续体，两者间并无分界线，反语语句和其他回声性语句的关系也是如此；换言之，我们认为隐喻和反语既不是对规范的偏离，也不是对规则、常规或准则的违反。

如果我们的解释是正确的，那就可以得出两个结论：第一，隐喻和反语与其他"非修辞性"语句并没有本质上的区别；第二，隐喻和反语本质上并无相似之处。隐喻在语句的命题式和言者思想的关系上做文章；反语在言者思想和他人思想的关系上做文章。这表明，涵盖"隐喻"和"反语"并将两者与"非修辞性"语句截然分开的"转义"这个概念应该被彻底摒弃：它把关系不密切的现象归为一类，却没能把紧密联系的现象聚合到一起。

十　言语行为

　　或许当代语用学的最无争议的假定就是对话语理解的任何充分解释都必须包括某种版本的言语行为理论。正如莱文森［Levinson］（1983：226）所说的那样：

　　　　言语行为与预设——还要特别加上寓义——始终都是任何一般语用学理论所必须解释的中心现象。

我们要对这个假定提出质疑。言语行为理论研究者所考察的大量语料对语用学并无特别的意义。有意义的是他们分析非陈述句（即疑问句和祈使句）理解过程的尝试，这个过程倒是任何完备的语用理论都必须解释的。在这一节里，我们要先从一般语用学理论的角度考察言语行为理论，然后考察非陈述句的分析并简述我们自己的一些解决办法。

　　言语行为理论是作为对另一种语言观的反动而发展起来的，它反对的是一种只关注语言传信用法、因而被视为是极端狭隘的语言观。语言可以被用来做事——从事言语行为，例如，赋予和履行义务、影响他人的思想和行为，更广义地说，可以建立新的事态和新的社会关系。奥斯汀（Austin）（1962）认为，要更好地认识语言的性质，就应该更好地了解语言是如何植根于社会制度之中的，了解语言可以用来从事的各种行为。

　　言语行为理论的研究者对描写性问题一直颇为关注：言语行为有多少类型？如何归类？[45]舍尔［Searle］（1979a）划分出以下各类：断言（例如陈述），它使言者对所述定识的真实性作出承担；指令（例如命令），试图使听者做某事；承诺（例如保证），使言者对未来的行为作出许诺；诉情（例如祝贺），表达言者对所述定识的情感态度；以及宣告（例如宣布开庭），导致所述定识所描述的事态。

　　然而，也有一些解释性的尝试，意在说明如何对语句赋予某种言语行为，以及如何施行间接言语行为或隐性言语行为。这些研究一般认为间接言语行为的辨识要循着格莱斯理论的思路来分析。作为释例，请看

（116）：

（116）蓄电池没电了。

这可以被分析成直接断言"蓄电池没电了"。不难想出一些情况，言者作出（116）的断言时，还想寓谓（117）或（118）：

（117）听者本不该让蓄电池耗完。
（118）听者应该把蓄电池再充满。

根据言语行为理论，这些寓义也应该赋予某种言语行为：因此，（117）可被分析为指控或谴责，而（118）可分析为请求或命令。言语行为理论因此成为格莱斯语用学的自然补充，它从言语行为的角度划分了显义和寓义的各自类型。

这种语用理论背后的关键假定是：对每个语句赋予某个具体的言语行为类型，这是交际所传递的内容的一部分，在理解过程中起了必要的作用。令人诧异的是，对这个假定的论证却很少有人问津。出于自己的理论建设的目的而创制一套范畴，用来对母语使用者的语句作分类，或试图发现母语使用者用来对自己的语句作分类的实际范畴，这是问题的一个方面。但要宣称这种分类在交际和理解中起了不可或缺的作用，这又是另一回事了。如果认为前一类研究必然能阐明后一类的问题，这无异于是说：有鉴于打网球的人一般可以把击球动作分为截击、吊高球、上网球、反手大斜线击球等类型，据此可以下结论认为打网球的人要是不能正确地对击球动作分类，就不能击球或回球。这种做法显然需要一定的论证。

有些言语行为确实必须被作为特定行为加以传递和甄别，才能得到实施。打桥牌时叫 2 无将，就是一个例子。为了施行这个言语行为，言者必须显明地传递形如（120）的定识，途径有二：或是诉诸语言，以形如（119a）的语句表达该定识；或是借助推理，以形如（119b）的语句传递该定识。

　　　　（119）（a）我叫 2 无将。

　　　　　　　　（b）2 无将。

　　（120）言者叫 2 无将。

然而，研究叫牌是研究桥牌的一部分，不属于言语交际的范围。一般来说，对制度化言语行为的研究，如叫牌或宣战，属于对制度本身的研究范围。

　　相反，其他许多言语行为，就是没有得到交际的任何一方的甄别，也能成功地得到施行。以"预料"为例。一个语句之所以具有"预料"的功用，并不是因为言者显明地传递了她在作预料这个事实；而是因为她显明地传递了带有某种属性的定识：该定识与未来事件有关，至少不完全受她的控制。因此，就算言者从未意图传递（122）的信息且听者也从未复原该信息，（121）仍然可以是个预料。

　　　　（121）明天天气会转暖。

　　　　（122）言者预料明天天气会转暖。

这并不是说（121）的言者永远不应该同时传递（122）的定识，也不是说（121）的听者就是将其甄别为"预料"也永远不会有什么关联。有人作出了预料，这个事实跟其他事实没什么两样。它可以由言者通过寻常方式显明，也可以为听者通过寻常方式认识。我们只是想说，就是在（122）显明地为真时，该定识的复原对理解（121）那样的语句也并不关键，不像（120）的复原会对上文（119b）那种语句的理解起关键的作用。

　　许多被认为是在语用学研究中占据了相当重要地位的言语行为，都可以归入这两个类别中的一个。比如，"保证"和"感谢"属于第一类：它们是制度化的行为，只能在相应制度完善的社会施行，而且必须被视为规范性行为，才能成功地得到施行。[46]反之，"断言"、"假设"、"建议"、"宣称"、"否认"、"催促"、"要求"、"警告"和"威胁"（如果它们被当成是言语行为的话）都属于第二类：它们无需被甄别，就能成功地得到施行。同"预料"一样，可以通过制约其显性内容或寓义的某些条件来甄别它们。在这两种情况下，涉及言语行为的语句理解都不需要借助任何特设的语用原则或机制，除了那些出于独立的理由原来就需要的制约内容。

　　然而，有一类为数不多的言语行为无法归入这两大类，这对语用学确实具有重要的意义。这个另类包括"述说"、"吩咐"和"询问"。请看（123）—（125）：

　　　　（123）你会在下午六点前把活儿干完。
　　　　（124）你会在下午六点前把活儿干完？
　　　　（125）下午六点前把活儿干完。

显然，（123）那样的"陈述"句、（124）那样的"疑问"句和（125）那样的"祈使"句在逻辑上既体现出相似的方面，又显示了区别之处。其相似之处可以通过假定它们具有同样或相似的逻辑式而得到解释。言语行为理论似乎提供了一种方法可以解释其区别之处。例如，常见的看法是，句法意义上的句类与言语行为的类型之间有着系统的对应关系，因此，与（123）那样的"陈述"句相联系的言语行为是"述说听者会在下午六点前把活儿干完"，与（124）那样的"疑问"句相联系的言语行为是"询问听者是否能在下午六点前把活儿干完"，而与（125）那样的"祈使"句相联系的言语行为是"吩咐听者在下午六点前把活儿干完"。在前面的章节里，我们采用了与此相似的假定，提出普通断言的命题式 P 通常被合并到以下形式的定识图式：言者说了 P。

　　如果我们的观点是正确的，那么这些描述意义的复原就是理解过程的基础，所以"述说"、"询问"和"吩咐"都不能归入我们在上文所说的第二类言语行为。然而同样清楚的是，"述说"、"询问"和"吩咐"这些行为既无社会属性，又不属于制度化行为，不同于打桥牌时的"叫牌"、"保证"和"感谢"这些制式行为。不难找到没有桥牌规则制度的社会；我们还认为有的社会缺乏"保证"和"感谢"的规则制度。相反，"述说"、"吩咐"和"询问"具有普适性，似乎是真正的交际型范畴，而不是社会性—制度型范畴。

　　然而，说这三个通用言语行为在语用学理论里占有一席之地，这并不等于说对这些用法已经有了一个理论上充分的解释。很容易作出假定，认为"述说某事"不过是断言类言语行为中最一般的形式，"吩咐做某事"不过是指令类言语行为中求诸行动型的一般形式，而"询问是否如此"不过是指令类言语行为中索求信息型的一般形式。然而，如果要保持句法意义上的句类与言语行为的类型之间的对应关系，那么"述说某事"就完全不能算作是断言类的一种。断言类言语行为使言者对其话语命题式的真实性作出承担；但如上文所述，并非所有陈述性语句都是这种意义上的断言，例如，隐喻和反语就不是。这是个较普遍的问题。如果指令类行为试图使听者将显性描述的要求付诸行动，那么（126）这个反语性祈使语句就不是个指令：

　　　　（126）你就把我的地毯毁了吧。

这句话并不是真的意使听者去毁掉言者的地毯。同理，（127）这个修辞性问句也不是真的在要求得到信息：

　　　　（127）什么样的暴徒才胆敢加害于一个熟睡的孩子？

因此，句法意义上的句类与通用言语行为之间的对应关系无法得到维持，除非是形如（126）和（127）的一整列语句类型都被以"无诚意"或"有缺陷"的理由剔除出去，或者是放弃传统的言语行为的分类格局。

　　甚至还可以质疑相关的主张：是否存在着一系列定义充分、互不兼容的句法意义上的句子类型？鉴于（128）可以用来传递断言语力或指令语力，它到底是陈述句还是祈使句？

　　　　（128）你明天得走了。

（129）如果带升调的话，是陈述句还是疑问句？

　　　　（129）你不需要车了？

（130）是陈述句还是感叹句？

（130）这书太有趣儿了。

确实存在的并不是一系列充分界定的句法意义上的句子类型，而是各种显在的语言标记—例如：直陈、祈使或虚拟语态，升调或降调，倒装或正常语序，特殊疑问词的出现与否，标记词如"Let's"或"please"[47]—它们都可以用各种方式引导理解过程。虽然有可能围绕这些标记建立句法意义上的句类理论，但就我们所知，这个工作还没有人做过。在以下讨论中，诸如"陈述句"、"疑问句"之类的用法应被视为仅仅是一种方便行文的缩写用法。[48]

我们且把"述说P"（P为语句的命题式）界定为是传递了以下内容：P所解释的思想被当作现实事态的描述而为人持有。作为真实描述，它可以由言者持有；或可被某个或某类人持有，其思想正在得到二级解释。如果你说P，你所传递的信息就是"你正在说P"。你可以借助语言标记来传递这个信息，如直陈语态、陈述语序，等等；如果这些标记都不出现，比如在电报式书面语中或口述电报时，那就由听者自己决定言者是否在述说P或是在施行其他某个通用言语行为。这个方面同话语理解的其他各方面一样，他应该采用第一个符合关联原则的定识。

听到（131）后，言者应该确定语句的命题式并将其整合成（132）的描述：

（131）巴士要开走了。
（132）言者说巴士要开走了。

我们已经说过，这种描述可以有多种方式达到关联。例如，它可以为听者提供（133）的证据。如果听者对言者有足够的信心，该描述还可以为（134）提供证据：

（133）言者相信巴士要开走了。
（134）巴士要开走了。

一个语句如果被这样用来达成关联，那它当然就是个普通断言了。普通断言是选择上文图3中分支（c）的结果，其产生的语句是对言者思想的完全字面义解释。

（131）的语句可以是个隐喻用法：设想此时现场并无巴士，这句话的受者尚在犹豫是否要跟几个朋友一块外出散步。朋友都已经准备动身，就等他的决定了。在这种情况下，（132）就会显明（135）。如果听者对言者有足够的信任，（136）也会得到显明，此时（136）是个语境蕴涵。被用于解释言者思想的（131）与原思想一样，都显明地含带了（136）这个蕴涵。

（135）言者相信如果听者不马上决定动身就会来不及了。

（136）如果听者不马上决定动身就会来不及了。

这类隐喻性语句是选择上文图3中分支（c）的结果，其产生的语句是对言者思想的不完全字面义解释。

抑或（131）可作转述引语之用：比如转述巴士司机刚说的话。这时，（132）可为听者提供（137）的证据。如果听者对言者和巴士司机都有足够的信任，那么（132）还可为（138）和（139）提供证据。

（137）言者相信巴士司机说过巴士要开走了。

（138）巴士司机说过巴士要开走了。

（139）巴士要开走了。

这时使用的语句是选择上文图3中分支（a）的结果。

我们说过，有些"述说P"的言语行为之所以能达成关联，不是因为它们给P提供了旁证，而是因为它们表达了言者对P的态度。例如，上文（131）的言者在转述巴士司机的话时，可以暗中使自己与所引话语脱离干系。这时，（132）可能通过对听者提供（140）的证据而达成关联。如果听者对言者有足够的信任，那么（132）还可以为（141）和（142）提供证据：

（140）言者相信说巴士要开走了是荒谬的。

（141）说巴士要开走了是荒谬的。

（142）巴士不会开走的。

抑或再考察最后一个情况。设想两个人在为巴士离开的时间争论，（131）的言者坚持认为它十分钟内不会开走，而听者坚持认为它马上会开走。等到巴士要开走时，言者说了（131）。其话语表达的定识对听者并无关联，因为后者已经知道这事马上会发生。在这种场合里，（132）的描述达成关联的方式，不是就所表达的定识向听者提供旁证，而是向他提供（143）—（144）这种高阶描述的证据：

（143）言者承认巴士要开走了。

（144）言者承认她刚才错了。

因此，（132）那样的描述可以通过多种方式达成关联。有些会具有普通断言的效果，有些会具有转述引语或转述思想的效果，另有些会具有反语或疏远的效果，还有些会具有"承认"或"认错"之类的特定言语行为效果，等等。言者要想达到某个特定效果，就应该提供所需要的语言线索，以保证符合关联原则的解释就是自己意图传达的意思。因此，要是一个语句被当作普通断言来理解，这并不是某种质准则或真实性规范的运作结果，而只不过是语句形式、听者调用的那些可及的定识以及关联原则三方互动的结果。[49]

一个易于让人轻率作出的假定是：对祈使话语的解释完全可以比照刚才提出的对陈述话语的解释，用"祈使格式"、"吩咐做某事"和"愿望"这些术语来一一替换"陈述格式"、"述说某事"和"信念"。根据这种做法，（145）那样的祈使语句就会被整合并入（146）那样的描述式，后者又可以借助多种方式达成关联——例如，向听者提供（147）这个定识的证据。听者可能因此产生离开的愿望。

（145）出去。

（146）言者吩咐听者出去。

（147）言者希望听者出去。

事实上，情况比这些表面上的比附给人的印象要复杂一些。问题在于有多种祈使语句既不用于表达言者的愿望，又不用于转述他人表达的愿望。试将（148）—（149）与（150）—（151）作一比较：

（148）司机对交通警说：装作没看见我。

（149）别让我的狗去他花园，他告诉我。好像我能办得到似的。

（150）（a）男：请问去车站怎么走？

（b）女：到红绿灯右转一直走。

（151）薄荷调料菜谱：2 汤匙薄荷叶、2 茶羹砂糖，加入 1/2 汤匙热水拌匀；再加 2 汤匙醋，备用。

虽然（148）或可被分析成是司机在表达自己的愿望，（149）或可被分析成是言者在转述别人表达的愿望，但对（150）和（151）却无法作类似的处理。（150b）的听者无需认定言者真的在意他是否右转。（151）的读者也没有理由要认定作者真想让每个看见这个菜谱的人都马上动手做薄荷调料。在这些情况下，祈使式与"愿望"这个命题态度的对应关系似乎出现了裂痕。

到了这一步，言语行为理论框架似乎就能体现出自己的优势了。言语行为理论的研究者可以不顾语言形式与形如"信念"和"愿望"的命题态度之间可能的联系，而直接提出把祈使语句所施行的言语行为分成两大类："要求"和"告诫"，前者如（148）—（149），后者如（150）—（151）。然而，这种提法有一个问题。"告诫"类的言语行为——例如提出劝告和建议——可能不需要如是甄别，也能得到施行。那样的话，提出这种分析就是个错误，因为按这种分析方法，一个祈使语句必须归入言语行为的"告诫"类或"要求"类，才能为人理解。

我们认为，"要求"和"告诫"这两类言语行为的区别本身可以约简为更深层的概念。从直觉上说，"要求"类言语行为表征了某种相对于言者的希冀事态，而"告诫"类言语行为则表征了某种相对于听者的希冀事态。之所以直觉上认为上文的（148）属于"要求"类行为，是因为言者表征了一种相对于自己的希冀事态，在该事态中，交通警装作没看见她；之所以直觉上认为上文的（150b）属于"告诫"类行为，是因为言者表征了一种相对于听者的希冀事态，在该事态中，听者右转并一直朝前走。对这些语句的理解起关键作用的，不是将它们归入"告诫"或"要求"类言语行为，而是意识到所描写的事态在第一个例子里被表征为相对于言者的希冀事态，而在第二个例子里表征为相对于听者的希冀事态。

如果我们的观点是正确的，那么祈使和陈述语句的理解就可以用大致并行的方式加以处理。听者复原了祈使语句的命题式 P 后，就将它整合并入一个描述式，其形式为：言者在吩咐听者做 P。"吩咐听者做 P"所传递的信息可以作如下分析：P 所解释的思想被作为对希冀事态的描写而持有。谁这样持有这个思想：是言者还是由言者解释其思想的另一个人？所描述的事态是谁所希冀的？听者必须经过推理才能回答这些问题。按照惯例，获选的答案就是第一个符合关联原则的解释，而言者如果希望被正确地理解，就必须保证她意图传达的解释就是第一个符合关联原则的解释。我们相信，循着这些思路，可以对祈使语句作出满意的解释。按照我们的解释方案，最基本的、表达字面义的、不属于他人思想的祈使语句是选择上文图 3 中分支（d）的结果，其产生的语句是对言者思想的字面义解释。含带隐喻但不属于他人思想的祈使语句是选择相同分支的结果，只是其产生的语句是对言者思想的不完全字面义解释。属于他人思想的祈使语句是选择分支（a）的结果。

言语行为理论研究者倾向于把疑问语句分析成指令型言语行为的一个特别子类：具体说就是"索求信息"类（见舍尔［Searle］1969：69；巴赫与哈尼希［Bach and Harnish］1979：48）。然而，（152）那样的试题提问、（153）那样的修辞性设问、（154）那样的阐释性设问、（155）那样对自己的提问和（156）那样的间接问题都给这种做法带来了麻烦：

（152）第一次世界大战的起因是什么？

（153）你上次什么时候说要戒烟的？

（154）对这种做法有哪些主要的反对意见？第一，……

（155）秋天，各种树的叶子为什么变成了不同的颜色？

（156）彼德不知道他的邻居是谁。

　　出题人提出上面（152）的问题时，并不是因为她想知道答案，而是因为她想对受试人答题的表现作评估。问（153）这种修辞性问题的人一般绝不会期望得到什么语言表达的回答。许多作家都采用的一种标准的阐释手法是自问自答，如（154）。而许多像（155）那样的问题都是在没有任何受讯者的场合提出的，纯属智力上的思辨或冥想。对（156）那样的间接问题也无法作言语行为的分析。难以弄清（156）在索求什么信息，它甚至没提过对信息的需要：别说是问这个问题了，彼德就是从来没有想过他邻居是谁，（156）也可以为真。因此，言语行为理论的标准做法排除了对直接和间接问题作贯通性解释的任何可能。

　　我们认为，对疑问语句的解释可以围绕第七节介绍过的解释性用法来构思。我们的假设是：疑问语句的听者会复原该语句的逻辑式，并将其整合并入一个描述性结构"言者提出问题－P"，其中"问题－P"是个间接问题。首先我们要区别是非疑问句和特殊疑问句，前者不但具有逻辑式，而且还具有完整的命题式；后者具有逻辑式，但没有完整的命题式。然后我们来考察"提出问题－P"，其中"问题－P"是个是非疑问句且P是语句的命题式。根据我们的分析，它所传递的内容是：P所解释的思想如果为真，则有关联。我们再来考察另一种"提出问题－P"，其中"问题－P"是个特殊疑问句且P作为语句的逻辑式并不构成命题。根据我们的分析，它所传递的内容是：对P所解释的思想存在着某种完善的方式，使之成为完整的命题型思想，如该思想为真，则有关联。换言之，疑问语句是对答案的解释。答案如为真，则对言者有关联。

　　关联就像心愿，是一个二元关系：对一个人有关联的信息，对另一个人未必有关联。因此，对一个问题作解释时，听者总须作出某种假定，以判断言者认为该问题的答案会对谁有关联。不同的假定会导致不同类型的问题。例如，上文（153）那样的修辞性设问（"你上次什么时候说要戒烟的？"）常作提醒之用，提出该问题是为了使听者调用言者认为对他有关联的信息。同理，上文（154）那样的阐释性设问（"对这种做法有哪些主要的反对意见？第一，……"），以及更广义的为提供信息而作出的设问，可以分析为一种问题，其答案言者认为会对听者有关联。相反，对信息的一般索求可以分析为另一种问题，其答案言者认为会对她自己有关联，而且还相信听者或许有能力提供该答案。对上文（155）那样的纯粹思辨性提问（"秋天，各种树的叶子为什么变成了不同的颜色？"），我们的建议还是：其答案会对言者有关联，但言者并不显明地期望听者能够提供答案。对上文（152）那样的试题提问（"第一次世界大战的起因是什么？"），我们的建议是：其答案会对言者有关联，答案的内容本身对言者而言尚不是关键，关键在于它对受试者掌握有关课题的程度提供了旁证。因此，"她提出问题－P"这个描述式可以通过多种方式建立关联，其中有些形式的提问因为不是对他人思想的解释，所以是选择上文图3中分支（b）的结果。

不同的问题可以通过不同的方式具有关联，我们在上文简要介绍了其中的一些。不需要把所有的问句都分析成对信息的索求，也无需创立特别的言语行为范畴来处理提供信息式的设问、修辞性设问、阐释性设问，等等。不借助言语行为理论这个工具，也可以成功地对疑问语句作出分析。

我们这种分析方法的一个优点在于它提供了一种方法，可以解释疑问句和感叹句在句法上的明显相似之处（参见格林姆肖［Grimshaw］（1979））。如果用言语行为的传统概念来考虑问题，由于疑问句是对信息的索求而感叹句是强调式断言，很难解释为什么这两种在言语行为概念上甚少相似的语句类型会显示出跨语言的一致相似性。不过，我们且假定感叹句和疑问句一样，都是专作解释之用的，而不是作描述之用的。而且感叹语句与有些疑问语句一样，都是选择上文图3中分支（b）的结果，因为它们都不是对他人思想的解释。提出"问题－P"（其中"问题－P"是个间接问题）的言者保证：P所表征的不完整思想得到某种结果为真的完善后是关联的；而述说"问题－P"（其中"问题－P"是个间接感叹语句）的言者保证：P所表征的不完整思想得到某种有关联的完善后是真的。按这种解释，疑问语句和感叹语句就有了许多共同之处。

请看（157）和（158）的例子：

（157）Jane is so clever!

　　　　珍妮真聪明！

（158）How clever Jane is!

　　　　珍妮何等聪明！

我们要说的是，（157）或（158）的言者保证：她表达的逻辑式经某种有关联的完善后为真。也就是说，言者保证她所表达的某个定识为真，该定识会说明珍妮有多么聪明，而且会对听者有关联。那会是个什么样的定识呢？根据上面勾勒的一般原则，那应该是第一个符合关联原则的可及定识。根据这种分析，（157）和（158）的言者作出了保证：珍妮比听者本来预料的更加聪明。这样就同时解释了两个问题，一是直觉上为什么会觉得感叹语句是强调式断言，二是为什么感叹句式和疑问句式会明显地相似。

　　本节对言语行为这个话题进行了非常扼要地讨论，阐明了关联原则的广泛关联性。有了关联原则，才可能就讯递者的传信意图得出丰富而准确的非论证型推理结果。有了关联原则，唯一需要的是让明示刺激讯号所体现的特性致使推理过程进入正轨；要做到这一点，刺激信号并不需要对讯递者的传信意图作详细的表征或编码。因此，语力标记——如陈述或祈使语态，或是英语疑问句的倒装语序——只需显明言者传信意图的一个较为抽象的特性，那就是指明相关语句关联性的搜索方向。

附　注：

[1] 原著用国际音标表示相关的英语语句。为方便阅读，我们在此改用汉语拼音表示言者发出的语音流。——译注

[2] 参见马斯林－威尔逊［Marslen-Wilson］（1973）；福德［Fodor］（1983：61—64）。

[3] 此句用汉语的绕口令代替，与法译本的处理手法相同。——译注

[4] 例如，巴赫与哈尼希［Bach and Harnish］（1979：7）假定存在着一个"语言推定"以及一个"交际推定"，两者共同达成所需的效果。

[5] 例如，参见巴赫与哈尼希［Bach and Harnish］（1979：20—23）。

〔6〕此定义的措辞仍有过于绝对之嫌，应该加以修改以容纳这样的情况：一个人说"我告诉你P"或"P尽管Q"之类的话时可以直显地传递P。——第二版注

〔7〕参见卡斯顿〔Carston〕（1984b，1988a）对and的时间"寓义"所作的不同分析。她在以关联为基础的理论框架里把有关现象处理成直显内容的某些方面。肯普森〔Kempson〕（1986）和卡斯顿〔Carston〕（1988a）对"梯级寓义"或"数量寓义"提供了不同的分析。科玛克〔Cormack〕（1980）和却维斯〔Travis〕（1981，1985）也各自独立提出：并非所有方面的直显内容都严格取决于语言因素。另见布莱克莫尔〔Blakemore〕（1987，1988a）。

〔8〕花园小径句（garden-path sentence）的关键不在于有歧义，而在于这种句子含有两种不同的理解剖析（parsing）过程。——译注

〔9〕该例取自威诺格拉德〔Winograd〕（1977）。

〔10〕此例译成汉语后已不再是花园小径句，所以沿用原文。英文的原话要是口头念出来，也根本不会引起歧义，甚至也不会造成语句分析上的加工困难，但从书面语解读的角度来看，有关的讨论还是言之成理的。我们在此列举一个汉语的花园小径句：（ⅰ）这活儿他干不好吗？（ⅰ）有两个剖析策略，从而导致了两种解释：（ⅰa）这活儿他是不是没法干好？（ⅰb）这活儿他让他干不挺好吗？要是后继语句是：（ⅱ）你就放心好了，则（ⅰ）的理解便会确定为（ⅰb）。——译注

〔11〕例如，参见斯韦内〔Swinney〕（1979）、豪加博姆与珀费蒂〔Hogaboam and Perfetti〕（1975）、泰勒与马斯林－威尔逊〔Tyler and Marslen-Wilson〕（1977）、凯恩斯与凯莫曼〔Cairns and Kamerman〕（1975）、塔能豪斯与柳曼〔Tanenhaus and Lewman〕（1979）。另参阅马斯林－威尔逊与泰勒〔Marslen－Wilson and Tyler〕（1980）及福德〔Fodor〕（1983）这些更全面的论述。

〔12〕可以辩称的是：至少有些专名的指称对象可以单凭解码而复原，例如"埃弗雷斯特峰"、"埃菲尔塔"。可能的指称对象的选择范围越大，单纯解码的处理方案就越没有说服力。

〔13〕意即给定在某个交际场合所传递的应用于具体示例的关联原则。——第二版注

〔14〕我们并不想否认蒯因所谓的"永恒句"是有可能存在的。根据蒯因的定义，永恒句是"真值相对于不同时间和不同言者皆为恒定的句子"（Quine，1960：193）。他提供了下列（其实不尽完善）的例子："氧化铜是绿的"（同上：12）。一个永恒句用于传递字面义时，在任何语境都表达了同一个命题，因而令两个理解了该句子的人怀有完全相同的思想。我们真正存疑的是：对每个思想而言，是否都有一个相应的永恒句。某些句子对应于同一个思想，这种情况并无太大的意义，正如把五十个字母及空格随机串接组合也可以拼出一个英文句子一样。很常见的情况

是，单一一个句子，甚至是一个句子的单一意义，并不对应于单一的思想，且单一一个思想也不对应于单一的句子。

　　［15］例如，参见格林与摩根［Green and Morgan］（1981：170—171）；克拉克［Clark］（1977：420）。

　　［16］哈尼希［Harnish］（1976：346）提出了类似的见解。该文就格莱斯对寓义的解释提出了许多有价值的问题；另参阅沃克［Walker］（1975）、赫格雷与塞沃德［Hugly and Sayward］（1979）、塞多克［Sadock］（1978）以及威尔逊与斯珀波［Wilson and Sperber］（1986a）。

　　［17］在此，大写体既用来表示焦点（句子焦点、核心焦点）重音，又用于表示对比重音。为节省篇幅，我们多半会忽略次重音和调群对语句理解所起的作用。

　　［18］译文根据汉语自身的特点略作改编。——译注

　　［19］参见罗切芒特［Rochemont］（即出）；泰格立希特［Taglicht］（1984：第一至第三章）；布朗与尤尔［Brown and Yule］（1983：第三至第五章）；莱因哈特［Reinhart］（1981）；普林斯［Prince］（1981）；吉冯（主编）［Givón］（ed.）（1979）；欧与迪宁（合编）［Oh and Dinneen］（eds.）（1979）；克拉克与海维兰德［Clark and Haviland］（1977）；莱昂斯［Lyons］（1977：第十二章第七节）；切夫［Chafe］（1976）；杰肯道夫［Jackendoff］（1972）；韩礼德［Halliday］（1967/8）这些角度各异的综述和讨论。

　　［20］有关综述和讨论参见约翰逊－莱尔德［Johnson－Laird］（1983：第十三章）。

　　［21］有关综述和讨论参见上文附注［11］。

　　［22］例如，参见罗切芒特［Rochemont］（即出）；埃勒顿与克勒滕登［Allerton and Cruttenden］（1979）。

　　［23］应根据本书初版的年份1986年推算。——译注

　　［24］同样，虽然对比重音是个自然的强调设施，这也无需排斥另一个可能，即对比重音所起的这些自然功能会被某些纯语言设施（句法设施、形态设施或是语调设施）所取代：实际上，就一个语言而言，变换重音位置的代价越大，就越可能采用焦点小词这样的补偿手段。

　　［25］例如，参见格森霍温［Gussenhoven］（1983）；罗切芒特［Rochemont］（即出）。如果在此提出的思路可以发展成可行的方案，那么更广义的后果就会是：不需要在生成语法中保留"焦点"这个概念。这涉及复杂的问题，已成为某些艰深句法论证的话题。让人堪忧的是，这种论证尽管采用了复杂的技术手段，最后却往往诉诸于未确定性质的语用概念。我们仅仅试图勾勒一种语用解释的概貌，它至少可以作为"焦点"这个语言学概念的补充，理想的话还可以取而代之。

[26] 相关讨论参阅威尔逊［Wilson］（1975）；肯普森［Kempson］（1975）；盖茨达［Gazdar］（1979）；福德［J. D. Fodor］（1979）；以及索姆斯［Soames］（1979）。

[27] 中文为意译，以反映与原文相仿的重音分布。——译注

[28] 汉语译句不能以全句为焦点，因为它是个准分裂句，已经用"是"作为句法手段限制了焦点范围，即"是"之后的成分。而"是"之前的成分已经被预设为是事实，所以"下雨"已被句法手段列为背景信息。这时能问的只能是有关下雨的详情。如果把全句当作焦点而问出"出什么事了"这样的问题，就等于无视既有的预设，那（53a）就不可能是它的关联回答了。原来的英语句并不是分裂句或准分裂句，而是一般陈述句型，时间状语在句末，整个句子也可以做焦点。但汉语的时间状语在常规语序中是绝不能在句末出现的。只有译成准分裂句才能得到与原句新旧信息的分布较对应的情况，这样就能尽量保留原文的解释了。——译注

[29] 因为（53c）在句首用了重音，且句首不是常规句法焦点位置，所以可能的焦点就只有重读的部分，不会再推及包容该部分的更大句子成分。——译注

[30] 同理可以说明衔接与连贯也是衍生性的范畴，最终可从关联这个概念推导得出。有关这个立场的详细论证，参阅布莱斯［Blass］（1986，1990）。

[31] 另请注意一个颇为重要的技术性区别：虽然新信息或焦点信息总被处理为非命题信息或是小于命题的单位，但按照我们的定义，前景信息却是个命题：一个前景蕴涵是个分析性蕴涵，而不是个名词组或动词组，也不是它们的相应内涵意义。

[32] 然而，这并不是说语言形式和语用解释之间不存在任意的联系。在研究预设的文献中曾有人提出（如斯陶纳克［Stalnaker］（1974：212））：有些语言结构的作用是对含有这些结构的语句可以出现的语境作出限制。倘若未解释语境在语句理解过程中所起的作用，那就难以理解这种结构为什么会存在。不过，几年前，戴安娜·布莱克莫尔［Diane Blakemore］提出：在以关联为基础的框架中，这种结构从语言加工的角度看可以带来重要的益处。我们已经说过，言者可以利用语句的语言形式来引导听者的理解过程。布莱克莫尔的想法是：正如语调结构与语用解释间的自然联系可以得到语法化，语言也可以发展出某种结构，其唯一的功能在于引导理解的过程，引导的途径是对语境及语境效果的某些属性作出规定。显然，在一个以关联为基础的理论框架中，这种结构的使用从心力的角度看是非常划算的。这种分析方法对研究语法语用界面上一系列表面上毫不相干的现象似乎都有启示，让我们觉得这是个特别有希望的领域，值得进一步研究。对这种方法的详细发展参见布洛克威［Brockway］（1981，1983）；布莱克莫尔［Blakemore］（1985，1987，1988a）。循这些思路所作的更多有见地的著述参见麦克拉伦［MacLaran］（1982）；

肯普森［Kempson］（1984）；史密斯［Smith］（1983）；以及布莱斯［Blass］（1990）。

　　［33］"描述"和"解释"的区别在另一个场合也得到了划分，参见斯珀波［Sperber］（1985：第二章）。

　　［34］这里的"平凡"是个专门的术语，其解释参见第二章第五节。——译注

　　［35］参见舍尔［Searle］（1969：第三章）；刘易斯［Lewis］（1975）；巴赫与哈尼希［Bach and Harnish］（1979：10—12，127—131）。

　　［36］或是在另外某个特定世界里，比如小说中的情况。

　　［37］这里和以下的行文中，"他人"意指言者和听者之外的其他人。——译注

　　［38］福楼拜［Gustave Flaubert］（1821—1880）：法国小说家、文学评论家；勒孔特·德·李勒［Leconte de Lisle］（1818—1894）：法国诗人。——译注

　　［39］弱叙（meiosis）和反叙（litotes）：两者皆属低调陈述（understatement）。弱述是指以程度较弱的词语或陈述来刻意削弱、淡化实际情况。言者自己当然知道实际情况程度更强；听者也可能从语境中了解实际情况，从而意识到言者弱叙的特别用意和话语的关联性。反叙又叫曲意、曲言，指用否定词加上含消极、否定、有标记意义的词来表示与之相反的肯定、积极和无标记意义。——译注

　　［40］在一篇较早发表的文章（威尔逊与斯珀波［Wilson and Sperber］（1981））里，我们把反语和自由间接引语分析为提及的变体。我们划分了直接引语与间接引语的界限。前者涉及对语言形式的提及；后者被我们分析为是涉及了对逻辑式的提及。由此我们又把反语归入间接引语的情况。这种解决办法的问题在于"提及"这个概念并不能真正被延伸而涵盖我们现在想要处理的全部情况。"提及"是语言的一种自我指称或自我表征的用法：需要表征与原话语在语言或逻辑上的完全等同。而第七节得出的启示之一是："提及"不过是个更广义现象的特例，那就是一个命题式不对自身作表征，而是表征其他某个与其或多或少十分类似的命题式。故此，我们已经弃用"提及"这个术语，改用更广义的术语"解释"。

　　除了这个术语上的修订，我们对反语的解释并无本质上的改变。该解释中的不少论点受到了批评（科布拉特—奥瑞奇奥尼［Kerbrat - Orecchioni］（1981）；克拉克与盖瑞格［Clark and Gerrig］（1984））；有些批评在斯珀波［Sperber］（1984）得到了回应。这个理论在约根森、米勒和斯珀波［Jorgensen，Miller and Sperber］（1984）中得到了实验上的部分证实。

　　［41］将《关联》译成法语时，我们发现实际上这则反讽的经典例子（在布斯［Booth］（1974：10）中讨论过）并非出自伏尔泰本人，而是《老实人》英文版译者的增译。更贴近法语原文（也较为乏味）的译文是："最后，两个国王在各自的营帐里着人高唱"赞美你，主啊"时……"——第二版注

〔42〕"赞美你，主啊"：基督教赞美颂歌。——译注

〔43〕"上帝啊，求你按你的慈爱怜恤我"：《圣经》第五十一诗篇，用于祈求慈爱怜悯的祈祷文。——译注

〔44〕这么说并非否认有的人比别人更能制造或理解隐喻或反语，但要那样说的话，还可以说有的人比别人更能造出和理解传达了严格字面义的语句。这种过人之处涉及的不是能力，而是才能。

〔45〕关于言语行为理论的杰出的语用学研究，参见巴赫与哈尼希〔Bach and Harnish〕（1979）和瑞卡纳蒂〔Récanati〕（1987）的精彩论述。对相关现象的更侧重语义学的研究，参阅凯茨〔Katz〕（1977）。

〔46〕我们认为"保证"不同于仅仅说自己会做听者希望自己做的事。在后一种场合，要是一个人未能做到自己说过会做的事，从而被人责怪不信守诺言，她会马上否认自己作出过这种保证，也确实有理由这么做。"保证"是一种从文化意义上界定的特定承诺形式。同样，"感谢"也是一种从文化意义上界定的表达感激之情的特定形式。与典型属于现代西方社会的"保证"和"感谢"这些形式相比，许多社会还存在着其他的承诺形式，比如更近似于"诅咒"的形式，也存在着其他表达感激的形式，比如更像是"祝福"的形式。我们深信，对这些言语行为所作的跨文化研究会证实其文化独特性及其受习俗约定的性质。

〔47〕这些当然都是英语中的特定标记。——译注

〔48〕参见塞道克与茨威基〔Sadock and Zwicky〕（1985）就句法意义上的句子类型所作的重要的跨语勘察。

〔49〕借助显义传达的定识，其力度也取决于关联原则。比较（i）和（ii）这两句普通断言：

（i）我的名字叫珍妮特。

（ii）丽星会赢得下午三点的跑马赛事。

在通常场合下，（i）的显义会比（ii）的显义力度强得多，后者的典型力度不会比凭经验作出的猜测更强。关联推定的前半部等于是个保证，保证言者传递的信息具有足够的关联，值得听者加以关注。在（i）的情况下，听者应该认定言者肯定知道自己的名字，这个定识倘若低于肯定的力度，通常都会与同时显明的其他定识产生矛盾。与此形成对比的是，在（ii）的情况下，凭经验作出的猜测已经有了足够的关联。

后　记*

一　引言

自 1986 年初版后的九年来，《关联》提出的交际理论既得到了广泛的认可，也受到了广泛的批评，还遭到了广泛的误解。英文本已被译成数种文字；[1]越来越多的专著和论文探讨了该书对语用学理论的影响；它还激发了语言学、文学研究、心理学和哲学等相邻学科的相应研究。在本后记的第二节里，我们会简要回顾本书初版后关联理论的主要进展。[2]

很多评论者从许多方面对关联理论提出了反对意见，[3]对此我们深表谢意并已有幸在一系列文章中对多数意见作了回复，有兴趣的读者可以自行查阅。[4]这些批评帮助我们纠正了书中的一些错误；也使我们意识到了理解的难处，让我们看到了书中许多可能引起误解的地方。或是由于自身资质愚钝，或是因为我们比评论者花了更多的时间去思考相关的课题，我们发现关联理论最严重的问题都是由我们自己意识到的。在本后记的第三节，我们要扼要讨论这些问题并从表述方式和实质内容两个方面对关联理论作几处重要的修改。

二　发展

现在已有相当数量的著述问世，对关联理论的基本思想作了阐释和评估。其中包括一篇《关联》概述、[5]两本教材、一本语用学百科全书中的多则长篇条目、[6]多篇为非专业读者撰写的介绍性文章，[7]以及数篇长篇评论。[8]关联理论的蕴意在研究专著和博士学位论文中得到探讨，[9]一些文集收录了关联理论的论文。[10]网络上开通了关联理论的电邮群以促进观点的交流，还有人编出了一个教学用书目。[11]一些关联理论的研究课题已经完成；每年都要在伦敦举办非正式的研讨会，在世界各地还组织了更正规的会议和系列讲座。在此我们不想对这些极其多样化的文献作全面的回顾，只想按照我们的理解，指出某些特别重要、富有成果的方面。

1. 直显交际和直显—隐寓的区别

格莱斯似乎没有注意到（或是至少没有对这种想法加以发展）：他的合作原则和诸准则除了能解释寓义的复原外，还有助于分析语用理解的其他方面：比如解歧和指称指派这些过程，格莱斯把这些过程看成是对（直显的）所陈之义的贡献，而不是对所寓之义的贡献。在"逻辑与会话"一文中，他似乎认为句义和语境要素本身已足够对解歧和指称指派作出解释了，而多数格莱斯学派的语用学家在这个问题上只是在追随他的观点。[12]这个疏忽造成了两个严重后果：第一，格莱斯学派的语用学家对心理语言学就解歧和指称指派所做的大量研究工作反应迟缓。[13]第二，他们往往理所当然地觉得语用原则对直显内容无可贡献，还认为语句理解的任何方面只要有语用原则在起作用，就会自动与寓义挂钩。[14]

我们在《关联》（第四章第二节）里摒弃了这种将语用学实际上等同于寓义研究的观点。我们引入了显义这个概念，与格莱斯的寓义相提并论，还引入了直显交际的定义。我们认为"与多数遵循格莱斯传统的语用学家的观点相比，直显交际的内容比他们所想到的更丰富、推理的因素也比他们所认可的要多，因而直显内容更值得作语用学的探索"。我们开始从关联理论的视角研究解歧和指称指派。格莱斯（1989：25）认为解歧和指称指派是直显交际所唯一涉及的语境依存过程，对此我们表示质疑并指出了一系列更多的推理过程。这些过程被用于完成语义不完整的表达式的解释，收窄模糊表达式的解释，以及更广义的对语言编码意义的丰富，直到得出的总体解释具有足够的关联性。

直显交际和隐寓交际的区别，以及语用要素在直显交际中所起的作用，这些问题已成为近期许多研究的焦点。正如我们在《关联》（第四章第三节）中所指出的，心理语言学家对解歧和指称指派的具体过程提供了灼见，举例来说，他们研究的问题包括：有多少候选解释被激活了；在哪个阶段一个解释获选，其他解释被剔除。然而，心理学家不甚关心的是：是什么因素使得获选解释在语用上得到了认可。在这一点上，语用学家可以作出自己的贡献。关联理论宣称，在解歧和指称指派的过程中，第一个满足听者对关联的期盼的解释就是听者应该选择的解释，一如理解过程的其他各个方面。[15]这并不是多数心理语言学家所建议的标准，他们一般采用较随意的、格莱斯理论的术语。语用学理论可以对建立充分的选择标准作出贡献，同时自己也会因此有所获益，因为解歧和指称指派比寓义的复原更易于作实验测定。在这个方面，语用学家和心理语言学家的合作对双方都会有好处。

罗宾·卡斯顿［Robyn Carston］在一系列重要文章里研究了丰义过程对显义的贡献；[16]现在，不管是在关联理论框架内部还是外部的研究都在对直显交际中推理的作用作积极的探索。[17]有人提出了区分显义和寓义的标准，还有一项研究把格莱斯提出的广义寓义的一些最有名的例子（例如：并列语句所传达的时间寓义；"二"和"三"之类的数字所传达的量寓义）重新分析为语用制约下的直显内容。这个问题的关键在于对真值条件内容和非真值条件内容的直觉式区分，这种区分在言语行为理论和格莱斯理论的文献中一直都是标准的做法，但对这种区分本身或许也可以重新作出评估。

语用原则既可以对寓义作贡献，又可以对直显内容作贡献，这种看法受到了某些人的质疑。他们遵从盖茨达［Gazdar］（1979）的观点，以不同于格莱斯观点的视角来划分语义学和语用学的界限。盖茨达采用了当时形式语义学的惯常做法，把语言语义学与真值条件语义学视如同物，从而把语用学界定为"意义与真值条件之差"。按照这种做法，语用过程应该具有"后语义学"的性质，因而不应该"侵入"真值条件的疆域。

关联理论学派一贯反对这种划界方法。[18]在《关联》（第四章第一、七节）里，我们采纳了福德［Fodor］（1975）的观点，系统地对语言语义学与真值条件语义学作了区分，前者是自然语句的语义学，后者则为概念表征的语义学。按照这种分法，对直显的真值条件内容作贡献的语用过程并不会"侵入"一个统一的语义学：它们只是作用于语言语义学的输出，对不完整的逻辑式作丰义，得出完整的命题式，后者进而成为真值条件的承载者。这种区分并非由关联理论首创，其合理性已为关联理论内外的研究者广为接受。

2. 语言语义学

关联理论对语言语义学的启示，尤其是对研究传统上非真值条件语义的启示，已经成为第二个主要的研究焦点。在此前的理论框架里，对非真值条件义的典型分析采用的是言语行为的术语。言语行为语义研究者把一系列非真值条件表达式（语态标记、话语状语、话语小品词、插入语）处理为语力标记。格莱斯把这种方法的应用范围扩展到一系列非真值条件的话语连接词上，把它们的意义分析成是常规性地寓谓了相关高阶施为性言语行为的实施。[19] 在关联理论的框架里，这种对非真值条件意义的处理方法正在重新得到评估。[20]

这种评估主要是由戴安娜·布莱克莫尔［Diane Blakemore］（1987）所激发的。她采用概念性编码和程序性编码这个区分法，对格莱斯研究过的话语连接词重新作了分析。按照她的分析，话语连接词所编载的是寓义的程序约束式，这引发了一大批同类的研究。[21] 此外，另一个动因一方面来自威尔逊和斯珀波［Wilson and Sperber］（1988a），在那篇文章里我们就言语行为理论对语态标记的解释提出了反对意见；另一方面也来自《关联》（第四章第十节）中我们对言语行为理论的更全面的评价。[22]

在威尔逊和斯珀波（1993）一文里，我们提出语态标记和话语小品词最适宜用程序性术语加以分析，而不是概念性术语。在关联理论的框架里，上述两种词语都对显义而非寓义作贡献。因此，我们的工作拓展了布莱克莫尔［Blakemore］提出的寓义约束式这个概念。我们的观点是：程序性意义可以对理解的推理阶段中的任何方面作约束，无论是显义还是寓义。我们还对一种假定提出了质疑，该假定认为程序性意义和非真值条件意义一定是重合的。我们认为：有些惯常处理为非真值条件型的词语（例如话语状语）可能最好处理为对概念的编码，而有些真值条件型的词语（例如代词）则可能最好被看成是对程序的编码。该文就语态标记、话语小品词、话语状语和插入语所勾勒的关联理论的解释有异于言语行为理论的解释，现正得到集中的探讨。[23] 结果可能会是：使语言语义学得到更多启示的，不是真值条件义与非真值条件义这个传统的区别，而是概念性意义与程序性意义之间的区别。

3. 语言使用的解释性层面

比上面讨论的几个区别更基本的是《关联》（第四章七节到九节）中划分的语言使用的描述性层面和解释性层面的区别。我们提出，在最基本的层次，每个语句都是对言者想要传递的思想的解释，其解释的忠实度有大有小。一个语句作描述性使用时，其解释的思想本身被当作事态的真实描述而为人持有；作解释性使用时，其解释的思想被当作另一个思想的解释而为人持有：例如，一个赋予他人的思想，或是一个有关联的思想。这种区别给我们的启示是，必须对转义和言语行为等传统的语用范畴作彻底的反思：例如，按照新的划分，隐喻与语言的描述性用法同属一类，而反语、疑问话语和感叹话语则作为各种解释性用法而归为同类。

我们在其后发表的一系列文章里发展了本书对隐喻和反语的分析，其中的论点已经引发了广泛的讨论。[24]或许令人诧异的是，回应大多来自心理学家、非格莱斯学派的语用学家和文学理论家，而较少出自格莱斯学派的语用学家，后者的相关分析是我们严厉批评过的。现在的研究所考察的语料和提出的解释，在范围上都大大超过了格莱斯学派那些为数有限的文献所讨论的内容。

语言使用的解释性层面并不限于反语。恩斯特－奥格斯特·格特［Ernst-August Gutt］在一系列颇有见地的著述中从这个视角对翻译作了新的考察。[25]解释性用法这个概念还对一系列传统的语言学课题有所启示，如：疑问话语、感叹话语、回声问句、假祈使语、标示传闻的小品词和元语否定，其中多数都无法用纯描写性用法的术语分析。[26]不管从描写角度还是从理论角度看，这方面都还有大量工作要做。然而，《关联》所倡导的打破传统分界、重整既有概念的做法似乎正在收到成效。

4. 更广泛的领域

在更广泛的领域里，关联理论的意义也开始得到探讨。在文学研究中，保罗·基帕斯基［Paul Kiparsky］（1987）的主张得到了积极的响应。[27]幽默、礼貌、广告、论辩、政治和教育题材的语言都从关联理论的角度得到了研究。[28]卢丝·坎普森［Ruth Kempson］把关联理论的假定应用于对生成语法与语言模块组合问题的探究。[29]福斯特－寇恩［Foster-Cohen］（1994）和华生［Watson］（1995）考察了语言发展问题；史密斯［Smith］（1989）以及史密斯和琴帕利［Tsimpli］（1995）就关联理论对语言习得的深远蕴意作了评估；斯珀波（1994a）讨论了进化和发展方面的理论问题。

在心理学的几个领域正在产生重要的成果。弗瑞斯［Frith］（1989）和哈佩［Happé］（1991，1992，1993）将关联理论应用于自闭症的研究。波利彻尔［Politzer］（1993）重新分析了心理学的推理研究中几个主要的实验范例，指出对关联的考虑可以影响受试者的表现，这可以解释某些最特殊的实验结果。斯珀波、卡拉和吉洛托［Sperber, Cara and Girotto］（即出）重新分析了著名的华生［Wason］选择任务，在该任务中，受试者被要求选择有潜在关联的证据，以评估条件式语句的真假。斯珀波等人提出：对受试者表现的解释可以基于在理解该任务的过程中发展起来的对关联的直觉。他们的分析可以导出准确而新颖的预见能力，涉及对效果和心力的调控，这些都得到了实验上的证实。

三　修正

1. 不是一条而是两条关联原则

在《关联》中，我们提出了两个基本观点，一个与认知有关，另一个是关于交际的：

（1）人的认知倾向于追求最大关联。
（2）每个明示的交际行为都传递了一个推定，推定自己达到了优化关联。

（2）中所列的观点就是我们所说的关联原则。然而，许多读者，甚至包括细心的读者，都用"关联原则"去指称（1）中所列的观点。这肯定是个误解，不过也情有可原。观点（1）比观点（2）更基本、更有普遍性，至少同样值得被当做一条原则。我们把观点（2）称作原则，原意是将其与文献中提出的其他那些语用"原则"相对照，特别是格莱斯的合作原则。我们未能预见到，等到本书按照我们的意愿，在更广的认知科学的语境中被别人阅读理解时，这个"原则"的用法会显得有点任意，耗费了不必要的心力，因而引起了误解（那是我们根据关联理论的学说本该预见到的）。

我们决定弥补这个缺陷，从今往后提出两条关联原则：第一（或曰认知）原则为（1）中所列，第二（或曰交际）原则为（2）中所陈。本书中，"关联原则"这个术语自始至终指的是第二即交际原则。当然，这个更动是阐述上的变化，不是实质上的，但仍然有必要详细说明一下我们这个重新表述想要突出的是什么意思。

2. 关联第一原则

关联第一原则虽不像关联第二原则那么微妙，但仍然具有争议性，需要加以论证。以其目前的表述方式，该原则的措辞也太过模糊，需要加以阐发。

关联不是商品，而是一种属性。它是什么东西的属性？根据我们的定义，它是认知过程的输入所具有的属性。比如，它可以是刺激信号的属性，刺激信号是知觉过程的输入。它也可以是定识的属性，定识是推理过程的输入。刺激信号，更广义的则是现象，存在于机体之外的环境中；定识作为知觉、回忆、想象或推理诸过程的输出，存在于机体的内部。说人的认知倾向于追求最大关联，我们意指认知资源倾向于被用来加工既有的最关联的输入，不管是源自内部还是来自外部。换言之，在加工输入时，人的认知倾向于追求最大的累积关联。如果对单位时间内获得的累计关联作运算，据其结果可以制定追求最大关联的长远策略。但是，人对关联的追求实际上并不采取这种策略。面对同时获得的几种输入竞相争取即时可用的资源，人采用的是局域决断的方式，以求不断地增强关联度。

为什么要假定人的认知倾向于追求最大关联呢？答案要分两个阶段提供，一方面与一般生物机制的构造有关，另一方面涉及认知机制的效率。

我们的初始假定是：认知是一种生物机能，而认知机制一般涉及适应性的变化。这种变化是达尔文意义上的自然选择过程的结果（尽管其他进化动力也可能施加了影响）。我们因此假定：认知机制是以少量递增的方式分阶段得到进化的，在多数场合，获选的类型是即时表现出众的认知机制。一种生物机制可以通过多种形式在表现上优于他类。不同类型的生物机制所带来的收益在类型上可能具有质的不同；差异也可能体现在数量方面，比如获得的收益尽管相同，但在程度上可能有大小之别，抑或为之付出的精力可能有多有少。

以质量改善为目的的选择压力永远因基因型和环境的变化而变化，以数量改善为目的的选择压力则是个较为稳定的因素。在其余情况不变的前提下，较大的收益或较少的代价总是一个理想的结果。原则上存在着许多同样恰当的方式来平衡代价和收益：意即有许多获得高效的方式（尽管在某种适应性的特定进化时刻，绝少会出现真正有所不同的其他选择）。因此，一个特定生物机制，迫于压力需要获得更大效益时，会具体导致代价和收益的何种平衡，这是不可预计的。我们能够预料的是：一种持久的具有稳定机能的生物机制一般会朝着更好的代价—收益平衡（即更大效益）的方向进化。

例如，我们可以预料，一簇肌肉的结构、分布和操作方式会倾向于尽量减少做预设动作时精力上的消耗。同样，就认知机制的设计而言，我们也可以期望找到尽量增加效率的倾向。

我们还假定人的认知是许多特定机制的联合产物（参见巴寇[Barkow]、考斯米德[Cosmides]和图柏[Tooby]（1992）；赫希菲欧福[Hirschfelf]和盖尔曼[Gelman]（1994））。各认知机制都以认知效果的形式作出贡献，提供不同质的收益。迫于压力，每个机制都需要优化代价—收益的比值。

所有这些认知机制放到一起，构成了认知系统。认知系统总体上的效率依赖于其各种准机制的接合方式，也依赖于系统的资源在准机制间的分配方式。接合和资源调配必须能够尽可能地使最关联的既有信息以最关联的方式得到处理。

关联第一原则所说的是：人的认知组织倾向于以获得最大关联为目的。可能存在着许多不足；有许多认知准机制可能要求付出心力，却不能产生足够的效果；也有许多时候系统的资源可能调配不周。第一原则并不排除这些可能。尽管如此，如果该原则要起到实质性作用的话，获得最大关联的倾向性必须在总体上有足够力度，以便能指导人际交流。归根结底，关联第二原则即交际原则是建立在第一原则的基础之上的，也是建立在下述进一步的假定之上的：第一原则确实足以令人预测他人的认知行为，因此能对交际作出指引。

关联第一原则和定识的真假

我们就一个定识在语境中的关联所作的定义完全不考虑定识本身客观上的真假，也不考虑有可能在语境中从定识推出的结论的真假。因此，如果有一个不真的定识蕴涵了许多不真的结论，抑或如果一个真定识与一个不为真的语境前提相结合，进而蕴涵许多不真的结论，那么根据我们的定义，这两个定识皆为关联，一如一个蕴涵许多取真结论的取真定识。另一方面，我们引入关联这种概念的基本原因是出于对认知效益的考虑，而认知效益这个概念是不能与真实性相离异的。认知系统的功用是传送知识，而不是传送虚假的信念。这是否意味着我们给关联下的定义尚有不足之处？确实如此；需要修正。不过请注意，这个尚待完善的定义对我们多数的讨论用途而言，已经是够完备的了。

我们用关联这个概念来协助描述认知系统调配资源的方式，这时不计入客观真假也没有问题。认知系统只能根据自己的输入和内部过程来分辨定识的真伪，此外别无他法。基本上，如果一个定识是由环境通过恰当方式造就的（例如，是通过知觉获得的），系统就接受它；如果一个定识是系统自己的计算机制根据已接受的诸前提而推导得出的，系统也会接受它。如果认知系统具有反思的能力，比如人的认知，它可能意识到自己需要真实的知识而不是虚假的信念，可能意识到接受不真定识的危害性，还可能发展出某些程序以复核其他程序的结果。但系统最终能做到的也只是相信自身的各个程序能够合力产生知识。因此，认知系统会把自身机制的输出当做是认知上业经证实的内容，并会根据所有获得的语境效果来评估其关联性，尽管有些结论可能在事后被证明是假的，反正当事人此时并不知情。从这种唯我论的观点（据福德［Fodor］1980）看问题，真实性可以安全地忽略不计。

然而，这不是需要考虑的唯一观点。一个具有反思能力的认知系统可能意识到自己的某些信念有可能会是假的，尽管分不清是哪些。它可能觉得导致虚假信念的信息比无关联更糟。同理，一个具有反思能力的认知系统在与其他系统交际时，也可能只把真信息看成是对自己有关联的内容。比如一个未婚女子希望别人相信自己已经结了婚，所以就说了谎话：

（3）我已经结婚了。

她是否相信自己的话对听者有关联？或只是相信它表面上可能对他有关联？因为假如它不是假的，就真的会有关联。我们认为后者是正确的。

关联信息是值得拥有的信息。假信息一般是不值得拥有的；它会干扰认知效益。应该如何把这个认识特性融会到我们的定义之中去？有两种可能。我们或许可以说：认知过程的输入只有在满足某种特定认识条件时才会有关联；也可以说：只有当认知过程的输出满足某种特定认识条件时，其输入才会有关联。

最明显且看似最简单的解决方法是将输入的真实性设为关联的必要条件。这种做法有三个问题。第一，我们不单想把关联这个属性赋予定识，而且还想将它赋予现象，特别是赋予明示刺激信号。后两者虽然也是认知过程的输入，但它们并不是那种可以取真或假的内容。语句当然被认为是有真有假的，而且它们就是一种明示刺激信号；但我们说一个语句为真，其实是指该语句的解释为真，而这是理解的认知过程的输出。

第二，对关联而言，结论的真实似乎比前提的真实更为关键。请看下列场景：

（4）彼德是个嫉妒心强的丈夫。他偷听到玛丽在电话里跟人说："明天老地方见。"彼德正确地猜到了她在跟一个男人说话，由此极为错误地推断出她有了情人，不再爱自己了。

（5）彼德是个嫉妒心强的丈夫。他偷听到玛丽在电话里跟人说："明天老地方见。"彼德错误地猜测她在跟一个男人说话，由此碰巧正确地推断出她有了情人，不再爱自己了（玛丽的情人是个女的）。

在（4）中，彼德正确地认定玛丽在跟一个男人说话，该定识导致了丰富的语境效果。然而，这些效果都是不真的信念。彼德的这个定识是否有关联？我们宁愿说它表面上显得有关联，而其实不然。相反，在（5）中，彼德错误地认定玛丽在跟一个男人说话，但该定识却导致了许多真的信念，所以此时我们愿意把它看成是真正有关联的（尽管或许不像表面上那么有关联，因为它也导致了一些不真的信念）。

第三，考虑一下小说这种更常见的体裁。听寓言或是读《战争与和平》时，你可能借助某种类推式思维，对自己、生活和现实世界都有了新的感悟。如果只有真实的输入才有关联，我们就不得不把这种小说看成是无关联的。倘若是输出的真实性在起决定性的作用，那么小说毕竟也是有关联的。

因此，我们来探讨一下修订关联定义的第二种方法：只有当认知过程的输出满足某个特定条件时，才将其输入视为关联。其基本想法是：一个输入要具有关联，对它的加工就必须导致认知上的收益。现在再回想一下我们在本书中采取的策略。我们先界定了语境之中的关联，然后又界定了相对于个人的关联。我们对语境关联的定义可以维持不变。语境就是加上了推理机制，也还不是个认知系统；它不具有认知机能，既不会从真实表征中获益，也不会因表征的不真而蒙受损失。语境之中的关联是一个形式属性，因其形式属性而具有研究价值（比如有可能在人工智能方面得到应用），其定义最好维持不变。

从语境中的关联转而考察相对于个人的关联（或更广义地考察任何认知系统），情况就有所不同了。相对个人而言，语境效果是认知效果（这是我们在 1986 年本书初版问世以来发表的论文中所采用的新术语）。它们是个人信念的变化。一个人确实会因自己的信念之真假而有得有失，也确实具有认知上的目标。要是对此有所反思的话，他是不会仅仅对语境效果自身感兴趣的。之所以对语境效果感兴趣，完全是因为它们会有助于实现他的认知目标。不难把这一点融入我们提出的相对于个人的关联定义之中。我们首先把认知效果界定为在认知系统（例如个人）中产生的语境效果，并把正面认知效果界定为对实现认知功能或目标具有正面贡献的认知效果。我们因此用（6）和（7）来替换第三章中（42）和（43）的定义：

　　（6）相对于个人的关联（分类型）

　　一个定识在某时间对某人有关联，当且仅当该定识在当事人此时可及的一个或多个语境中具有某种正面认知效果。

　　（7）相对于个人的关联（比较型）

　　限度条件1：定识相对于个人的关联程度取决于该定识在优化加工时获得的正面认知效果能达到多大限度。

　　限度条件2：定识相对于个人的关联程度取决于该定识在获得正面认知效果时所需要的心力能控制在多小限度。

现象对个人而言的关联定义（58）和（59）也应该作相应的修订。

　　这些对关联定义的修订可能会带来两个表面上的问题。第一，正面认知效果这个概念不是太过模糊了吗？其实，我们本来可以更具体一点，把正面认知效果定义为认识上的完善，例如，知识的增加。我们在本书中实际考察的所有效果都属于这种相对来说是定义充分的认识类效果。但是我们想留有余地，有可能在更大的范围容纳其他可能对认知功能运作作出的贡献，例如，可能涉及既有知识的重组，或是理性愿望的阐发。诚然，由此得出的正面认知效果在定义上确实显得模糊，但这不是关联理论的问题，而是认知心理学的总体问题。

　　重新定义相对于个人的关联可能带来的第二个表面上的问题是：这么一来，关联第一原则不就会变得空洞无物了吗？如果人的认知倾向于追求最大关联，且如果关联自身又是借助正面认知效果来界定的，我们不就是在说：人的认知倾向于追求正面认知效果？那好像是自明之理，而且还显得语焉不详。

　　事实上，第一原则远非自明之理。它提出了两个经验性观点：两者都不是不言而喻的，其中的第二个观点更是关联理论的独创。第一原则有可能是错的：人的认知也有可能在正面认知效果和负面认知效果之间达成一种平衡，从而恰好免于为自然选择所淘汰。事实上，作为一种进化和适应的系统，人的认知以其构思的精细，映衬出进化史上不断加诸其上的选择压力，迫使其自我优化。此外，我们认为人的认知以一种广义且基本的方式体现出其优良的构思，那就是在调配资源以加工既有输入时，倾向于尽量多地增加预期中的认知效果。尽管如此，我们自己也强调过，我们现在所说的关联第一原则确实模糊，也确实较空泛。之所以值得对其加以表述，是因为它带来了一些精确而不平凡的结果，尤其是关联第二原则。

3. 对关联推定的修正

关联（第二）原则说的是：每个明示交际行为都传递了一个推定，推定自身具有优化关联。关联推定自身则表述如下：

（8）优化关联推定

（a）讯递者意图显明的定识之集合 I 具有足够的关联性，值得受讯者加工该明示刺激信号；

（b）该明示刺激信号是讯递者能够用来传递 I 的最为关联的信号。

我们相信，对这个定义应该作大幅度的修改，修改之后的内容会使关联推定更为简单。我们也要论证，新的定义不但会保持原定义的预见力，而且还能显著地加以光大。

有两个理由认为讯递者怀有传递关联推定的意图；这在该推定的两个条款中得到了反映。首先，讯递者必须意使其明示刺激信号显得对受讯者有足够关联，值得后者加以注意。否则，受讯者可能对其不够重视，交际就会失败。这为讯递者意使受讯者具有的对关联的期盼值定出了下限。这个想法体现为上文的关联推定（a）项。在该条目中，为重建意向中的解释而需要付出的心力程度被视为给定的因素，而关联推定的要求是：通过交际得到的效果应该足够多，以使刺激信号的总体关联达到或超过关联期盼值的下限（低于此限度，有关刺激信号就不值得加工了）。（a）项实质上说的是：语境效果至少要达到"足够"这个程度。

现在设想我们把效果程度而非心力程度视为给定因素。那么，通过相同的推理——鉴于讯递者必须意使其明示刺激信号显得有足够关联——受讯者可以对达到该效果所需要的心力程度作出合理的预料。这个心力程度必须足够低，以使刺激信号的总体关联达到或超过关联度的下限。

鉴于效果和心力在此并无原则性的失衡，关联推定的（a）项就可以修改得更简更泛，具体如下：

(9) 相关明示刺激信号具有足够的关联，值得受讯者付出心力去加工。

受讯者是否有理由期望——讯递者是否也有理由意使受讯者期望——关联度不只达到下限，而且大大高于这个水准？对此格莱斯及其多数追随者都持肯定态度。他们假定交际双方必须拥有一个共同的目标，该目标应该超越相互理解这个基本层次，且双方都期望对方提供所需的信息，以利最好地促成这个目标。双方所期盼的不只是足够关联，而且是能促成共同目标的最大关联。[30]

我们已经对这种观点表达了不同的看法。可能在多数言语交际的场合，交际双方确实共有一个比理解双方话语更高的目的，但并不需要总是如此。比如，冲突型交际或单向式交际就不带有这种目的。如果有个共同目标，理解就会容易一些，这也是事实。我们对此的解释是：共同目标能带来许多互为显明的语境定识，供对话者调用。但在构建语用原则时，并不需要设定共同会话目标的存在。我们仍然相信这种看法是正确的。

然而，我们自己也强调过，至少有一个目标是对话双方所永远共有的，那就是理解双方的话语。讯递者会尽力实现这个共同目标，或显得尽力而为，因为这么做显明地符合了讯递者的利益。这就提供了第二个理由，可以解释为什么要把传递关联推定的意图赋予讯递者。这在上文关联推定的（b）项中得到了反映。然而，就其现在的措辞而言，（b）项完全是从心力的角度作定义的。意图造成的效果被视为给定的因素，（b）项所说的是：用来造成该效果的刺激信号是需要受讯者为之付出最小心力的信号。

（b）项所表述的最小心力推定，最高的评价也要承认它的内容失之模糊，而最低的评价就是它的规定太过绝对。讯递者很可能愿意尝试尽量减少受讯者的心力，因为这会使受讯者更有可能注意并成功地理解她的明示刺激信号。然而，出于各种原因，讯递者发出的实际刺激信号可能不是减少受讯者心力的最佳信号。首先需要考虑讯递者自己所付出的心力。作为言者，我们只愿意付出一定的心力去表述自己的思想；作为听者，我们知道不能指望会得到表述得完美无瑕的语句。此外，还可能因礼仪规矩或意识形态的是非标准，使最易加工的语句被排斥在外（这种语句还可能传递意图之外的弱寓义）。言者会避免自觉不妥的表述方式；听者也会觉得这种约束是在料想之中的。

优化关联推定（b）项无论如何总应该允许言者有权懈怠或是受礼节的拘泥，即应该允许言者作出自己的选择并意识到这些选择的存在。[31]在后来发表的文章里或是会议发言中，我们对此条内容作了修订，将其表述为不应要求付出不合理的或是无谓的心力。换言之，如果有一系列可能的刺激信号，同样都能传达意向中的意义且被讯递者视为同等恰当（鉴于她希望尽量减少自己的心力，也出于自己的道德、礼仪、或是审美上的抉择），讯递者就应该选择——且看来也确实会选择——最能减少受讯者心力的刺激信号。

然而，这条论证思路虽然立足于对心力的考虑，也同样适用于效果的方面。就讯递者而言，设想她的目标能同样被多个语句（或其他刺激信号）所实现，它们都能导致意向中的语境效果，但其中的有些效果会进一步导致更多的语境效果，因而对（或似乎对）受讯者具有更多的关联，那么她应该选用哪个语句呢？她就应该选用对受讯者会最有关联（或者看似最有关联）的语句，理由与上文有关减少心力的讨论如出一辙。

请看一个示例。玛丽想对彼德清楚地显明从四点到六点她会外出。为达到这个目的，她可以对他说（10a—c）中的任何语句：

（10）（a）我四点到六点会外出。

（b）我四点到六点会外出去琼斯那儿。

（c）我四点到六点会外出去琼斯那儿谈下次开会的事儿。

设想她认定这些语句的随便哪一个都会对彼德有足够的关联。再设想她是否告诉他去哪里及其理由对她而言都无关紧要。另外，设想说这些语句各自所需的心力大小对她而言无甚区别。那么说（10a—c）中的任何一句都足以合乎情理，因为每句话都能实现她的目标，所付出的代价相同，都能为她所接受。然而，最合情合理的做法是说对彼德最有关联的那句话，因为这会使他最有可能关注她的交际行为并记住她的话，由此又导致一系列后果。换言之，这会对彼德最大限度地显明玛丽想让他获得的信息。由于（10c）相对（10b）会需要彼德付出更多的心力，（10b）相对（10a）也是如此，唯有当其中的一个较长的语句所传递的额外信息能产生足够效果，使其对彼德更有关联，玛丽才应该选用它。如果他不关心她要去哪里，她就只应选用（10a）。如果他关心她的去向，但不在意个中的原因，她就应该选用（10b）。如果他既关心她的去向，又在意个中的原因，她就应该选用（10c）。这些都是理性的选择，尽管玛丽在告诉彼德他可能想知道的信息时，并不想特意对其提供帮助。这些选择之所以是理性的，是因为它们提供了尽可能令玛丽达到目的的手段，使她能对彼德显明她想显明的事：她四点到六点会外出。

我们因此就可以作出如下概括：设有一组刺激信号满足下列条件：任何一个都可能传递讯递者想传达的内容；她有能力发出其中的任何一个信号；且她只想选用能最有效实现其交际目标的信号，此外无其他偏好。这些刺激信号可能的不同之处在于它们要求受讯者付出不同的心力、令受讯者获得不一样的效果、或是两者兼而有之。讯递者应该选用看上去对受讯者最具有关联的刺激信号，因为这会使她的交际行为最有可能成功。出于同样的理由，她应该显得是在选用对受讯者最关联的刺激信号。在正常条件下，表象和现实是有可能两相符合的。

讯递者对明示刺激信号的选择不但受其意愿偏好的限制，也受制于其能力。从心力的角度看，可能有的刺激信号会更易于为听者所加工，但讯递者当时无法想到该信号，因为某些思想的最佳表述方式恰恰没有在脑海中浮现。从效果的角度看，讯递者能力上的局限性就更为重要。总可能有信息让听者觉得比讯递者可以提供的更为关联。讯递者提供的关联信息不可能超出自己的知识范围。如果她想佯作交际，试图显明自己不相信的定识，她还是希望受讯者以为她在试图传递自己的知识确定为真的信息。

　　这里，效果和心力之间同样不存在原则性的失衡。有关的推定是：讯递者在面对所有可供自己选用的刺激信号时，如果它们都可以助她实现特定的交际目标，那么她所选用的就会是对受讯者尽量有可能关联的信号。关联推定的第二条可以改得更简更泛，表述如下：

　　　　（11）相关明示刺激信号是与讯递者的能力和偏好相匹配的最
　　　　为关联的信号。

我们现在得到了优化关联推定的完整修正定义：

　　　　（12）优化关联推定（修订稿）
　　　　　　（a）相关明示刺激信号具有足够关联，值得受讯者付出
　　心力去加工。
　　　　　　（b）相关明示刺激信号是与讯递者的能力和偏好相匹配
　　的最为关联的信号。

这个定义告诉我们，受讯者有理由期望获得足够程度的关联，足以支持他对有关信号所付出的关注。此外，这也是讯递者就其方式和目标而言有能力达成的最高阶段的关联度。

　　关联第二原则：优化关联推定是以明示方式传递的

　　要是把优化关联推定（不管是早期的定义还是修订后的措辞）理解为是对有理性的讯递者都应该达到的目标的描述，那就错了。关联原则和关联推定都没有被表述为讯递者应该追求的目标或是应该遵守的规则，这与格莱斯的那些准则不同。关联（第二）原则是对特定明示交际行为内容的描述性提法（而不是与之相对的规范性提法）。它所主张的是：某个特定明示交际行为的部分内容构成了一个推定，推定该交际行为本身对受讯者有关联。

　　受讯者之所以要解释语句，其用意在于确认讯递者的传信意图。要做到这一点，就要采用确认行事者意图的通用做法，即观察讯递者所采用的行为方式，并以此假定在讯递者的信念体系中，这些行为方式有助

于达到她的行为目的。我们要宣称的是：任何明示交际都传递了优化关联推定。根据我们对明示交际的定义，要使这种说法成真，就必须对交际双方互为显明：讯递者具有传信意图，意使关联推定对受讯者显明。我们现在要论证这种说法的正确性。

有理性的讯递者必须意使自己采用的刺激信号对受讯者显得有足够关联，以引起他的注意，使他甘愿付出解读该信号所需要的心力。刺激信号需要具有多大的关联度？如果它低于一定的限度，受讯者就根本不会关注该信号；显然，讯递者必须意使受讯者期望刺激信号所具有的关联度至少会达到此限度。此外，出于讯递者利益的考虑，受讯者应该期望信号的关联度会大大高于这个下限，这样他就会乐于投入为理解信号所需要的心力。然而，正如受讯者在语句理解时已假定讯递者是有理性的并受该假定所指引，讯递者的意图也因为假定了受讯者具有理性而受其制约。有理性的受讯者对关联的期盼不会高于讯递者愿意且有能力达成的限度。期望讯递者提供她并不知道的信息或发出在特定场合无法想到的刺激信号，那都是毫无道理的。也不能期望她作出有违自己偏好的事。故此，讯递者会意使其刺激信号在自己的能力和偏好范围之内尽量显得有关联。

换言之，关联推定的第一款必须对受讯者显明，第二款要是也能对其显明则会使讯递者从中受益。因此，理性的讯递者就会希望关联推定的两个条款都得到显明。我们认为，这不是关乎讯递者心理的某种隐秘事实，而是对任何够格的讯递者和受讯者都显明的现象。因此，当讯递者向自己和受讯者互为显明她正试图用某个刺激信号作交际时，她就因此互为显明自己意使关联推定得到显明。根据我们对明示交际的定义，这等于是说关联推定在交际中得到了传递。

关联推定新定义的一些后果

我们在本书和其他一些著述里根据优化关联推定的旧定义所作的分析依然全部成立。有一点仍然是正确的：理解语句或任何其他明示刺激信号的理性方式是走最省力的途径，一旦得到了符合个人关联期盼的第一个解释就因此止步。然而，根据旧定义，对关联的期望值被系统地规定在下限的水平。这并不意味着语句的关联度永远不能比值得听者注意的那种仅为足够的关联程度更高。该定义的意思是说：为了达成更高程度的关联，言者对其语句的表述方式必须能使第一个有足够关联而值得听者注意的解释实际上会超过足够关联的程度。

作为示例，设想玛丽对彼德说：

（13）还记得我买的那张彩票吗？嘿，没想到吧？我中了一万［英］镑！

按照关联推定的旧定义，玛丽的话从字面上理解，很可能不仅有足够关联而值得彼德加以关注，还大大超过了他所期望的关联度。然而，如果这是第一个有足够关联的可及解释（而且除非它与彼德的其他语境定识有冲突），他就会将其作为言者意向中的意思而接受。根据关联推定的旧定义作出的分析至少会（正确地）预示这个结果。

将上例与一个新例相较，此时玛丽对彼德说：

（14）还记得我买的那张彩票吗？嘿，没想到吧？我中奖了！

此时，第一个有足够关联的可及解释很可能把玛丽中奖这件事表征为有足够关联的事件，因而值得一提。如果单单知道她中了奖这件事就已有足够关联，那么中奖的金额可能一点也不会被视为有关联。这里，根据关联推定的旧定义所作出的分析仍然是充分的。

修订后的关联推定对这些例子及类似情况的分析与上述结果并无出入。在解读（13）时，彼德认定玛丽有能力——在此例中是有相关知识——说出大于最小关联的话语（即她中了一万英镑），而且认定她提供这个信息时并无与之相悖的其他表达方式。在解读（14）时，我们且假定彼德接受关联推定的（b）款并期望玛丽的语句是与其能力及其掌握的表达方式相匹配的最关联语句。此时他依然没有理由认为玛丽有更为关联的信息不愿与自己分享；所以他就会认定玛丽中奖的数额不大，只值得提一下这件事。颇为常见的是，关联推定（新定义）的（a）款所提及的下限会与（b）款所提及的上限相重合。言者的信息有足够关联，值得一提，因而就被诉诸于言。

然而在某些情况下，修订后的关联推定却能导致不同且更好的分析结果。这里我们考察两个事例。第一个事例改编自格莱斯（1989：32）。彼德和玛丽正在筹划去法国度假的事宜。彼德刚说过如果不致太偏离旅行路线的话，他很想去看望他们的老朋友吉拉德。两人的对话继续如下：

> （15）（a）彼德：吉拉德住在哪儿？
> 　　　　（b）玛丽：法国南部的什么地方。

如格莱斯所言，玛丽的回答寓谓（16）：

> （16）玛丽不知道吉拉德住在法国南部的哪个地方。

这个寓义很容易用格莱斯提出的那几个准则来解释。玛丽的回答比量准则第一次则（"按信息需要作出自己的贡献"）所要求的信息量要少。"要解释这种对［……］准则的违反，就只能假设［玛丽］意识到倘若要提供更多的信息，说出的话就会违反质准则第二次则，即'不要说自己缺乏证据的话'"（格莱斯［Grice］（1989：32—33））。

　　按照修订前的关联理论，我们在解释这种寓义时就必须说，在所述境况里，一般应该互为显明的是：在筹划去法国度假这件事上，言者期望玛丽合作，而且她自己也愿意合作。基于这个定识，加之她的回答相对于彼德的问话而言不甚关联，可以从中推出的是她并不确切知道吉拉德住在哪里。那么，不但是（16）本身得到了显明，而且，既然玛丽是合作的，同时互为显明的是她自己也应该希望（16）显明。因此（16）是个合理的寓义。

　　这种分析承认，就这个特定场合而言，格莱斯提出的那种合作是存在的，而格莱斯认为在每个会话场合，原则上都存在着合作关系。我们已经论证过，格莱斯提出的合作既非总在起着作用，又非总被认定在起作用。在其他场合，如果并不期望言者合作，那么（16）那种寓义就无法得到。

　　比如，设想互为显明的是玛丽强烈反对去看望吉拉德，那她的回答就不会带有（16）的寓义。她可能不知道吉拉德住处的更确切的信息，抑或她可能知道但不愿意说出来，说不准到底属于哪种情况。对于这种情况，如果要一丝不苟地运用格莱斯的理论去分析，那只能说玛丽至少部分"选择放弃"了合作原则和量准则第一次则。正如我们在解释（16）中的格莱斯式的寓义时，不得不加入新的语境定识，认定言者是合作的，格莱斯学派在解释该话语缺乏寓义的原因时，也不得不加入新的定识，认定言者是不合作的。

现在请注意，同样的这则对话还可以带有另一个寓义。设想互为显明的是玛丽知道吉拉德住在哪儿。那么她的回答（15b）所寓谓的就不是（16），而是（17）：

（17）玛丽不愿意说出吉拉德的确切住址。

这就给格莱斯学派制造了麻烦，因为它同时违反了合作原则和量准则第一次则，而寓义按理只能在假定合作原则得到遵守时才会产生。按照关联推定的旧版本，这个例子也会给我们制造麻烦。我们且设想吉拉德住在法国南部这个信息有足够关联，值得彼德加以关注（尽管它没有彼德原来期望的那么关联）。那么，根据我们修订前的定义，彼德应该在构建寓义（17）之前就止步不前了。

有了修订后的关联推定，我们既可以解释（16）那样的标准格莱斯式寓义，又得以解释（17）那种非格莱斯型寓义，后者的致因是对合作的拒绝，也表达了这个意思。在（15）中，如果互为显明的是玛丽希望能更确切地说出吉拉德的住址，那么她的回答加上修订后的关联推定（b）款，就能蕴涵她无法说得更为详细。如果互为显明的是这个蕴涵增加了她的语句的关联，那么它就不单是蕴涵的内容，而且还是寓谓的内容了。另一方面，如果互为显明的是玛丽其实可以说得更确切，那么她的回答加上关联推定（b）款，就会蕴涵她不愿意说得更为确切。同样，如果互为显明的是这个蕴涵增加了她的语句的关联性，那么它就是寓谓的内容。

注意，在此我们作出了一个不甚明显的隐秘断言。我们提出：如果对交际双方互为显明的是：一个为语句所语境蕴涵的定识能增加该语句的总体关联度，那么（一般）互为显明的就是讯递者意使该蕴涵显明。

换言之，该定识就（作为寓义）在交际中得到了传递。这个观点可以从修订后的关联推定（b）款导出，该条款指出：有关的语句是与讯递者的能力及其掌握的交际方式相匹配的最关联语句。如果语句的一个互显蕴涵对总体关联作出了贡献，因而有助于证实优化关联推定，那就可以合理地推出讯递者意使该蕴涵起这个作用。显然，讯递者是有能力寓谓这个定识的。有证据表明她愿寓谓该定识，因为她有意选择的这种语句形式，可以显明地承载这个蕴涵，后者有助于证实她自己所传递的关联推定。

显明关联的蕴涵可被当作寓义，这个主张具有一个重要的后果。有时，受讯者可能有理由认为讯递者传递了一个寓义，可她其实从来没有意图那么做。尽管推理过程可能合理无误，从"某个蕴涵有关联"这个互显事实推出了"该蕴涵是个寓义（即得到了刻意显明）"这个结论，但这属于非论证型推理，所以有时可能会出错。考察一个与上面的例（15）略微不同的对话。对玛丽和彼德互为显明的是玛丽愿意向彼德提供她知道的所有关联信息：

　　　（18）（a）彼德：你说你跟吉拉德有联系。他住在哪儿？
　　　　　　（b）玛丽：在法国南部的什么地方，我不知道具体是哪里。

在（18b）中，玛丽说她不知道吉拉德具体住在哪里。就该语句本身而言，如果没有进一步的解释，它的语境蕴涵是：她先前说自己与吉拉德有联系时，并没有对彼德说真话。[32]她可能原本无意显明这个蕴涵，且事后回想起来也不想寓谓这层意思。然而，除非她明确地取消这个寓义（例如解释她为何虽然与吉拉德有联系，却不知道他的地址），她会被理解为是暗中承认了自己对彼德说了假话。这个例子告诉我们，正如实际的措辞可能会使言者传递意向之外的显义，语句的语境蕴涵也可能使她传递意向之外的寓义。

修订后的关联推定能够分析得更好的第二类事例已经在文献中以"梯级寓义"的名义得到了广泛的讨论。[33]这里举一个典型的例子。在多数场合，（19）的语句会寓谓（20）或（21）：

（19）我们这儿有些邻居养了宠物。

（20）我们这儿不是每家邻居都养宠物的。

（21）言者不知道她那儿是否每家邻居都养了宠物。

然而，这些寓义并不是总能得到传达的，参见（22）和（23）：

（22）我们这儿有些邻居肯定养了宠物，也可能他们都养了宠物。

（23）（a）彼德：你们那儿有些邻居是不是养了猫、狗、金鱼之类的宠物？

（b）玛丽：我们这儿有些邻居确实养了宠物，其实他们都养了宠物。

粗粗一看，这些情况用格莱斯理论的术语已经可以得到较好的解释了。要是言者真的知道每家邻居都养了宠物，但只说她那儿有些邻居养了宠物，在缺乏（22）和（23）提供的额外说明时，言者那么说就提供了不足量的信息，不能满足量准则第一次则的需要。假定言者仍然遵守格莱斯理论的诸准则，那么为了维护该假定，听者就必须把言者的话理解为是在寓谓她并不知道是否她的邻居都养了宠物，或是更强地寓谓她的邻居并没有都养宠物。

这个格莱斯式的解释并非没有弱点。它遗留的问题是：在具体场合里，量准则第一次则到底需要多少信息才能得到满足——由此引出的问题是：何时"有些"真正表达了寓义？这种解释也没有提供任何明显的方法来确定何时"有些"寓谓"并非全部"（多数时间似乎都会有这个寓义），而何时它只是寓谓言者并不清楚全部的情况。尽管如此，鉴于"有些"非常频繁地传递了"并非全部"的意义，因而由前者到后者的寓谓关系被多数格莱斯派的学者（例如莱文森［Levinson］1987）视为"广义寓义"的一例，通过自行启动的缺省式推理而产生，但在遇到相反证据时也可以取消。[34]

按照修订前的关联理论，（19）那样的例子会带来下述问题。设有这样一种情况，此时言者的邻居中（至少）有些人家养了宠物这件事已会有足够关联，值得听者加以关注。那样的话，复原了这个基本解释后（在此"有些"与"全部"在意义上并不相互排斥），听者就没有理由继续深究并进而认定言者意指"有些，但并非全部"了。[35]这个分析结果虽然不甚理想，但也有其适用之处。在有些情况下，它作出了正确的预见，如下列对话所示：

（24）（a）亨利：如果你们家或是你们那儿的有些邻居养了宠物，你就不应该在花园里用这种杀虫剂。

（b）玛丽：谢谢。我们不养宠物，但有些邻居肯定养了。

此时，我们认为，玛丽的邻居中至少有些人家养了宠物这件事已有足够关联，没有理由认定她的意思是并非所有邻居都养了宠物（也没有理由认定她不知道他们是否都养了宠物）。那些把"有些"到"并非全部"的推论处理成广义寓义的格莱斯派学者会不得不宣称玛丽的语句并不含有这个寓义，或认为（24b）的听者会先得出这个推论，然后又（出于何种理由？）将其取消。这两种设想在我们看来似乎都不合乎情理。

然而，在有些情况下，修订前的关联推定所作出的预见直观上并不正确。出现这种情况时，"有些"的基本解释（此时"有些"与"全部"在意义上并不相互排斥）有足够关联，值得听者加以关注，但此时显然对听者更为关联的是弄清是否"并非全部"同样属实。有关事例见（25）：

（25）（a）亨利：你们那儿的邻居是全都养了宠物，还是至少有些人家养了宠物？

（b）玛丽：有些邻居养了。

在此，亨利显明地表示对他关联的不只是知道玛丽那儿是否有些邻居养了宠物，而且还要知道玛丽的邻居是否全都养了宠物。如果把修订以前的关联模式机械地应用于这个例子，就会预计亨利得到了第一个有足够关联的解释后就会停下；这个解释显然就是把玛丽传递的意思理解为

"她那儿至少有些邻居养了宠物"，且别无他意。这个预测显明地有误，因为玛丽此时的回答所传递的意思一般应被理解为"她的邻居并非全都养了宠物"。

当然，不难将关联模式灵活应用，比如，可以这样说：一个人问问题时自动显明他所视为有足够关联的只能是对问题的完整回答，或是至少与之有同等关联的语句。那样的话，如果把玛丽在（25b）的回答所传递的意思仅仅理解为她那儿至少有些邻居养了宠物，那就不会有足够关联。出于对关联的标准意义上的考虑，该语句会被理解为寓谓[36]她的邻居并非全都养了宠物，从而满足了彼德对关联充分性的期盼。

然而，我们宁可使关联模式能机械地应用。尊重认知科学的成果，不就是为了达到这个目的吗？修订后的关联模式在这方面有了很大的提高（我们的意思并不是说已经有了完整的、能机械应用的模式，而是说我们至少不需要依靠特殊的因素来解释不甚特殊的事例，不管那些因素有多么合理）。根据修订后的关联推定，对（25）的分析就会如下所述：玛丽的回答显明，她要么不能，要么不愿告诉彼德她的邻居全都养了宠物。这两种蕴涵的任意一个都能增加其语句的关联度。实际上，在多数场合，玛丽的回答会显明她不能（而非不愿）传递那种信息。这个能力上的局限可以进一步用两种方式得到解释：要么她不知道她的邻居是否全都养了宠物，要么她知道他们并非全都养了宠物。如果这两个互不相容的定识中有一个足够显明，（一般）能够互为显明的就是玛丽意使其显明，因为它增加了她的语句的关联度，并与她所掌握的交际方式相匹配。最后产生的解释是符合关联原则的解释。

玛丽在（25）的回答构成一种情形，此时言者故意选用了一个信息量较少的命题，而一个紧密相关、同样可及且含带更多信息的命题对交际双方而言在加工上并不需要付出更多的心力。对这类情形的分析都是相同的。如果那个信息更多的命题并无更多的关联，那它就不传递寓义。如果它会有更多的关联，那么言者实际选用的语句就会被理解为是寓谓了要么言者不愿意提供更有关联的信息，要么（更常见的是）她无法提供这种信息。在后一种情形里，导致讯递者能力不足的原因要么是由于她不知道那则更有关联的信息是否为真，要么是由于她已经知道那是则假信息。如果这两种可能的任何一个得到了显明并具有关联，那它就会被当作寓义。

4. 实在为时尚早，无法遽下结论

关联理论还有许多其他方面是我们希望得到发展的，我们同其他学者在发表的文章和未发表的讲稿中也已着手研究这些课题。许多研究涉及对本书呈示的这个版本的关联理论作局部的修订。还有的研究开启了新的视角，从关联理论的整体上看，可能较现有的修订具有更重要的意义。

测试关联理论假设的实验性研究还刚刚起步，我们希望它们会引发进一步的理论修正、新的启示和新的研究问题，这最后一点或许更为重要。将关联理论应用到文学研究的颇有价值的工作表明该理论在更广的层面可能会对各种文化现象的研究有一定的关联性。对该理论的形式化模拟应该能产生新的灼见，引发新的问题。这种研究可能会用上传播激活模式，这种模式似乎特别适合对两个方面作表征，一是可及性的作用，二是通过监控心力和效果而对系统的运算作实时引导的方式。有两个重要且相关的领域还几乎完全没有从关联理论的角度加以探讨过：关联理论是从交际行为的受讯者的角度发展起来的，尚未考虑社会语言学所详细研究的复杂社会因素。在更大的场景中，讯递者所体验的认知过程和交际的社会特性及社会语境当然都是至关重要的。我们希望关联理论可以对这个更大场景的研究作出贡献，这种研究的成果也会使关联理论受益匪浅。

我们自己已在致力发展一个修正的、更详细的关于推理理解的分析描写，它的一个特色是将丰义过程和随意言谈或隐喻的理解过程纳入其间[37]。这个工作我们会在撰写中的《关联与意义》中加以陈述。

附　注：

＊　本后记是原书 1995 年出第二版时添加的。——译注

[1] 已有法译本（巴黎：子夜出版社，1989）；俄译本（摘译，莫斯科：进步出版社，1989）；日译本（东京：研究社，1993）；韩译本（汉城：翰信出版社，1993）；意大利语译本（米兰：前进出版社，1993）；西班牙语译本（马德里：观点出版社，1994）；马来语译本（即出）。

[2]　本述评远非完善。我们未收录未定稿的篇名，对有些作者的著述也未全部罗列，尽管我们很希望能更充分地肯定他们的贡献。有些重要的研究领域如语体和语调的研究，未能尽显其应得的地位。我们只考察了既有的文献，对因自己的无知、疏忽或篇幅的限制而导致的众多遗漏表示歉意。

[3]　对《关联》所作的一个评论专辑刊登于《行为科学与脑科学》(1987，总第十集第四期)，后续刊登的评论有波利彻尔［Politzer］(1990)、加纳姆与帕纳［Garnham and Perner］(1990)和恰佩与库克拉［Chiappe and Kukla］(即出)。重要的书评有福勒［Fowler］(1989)、赫斯特［Hirst］(1989)、雅耶兹［Jayez］(1986)、莱斯利［Leslie］(1989)、莱文森［Levinson］(1989)、梅与塔尔波特［Mey and Talbot］(1988)、佩特曼［Pateman］(1986)、苏伦［Seuren］(1987)、却维斯［Travis］(1990)、沃克［Walker］(1989)。另参见注[8]。

[4]　例如，参见斯珀波与威尔逊［Sperber and Wilson］(1987b，1990a，即出a)、威尔逊［Wilson］(1992a)、威尔逊与斯珀波［Wilson and Sperber］(1987)。另见布莱克莫尔［Blakemore］(1994a)。

[5]　斯珀波与威尔逊［Sperber and Wilson］(1987a)。

[6]　布莱克莫尔［Blakemore］(1992)、辛克莱与温克勒［Sinclair and Winckler］(1991)、莫埃希勒与勒布［Moeschler and Reboul］(1994)。

[7]　例如，参见格特［Gutt］(1986)、史密斯与威尔逊［Smith and Wilson］(1992)、斯珀波［Sperber］(1994a)、威尔逊［Wilson］(1994a)、威尔逊与斯珀波［Wilson and Sperber］(1986b，c)。发表于专题百科全书及学科手册中的讨论关联理论有关方面的文章有：布莱克莫尔［Blakemore］(1988b，即出)、卡斯顿［Carston］(1988b，1993a，b)、肯普森［Kempson］(1988b)、利奇与托马斯［Leech and Thomas］(1990)、莫埃希勒与勒布［Moeschler and Reboul］(1994)。

[8]　相关评论与讨论参见上文注[3]，以及博格［Berg］(1991)、博顿－罗伯茨［Burton－Roberts］(1985)、恰梅茨基［Chametzky］(1992)、恰洛勒［Charolles］(1990)、卡尔佩帕［Culpeper］(1994)、埃斯坎德尔－维达尔［Escandell Vidal］(1993)、吉布斯［Gibbs］(1987)、吉奥拉［Giora］(1988)、格瑞斯卡与林塞［Gorayska and Lindsey］(1993)、格朗迪［Grundy］(1995)、内倍斯卡［Nebeska］(1991)、西山［Nishiyama］(1992，1993，1995)、奥尼尔［O'Neill］(1988)、罗伯茨［Roberts］(1991)、塞道克［Sadock］(1986)、桑切斯－德－查瓦拉［Sanchez de Zavala］(1990)、辛克莱［Sinclair］(1995)、孙玉［Sun］(1993)、泰勒与卡梅隆［Taylor and Cameron］(1987)、图兰［Toolan］(1992)、威尔克斯与卡宁汉［Wilks and Cunningham］(1986)、吉夫［Ziv］(1988)。我们的回应见上文注[4]。

[9]　已经出版的博士论文有：布莱克莫尔［Blakemore］(1987)、布莱斯［Blass］

（1990）、福瑟维尔［Forceville］（1994a）、格特［Gutt］（1991）、派林［Perrin］（即出）、田中［Tanaka］（1994）、万德皮特［Vandepitte］（1993）。未出版的论文有：奥斯汀［Austin］（1989）、坎贝尔［Campbell］（1990）、克拉克［Clark］（1991）、埃斯皮纳［Espinal］（1985）、费拉［Ferrar］（1993）、格罗夫斯玛［Groefsema］（1992a）、哈佩［Happé］（1992）、伊梵逖窦［Ifantidou］（1994）、井谷［Itani］（1995）、约德洛维奇［Jodlowiec］（1991）、毛利敏［Mao］（1992）、松井［Matsui］（1995）、皮尔金顿［Pilkington］（1994）、波利彻尔［Politzer］（1993）、波斯南斯基［Posnanski］（1992）、勒布［Reboul］（1990a）、罗乔塔［Rouchota］（1994a）、斯代通［Stainton］（1993）、泽加拉克［Zegarac］（1991）。专著有：莫埃希勒［Moeschler］（1989b）、纳斯塔［Nasta］（1991）、勒布［Reboul］（1992a）。

　　［10］这方面的文集有卡斯顿与内田［Carston and Uchida］（即出）、戴维斯［Davis］（1991）、桂加洛－莫拉利斯［Guijarro Morales］（1993）、卡歇尔［Kasher］（即出）、肯普森［Kempson］（1988a）、莫埃希勒［Moeschler］（1989c）、莫埃希勒等［Moeschler et al.］（1994）、史密斯［Smith］（1989），收录了一些代表性文章的《语言》［Lingua］期刊的两期关联理论专刊（Wilson and Smith，1992；1993）；以及《伦敦大学大学院语言学未定稿》年刊，该刊收入了题材多样的有价值论文，在此我们无法一一尽述。

　　［11］山本［Mitsunobu］（1993）。

　　［12］尼尔［Neale］（1992）重新评估了格莱斯在语言哲学方面所作的贡献，颇具价值。他从格莱斯［Grice］（1957：222）中引用了一段话，从中得出的观点是对关联的考虑有助于解歧。

　　［13］这方面包括由心理学家赫伯特·克拉克［Herb Clark］及其合作者们在总体上是格莱斯理论的框架里对指称指派所作的研究（例如，参阅克拉克［Clark］（1977）、克拉克与海维兰德［Clark and Haviland］（1977）、克拉克与马歇尔［Clark and Marshall］（1981）），这些研究采用了"桥接寓义"这个新概念。桥接寓义在关联理论框架中的处理在松井［Matsui］（1993，1995）、威尔逊［Wilson］（1992b，1994b）、威尔逊与斯珀波［Wilson and Sperber］（1986a）中论及。另见注［15］。

　　［14］巴赫与哈尼希［Bach and Harnish］（1979）这部从格莱斯理论的角度研究交际的上佳之作，在处理解歧时摒弃了合作原则和会话诸准则，转而采纳不甚正规的"语境合适性"这个说法。莱文森［Levinson］（1983）这个语用学教材的范本完全未论及解歧，但在第34—35页讨论了"寓义"在指称指派中的作用。莱文森的较新论著［Levinson］（1987，1988）从新格莱斯理论框架的角度对指称指派作了重要的研究，在这些文章中他仍认为"寓义"对真值条件的贡献不仅在于解释桥接现象，而且在于更广义的指称指派，还包括对解歧的解释。

[15] 从关联理论的角度对指称指派各方面所作的分析有：艾瑞尔［Ariel］
（1990）、布莱斯［Blass］（1986）、福歇［Forget］（1989）、福斯特－科恩［Foster－Cohen］
（1994）、福莱泰姆［Fretheim］（即出a）、龚德尔［Gundel］（即出）、霍金斯［Hawkins］
（1991）、肯普森［Kempson］（1988c）、克莱伯［Kleiber］（1990，1992）、松井［Matsui］
（1993，1995）、勒布［Reboul］（1992b，1994a，即出）、［Récanati］（1993）、罗乔塔
［Rouchota］（1992；1994a，d）、威尔逊［Wilson］（1992b，1994b）。

[16] 比如参见卡斯顿［Carston］（1988a，1993c，b）。有关讨论参阅埃特拉斯
［Atlas］（1989）、巴赫［Bach］（1994a，b）、莱文森［Levinson］（1987，1988）、
尼尔［Neale］（1992）、瑞卡纳蒂［Récanati］（1989）、威尔逊与斯珀波［Wilson
and Sperber］（1993，即出）。

[17] 有关充实（丰义）的文献参阅埃特拉斯［Atlas］（1989）、巴赫［Bach］
（1994a，b）、博托列特［Bertolet］（1990）、贝图切利－帕比［Bertuccelli－Papi］
（1992）、布莱克莫尔［Blakemore］（1989a）、埃斯皮纳［Espinal］（1993）、格罗
夫斯玛［Groefsema］（1995，即出）、哈格曼［Haegeman］（1987，1989）、赫斯特
［Hirst］（1987）、荷恩［Horn］（1992）、堪多夫［Kandolf］（1993）、克林格
［Klinge］（1993）、莫埃希勒［Moeschler］（1993b）、瑞卡纳蒂［Récanati］（1994，
即出）、斯堪卡莱里［Scancarelli］（1986）、斯代通［Stainton］（1993，1994）、泰
勒［Taylor］（1993），以及注［16］中的书目。

[18] 例如，参见布莱克莫尔［Blakemore］（1987）、卡斯顿［Carston］
（1988a）。

[19] 参见格莱斯［Grice］（1989：121—122，361—363）。

[20] 有关非真值条件语义学的早期著述，参见威尔逊［Wilson］（1975）的综
述和讨论。关联理论框架之外的重要著作参见杜克罗［Ducrot］（1980b，1983，
1984）、杜克罗等［Ducrot et al.］（1980）。

[21] 对话语连词的程序化分析，参见艾瑞尔［Ariel］（1988）、布莱克莫尔
［Blakemore］（1988a，b，1990，1993）、布莱斯［Blass］（1990，1993）、杜克罗
［Ducrot］（1984）、杜克罗等［Ducrot et al.］（1980）、格特［Gutt］（1988）、哈格
曼［Haegeman］（1993）、东森［Higashimori］（1992a，b；1994）、井谷［Itani］
（1995）、贾克［Jucker］（1993）、腊斯切［Luscher］（1994）、莫埃希勒［Moe-
schler］（1989a，b；1993a）、史密斯与史密斯［Smith and Smith］（1988）、恩格尔
［Unger］（1994）、万德皮特［Vandepitte］（1993）、威尔逊与斯珀波［Wilson and
Sperber］（1993）。与之相关的程序语义学研究参阅加贝与肯普森［Gabbay and
Kempson］（1991）、蒋严［Jiang］（1994）、肯普森［Kempson］（即出）。

[22] 下列著述提供了关联理论对情态标记语的解释：克拉克［Clark］（1991；

1993a，b)、鲁恩[Lunn](1989)、罗乔塔[Rouchota](1994a，b，c)、威尔逊与斯珀波[Wilson and Sperber](1988a，b；1993)。有关关联理论对言语行为诸方面的研究，参见伯尔德[Bird](1994)、克拉克[Clark](1991)、格罗夫斯玛[Groefsema](1992b)、哈尼希[Harnish](1994)、莫埃希勒[Moeschler](1991)、勒布[Reboul](1990b，1994b)、瑞卡纳蒂[Récanati](1987)。另见卡歇尔[Kasher](1994)。

[23]有关情态标记语的研究，参见注[22]。有关话语小品词和话语状语的研究，参见布莱斯[Blass](1989，1990)、埃斯皮纳[Espinal](1991)、伊梵逊窦[Ifantidou](1994)、伊梵逊窦－托鲁奇[Ifantidou–Trouki](1993)、井谷[Itani](1994)、库尼希[König](1991a，b)、瑙尔克[Nølke](1990)、瓦茨[Watts](1988)、威尔逊与斯珀波[Wilson and Sperber](1993)、吉村[Yoshimura](1993b)。有关插入语的研究，参见布莱克莫尔[Blakemore](1990/1991)、埃斯皮纳[Espinal](1991)、伊梵逊窦[Ifantifou](1994)、威尔逊与斯珀波[Wilson and Sperber](1993)。就时制与时态所作的研究，参见莫埃希勒[Moeschler](1993b)、史密斯[Smith](1993)、泽加拉克[Zegarac](1991，1993)。

[24]关联理论应用于对隐喻与反语的研究，参见福瑟维尔[Forceville](1994a，b)、海姆斯[Hymes](1987)、皮尔金顿[Pilkington](1992，1994)、勒布[Reboul](1990a，1992a)、宋[Song](即出)、斯珀波与威尔逊[Sperber and Wilson](1985/1986，1990b)、威尔逊与斯珀波[Wilson and Sperber](1988b，1992)、维桑特[Vicente](1992)、吉村[Yoshimura](1993a)。相关讨论参阅吉布斯[Gibbs](1994)、苟特利[Goatly](1994)、滨本[Hamamoto](即出)、克若耶茨与格勒克斯保[Kreuz and Glucksberg](1989)、马丁[Martin](1992)、帕林[Perrin](即出)、瑞卡纳蒂[Récanati](即出)、濑户[Seto](即出)。

[25]参见格特[Gutt](1990，1991，1992)、特孔能－康迪[Tirkkonen–Condit](1992)、温克勒与梵·德·莫维[Winckler and van der Merwe](1993)。

[26]对回声问句的研究参见布莱克莫尔[Blakemore](1994b)；对重整既有概念的研究参见布莱克莫尔[Blakemore](1993)；对假祈使句的研究参见克拉克[Clark](1991，1993a)；对标示传闻的小品词研究参见布莱斯[Blass](1989，1990)、伊梵逊窦[Ifantidou](1994)、井谷[Itani](1995)；对元语否定的研究参见卡斯顿[Carston](即出a)、莫埃希勒[Moeschler](1992)；另参阅博顿－罗伯茨[Burton–Roberts](1989a，b)、福莱泰姆[Fretheim](即出b)、吉村[Yoshimura](1993b)；对相关的"复调"概念的重要研究，可举出的成果有杜克罗[Ducrot](1983)。

[27]关联理论对文学研究的蕴意在下列著述中得到了论述：杜朗与费布[Durant and Fabb](1990)、费布[Fabb](即出，撰写中)、格林[Green](1993)、吉帕斯基[Kiparsky](1987)、皮尔金顿[Pilkington](1991，1992，1994)、勒布

〔Reboul〕（1990a，1992a）、理查茨〔Richards〕（1985）、斯珀波与威尔逊〔Sperber and Wilson〕（1987b：751）、特罗特〔Trotter〕（1992）、内田〔Uchida〕（即出）。

〔28〕对幽默的研究参见费拉〔Ferrar〕（1993）、约德洛维奇〔Jodlowiec〕（1991）；对礼貌现象的研究参见奥斯汀〔Austin〕（1989）、贾克〔Jucker〕（1988）；对广告的研究参见福瑟维尔〔Forceville〕（1994a，b）、田中〔Tanaka〕（1992，1994）；对论辩的研究参见坎贝尔〔Campbell〕（1990，1992）、莫埃希勒〔Moeschler〕（1989b，c）；对政治用语的研究参见J. 威尔逊〔Wilson, J.〕（1990）；对教育用语的研究参见梅赫〔Mayher〕（1990）；对电影的研究参见纳斯塔〔Nasta〕（1991）。

〔29〕有关关联理论对语言学的蕴意以及形式化的尝试，参见加贝与肯普森〔Gabbay and Kempson〕（1991）、肯普森〔Kempson〕（1988c，即出）、蒋严〔Jiang〕（1994）；另见波斯南斯基〔Posnanski〕（1992）。

〔30〕诚然，格莱斯的关系准则只是"要有关联"。但他的两条量准则却蕴涵了我们所说的最大关联。量准则第一条（"按需要的信息量作出自己的适当贡献"）以增加效果为目的。量准则第二条（"不要作出比需要的信息量更多的贡献"）目的在于尽量减少心力（方式诸准则也是如此）。有关讨论参见荷恩〔Horn〕（1984，1988）、莱文森〔Levinson〕（1987，1988）。

〔31〕在《关联》一书中，这一点在提出关联推定的前文后语中作了说明，但并没有写入该推定本身之中。

〔32〕这里应该按较传统的定义来理解"联系"，比如书信往来，那样双方必然知道相互的地址。如果从当今网络通讯的角度看，两个人当然可以用电邮或聊天软件保持联系而完全不知道双方的住址。——译注

〔33〕参见卡斯顿〔Carston〕（1988a，即出b）、哈尼希〔Harnish〕（1976）、荷恩〔Horn〕（1984，1988）、莱文森〔Levinson〕（1987，1988）。

〔34〕从关联理论的视角对莱文森理论的讨论，参见卡斯顿〔Carston〕（即出b）。

〔35〕也就是说，言者只想表达"（至少）有些邻居养了宠物"这个意思，而实际上很有可能所有人家都养了宠物。所以这时说"有些"并不寓谓"并非全部"。"有些"可以为"全部"所包容。这个句子甚至不寓谓"言者不知道是否所有邻居都养了宠物"，因为言者虽然很可能知道所有邻居都养了宠物，但觉得那并不重要。重要的是至少有一家〔可以含一家以上的〕人家养了宠物，那她就不能在花园里用有毒的杀虫剂了〔参见例（24）〕。试比较另一个例子，总经理问部门经理是否他部门的所有人都反对加班，部门经理虽然知道所有下属都反对加班，但为了保护下属，只说了"至少我反对加班"或是"至少我们部门的有些人反对加班"。在恰当

的语境里，这样的话可以寓谓言者出于对下属的保护而显明地不愿意说出真
相。——译注

[36]出于阐释上的考虑，我们在此并未质疑通行的观点，该观点认为此例中
更丰富的全盘解释是通过寓义得到的。然而，正如上文所述，有证据表明至少所谓
"量寓义"的有些事例应属于"（直显内容的）丰义"情况。

[37]有关随意言谈（loose talk）请参见本书第四章第八节例（105）以下的讨
论。——译注

译名对照表及索引
（拼音排序）

A

阿贝尔森［Abelson, R.］, 131 注［23］

阿姆斯特朗［Armstrong, D.］, 68 注
［24］, 69 注［32］

阿诺德［Arnauld, A.］, 5

埃勒顿［Allerton, D.］, 284 注［22］

埃斯坎德尔－维达尔［Escandell Vidal,
V.］, 314 注［8］

埃斯皮纳［Espinal, T.］, 315 注［9］,
316 注［17］, 317 注［23］

埃特拉斯［Atlas, J.］, 316 注［16］,
［17］

艾瑞尔［Ariel, M.］, 316 注［15］, 316
注［21］

奥尼尔［O'Neill, J.］, 314 注［8］

奥斯汀［Austin, J.］, 270, 奥斯汀
［Austin, J. P. M.］, 315 注［9］, 318
注［28］

B

巴尔特［Barthes, R.］, 8, 59

巴赫［Bach, K.］, 18, 21, 67 注
［18］, 68 注［24］, 71 注［44］, 72
注［49］, 77, 78, 279, 282 注
［4］, ［5］, 286 注［35］, 287 注

［45］, 315 注［14］, 316 注［16］,
［17］

百科知识［encyclopaedia］, 81,
153, 158

班内特［Bennett, J.］, 68 注［24］

保证［promises］, 272, 274, 287 注
［46］

贝图切利－帕比［Bertuccelli-Papi, M.］,
316 注［17］

被转述的话语［reported speech］, 249—
259, 276—278

被转述的思想［reported thought］,
249—259

比尔维希［Bierwisch, M.］, 67 注［13］

表达原则［effability, principle of］,
211—213

表征［representation］, 97—98,
249—259

概念 ~［conceptual ~］, 2, 28, 73,
80—82, 92—94, 147, 169, 170,
172, 227, 290

描述性 ~［descriptive ~］, 60, 254,
257, 258, 280, 292, 304

解释性 ~［interpretive ~］, 306—310,
336—339

语义 ~［semantic ~］, 8—12, 37,

193—196, 199, 200, 206, 209, 211, 213

感 觉 ~〔sensory ~〕, 2, 71 注〔46〕, 80

滨本〔Hamamoto, H.〕, 317 注〔24〕

波利彻尔〔Politzer, G.〕, 293, 314 注〔3〕, 315 注〔9〕

波斯南斯基〔Posnanski, V.〕, 315 注〔9〕, 318 注〔29〕

伯尔德〔Bird, G.〕, 317 注〔22〕

博顿 - 罗伯茨〔Burton-Roberts, N.〕, 314 注〔8〕, 317 注〔26〕

博格〔Berg, J.〕, 314 注〔8〕

博托列特〔Bertolet, R.〕, 316 注〔17〕

布拉斯〔Blass, R.〕, 285 注〔30〕, 286 注〔32〕, 314 注〔9〕, 316 注〔15〕, 316 注〔21〕, 317 注〔23〕, 〔26〕

布莱克本〔Blackburn, S.〕, 68 注〔24〕

布莱克莫尔〔Blakemore, D.〕, 283 注〔7〕, 285 注〔32〕, 291, 314 注〔4〕, 〔6〕, 〔7〕, 〔9〕, 316 注〔17〕, 〔18〕, 〔21〕, 317 注〔23〕, 〔26〕

布朗〔Brown, G.〕, 77, 189 注〔4〕, 240, 241, 284 注〔19〕

布洛克威〔Brockway, D.〕, 285 注〔32〕

布斯〔Booth, W.〕, 286 注〔41〕

C

猜测〔guessing〕, 287 注〔49〕

陈述句〔declarative〕, 270, 274, 275

另见 语态

充实、丰义〔enrichment〕, 201, 202, 204, 207—211, 226, 288—290, 314, 316 注〔17〕, 319 注〔36〕

重复〔repetition〕, 244

词义〔word meaning〕, 99—103

茨威基〔Zwicky, A.〕, 287 注〔48〕

刺激信号〔stimuli〕, 60, 66, 75, 282, 294, 297, 300—305

明示 ~〔ostensive ~〕, 171—181, 184, 186—187, 193, 209, 252, 282

~ 的关联〔relevance of ~〕, 170—173

D

代码〔code〕, 2—19, 21—34, 37, 38, 45—47, 54, 59, 69 注〔31〕, 181, 186, 189, 191, 193, 256, 257

交际的 ~ 模式〔code model of communication〕, 6, 9, 12, 13, 15

戴维森〔Davidson, D.〕, 68 注〔24〕

戴维斯〔Davies, M.〕, 68 注〔24〕

戴维斯〔Davis, S.〕, 315 注〔10〕

德·布格朗德〔de Beaugrande, R.〕, 78

德莱茨克〔Dretske, F.〕, 2

德莱斯勒〔Dressler, W.〕, 78

迪宁〔Dinneen, D.〕, 284 注〔19〕

电吹风个案〔hair-drier example〕, 31, 32, 62—64

定识〔assumption〕, 1, 23, 24, 35—37, 41—48, 50, 51, 53, 54, 57—66, 68, 129, 130

事实性 ~〔factual ~〕, 79, 82—85,

89—91, 97, 114, 123, 130 注 [13]

~ 框架 [~ schema], 97, 130 注 [16], 155, 190, 221, 225, 226, 237, 238, 240, 241, 245, 260, 267, 269, 278, 283, 285, 290, 291, 315, 316

~ 的力度 [strength of ~], 83—89, 122, 123, 126, 128, 129, 135, 143, 147, 287 注 [49]

东森 [Higashimori, I.], 316 注 [21]

杜克罗 [Ducrot, O.], 67 注 [18], 316 注 [20], [21], 317 注 [26]

杜朗 [Durant, A.], 317 注 [27]

断言 [assertions], 199—201, 222—223, 237—239, 272

普通 ~ [ordinary ~], 200, 203, 214, 223, 249, 268, 273, 276, 277, 287

对应 [parallelism], 237

E

恩格尔 [Unger, C.], 316 注 [21]

F

翻译 [translation], 254, 292, 317 注 [25]

反叙 [litotes], 264, 286

反语、反讽、讽刺 [irony], 200, 221, 249, 252, 257, 263, 264—269, 274, 277, 286 注 [40], [41], 287 注 [44], 292, 317 注 [24]

范畴（逻辑 ~；句法 ~）[categories, logical and syntactic], 99, 226—228

梵·德·莫维 [van der Merwe, C.],

317 注 [25]

费布 [Fabb, N.], 317 注 [27]

费拉 [Ferrar, M.], 315 注 [9], 318 注 [28]

吩咐 [telling], 178, 273—274, 277, 279

冯·弗里希 [Frisch, K. von], 4

弗瑞斯 [Frith, U.], 293

伏尔泰 [Voltaire], 268, 286 注 [41]

符号论 [semiotics], 6—8, 25, 59, 67 注 [12]

符号学 [semiology] 2, 6—8, 56, 59, 217, 223

参见　符号论

福德 [Fodor, J. A.], 74— 75, 79, 101, 128, 129 注 [5], [6], 131 注 [19], [22], [25], [28], 196, 206, 282 注 [2], 283 注 [11], 285 注 [26], 290, 296

福莱泰姆 [Fretheim, T.], 316 注 [15], 317 注 [26]

福勒 [Fowler, A.], 314 注 [3]

福瑟维尔 [Forceville, C.], 315 注 [9], 317 注 [24], 318 注 [28]

福斯特－寇恩 [Foster-Cohen, S.], 293, 316 注 [15]

福歇 [Forget, D.], 316 注 [15]

G

盖茨达 [Gazdar, G.], 37—38, 189 注 [3], 216, 285 注 [26], 290

概念 [concept], 93—103, 226

分类型 ~〔classificatory ~〕, 88, 138, 201

比较型 ~〔comparative ~〕, 88, 139—141, 146, 171, 189〔1〕

数量型 ~〔quantitative ~〕, 88, 146

理论性 ~〔theoretical ~〕, 134, 140

概念性意义与程序性意义之别〔conceptual-procedural distinction〕, 292, 316 注〔21〕

另见 对关联的约束;语义学（程序 ~）

盖瑞格〔Gerrig, R.〕, 72 注〔49〕, 286 注〔40〕

感叹句〔exclamative〕, 275, 281, 282

感谢〔thanking〕, 271, 273, 287 注〔46〕

戈登〔Gordon, D.〕, 37

格莱斯〔Grice, H. P.〕, 2, 14, 22, 24—31, 33, 34, 36—39, 55, 63, 65, 67 注〔18〕, 68 注〔24〕, 69 注〔29〕,〔32〕,〔34〕, 70 注〔38〕,〔39〕,〔42〕, 72 注〔52〕, 103, 180, 181, 190 注〔15〕, 199, 202, 203, 221, 222, 226, 270, 271, 284 注〔16〕, 289—291, 294, 301, 304, 307, 308, 310, 315 注〔12〕〔13〕〔14〕, 316 注〔19〕, 318 注〔30〕

另见 合作原则;交际准则;言者意义

格朗迪〔Grundy, P.〕, 314 注〔8〕

格勒克斯保〔Glucksberg, S.〕, 317 注〔24〕

格林〔Green, G.〕, 190 注〔18〕, 224, 284 注〔15〕

格林〔Green, K.〕, 317 注〔27〕

格林姆肖〔Grimshaw, J.〕, 281

格罗夫斯玛〔Groefsema, M.〕, 315 注〔9〕, 316 注〔17〕, 317 注〔22〕

格瑞斯卡〔Gorayska, B.〕, 314 注〔8〕

格森霍温〔Gussenhoven, C.〕, 284 注〔25〕

格特〔Gutt, E. -A.〕292, 314 注〔7〕, 315 注〔9〕, 316 注〔21〕, 317 注〔25〕

龚德尔〔Gundel, J.〕316

共同知识〔common knowledge〕参见 互有知识

苟特利〔Goatly, A.〕, 317 注〔24〕

古德〔Good, D.〕, 189 注〔3〕

古德曼〔Goodman, N.〕, 77

关联〔relevance〕, 35—37, 39, 48, 50—55, 57, 61, 65, 66, 69, 70, 72, 78, 79, 83, 99, 111, 114, 119, 127, 128, 130 注〔16〕, 132 注〔37〕〔39〕, 133—154, 158, 162, 164—187, 189 注〔2〕, 190 注〔10〕, 194, 195, 197—201, 203—205, 207, 209—211, 214, 215, 217, 219, 223, 226, 228—232, 236—250, 256, 259, 260, 262, 263, 265, 283 注〔7〕, 285 注〔28〕,〔30〕,〔32〕, 286 注〔39〕, 287 注〔49〕, 290, 293—319

语境中的 ~〔~ in a context〕, 140, 148, 160, 161, 296, 298

~ 与进化〔~ and evolution〕, 293—2955, 300

相对于个人的 ~〔~ to an individual〕,

159—161，168，171，190 注［9］，298，299

最大～［maximal ～］72 注［51］，161，162，164，165，190 注［17］，242，293—296，299，301，318 注［30］

优化～［optimal ～］，176—180，182，183，185，187，188，190 注［13］，注［17］，198，209，214，217，218，226，230—232，238，243，245，248，259，260，263，293，300，302，304，305，309

现象的～［～ of phenomena］170，171，173，190 注［9］，［10］，293—296

刺激信号的～［～ of stimuli］，170—173

话题关联［to a topic］241

～与真假［and truth］，72 注［50］，295—300，

另见 关联原则

关联推定［presumption of relevance］，175—178，180—188，190 注［13］，［17］，199，210，219，246，260，287 注［49］，300—306，308，309，311，312，318 注［31］

关联原则［principle of relevance］，52，65，72 注［51］，173，174，176，177，179—182，185—189，190 注［17］，［18］，194，197，204，207，209—211，214，215，217，218，220，222，234，240，245，248，249，255，257—261，275，277，279，282，283 注［13］，287 注［49］，293，304，312

广告（用语）［advertising］，293，318 注［28］

规范、常规、规约［convention］，19，23，26—28，34，35，38，54，64，69 注［31］，110—113，181，202，204，224，242，248，256—258，262，269，272，277，285，291，304

桂加洛－莫拉利斯［Guijarro Morales, J. -L.］，315 注［10］

H

哈尔曼［Harman, G.］68 注［24］

哈格曼［Haegeman, L.］316 注［17］，［21］

哈尼希［Harnish, R. M.］18，21，67 注［18］，68 注［24］，71 注［44］，72 注［49］，77—79，279，282 注［4］，［5］，284 注［16］，285 注［35］，287 注［45］，315 注［14］，317 注［22］，318 注［33］

哈佩［Happé, F.］293，315 注［9］

海姆斯［Hymes, D.］317 注［24］

海维兰德［Haviland, S.］70 注［37］，284 注［19］，315 注［13］

韩礼德［Halliday, M.］239，284 注［19］

豪加博姆［Hogaboam, T.］283 注［11］

合作原则［co-operative principle］33—35，37，180，181，216，289，294，308，315 注［14］

荷恩［Horn, L.］316 注［17］，318 注［30］，［33］

赫格雷［Hugly, P.］284 注［16］

赫斯特［Hirst, D.］314 注［3］，316 注［17］

互有知识［mutual knowledge］16，19—

22, 32, 40, 42, 44—47, 62, 68 注 [22], [23], 70 注 [36], 72 注 [49], 129 注 [4], 199

另见 显明（互为～）

花园小径语句 [garden-path utterance] 268, 283 注 [8], [10]

华生 [Watson, R.] 293

话题 [topic] 222, 223, 240, 241, 284 注 [25]

话语标记词 [discourse markers] 291, 316 注 [22]

谎话 [lies] 297

回声性解释 [echoic interpretation] 264—266, 292, 317 注 [26]

霍布斯 [Hobbs, J.] 190 注 [7]

霍金斯 [Hawkins, J.] 316 注 [15]

J

吉奥拉 [Giora, R.] 314 注 [8]

吉布斯 [Gibbs, R.] 72 注 [49], 314 注 [8], 317 注 [24]

吉村 [Yoshimura, A.] 317 注 [23], [24], [26]

吉冯 [Givón, T.] 284 注 [19]

吉夫 [Ziv, Y.] 314 注 [8]

吉洛托 [Girotto, V.] 293

吉帕斯基 [Kiparsky, P.] 317 注 [27]

纪弗 [Kiefer, F.] 67 注 [13]

加贝 [Gabbay, D.] 316 注 [21], 318 注 [29]

加狄纳 [Gardiner, A.] 68 注 [27]

加纳姆 [Garnham, A.] 72 注 [49], 314 注 [3]

加瑞特 [Garrett, M.] 131 注 [22],

[28]

贾克 [Jucker, A.] 316 注 [21], 318 注 [28]

蒋严 [Jiang, Y.] 316 注 [21], 318 注 [29]

交际 [communication]

直显～ [explicit ～] 56, 57, 181, 189, 201, 289, 290, 319 注 [36]

隐寓～ [implicit ～] 189, 194, 201, 202, 215—217, 222, 234, 242, 268, 289

公开～ [overt ～] 31—34, 45, 62, 69 注 [35]

强式～ [strong] 61, 193—195

弱式～ [weak] 61, 193, 234

另见 交际的代码模式；明示—推理交际

交际的社会要素 [social factors in communication] 37—39, 75—79, 376, 382 注 [28]

交际的推理型模式 [inferential model of communication] 52

另见 明示—推理交际

交际准则 [maxims of communication] 17—18, 41—48, 85 注 [39], [41], 216—218, 228 注 [2], 239, 266—267, 308—309, 333, 366, 369—376, 379 注 [14], 382 注 [30]

焦点 [focus] 192, 223—225, 231—236, 239—242, 284

焦点梯级 [focal scale] 231—234, 238

焦点重读成分 [focally stressed constituent] 225, 233—234

脚本［scenario］155，201

另见　百科知识

杰肯道夫［Jackendoff, R.］284 注［19］

解歧［disambiguation］13，70，199，202—204，207，209—212，226，228，289，290，315

解释、解读［interpretation］83，88，157，162，168，185，188，189，207，218，283，235，305，306

另见　回声性解释

解释性用法［interpretive use］255，256，264，280，292

借代［metonymy］263

进化［evolution］54，90，128，195，293，295，299

井谷［Itani, R.］315 注［9］，316 注［21］，317 注［23］，［26］

警告［warnings］272

剧本［script］67，97

另见　百科知识

K

卡尔佩帕［Culpeper, J.］314 注［8］

卡尔森［Carlson, T.］70 注［37］

卡拉［Cara, F.］293

卡梅隆［Cameron, D.］314 注［8］

卡纳尔普［Carnap, R.］88

卡纳曼［Kahneman, D.］130 注［14］，［15］

卡宁汉［Cunningham, C.］314 注［8］

卡斯顿［Carston, R.］131 注［26］，［29］，283 注［7］，290，314 注［7］，315 注［10］，316 注［16］，［18］317 注［26］，318 注［33］，

［34］，319 注［36］

卡歇尔［Kasher, A.］315 注［10］，317 注［22］

凯茨［Katz, J.］70 注［39］，131 注［22］，　［28］，211，212，287 注［45］

凯恩斯［Cairns, H.］283 注［11］

凯莫曼［Kamerman, J.］283 注［11］

堪多夫［Kandolf, C.］316 注［17］

坎贝尔［Campbell, J.］315 注［9］，318 注［28］

柯勒瑞治［Coleridge, S.］59

科布拉特—奥瑞奇奥尼［Kerbrat—Orecchioni, C.］72 注［54］，286 注［40］

科玛克［Cormack, A.］283 注［7］

可及（性）［accessibility］85，86，89，179，186，313

克拉克［Clark, B.］315 注［9］，316 注［22］，317 注［26］

克拉克［Clark, H.］18，19，70 注［37］，71 注［48］，284 注［15］，　［19］，286 注［40］，315 注［13］

克莱伯［Kleiber, G.］315 注［15］

克勒滕登［Cruttenden, A.］284 注［22］

克里普克［Kripke, S.］100，131 注［25］

克林格［Klinge, A.］316 注［17］

克若耶茨［Kreuz, R.］317 注［24］

肯普森［Kempson, R.］71 注［44］，283 注［7］，285 注［26］，286 注［32］，314 注［7］，315 注［10］，316 注［15］，［21］，318 注［29］

库克拉［Kukla, A.］314 注［3］

库尼希［K? nig, E.］317 注［23］

夸张〔hyperbole〕144，261，263

蒯因〔Quine, W.〕283注〔14〕

框架〔frame〕97，154

另见 百科知识

l

拉塞尔〔Russell, S.〕72注〔49〕

腊斯切〔Luscher, J. —M.〕316注〔21〕

莱昂斯〔Lyons, J.〕66注〔4〕，〔5〕，67注〔8〕，70注〔43〕，189注〔4〕，284注〔19〕

莱考夫〔Lakoff, G.〕37

莱蒙〔Lemmon, E.〕102

莱斯利〔Leslie, A.〕314注〔3〕

莱文森〔Levinson, S.〕67注〔13〕，〔18〕，71注〔44〕，77，189注〔4〕，270，310，314注〔3〕，315注〔14〕，316注〔16〕，318注〔30〕，〔33〕，〔34〕

莱因哈特〔Reinhart, T.〕240，284注〔19〕

赖特〔Wright, R.〕68注〔24〕

濑户〔Seto, K. —I.〕317注〔24〕

朗瑟洛〔Lancelot, C.〕5

勒布〔Reboul, A.〕314注〔6〕，〔7〕，315注〔9〕，316注〔15〕，317注〔22〕，〔24〕，〔27〕

礼貌〔politeness〕293，318注〔28〕

里却兹〔Richards, I. A.〕59

理查茨〔Richards, C.〕318注〔27〕

理奇〔Leach, E.〕7

利奇〔Leech, G.〕67注〔18〕，70注〔40〕，77，314注〔7〕

连词（逻辑~）〔connectives, logical〕39，316注〔21〕

连贯〔coherence〕241，285注〔30〕

连续反复〔epizeuxis〕参见 重复

列维－斯特劳斯〔Lévi—Strauss, C.〕8，67注〔10〕

林塞〔Lindsey, R.〕314注〔8〕

刘易斯〔Lewis, D.〕2，19，27，68注〔21〕，〔24〕，71注〔48〕，72注〔52〕，286注〔35〕

柳曼〔Lewman, J.〕283注〔11〕

鲁恩〔Lunn, P.〕317注〔22〕

路西〔Lucy, P.〕70注〔37〕

论辩〔argumentation〕293，318注〔28〕

罗伯茨〔Roberts, L.〕314注〔8〕

罗乔塔〔Rouchota, V.〕315注〔9〕，316注〔15〕，317注〔22〕

罗切芒特〔Rochemont, M.〕284注〔19〕，〔22〕，〔25〕

逻辑式〔logical form〕79—81，90—93，95，102，104，130，150，186，199，201，202，209，212，213，227，252，273，280，282，286，290

~的扩展〔development of ~〕201

洛阿〔Loar, B.〕68注〔24〕

洛夫塔斯〔Loftus, E.〕68注〔19〕

M

马丁〔Martin, R.〕317注〔24〕

马斯林－威尔逊〔Marslen-Wilson, W.〕282注〔2〕，283注〔11〕

马歇尔〔Marshall, C.〕18，19，70注〔37〕，71注〔48〕，315注〔13〕

麦考莱〔McCawley, J.〕72注〔49〕，102，190注〔7〕

麦克道威尔［McDowell, J.］68 注［24］

麦克拉伦［MacLaran, R.］285 注［32］

毛利敏［Mao, L.］315 注［9］

矛盾［contradiction］80，81，83，86，94，100，104，112，120，125—127，133，135，136，144，155，262，268，287 注［49］

梅［Mey, J.］314 注［3］

梅赫［Mayher, J.］318 注［28］

蒙上省略法［zeugma］，247 参见 缺空

米勒［Miller, G.］131 注［28］，286 注［40］

描述［description］254，292，286 注［33］

描述性用法［descriptive use］254，292，286 注［33］

明示［ostension］48，51—57，60，61，63—65，72，73，75，172—175，181

明示—推理交际［ostensive-inferential communication］24，52，56，61，65，72，74，172，173，175，181，192—195

另见 交际的推理型模式

明斯基［Minsky, M.］131 注［23］

命题式［propositional form］81，90，92，94，98，130，199—205，207—209，211，212，214，223，231，234，245—247，249—255，257—260，269，274，275，279，280，286，290

另见 定识；逻辑式

模块论［modularity］129 注［2］，［5］，205，206，293，

摩根［Morgan, J.］190 注［18］，284 注［15］

莫埃希勒［Moeschler, J.］314 注［6］，［7］，315 注［9］，［10］，316 注［17］，［21］，317 注［22］，［23］，［26］，318 注［28］

莫里斯［Morris, C.］67 注［13］

目标［goals］

认知的 ～［～ of cognition］33，40，49，63，97，120，121，132

交际的 ～［～ of communication］179—181，299—302

N

内倍斯卡［Nebeska, I.］314 注［8］

内舍尔［Neisser, U.］68 注［19］

内田［Uchida, S.］315 注［10］，318 注［27］

纳斯塔［Nasta, D.］315 注［9］，318 注［28］

瑙尔克［N? lke, H.］317 注［23］

尼尔［Neale, S.］314 注［8］，315 注［12］，316 注［16］

O

欧［Oh, C. -K.］284 注［19］

P

帕克斯［Parkes, C.］131 注［22］，［28］

帕纳［Perner, J.］72 注［49］，314 注［3］

帕特南［Putnam, H.］100，131 注［25］

排比［parallelism］，247

派顿〔Patton, T.〕68 注〔24〕

派克〔Pike, K.〕7

派林〔Perrin, L.〕315 注〔9〕, 317 注〔24〕

佩特曼〔Pateman, T.〕314 注〔3〕

皮尔金顿〔Pilkington, A.〕314 注〔9〕, 317 注〔24〕,〔27〕

皮尔斯〔Peirce, C.〕6, 67 注〔8〕

珀费蒂〔Perfetti, C.〕283 注〔11〕

剖析〔parsing〕226, 283 注〔8〕,〔10〕

普尔曼〔Pulman, S.〕131 注〔26〕

普林斯〔Prince, E.〕284 注〔19〕

Q

齐夫〔Ziff, P.〕68 注〔24〕

歧义〔ambiguity〕9, 10, 14, 34, 36, 67 注〔14〕, 70 注〔43〕, 81, 99, 187—189, 196, 208, 213, 227, 230, 283〔8〕,〔10〕

祈使句〔imperative〕270, 274, 317

另见 语态

恰洛勒〔Charolles, M.〕314 注〔8〕

恰梅茨基〔Chametzky, R.〕314 注〔8〕

恰佩〔Chiappe, D.〕314 注〔3〕

乔姆斯基〔Chomsky, N.〕8, 42, 103, 217

切夫〔Chafe, W.〕284 注〔19〕

琴帕利〔Tsimpli, I.〕293

劝告〔advice〕257, 278

缺空〔gapping〕247

却维斯〔Travis, C.〕283 注〔7〕, 314 注〔3〕

确认、证实〔confirmation〕73—77, 83—93, 118—129, 181—190,

222, 234

另见 增力〔strengthening〕

r

人工智能〔artificial intelligence〕47, 48, 298

认知环境〔cognitive environment〕40, 41, 43, 45, 47, 48, 50, 59, 60, 63—65, 72 注〔50〕, 168, 169, 177, 172, 176, 213, 219, 221, 222, 242, 249

认知效果〔cognitive effect〕59, 169, 171, 175, 179, 222, 223, 249, 295, 298—300

瑞迪〔Reddy, R.〕66 注〔1〕

瑞卡纳蒂〔Recanati〕69 注〔24〕, 69 注〔34〕, 287 注〔45〕, 316 注〔15〕,〔16〕,〔17〕, 317 注〔22〕,〔24〕

瑞普斯〔Rips, L.〕110, 112, 132 注〔35〕,〔36〕

弱叙〔meiosis〕264, 286 注〔39〕

S

塞道克〔Sadock, J.〕71 注〔44〕, 287 注〔48〕, 314 注〔8〕

塞格〔Sag, I.〕190 注〔7〕

塞沃德〔Sayward, C.〕284 注〔16〕

桑切斯－德－查瓦拉〔Sánchez de Zavala, V.〕314 注〔8〕

山本〔Mitsunobu, M.〕315 注〔11〕

舍尔〔Searle, J.〕25—27, 29, 67 注〔13〕, 68 注〔24〕,〔29〕, 69 注〔35〕, 71 注〔44〕, 270, 279, 286

注［35］

诗意［poetic effects］6，58，217，242，247，249，262，263

施莱格尔兄弟［Schlegel, A. and F.］59

实验研究［experimental studies］84 注［37］，156 注［15］，158 注［35］，244—250，253—254，340 注［11］，348，351

史密斯［Smith, A.］228，229，264，316 注［21］

史密斯［Smith, N.］67 注［11］，286 注［32］，292，314 注［7］，315 注［10］，316 注［21］，317 注［23］

输入（知觉）过程［input（perceptual）processes］71 注［46］，73，75，92，99，206，294

述说［saying］199，200，273—277，281

思想、思维［thoughts］5，16，48，74，78，82，83，103，104，128，130，131，134，139，142，146，164，165，169，170，298

另见　中枢思维过程

斯代通［Stainton, R.］315 注［9］，316 注［17］

斯戴宁［Stenning, K.］190 注［7］

斯堪卡莱里［Scancarelli, J.］316 注［17］

斯洛维克［Slovic, P.］130 注［15］

斯珀波［Sperber, D.］67 注［10］，［12］，68 注［23］，70 注［39］，［41］，72 注［49］，129 注［2］，130 注［9］，［12］，190 注［16］，［18］，284 注［16］，286 注［33］，［40］，

291，293，314 注［4］，［5］，［7］，315 注［13］，316 注［16］，［21］，317 注［22］，［23］，［24］，318 注［27］

斯坦普［Stampe, D.］68 注［24］

斯陶纳克［Stalnaker, R.］71 注［44］，190 注［7］，285 注［32］

斯特劳森［Strawson, P.］22，24，25，29，30—32，62，68 注［24］，70 注［36］，238，239

斯韦内［Swinney, D.］283 注［11］

松井［Matsui, T.］315 注［9］，［13］，316 注［15］

宋［Song, N. -S.］317 注［24］

苏伦［Seuren, P.］314 注［3］

随意言谈［loose talk］313，319 注［37］

孙玉［Sun, Y.］314 注［8］

索姆斯［Soames, s.］285 注［26］

索绪尔［Saussure, F. de,］6—8，56，670 注［8］，［9］

T

塔尔波特［Talbot, M.］314 注［3］

塔能豪森［Tanenhaus, M.］283 注［11］

态度［attitude］264—266

命题 ～［propositional ～］11，13，58—60，67 注［15］，79，81—83，199，200，202，214，278

泰格立希特［Taglicht, J.］284 注［19］

泰勒［Taylor, J.］316 注［17］

泰勒［Taylor, T.］314 注［8］

泰勒［Tyler, L.］283 注［11］

特孔能 - 康迪［Tirkkonen-Condit, S.］

317 注［25］

特罗特［Trotter, D.］318 注［27］

特沃茨基［Tversky, A.］130 注［14］，［15］

提及［mention］286 注［40］

提示、提示性话语［reminders］154，160，168，235，243，268

提喻［synecdoche］263

田中［Tanaka, K.］315 注［9］，318 注［28］

图兰［Toolan, M.］315 注［8］

图式［schema］97，155，193，210，211，250

另见 定识；逻辑式

推理［inference］13—17，19，24，31，36—38，40，71 注［46］，73，76，83，154，192，197—199

演绎（论证型）~［deductive（demonstrative）~］38，73，76，78，85，93，94，102—104，112，114，119，123，130

非论证型 ~［non-demonstrative ~］38，42，73，75—79，83，87，119，123，128，129 注［4］，222，282，309

托多洛夫［Todorov, T.］6

托马斯［Thomas, J.］314 注［7］

托玛森［Thomason, R.］102

W

瓦茨［Watts, R.］317 注［23］

万德皮特［Vandepitte, S.］315 注［9］，316 注［21］

威尔克斯［Wilks, Y.］314 注［8］

威尔逊［Wilson, D.］67 注［11］，68 注［23］，70 注［39］［41］，71 注［44］，72 注［49］，190 注［18］，282 注［2］，283 注［11］，284 注［16］，285 注［26］，286 注［40］，291，314 注［4］，［5］，［7］，315 注［13］，316 注［15］，［16］，［20］，［21］，317 注［22］，［23］，［24］，318 注［27］

威尔逊［Wilson, J.］318 注［28］

威胁［threats］193，272

韦弗［Weaver, W.］4，5

维戈茨基［Vygotsky, L.］6

维桑特［Vicente, B.］317 注［24］

温克勒［Winckler, W.］314 注［6］，317 注［25］

温诺格拉德［Winograd, T.］131 注［23］，283 注［9］

文学研究［literary studies］83，288，292，313，317 注［27］

问题、提问、设问、疑问［questions］214，279—281

间接问题［indirect ~］279—281

有关联的问题［relevant ~］229，231

修辞性设问［rhetorical ~］279—281

特殊疑问句［Wh- ~］225，280

是非疑问句［yes-no ~］250，280

沃克［Walker, E.］131 注［22］，［28］，314 注［3］

沃克［Walker, R.］70 注［39］，284 注［16］

X

西弗尔［Schiffer, S.］18，19，22，25，32，62，68 注［21］，［24］，69 注

［29］，［33］，70 注［36］

西山［Nishiyama, Y.］314 注［8］

衔接［cohesion］285 注［30］

显明［manifestness］40—47，50—58，60—65，68，71 注［46］，72，136，149，160，169—177，180—183，185，187—189，195—200，209，210，214，215，217—222，229，230，238，244，250，253，256，259，265，266，271，272，276，281，282，287，300—303，311，312，319

互为 ~［mutual ~］42—45，47，56，61—65，68 注［22］，71 注［45］，72 注［49］，171，173，175，176，180—183，198—201，215，220，244，301，305，307—309，312

显义［explicature］67 注［16］，195，201—204，211，214，215，219，223，226，245，246，249—251，271，287 注［49］，289—291，309

对 ~ 的约束［constraints on ~］291

现象［phenomena］41，169—174，179，180

相似［resemblance］252—266，286 注［40］

香克［Schank, R.］131 注［23］

香农［Shannon, C.］4，5

象征手法［symbolism］8，67 注［12］

消除规则［elimination rule］93，95，96，98—102，106，107，109，112—114

合取 ~［and-elimination］93，95，96，98，102，114

肯定合取（支）规则［conjunctive modus ponens］109—111

肯定析取（支）规则［disjunctive modus ponens］109—111

肯定前件规则［modus ponendo ponens］96，102，108—110，114，115

否定析取支规则［modus tollendo ponens］96，102

效率［efficiency］40，48—50，71 注［47］，170，186，294，295

心理模式［mental model］130 注［17］，132 注［38］，189 注［2］

心力［processing effort］51，138—148，153，158—161，165，168，170，171，175，176，178，179，185—190，205，211，217，218，222，223，226，229，232，234，237，241，243，245—249，252，259—261，285，293—295，299—305，312，313，318

辛克莱［Sinclair, M.］314 注［6］，［8］

欣克尔曼［Hinkelman, E.］72

信息［information］1，97—99

已知 ~［given ~］223—225，232，241

新 ~［new ~］50，85，97，112，114，118—120，127，128，132 注［39］，133，136，153—156，158，187，223—225，232，241，285 注［31］

旧 ~［old ~］50，118—120，125，285

信息量［informativeness］14，35，39，70，97，318 注［30］

修辞语言、转义语言［figurative language］11，71 注［44］

勋克［Schunk, D.］70 注［37］

询问［asking］273，274

Y

雅可布森［Jakobson, R.］59，66 注
［5］

雅耶兹［Jayez, J.］314 注［3］

言语行为［speech acts］11，68，71，
190，249—252，270—282，287 注
［45］，［46］，290—292，317 注
［22］

断言式［assertive］250

指令式［directive］325，328—329，
335—336

间接 ~［indirect ~］71 注［44］，270

另见 断言；猜测；保证；提问；提示；
述说；吩咐；感谢；威胁；警告

言者意义［speaker's meaning］22，26，
28，31，32，57

衍推［entailment］77，93，94，105，
111，112，120，121，211

演绎设施［deductive device］102，104—
108，112—114，116—122，124—
126，131 注［32］，142，144，154—
158，162，167，190 注［8］

要求，请求［requests］31，32，63，
251，253，257，271

叶姆斯列夫［Hjelmslev, L.］7

伊梵逖窦［Ifantidou, E.］315 注［9］，
317 注［23］，［26］

疑问句［interrogative］11，225，270，
274，275，281，282

意图［intention］6，9，16，22—24，
52，53，59，60，69 注［32］，
［33］，70 注［36］，171—173，183，
184，188，203

交际 ~［communicative ~］9，30—32，
56，62，64，73，75，175，176，
181，198

传信 ~［informative ~］30—34，55，
56，58—65，68，72，79，171—173，
175，176，180—186，188，193，
196，209，214，220，230，257，
260，282，304，305

引入规则［introduction rule］106—108，
110，111

合取 ~［and-introduction］105，
108，109

双重否定［double negation］106

析取 ~［or-introduction］105，108—111

引语、引述语［quotation］250，253，
254，264，276，277，296 注［40］

另见 回声性解释；提及

隐喻［metaphor］1，58，59，66 注
［1］，71 注［44］，84，200，250，
252，257，258，260—264，269，
274，276，279，287 注［44］，292，
313，317 注［24］

优化加工［optimal processing］161，
171，175，299

幽默［humour］293，318 注［28］

尤尔［Yule, G.］77，189 注［4］，
240，241，284 注［19］

俞［Yu, P.］68 注［24］

语法（生成 ~）［grammar, generative］
8—10，99，103，104，236，
284，293

语境［context］12，13，16，17，19，
21，28，34，37—39，45，57，67，

68, 73, 75, 81, 97—99, 113, 118—120, 123, 125—129, 132—157, 276, 283, 285, 286, 289, 294, 296, 298—302, 306, 308, 309, 313, 315, 319

语境化 [contextualisation] 118, 119, 124, 127, 129, 132

语境效果 [contextual effect] 119, 123, 125, 127—129, 132 注 [40], [41], 133, 135—148, 150, 153, 158, 160—162, 164—166, 169, 170, 171, 179, 205, 207, 210, 211, 214, 215, 217, 218, 223, 232, 236, 237, 239, 241, 243, 245, 246, 248, 249, 261, 262, 285, 296, 298, 302

语力、言外之力 [illocutionary force] 11, 14, 189, 200, 226, 251, 252, 257, 274, 282, 291

语态、语气 [mood] 81, 199, 200, 202, 275, 282, 291,

祈使 ~ [imperative ~] 81, 282

直陈 ~ [indicative ~] 81, 275

虚拟 ~ [subjunctive ~] 275

语言 [language] 6, 8—17, 54, 55, 72 注 [52], 130 注 [13], 191—196, 211—214, 217, 318 注 [29]

另见 代码

语义学 [semantics] 191, 192, 214, 249—259

概念表征的 ~ [~ of conceptual representations] 290

形式 ~ [formal ~] 70

语言 ~ [linguistic ~] 39, 70 注 [43], 290—292

非真值条件 ~ [non-truth-conditional ~] 290—292, 316 注 [20], [21], [22]

程序 ~ [procedural ~] 316 [21], [22], 317 注 [23]

言语行为 ~ [speech-act ~] 290, 291, 317 注 [22], [23]

真值条件 ~ [truth-conditional ~] 290, 316

语义学-语用学的界限 [semantics-pragmatics distinction] 9—17, 290

语用学 [pragmatics] 2, 10, 12—14, 16, 37, 39, 58, 67 注 [13], [18], 70, 74, 77, 78, 94, 103, 146, 158, 191, 197—199, 202, 212, 216, 222, 235, 238, 240, 241, 266, 270—273, 287—290, 315

格莱斯学派 ~ [Gricean ~], 67, 289, 292, 308

预设 [presupposition] 66 注 [2], 71 注 [44], 103, 190 注 [7], 223—225, 237—241, 270, 285 注 [28], [32], 295

预示、预测 [predictions] 140, 142—145, 147, 237, 239, 296, 312, 386

寓义 [implicature] 37—39, 57, 58, 61, 72 注 [53], 77, 103, 150, 181, 185, 195, 201—203, 214—223, 235, 242, 246—249, 261—263, 266, 270—272, 283 注 [7], 284 注 [16], 289—291, 302, 307—313, 315 注 [13], [14], 319 注 [36]

桥接 ~〔bridging ~〕315 注〔13〕，〔14〕

~的可演算性〔calculability of ~〕216，221，222

对 ~的约束〔constraints on ~〕291

另见 语义学（程序~）

~的确定性〔determinacy of ~〕259—266，313—317

广义 ~〔generalized ~〕290，310，311

量 ~〔quantity ~〕283，290，319 注〔36〕

梯级 ~〔scalar ~〕283，309

~的力度〔strength of ~〕261—268，295—297

原型〔prototype〕117，121—122，186

另见 百科知识

约德洛维奇〔Jodlowiec, M.〕315 注〔9〕，318 注〔28〕

约根森〔Jorgensen, J.〕286 注〔40〕

约翰逊-莱尔德〔Johnson-Laird, P.〕68 注〔23〕，112，113，130 注〔17〕，131 注〔28〕，132 注〔38〕，190 注〔7〕，284 注〔20〕

约束（对关联的 ~）〔constraints on relevance〕286 注〔32〕，291，316 注〔22〕，317 注〔23〕

蕴涵〔implication〕

分析性 ~〔analytic ~〕114—119，126，226，231，238，285

背景 ~〔background ~〕232，233，239

语境 ~〔contextual ~〕118—120，123，125，127，129，132，133，135—138，141—144，146，147，149—152，154，160，162，164—166，170，173，201，207，215，218，219，226，246，248，254，259—262，276，308，309

前景 ~〔foreground ~〕232，233，239，285 注〔31〕

逻辑 ~〔logical ~〕76，93，94，97，105，107，113，117，123，125，126，259—261

平凡 ~〔trivial ~〕113，117，129 注〔3〕

非平凡 ~〔non-trivial ~〕107，111，113，115，118，155

综合性 ~〔synthetic ~〕114—120，123，126，127，133，144，154，156

Z

泽加拉克〔Zegarac, V.〕315 注〔9〕，317 注〔23〕

增力〔strengthening〕123，125—128，133，135，137，138，144，145，155，156，159，160，165—167，207，216，246，261

依存式 ~〔dependent ~〕123，125—127

独立式 ~〔independent ~〕123，125—127，138，144

追溯式 ~〔retroactive ~〕127，128

另见 定识；确认

真假与关联〔truth and relevance〕296—301

真值条件〔truth conditions〕223，278，290—292，315 注〔14〕

另见 描述〔description〕

证据〔evidence〕23—25，27，53—56，

65，83—93，119—131，182—184，276，277

知觉过程［perceptual processes］参见 输入过程

直显义与隐寓义之别［explicit-implicit distinction］235—244，347—349，383 注［36］

指称指派［reference assignment］18，202—204，209—211，226，228—230，289，290，315 注［13］，［14］，316注［15］

中枢思维过程［central thought processes］5，73，74，128，169，170，172

重音［stress］224，225，231，233—237，240，242，284 注［17］，285

对比 ~［contrastive ~］236，237，284 注［17］，［24］

~的语体效果［stylistic effects of ~］261，268—300

主位［theme］223，240

转义［tropes］71 注［44］，249—251，257，260，263，269，292

字面意义、本义［literal language］26，212

参 考 文 献

Allerton, D. and Cruttenden, A. (1979), 'Three reasons for accenting a definite subject'. *Journal of Linguistics* 15. 1: 49—53.

Alves, H. O. (ed.) (1986), *Encontro de Linguistas*: *Acta*. Universidade do Minho, Minho, Portugal.

Anzai, Y. *et al.* (eds.) (1992), *Ninchi-kagaku Hando-bukku(Handbook of cognitive science)*. Kyoritsu Publishing, Tokyo.

Ariel, M. (1988), 'Retrieving propositions from context: Why and how'. *Journal of Pragmatics* 12. 5/6: 567—600.

Ariel, M. (1990), *Accessing noun-phrase antecedents*. Routledge, London.

Aristotle (1963), *De interpretatione*, translated by J. L. Ackrill, Clarendon Aristotle Series. Oxford University Press, Oxford.

Armstrong, D. (1971), 'Meaning and communication'. *Philosophical Review*, 80: 427—47.

Arnauld, A. and Lancelot, C. (1968), *Grammaire de Port-Royal*, English translation edited by R. Alston. Scolar Press, Menston, Yorks.

Atlas, J. (1989), *Philosophy without ambiguity*. Clarendon Press, Oxford.

Austin, J. (1962), *How to do things with words*. Clarendon Press, Oxford.

Austin, J. P. M. (1989), *The dark side of politeness*: *A pragmatic analysis of non-cooperative communication*. University of Canterbury, New Zealand, Ph. D. thesis.

Bach, K. (1994a), 'Semantic slack: what is said and more', in Tsohatzidis 1994: 267—91.

Bach, K. (1994b), 'Conversational impliciture'. *Mind and Language* 9: 124—62.

Bach, K. and Harnish, R. (1979), *Linguistic communication and speech acts*. MIT Press, Cambridge, MA.

Barkow, J., Cosmides, L. and Tooby, J. (1992), *The adapted mind*: *Evolutionary psychology and the generation of culture*. Oxford University Press, New York, N. Y..

de Beaugrande, R. and Dressler, W. (1981), *Introduction to text linguistics*. Longman, London.

Bender, J. and Wellbery, D. (eds) (1990), *The ends of rhetoric*: *History, theory, practice*. Stanford University Press, Stanford, CA.

Bennett, J. (1976), *Linguistic behav-*

iour. Cambridge University Press, Cambridge.

Berg, J. (1991), 'The relevant relevance'. *Journal of Pragmatics* 16. 5: 411—25.

Bertolet, R. (1990), *What is said*. Kluwer, Dordrecht.

Bertuccelli-Papi, M. (1992), 'Determining the proposition expressed by an utterance: The role of "domain adverbs" '. *Textus* V: 123—40.

Bever, T. , Katz, J. and Langendoen, T. (eds) (1976), *An integrated theory of linguistic ability*. Crowell, New York.

Bird, G. (1994), 'Relevance theory and speech acts', in Tsohatzidis 1994: 292—311.

Black, M. (ed.) (1965), *Philosophy in America*. Allen & Unwin, London.

Blackburn, S. (ed.) (1975), *Meaning, reference and necessity*. Cambridge University Press, Cambridge.

Blackburn, S. (1984), *Spreading the word*. Oxford University Press, Oxford.

Blakemore, D. (1985), 'Discourse connectives and conjoined utterances'. Paper presented to the Linguistics Association of Great Britain, September.

Blakemore, D. (1987), *Semantic constraints on relevance*. Blackwell, Oxford.

Blakemore, D. (1988a), ' "So" as a constraint on relevance ', in Kempson 1988a: 183—95.

Blakemore, D. (1988b), 'The organiza-tion of discourse', in Newmeyer 1988, vol. IV: 229—50.

Blakemore, D. (1989a), 'Linguistic form and pragmatic interpretation: The explicit and the implicit', in Hickey 1989: 28—51.

Blakemore, D. (1989b), 'Denial and contrast: A relevance-theoretic analysis of "but" '. *Linguistics and Philosophy* 12: 15—37.

Blakemore, D. (1990), 'Constraints on interpretation'. *Proceedings of the 16th annual meeting of the Berkeley Linguistic Society: General session and parasession on the legacy of Grice*: 363—70.

Blakemore, D. (1990/1), 'Performatives and parentheticals'. *Proceedings of the Aristotelian Society* XCI. 3: 197—213.

Blakemore, D. (1992), *Understanding utterances: An introduction to pragmatics*. Blackwell, Oxford.

Blakemore, D. (1993), 'The relevance of reformulations'. *Language and Literature* 2. 2: 101—20.

Blakemore, D. (1994a), 'Relevance, poetic effects and social goals: A reply to Culpeper'. *Language and Literature* 3. 1: 49—59.

Blakemore, D. (1994b), 'Echo questions: A pragmatic account'. *Lingua* 94: 197—211.

Blakemore, D. (forthcoming), 'Relevance theory'. To appear in Verschueren, Östman and Blommaert forthcoming.

Blass, R. (1986) , ' Cohesion, coherence and relevance'. *Notes on Linguistics* 34: 41—64.

Blass, R. (1989) , ' Grammaticalisation of interpretive use: The case of rɛ́in Sissala'. *Lingua* 79: 229—326.

Blass, R. (1990) , *Relevance relations in discourse*: *A study with special reference to Sissala*. Cambridge University Press, Cambridge.

Blass, R. (1993) , ' Are there logical relations in a text?' *Lingua* 90. 1/2: 91—110.

Booth, W. (1974) , A *rhetoric of irony*. Chicago University Press, Chicago.

Brockway, D. (1981) , ' Semantic constraints on relevance', in Parret, Sbisà and Verschueren 1981: 57—78.

Brockway, D. (1983) , ' Pragmatic connectives'. Paper presented to the Linguistics Association of Great Britain, April.

Brown, G. , Malkmjaer, K. , Pollitt, A. and Williams, J. (1994) , *Language and understanding*. Oxford University Press, Oxford.

Brown, G. and Yule, G. (1983) , *Discourse analysis*. Cambridge University Press, Cambridge.

Burkhardt, A. (ed.) (1990) , *Speech acts, meaning and intentions*: *Critical approaches to the philosophy of John Searle*. Walter de Gruyter, Berlin.

Burton-Roberts, N. (1985) , ' Utterance, relevance and problems with text grammar'. *Australian Journal of Linguistics* 5. 2: 285—96.

Burton-Roberts, N. (1989a) , *The limits to debate*: *A revised theory of semantic presupposition*. Cambridge University Press, Cambridge.

Burton-Roberts, N. (1989b) , ' On Horn's dilemma: Presupposition and negation'. *Journal of Linguistics* 25: 95—125.

Cairns, H. and Kamerman, J. (1975) , ' Lexical information processing during sentence comprehension'. *Journal of Verbal Learning and Verbal Behavior* 14: 170—9.

Campbell, J. (1990) , ' The relevant communication of rhetorical arguments'. *Dissertation Abstracts International* 51. 6: 2001A.

Campbell, J. (1992) , ' An applied relevance theory of the making and understanding of rhetorical arguments'. *Language and Communication* 12. 2: 145—55.

Carnap, R. (1950) , *Logical foundations of probability*. Routledge & Kegan Paul, London.

Carston, R. (1984a) , Review of Pulman 1983. *Australian Journal of Linguistics* 4. 1: 89—99.

Carston, R. (1984b) , ' Semantic and pragmatic analyses of " and"'. Paper delivered to the Linguistics Association of Great Britain, April.

Carston, R. (1988a) , ' Implicature, explicature and truth-theoretic semantics', in Kempson 1988a: 155—81. Reprinted in

Davis 1991: 33—51.

Carston, R. (1988b), ' Language and cognition', in Newmeyer 1988, vol. III: 38—68.

Carston, R. (1993a), ' Syntax and pragmatics', in *The encyclopedia of language and linguistics*. Pergamon Press and Aberdeen University Press, Oxford and Aberdeen.

Carston, R. (1993b), ' Conjunction and pragmatic effects', in *The encyclopedia of language and linguistics*. Pergamon Press and Aberdeen University Press, Oxford and Aberdeen.

Carston, R. (1993c), ' Conjunction, explanation and relevance'. *Lingua* 90. 1/2: 27—48.

Carston, R. (forthcoming a), ' Metalinguistic negation and echoic use.' To appear in *Journal of Pragmatics*.

Carston, R. (forthcoming b), ' Quantity maxims and generalised implicature'. To appear in *Lingua*.

Carston, R. , Uchida, S. and Song, N. S. (forthcoming) *Proceedings of the Osaka workshop on relevance theory*. John Benjamins, Amsterdam.

Chafe, W. (1976), ' Givenness contrastiveness, definiteness, subjects, topics and points of view', in Li 1976: 25—55.

Chametzky, R. (1992), ' Pragmatics, prediction and relevance'. *Journal of Pragmatics* 17. 1: 63—81.

Charolles, M. (1990), ' Coût, surcoût et pertinence'. *Cahiers de linguistique fran?aise* 11: 127—47.

Chiappe, D. and Kúkla, A. (forthcoming), ' Context-selection and the frame problem'. To appear in *The Behavioral and Brain Sciences*.

Clark, B. (1991), *Relevance theory and the semantics of non-declaratives*. University of London, Ph. D. thesis.

Clark, B. (1993a), ' Relevance and "pseudo-imperatives"'. *Linguistics and Philosophy* 16: 79—121.

Clark, B. (1993b), ' *Let and let's*: Procedural encoding and explicature'. *Lingua* 90. 1/2: 173—200.

Clark, H. (1977), ' Bridging', in Johnson-Laird and Wason 1977: 411—20.

Clark, H. (1978), ' Inferring what is meant', in Levelt and Flores d' Arcais 1978: 295—322.

Clark, H. and Carlson, T. (1981), ' Context for comprehension', in Long and Baddeley 1981: 313—30.

Clark, H. and Gerrig, R. (1984), ' On the pretense theory of irony'. *Journal of Experimental Psychology*: *General* 113. 1: 121—6.

Clark, H. and Haviland, S. (1977), ' Comprehension and the given-new contract', in Freedle 1977: 1—40.

Clark, H. , and Lucy, P. (1975), ' Understanding what is meant from what is said: A study in conversationally conveyed requests'. *Journal of Verbal Learning and Verbal Behavior* 14: 56—72.

Clark, H. and Marshall, C. (1981), 'Definite reference and mutual knowledge', in Joshi, Webber and Sag 1981: 10—63.

Clark, H. and Schunk, D. (1980), 'Polite responses to polite requests'. *Cognition* 8. 2: 111—43.

Cole, P. (ed.) (1978), *Syntax and semantics* 9: *Pragmatics.* Academic Press, New York.

Cole, P. (ed.) (1981), *Radical pragmatics.* Academic Press, New York.

Cole, P. and Morgan, J. , (eds) (1975), *Syntax and semantics* 3: *Speech acts.* Academic Press, New York.

Collinge, N. (ed.) (1990), *An encyclopedia of language.* Routledge, London.

Cormack, A. (1980), 'Negation, ambiguity and logical form'. University College London.

Culpeper, J. (1994), 'Why relevance theory does not explain "the relevance of Reformulations"'. *Language and Literature* 3. 1: 43—8.

Dancy, J. , Moravcsik, J. and Taylor, C. (1988), *Human agency: Language, duty and value.* Stanford University Press, Stanford, CA.

Davidson, D. (1984a), 'Communication and convention', in Davidson 1984b: 265—80.

Davidson, D. (1984b), *Truth and interpretation.* Clarendon Press, oxford.

Davidson, D. and Harman, G. (eds) (1972), *The semantics of natural language.* Reidel, Dordrecht.

Davies, M. (1981), *Meaning, quantification, necessity: Themes in philosophical logic.* Routledge & Kegan Paul, London.

Davis, S. (ed.) (1991), *Pragmatics: A reader.* Oxford University Press Oxford.

Demonte, V. and Garza Cuaron, B. (eds) (1990), *Estudios de linguistica de Espana y Mexico.* Universidad Nacional Autonoma de Mexico, Mexico City.

Dretske, F. (1981), *Knowledge and the flow of information.* Blackwell, Oxford.

Ducrot, O. (1972), *Dire et ne pas dire.* Hermann, Paris.

Ducrot, O. (1980a), 'Analyses pragmatiques'. *Communications* 32: 11—60.

Ducrot, O. (1980b), *Les échelles argumentatives.* Minuit, Paris.

Ducrot, O. (1983), '*Puisque*: essai de description polyphonique', in Herslund *et al.* 1983: 166—85.

Ducrot, O. (1984), *Le dire et le dit.* Minuit, Paris.

Durant, A. and Fabb, N. (1990), *Literary studies in action.* Routledge, London.

Escandell Vidal, M. V. (1993), *Introductión a la pragmática.* Editorial Anthropos, Barcelona.

Espinal, T. (1985), *Anàlysas interpretives i teoria lingüística.* University Autonoma, Barcelona, Ph. D. thesis.

Espinal, T. (1991), 'The representation of disjunct constituents', *Language* 67:

726—62.

Espinal, T. (1993), ' The interpretation of *no pas* in Catalan' . *Journal of Pragmatics* 19. 1: 353—69.

Evans, G. and McDowell, J. (eds) (1976), *Truth and meaning*. Oxford University Press, Oxford.

Fabb, N. (forthcoming), *Linguistics and literary theory*. Blackwell, Oxford.

Fabb, N. (in preparation), *Insight and arousal: The cognitive structure of intense aesthetic experience.*

Fabb, N. , Attridge, D. , Durant, A. and McCabe, C. (eds) (1987), *The linguistics of writing: Arguments between language and literature*. Manchester University Press, Manchester.

Ferrar, M. (1993), *The logic of the ludicrous: A pragmatic study of humour*. University of London, Ph. D. thesis.

Fodor, J. A. (1974), ' Special sciences' . *Synthese* 28: 77—115. Reprinted in Fodor 1981b: 127—45.

Fodor, J. A. (1975), *The language of thought*. Crowell, New York.

Fodor, J. A. (1980), ' Methodological solipsism considered as a research strategy in cognitive psychology' . *The Behavioral and Brain Sciences* 3. 1: 63—109. Reprinted in Fodor 1981b: 225—53.

Fodor, J. A. (1981a), ' The present status of the innateness controversy' , in Fodor 1981b: 257—316.

Fodor, J. A. (1981b), *Representations*.

Harvester Press, Hassocks.

Fodor, J. A. (1982), ' Cognitive science and the twin-earth problem' . *Notre Dame Journal of Formal Logic* 23. 2: 98—118.

Fodor, J. A. (1983), *The modularity of mind*. MIT Press, Cambridge, MA.

Fodor, J. A. , Garrett, M. , Walker, E. and Parkes, C. (1980), ' Against Definitions' . *Cognition* 8. 3: 263—367.

Fodor, J. D. (1977), *Semantics: Theories of meaning in generative grammar*. Harvester Press, Hassocks.

Fodor, J. D. (1979), ' In defense of the truth-value gap' , in Oh and Dinneen 1979: 199—224.

Forceville, C. (1994a), *Pictorial metaphor in advertising*. Vrije Universiteit, Amsterdam.

Forceville, C. (1994b), ' Pictorial metaphor in billboards: Relevance theory perspectives' , in Müller 1994: 93—113.

Forget, D. (1989), ' *La*: un marqueur de pertinence discursive' . *Revue québecoise de linguistique* 18. 1: 57—83.

Foster, M. and Brandes, S. (eds) (1980), *Symbol as sense*. Academic Press, New York.

Foster-Cohen, S. (1994), ' Exploring the boundary between syntax and pragmatics: Relevance and the binding of pronouns' . *Journal of Child Language* 21: 237—55.

Fowler, A. (1989), ' Review of *Relevance: Communication and cognition*' . *Lon-*

don *Review of Books*, 30 March.

Freedle, R. (ed.) (1977), *Discourse production and comprehension. Ablex*, Norwood, NJ.

Fretheim, T. (forthcoming a), ' Accessing contexts with intonation' . To appear in Fretheim and Gundel (forthcoming) .

Fretheim, T. (forthcoming b), ' Pragmatic implications of "not until" in Norwegian' . To appear in Simonsen, Loedrup and Moen (forthcoming) .

Fretheim, T. and Gundel, J. (eds) (forthcoming) , *Reference and referent accessibility*. John Benjamins, Amsterdam.

von Frisch, K. (1967), *The dance language and orientation of bees*. Belknap Press of Harvard University Press, Cambridge, MA.

Frith, U. (1989), Autism: *Explaining the enigma*. Blackwell, Oxford.

Frith, U. (ed.) (1991), *Autism and Asperger syndrome*. Cambridge University Press, Cambridge.

Gabbay, D. and Kempson, R. (1991), ' Labelled abduction and relevance reasoning' , in *SOAS Working Papers in Linguistics and Phonetics*, 2: 41—84. To appear in *Proceedings of the workshop on non-standard queries and answers* (Toulouse, 1991) .

Gardiner, A. H. (1932), *The theory of speech and language*. Oxford University Press, Oxford.

Garnham, A. and Perner, J. (1990), ' Does manifestness solve problems of mutuality?' *The Behavioral and Brain Sciences* 13. 1: 178—9.

Gazdar, G. (1979), *Pragmatics*: *Implicature, presupposition and logical form*. Academic Press, New York.

Gazdar, G. and Good, D. (1982), ' On a notion of relevance' , in Smith 1982: 88—100.

Gibbs, R. (1987), ' Mutual knowledge and the psychology of conversational inference' . *Journal of Pragmatics* 11. 5: 561—88.

Gibbs, R. (1994), *The poetics of mind*: *Figurative thought, language and understanding*. Cambridge University Press, Cambridge.

Giora, R. (1988), ' On the informativeness requirement' . *Journal of Pragmatics* 12. 5/6: 547—65.

Givón, T. (ed.) (1979), *Syntax and semantics* 12: *Discourse and syntax*. Academic Press, New York.

Goatly, A. (1994), ' Register and the redemption of relevance theory: The case of metaphor' . *Journal of the International Pragmatics Association* 4. 2: 139—81.

Goodman, N. (1955), *Fact, fiction and forecast*. Harvard University Press, Cambridge, MA.

Gorayska, B. and Lindsey, R. (1993), ' The roots of relevance' . *Journal of Pragmatics* 19. 4: 310—23.

Gordon, D. and Lakoff, G. (1975), ' Conversational postulates' , in Cole and Morgan 1975: 83—106.

Green, G. (1980), 'Some wherefores of English inversions'. *Language* 56: 582—601.

Green, G. and Morgan, J. (1981), 'Pragmatics, grammar and discourse', in Cole 1981: 167—81.

Green, K. (1993), 'Relevance theory and the literary text: Some problems and perspectives.' *Journal of Literary Semantics* 22: 207—17.

Grice, H. P. (1957), 'Meaning'. *Philosophical Review* 66: 377—88. Reprinted in Steinberg and Jakobovits 1971: 53—9 and Grice 1989: 213—23.

Grice, H. P. (1961), 'The causal theory of perception'. *Proceedings of the Aristotelian Society*, Supplementary vol. 35: 121—52. Reprinted in Grice 1989: 224—47.

Grice, H. P. (1967), *Logic and conversation*. William James Lectures, reprinted in Grice 1989: 1—143.

Grice, H. P. (1968), 'Utterer's meaning, sentence meaning and word meaning'.

Foundations of Language 4: 225—42. Reprinted in Searle 1971: 54—70 and Grice 1989: 117—37.

Grice, H. P. (1969), 'Utterer's meaning and intentions'. *Philosophical Review* 78: 147—77.

Reprinted in Grice 1989: 86—116.

Grice, H. P. (1975), 'Logic and conversation', in Cole and Morgan 1975: 41—58. Reprinted in Grice 1989: 22—40.

Grice, H. P. (1978), 'Further notes on logic and conversation', in Cole 1978: 113—28. Reprinted in Grice 1989: 41—57.

Grice, H. P. (1981), 'Presupposition and conversational implicature', in Cole 1981: 183—98. Reprinted in Grice 1989: 269—82.

Grice, H. P. (1982), '*Meaning revisited*', *in Smith* 1982: 223—43. Reprinted in Grice 1989: 283—303.

Grice, H. P. (1989), 'Retrospective epilogue', in Grice 1989: 339—85.

Grice, H. P. (1989), *Studies in the way of words*. Harvard University Press, Cambridge, MA.

Grimshaw, J. (1979), 'Complement selection and the lexicon'. *Linguistic Inquiry* 10. 2: 279—326.

Groefsema, M. (1992a), *Processing for relevance: A pragmatically based account of how we process natural language*. University of London, Ph. D. thesis.

Groefsema, M. (1992b), '"Can you pass the salt?": A short-circuited implicature?' *Lingua* 87: 103—35.

Groefsema, M. (1995), '*Can, may, must and should*: A relevance-theoretic approach'. *Journal of Linguistics* 31: 53—79.

Groefsema, M. (forthcoming), 'Understood arguments: A semantic-pragmatic approach. To appear in *Lingua*.

Grundy, P. (1995), *Doing pragmatics*. Edward Arnold, London.

Guijarro Morales, J. -L. (ed.) (1993), *Pragmalingüistica* 1. University of Cadiz, Cadiz.

Gundel, J. (forthcoming), ' Relevance theory meets the givenness hierarchy: An account of inferrables' . To appear in Fretheim and Gundel forthcoming.

Gunderson, K. (ed.) (1975), *Language, mind and knowledge*. Minnesota Studies in the Philosophy of Science, VII. University of Minnesota Press, Minneapolis, MN.

Gussenhoven, C. (1983), ' Focus, mode and the nucleus' . *Journal of Linguistics* 19. 2: 377—417.

Gutt, E. -A. (1986), ' Unravelling meaning: An introduction to relevance theory' . *Notes on Translation* 112: 10—20.

Gutt, E. -A. (1988), ' Towards an analysis of pragmatic connectives in Silt' i' . *Proceedings of the Eighth International Conference of Ethiopian Studies*. Addis Ababa University: 26—30.

Gutt, E. -A. (1990), ' A theoretical account of translation: Without a translation theory' . *Target* 2. 2: 135—64.

Gutt, E. -A. (1991), *Translation and relevance: Cognition and context*. Blackwell, Oxford.

Gutt, E. -A. (1992), *Relevance theory: A guide to successful communication in translation*. Lectures delivered at the Triennial Translation Workshop of UBS, Zimbabwe. Summer Institute of Linguistics, Dallas; United Bible Societies, New York.

Haegeman, L. (1987), ' The interpretation of inherent objects in English' . *Australian Journal of Linguistics* 7. 2: 223—48.

Haegeman, L. (1989), ' *Be going to* and *will*: A pragmatic account' . *Journal of Linguistics* 25. 2: 291—319.

Haegeman, L. (1993), ' The interpretation of the particle *da* in West Flemish' . *Lingua* 90. 1/2: 111—28.

Halle, M. , Bresnan, J. and Miller, G. (eds) (1978), *Linguistic theory and psychological reality*. MIT Press, Cambridge, MA.

Halliday, M. (1967/8), ' Notes on transitivity and theme in English' . *Journal of Linguistics* 3: 37—81; 4: 179—215.

Hamamoto, H. (forthcoming), ' Irony from a cognitive perspective' . To appear in Carston, Uchida and Song forthcoming.

Happé, F. (1991), ' The autobiographical writings of three Asperger syndrome adults: Problems of interpretation and implications for theory ' , in Frith 1991: 207—42.

Happé, F. (1992), *Theory of mind and communication in autism*. University of London, Ph. D. thesis.

Happé, F. (1993), ' Communicative competence and theory of mind in autism: A test of relevance theory' . *Cognition* 48. 2: 101—19.

Harman, G. (1968), ' Three levels of meaning ' . *Journal of Philosophy* LXV: 590— 602. Reprinted in Steinberg and Jakobovits 1971: 66—75.

Harnish, R. M. (1976), 'Logical form and implicature', in Bever, Katz and Langendoen 1976: 464—79. Reprinted in Davis 1991: 316—64.

Harnish, R. M. (1994), 'Mood, meaning and speech acts', in Tsohatzidis 1994: 407—59.

Hawkins, J. (1991), 'On (in) definite articles: Implicatures and (un) grammaticality predictions.' *Journal of Linguistics* 27: 405—42.

Herslund, M. *et al.* (eds) (1983), *Analyses grammaticales du français*. Special issue of *Revue romane*, 24.

Hickey, L. (ed.) (1989), *The pragmatics of style*. Routledge, London.

Higashimori, I. (1992a), 'Review of Kempson (ed.) *Mental Representations*'. *English Linguistics* 9: 335—56.

Higashimori, I. (1992b), '*Except, but* and relevance theory'. *English Literature Review* (Kyoto Women's University) 36: 62—108.

Higashimori, I (1994), 'A relevance-theoretic analysis of *even, sae/sura/mo/temo/ddemo/date/made*'. *English Literature Review* (Kyoto Women's University) 38: 51—80.

Hirschfeld, L. and Gelman, S. (1994), *Mapping the mind: Domain specificity in cognition and culture*. Cambridge University Press, Cambridge.

Hirst, D. (1987), 'Intonation: Syntaxe, sémantique et pragmatique'. *Sigma* 11: 148—70.

Hirst, D. (1989), 'Review of *Relevance*' *Mind and Language* 4. 1/2: 138—46.

Hjelmslev, L. (1928), *Principes de grammaire générale*. Akademisk Forlag, Copenhagen.

Hjelmslev, L. (1959), *Essais linguistiques*. Akademisk Forlag, Copenhagen.

Hobbs, J. (1979), 'Coherence and coreference'. *Cognitive Science* 3. 1: 67—90.

Hogaboam, T. and Perfetti, C. (1975), 'Lexical ambiguity and sentence comprehension'. *Journal of Verbal Learning and Verbal Behavior* 14: 265—74.

Horn, L. (1984), 'A new taxonomy for pragmatic inference: Q-based and R-based implicature', in Schiffrin 1984: 11—42.

Horn, L. (1988), 'Pragmatic theory', in Newmeyer 1988, vol. I: 113—45.

Horn, L. (1992), 'The said and the unsaid'. *Ohio State University Working Papers in Linguistics* 40: 163—92.

Hugly, P. and Sayward, C. (1979), 'A problem about conversational implicature'. *Linguistics and Philosophy* 3: 19—25.

Hyman, L. and Li, C. (1988), *Language, speech and mind: Essays in honor of Victoria Fromkin*. Routledge, London.

Hymes, D. (1987), 'A theory of verbal irony and a Chinookan pattern of verbal exchange', in Verschueren and Bertuccelli-Papi 1987: 293—337.

Ibsch, E. , Schram, D. and Steen, G. (eds) (1991), *Empirical studies of literature: Proceedings of the second IGEL conference* (Amsterdam 1989). Rodopi, Amsterdam.

Ifantidou, E. (1994), *Evidentials and relevance*. University of London, Ph. D. thesis.

Ifantidou-Trouki, E. (1993), 'Sentential adverbs and relevance'. *Lingua* 90. 1/2: 65—90.

Itani, R. (1993), 'The Japanese sentence-final particle *ka*: A relevance-theoretic approach'. *Lingua* 90. 1/2: 129—47.

Itani, R. (1995), *Semantics and pragmatics of hedges in English and Japanese*. University of London, Ph. D. thesis.

Jackendoff, R. (1972), *Semantic interpretation in generative grammar*. MIT Press, Cambridge, MA.

Jakobson, R. (1960), 'Linguistics and poetics', in Sebeok 1960: 350—77.

Jayez, J. (1986), 'L' analyse de la notion de pertinence d'après Sperber et Wilson', *Sigma* 10: 7—46.

Jiang, Y. (1994), 'A procedural account of Chinese quantification'. Paper presented to the Third International Conference on Chinese Linguistics, City Polytechnic of Hong Kong. To appear in *Selected Papers of ICCL*-3.

Jodlowiec, M. (1991), *The role of relevance in the interpretation of verbal jokes: a pragmatic analysis*, Jagiellonian University, Krakow, Ph. D. thesis.

Johnson-Laird, P. (1967), *An experimental investigation into one pragmatic factor governing the use of the English language*. University of London, Ph. D. thesis.

Johnson-Laird, P. (1982a), 'Mutual ignorance: Comments on Clark and Carlson' s paper', in Smith 1982: 40—5.

Johnson-Laird, P. (1982b), 'Thinking as a skill'. *Quarterly Journal of Experimental Psychology* 34A: 1—29.

Johnson-Laird, P. (1983), *Mental models*. Cambridge University Press, Cambridge.

Johnson-Laird, P. and Wason, P. (eds) (1977), *Thinking: Readings in cognitive science*. Cambridge University Press, Cambridge.

Jorgensen, J. , Miller, G. and Sperber, D. (1984), 'Test of the mention theory of irony'. *Journal of Experimental Psychology: General* 113. 1: 112—20.

Joshi, A. , Webber, B. and Sag, I. (eds) (1981), *Elements of discourse understanding*. Cambridge University Press, Cambridge.

Jucker, A. (1988), 'The relevance of politeness'. *Multilingua* 7. 4: 375—84.

Jucker, A. (1993), 'The discourse marker *well*: A relevance-theoretical account'. *Journal of Pragmatics* 19: 435—52.

Just, M. and Carpenter, P. (eds) (1977), *Cognitive processes in comprehension*. Lawrence Erlbaum, Hillsdale, NJ.

Kahneman, D. , Slovic, P. and Tversky,

A. (1982), *Judgement under uncertainty: Heuristics and biases.* Cambridge University Press, Cambridge.

Kandolf, C. (1993), ' On the difference between explicatures and implicatures in relevance theory'. *Nordic Journal of Linguistics* 16. 1: 33—46.

Kasher, A. (1994), ' Modular speech-act theory: Programme and results', in Tsohatzidis 1994: 312—22.

Kasher, A. (ed.) (forthcoming), *Pragmatics: Critical assessment. Routledge*, London.

Katz, J. (1972), *Semantic theory.* Harper & Row, New York.

Katz, J. (1977), *Propositional structure and illocutionary force: A study of the contribution of sentence meaning to speech acts.* Harvester Press, Hassocks.

Katz, J. (1981), *Language and other abstract objects.* Blackwell, Oxford.

Kempson, R. (1975), *Presupposition and the delimitation of semantics.* Cambridge University Press, Cambridge.

Kempson, R. (1984), ' Anaphora, the compositionality requirement and the semantics-pragmatics distinction'. *Proceedings of the North-Eastern Linguistics Society XIV*, University of Massachusetts, Amherst, MA.

Kempson, R. (1986), ' Ambiguity and the semantics-pragmatics distinction', in Travis 1986: 77—103.

Kempson, R. (ed.) (1988a), *Mental representations: The interface between language and reality.* Cam-bridge University Press, Cam-bridge.

Kempson, R. (1988b), ' Grammar and conversational principles', in Newmeyer 1988, Vol. II: 139—63.

Kempson, R. (1988c), ' Logical form: The grammar-cognition interface'. *Journal of Linguistics* 24. 2: 393—431.

Kempson, R. (forthcoming), ' Semantics, pragmatics and natural-language interpretation'. To appear in Lappin forthcoming.

Kerbrat-Orecchioni, C. (1977), *La connotation.* Presses Universitaires de Lyon, Lyon.

Kerbrat-Orecchioni, C. (1981), ' L' ironie comme trope'. *Poétique* 41: 108—27.

Khalfa, J. (ed.) (1994), *What is intelligence?* Cambridge University Press, Cambridge.

Kiparsky, P. (1987), ' On theory and interpretation', in Fabb, Attridge, Durant and McCabe 1987: 185—98.

Kirschner, C. and de Cesaris, J. (eds) (1989), *Studies in Romance linguistics.* John Benjamins, Amsterdam.

Kleiber, G. (1990), ' Marqueurs référentiels et processus interprétatifs: pour une approche "plus Sémantique"'. *Cahiers de linguistique fran?aise* 11: 241—58.

Kleiber, G. (1992), ' Article défini: unicité et pertinence'. *Revue roumane* 27. 1: 61—89.

Klinge, A. (1993) , ' The English modal auxiliaries: From lexical semantics to utterance interpretation ' . *Journal of Linguistics* 29: 315—57.

König, E. (1991a) , ' A relevance-theoretic approach to the analysis of modal particles in German ' . *Multilingua* 10. 1/2: 63—77.

König, E. (1991b) , *The meaning of focus particles: A comparative perspective.* Routledge, London.

Kreuz, R. and Glucksberg, S. (1989) , ' How to be sarcastic: The echoic reminder theory of verbal irony' . *Journal of Experimental Psychology: General* 118: 374—86.

Kripke, S. (1972) , ' Naming and necessity' , in Davidson and Harman 1972: 253—355. Reprinted as *Naming and necessity.* Blackwell, Oxford (1980) .

Lappin, S. (ed.) (forthcoming) , *Handbook of contemporary semantics.* Blackwell, Oxford.

Leach, E. (1976) , *Culture and communication.* Cambridge University Press, Cambridge.

Leech, G. (1983) , *Principles of pragmatics.* Longman, London.

Leech, G. and Thomas, J. (1990) , ' Language, meaning and context: Pragmatics' , in Collinge 1990: 173—205.

Lemmon, E. (1965) , *Beginning logic.* Nelson, London.

Leslie, A. (1989) , ' Review of *Relevance* ' . *Mind and Language* 4. 1/2: 147—50.

Levelt, W. and Flores d' Arcais, G. (eds) (1978) , *Studies in the perception of language.* John Wiley, Chichester.

Levinson, S. (1983) , *Pragmatics.* Cambridge University Press, Cambridge.

Levinson, S. (1987) , ' Minimization and conversational inference' , in Verschueren and Bertuccelli-Papi 1987: 61—129.

Levinson, S. (1988) , ' Generalised conversational implicatures and the semantics-pragmatics interface' . Cambridge.

Levinson, S. (1989) , ' A review of *Relevance* ' . *Journal of Linguistics* 25. 2: 455—72.

Lewis, D. (1969) , *Convention.* Harvard University Press, Cambridge, MA.

Lewis, D. (1975) , ' Languages and language' , in Gunderson 1975: 3—35. Reprinted in Lewis 1983: 163—88.

Lewis, D. (1983) , *Philosophical papers*, vol. I. Oxford University Press, Oxford.

Li, C. (ed.) (1976) , *Subject and topic.* Academic Press, New York.

Loar, B. (1976) , ' Two theories of meaning' , in Evans and McDowell 1976: 138—61.

Loar, B. (1981) , *Mind and meaning.* Cambridge University Press, Cambridge.

Loftus, E. (1979) , *Eyewitness testimony.* Harvard University Press, Cambridge, MA.

Long, J. and Baddeley, A. (eds)

(1981), *Attention and performance IX*. Lawrence Erlbaum, Hillsdale, NJ.

Lunn, P. (1989), 'The Spanish subjunctive and relevance', in Kirschner and de Cesaris 1989: 249—60.

Luscher, J. -M. (1994), 'Les marques de connexion: des guides pour l'interprétation', in Moeschler *et al.* 1994: 175—227

Lyons, J. (1977), *Semantics*. Cambridge University Press, Cambridge.

MacLaran, R. (1982), *The semantics and pragmatics of English demonstratives*. Cornell University, Ph. D. thesis.

Mao, L. (1992), *Pragmatic universals and their implications*. University of Minnesota, Ph. D. thesis. *Dissertation Abstracts International* 52. 8: 2908A.

Marslen-Wilson, W. (1973), *Speech shadowing and speech perception*. MIT, Ph. D. thesis.

Marslen-Wilson, W. and Tyler, L. (1980), 'The temporal structure of spoken language understanding'. *Cognition* 8. 1: 1—72.

Martin, R. (1992), 'Irony and universe of belief'. *Lingua* 87: 77—90.

Matsui, T. (1993), 'Bridging reference and the notions of topic and focus'. *Lingua* 90. 1/2: 49—68.

Matsui, T. (1995), *Bridging and relevance*. University of London, Ph. D. thesis.

Mayher, J. (1990), *Uncommon sense: Theoretical practice in language education*

Heinemann, London.

McCawley, J. (1979), 'Presupposition and discourse structure', in Oh and Dinneen 1979: 371—88.

McCawley, J. (1980), *Everything that linguists have always wanted to know about logic but were ashamed to ask*. University of Chicago Press, Chicago, IL.

McDowell, J. (1980), 'Meaning, communication and knowledge', in van Straaten 1980: 117—39.

Mey, J. (ed.) (1986), *Language and discourse: Text and protest*. John Benjamins, Amsterdam.

Mey, J. and Talbot, M. (1988), 'Computation and the soul'. *Journal of Pragmatics* 12: 743—89.

Miller, G. and Johnson-Laird, P. (1976), *Language and perception*. Cambridge University Press, Cambridge.

Minsky, M. (1977), 'Frame system theory', in Johnson-Laird and Wason 1977: 355—76.

Mitsunobu, M. (1993), 'A relevance theory bibliography'. Department of English, Tokyo Metropolitan University.

Moeschler, J. (1989a), 'Pragmatic connectives, argumentative coherence and relevance'. *Argumentation* 3. 3: 321—39.

Moeschler, J. (1989b), *Modélisation du dialogue. Représentation de l'inférence argumentative*. Hermès, Paris.

Moeschler, J. (ed.) (1989c), *Argumentation, relevance and discourse*.

Argumentation 3. 3 Kluwer, Dordrecht.

Moeschler, J. (1991) , ' The pragmatic aspects of linguistic negation: Speech acts, argumentation and pragmatic inference' . *Argumentation* 6: 51—75.

Moeschler, J. (1992) , ' Une, deux ou trois négations?' *Langue française* 94: 8—25.

Moeschler, J. (1993a) , ' Relevance and conversation' . *Lingua* 90. 1/2: 149—71.

Moeschler, J. (1993b) , ' Aspects pragmatiques de la référence temporelle: indétermination, ordre temporel et inférence' . *Langages* 112: 39—54.

Moeschler, J. and Reboul, A. (1994) , *Dictionnaire encyclopédique de pragmatique.* Seuil, Paris.

Moeschler, J. , Reboul, A. , Luscher, J. - M. and Jayez, J. (1994) , *Langage et pertinence*: *Référence temporelle, anaphore, connecteurs et métaphore.* Presses Universitaires de Nancy, Nancy.

Morgan, J. (1979) , ' Observations on the pragmatics of metaphor ' , in Ortony 1979: 136—47.

Morris, C. (1938) , ' Foundations of the theory of signs ' , in Neurath, Carnap and Morris 1938: 77—138. Reprinted in Morris 1971.

Morris, C. (1971) , *Writings on the general theory of signs.* Mouton, The Hague.

Müller, J. (ed.) (1994) , *Towards a pragmatics of the audiovisual.* NODUS, Münster.

Munitz, M. and Unger, P. (eds)

(1974) , *Semantics and philosophy*: *Studies in contemporary philosophy.* New York University Press, New York.

Nasta, D. (1991) , *Meaning in film*: *Relevant structures in soundtrack and narrative.* Peter Lang, Bern.

Neale, S. (1992) , ' Paul Grice and the philosophy of language' . *Linguistics and Philosophy* 15. 5: 509—59.

Nebeska, I. (1991) , ' Muze byt relevance postacujicim principem komunikace?' *Slovo a Slovesnost* 52. 2: 104—8.

Neisser, U. (ed.) (1982) , *Memory observed*: *Remembering in natural contexts.* W. H. Freeman, San Francisco, CA.

Neurath, O. , Carnap, R. and Morris, C. (eds) (1938) , *International encyclopaedia of unified science.* University of Chicago Press, Chicago, IL.

Newmeyer, F. (1988) , *Linguistics*: *The Cambridge Survey*, vols I-IV. Cambridge University Press, Cambridge.

Nishiyama, Y. (1992) , ' Hatsuwa-kaishaku to Ninchi: on Kanrensei-riron nitsuite (Utterance interpretation and cognition: On Relevance Theory) ' , in Anzai *et al.* 1992: 466—76.

Nishiyama, Y. (1993) , ' Konteku- sutokouka to Kanrensei: Kanrensei-riron no Mondai-ten (Contextual effects and relevance: Some problems of relevance theory) ' . *Eigo Seinen* 139. 5: 14—16.

Nishiyama, Y. (1995) , ' Gengai no Imi wo Toraeru (How to read between the lines)'. *Gengo* 24. 4: 30—9.

Nølke, H. (1990), ' Pertinence et mo-
dalisateurs d' énonciation'. *Cahiers de lin-
guistique française* 11.

Oh, C. -K. and Dinneen, D. (eds)
(1979), *Syntax and semantics* 11: *Presuppo-
sition.* Academic Press, New York.

O' Neill, J. (1988)) ' Relevance and
pragmatic inference'. *Theoretical Linguistics*
15: 241—61.

Ortony, A. (ed.) (1979), *Metaphor
and thought.* Cambridge University Press,
Cambridge.

Parret, H. (ed.) (1994), *Pretending to
communicate.* Walter de Gruyter, Berlin.

Parret, H. , Sbisà, M. and Verschueren,
J. (1981), *Possibilities and limitations of
pragmatics.* John Benjamins, Amsterdam.

Pateman, T. (1986), ' Relevance, con-
textual effects and least effort'. *Poetics Today*
7. 4: 745—54.

Patton, T. and Stampe, D. (1969),
' The rudiments of meaning: Ziff on Grice'.
Foundations of Language 5. 1: 2—16.

Perrin, L. (forthcoming), *L' ironie mise
en trope, du sens littéral au sens figuré.* Uni-
versity of Geneva, doctoral dissertation, to be
published by Editions Kimé.

Philippaki-Warburton, I. , Nicolaides,
K. and Sifianou, M. (eds) (1994), *Themes
in Greek linguistics. Papers from the* 1*st inter-
national conference on Greek Linguistics*
(Reading 1993). John Benjamins, Amster-
dam.

Pilkington, A. (1991), ' The literary
reading process: A relevance theory perspec-
tive', in Ibsch, Schram and Steen 1991:
117—23.

Pilkington, A. (1992), ' Poetic
effects'. *Lingua* 87. 1/2: 29—51.

Pilkington, A. (1994), *Poetic thoughts
and poetic effects.* University of London, Ph.
D. thesis.

Pike, K. (1967), *Language in relation
to a unified theory of the structure of human
behavior.* Mouton, The Hague.

Politzer, G. (1990), ' Characterizing
spontaneous inferences'. *The Behavioral and
Brain Sciences* 13. 1: 177—8.

Politzer, G. (1993), *La psychologie du
raisonnement: Lois de la pragmatique et de la
logique formelle.* Thèse de Doctorat d' Etat,
University of Paris VIII.

Posnanski, V. (1992), *A relevance-
based utterance processing system.* Cambridge
University, Ph. D. thesis, University of Cam-
bridge Laboratory, Technical report,
No. 246.

Prince, E. (1981), ' Towards a taxono-
my of given-new information', in Cole 1981:
223—56.

Pulman, S. (1983), *Word meaning and
belief.* Croom Helm, London.

Putnam, H. (1975a), ' The meaning of
" meaning"', in Gunderson 1975: 131—
93. Reprinted in Putnam 1975b: 215—71.

Putnam, H. (1975b), *Mind, language
and reality: Philosophical papers, II.* Cam-

bridge University Press, Cambridge.

Quine, W. (1960), *Word and object.* MIT Press, Cambridge, MA.

Reboul, A. (1990a), *Analyse de la métaphore et de la fiction.* University of Geneva, Ph. D. thesis.

Reboul, A. (1990b), ' The logical status of fictional discourse: What Searle' s speaker can' t say to his hearer ', in Burkhardt 1990: 336—63.

Reboul, A. (1992a). *Rhétorique et stylistique de la fiction.* Presses Universitaires de Nancy, Nancy.

Reboul, A. (1992b), ' How much am *I* I and how much is *she* I?' *Lingua* 87: 169—202.

Reboul, A. (1994a), ' L' anaphore pronominale: le problème de l' attribution des référents ', in Moeschler et al. 1994: 105—73.

Reboul, A. (1994b), ' The description of lies in speech-act theory ', in Parret 1994: 292—8.

Reboul, A. (forthcoming), ' What (if anything) is accessibility? A relevance oriented criticism of Ariel' s Accessibility Theory of referring expressions '. To appear in *Acts of the 6th international conference on functional grammar* (York, 1994).

Récanati, F. (1979), *La transparence et l' énonciation.* Seuil, Paris.

Récanati, F. (1987), *Meaning and force.* Cambridge University Press, Cambridge.

Récanati, F. (1989), ' The pragmatics of what is said '. *Mind and Language* 4. 4: 295—329. Reprinted in Davis 1991: 97—120.

Récanati, F. (1993), *Direct reference: From language to thought.* Blackwell, Oxford.

Récanati, F. (1994), ' Contextualism and anti-contextualism in the philosophy of language ', in Tsohatzidis 1994: 156—66.

Récanati, F. (forthcoming), ' The alleged priority of literal interpretation '. To appear in *Cognitive Science.*

Reddy, M. (1979), ' The conduit metaphor - a case of frame conflict in our language about language ', in Ortony 1979: 284—324.

Reinhart, T. (1981), ' Pragmatics and linguistics: An analysis of sentence topics '. *Philosophica* 27: 53—94.

Richards, C. (1985), ' Inferential pragmatics and the literary text '. *Journal of Pragmatics* 9: 261—85.

Rips, L. (1983), ' Cognitive processes in propositional reasoning '. *Psychological Review* 90. 1: 38—71.

Roberts, L. (1991), ' Relevance as an explanation of communication '. *Linguistics and Philosophy* 14. 4: 453—72.

Rochemont, M. (1986), *Focus in generative grammar.* John Benjamins, Amsterdam.

Rouchota, V. (1992), ' On the referential-attributive distinction '. *Lingua* 87. 1/2:

137—67.

Rouchota, V. (1994a), *The semantics and pragmatics of the subjunctive in Modern Greek-a relevance-theoretic approach*. University of London, Ph. D..thesis.

Rouchota, V. (1994b), ' Na-interrogatives in Modern Greek: Their interpretation and relevance. ' In Philippaki-Warburton, I. , Nicolaides, K. and Sifianou, M. 1994: 177—84.

Rouchota, V. (1994c), ' The subjunctive in Modern Greek: Dividing the labour between semantics and pragmatics'. *Journal of Modern Greek Studies* 12: 185—201.

Rouchota, V. (1994d), ' On indefinite descriptions'. *Journal of Linguistics* 30: 441—75.

Sadock, J. (1978), ' On testing for conversational implicature ', in Cole 1978: 281—98.

Sadock, J. (1979), ' Figurative speech and linguistics', in Ortony 1979: 46—63.

Sadock, J. (1986), ' Remarks on the paper by Deirdre Wilson and Dan Sperber', in *Parasession pragmatics and grammatical theory. Chicago Linguistics Society* 22: 85—90.

Sadock, J. and Zwicky, A. (1985), ' Speech-act distinctions in syntax ', in Shopen 1985: 155—96.

Sag, I. (1981), ' Formal semantics and extra-linguistic context ', in Cole 1981: 273—94.

Sánchez de Zavala, V. (1990), ' Sobre la nueva teoria de la pertinencia', in Demonte and Garza Cuaron 1990: 273—99.

Saussure, F. de (1974), *Course in general linguistics*, translated from the French (1916) by Wade Baskin. Peter Owen, London.

Scancarelli, J. (1986), ' Interpretation in context: A cause of semantic change'. *Cahiers de l' Institut linguistique de Louvain* 12. 1/2: 167—82.

Schank, R. and Abelson, R. (1977), ' Scripts, plans and knowledge', in Johnson-Laird and Wason 1977: 421—32.

Schiffer, S. (1972), *Meaning*. Clarendon Press, Oxford.

Schiffrin, D. (ed.) (1984), *Meaning, form and use in context*. Georgetown University Press, Washington, DC.

Searle, J. (1965), ' What is a speech act?', in Black 1965: 221—39.

Searle, J. (1969), *Speech acts*. Cambridge University Press, Cambridge.

Searle, J. (1971a), ' Introduction' to Searle 1971b: 1—12.

Searle, J. (ed.) (1971b), *The philosophy of language*. Oxford University Press, Oxford.

Searle, J. (1975), ' Indirect speech acts', in Cole and Morgan 1975: 59—82.

Searle, J. (1979a), ' The classification of illocutionary acts', in Searle 1979b: 1—29.

Searle, J. (1979b), *Expression and meaning*. Cambridge University Press, Cambridge.

Searle, J. (1983) , *Intentionality.* Cambridge University Press, Cambridge.

Searle, J. , Kiefer, F. and Blerwisch, M. (eds) (1980) , *Speech-act theory and pragmatics.* Reidel, Dordrecht.

Sebeok, T. (ed.) (1960) , *Style in language.* MIT Press, Cambridge, MA.

Seto, K. -I. (forthcoming) , ' On non-echoic irony' . To appear in Carston, Uchida and Song forthcoming.

Seuren, P. (1987) , ' The self-styling of relevance theory' . *Journal of Semantics* 5. 2: 123—43.

Shannon, C. and Weaver, W. (1949) , *The mathematical theory of communication.* University of Illinois Press, Urbana, IL.

Shopen, T. (ed.) (1985) , *Language typology and syntactic description.* Cambridge University Press, Cambridge.

Simonsen, H. , Loedrup, H. and Moen, H. (forthcoming) , *Selected papers from the XVth Scandinavian Conference of Linguistics* (Oslo, 1995.)

Sinclair, M. (1995) , ' Fitting, pragmatics into the mind: Some issues in mentalist pragmatics' . *Journal of Pragmatics* 23: 509—39.

Sinclair, M. and Winckler, W. (1991) , *Relevance theory: Explaining verbal communication.* Stellenbosch Papers in Linguistics, 18.

Smith, N. (ed.) (1982) , *Mutual knowledge.* Academic Press, London.

Smith, N. (1983) , ' On interpreting

conditionals' . *Australian Journal of Linguistics* 3. 1: 1—23.

Smith, N. (1989) , *The twitter machine.* Blackwell, Oxford.

Smith, N. (1993) , ' Observations sur la pragmatique des temps' . *Langages* 112: 26—38.

Smith, N. and Smith, A. (1988) , ' A relevance-theoretic account of conditionals' , in Hyman and Li 1988: 322—52.

Smith, N. and Tsimpli, I. (1995) , *The mind of a savant.* Blackwell, Oxford.

Smith, N. and Wilson, D. (1979) , *Modern linguistics: The results of Chomsky's revolution.* Penguin, Harmondsworth and Indiana University Press.

Smith, N. and Wilson, D. (1992) , ' Introduction to the special issue on relevance theory' . *Lingua* 87. 1/2: 1—10.

Soames, S. (1979) , ' A projection problem for speaker presuppositions' . *Linguistic Inquiry* 10. 4: 623—66.

Song, Nam-Sun (forthcoming) , ' Metonymy and metaphor' . To appear in Carston, Uchida and Song forthcoming.

Sperber, D. (1975a) , *Rethinking symbolism.* Cambridge University Press, Cambridge.

Sperber, D. (1975b) , ' Rudiments de rhétorique cognitive' . *Poétique* 23: 389— 415. Sperber, D. (1980) , ' Is symbolic thought prerational?' in Foster and Brandes 1980: 25—44.

Sperber, D. (1984) , ' Verbal irony:

Pretense or echoic mention?' *Journal of Experimental Psychology*: *General* 113. 1: 130—6.

Sperber, D. (1985), *On anthropological knowledge*. Cambridge University Press, Cambridge.

Sperber, D. (1994a), ' Understanding verbal understanding ', in Khalfa 1994: 179—98.

Sperber, D. (1994b), ' The modularity of thought and the epidemiology of representations', in Hirschfeld and Gelman 1994: 39—67.

Sperber, D. , Cara, F. and Girotto, V. (forthcoming), ' Relevance theory explains the Selection Task' . To appear in *Cognition*.

Sperber, D. and Wilson, D. (1981), ' Irony and the use-mention distinction', in Cole 1981: 295—318. Reprinted in Davis 1991: 550—63.

Sperber, D. and Wilson, D. (1982), ' Mutual knowledge and relevance in theories of comprehension ', in Smith 1982: 61—131.

Sperber, D. and Wilson, D. (1985/6), ' Loose talk' . *Proceedings of the Aristotelian Society* LXXXVI: 153—71. Reprinted in Davis 1991: 540—9.

Sperber, D. and Wilson, D. (1987a), ' Précis of *Relevance*' . *The Behavioral and Brain Sciences* 10. 4: 697—710.

Sperber, D. and Wilson, D. (1987b), ' Presumptions of relevance' . *The Behavioral and Brain Sciences* 10. 4: 736—54.

Sperber, D. and Wilson, D. (1990a), ' Spontaneous deduction and mutual knowledge' . *The Behavioral and Brain Sciences* 3. 1: 179—84.

Sperber, D. and Wilson, D. (1990b), ' Rhetoric and relevance', in Bender and Wellbery 1990: 140—56.

Sperber, D. and Wilson, D. (forthcoming a), ' Fodor's frame problem and relevance theory (reply to Chiappe and Kukla)' . To appear in *The Behavioral and Brain Sciences*.

Sperber, D. and Wilson, D. (forthcoming b), *Relevance and meaning*. Blackwell, Oxford.

Stainton, R. (1993), *Non-sentential assertions*. MIT, Ph. D. dissertation.

Stainton, R. (1994), ' Using non-sentences: An application of relevance theory' . *Pragmatics and Cognition* 2. 2: 269—84.

Stalnaker, R. (1974), ' Pragmatic presuppositions', in Munitz and Unger 1974: 197—213.

Stalnaker, R. (1978), ' Assertion' , in Cole 1978: 315—32.

Steinberg, D. and Jakobovits, L. (eds) (1971), *Semantics*: *An interdisciplinary reader*. Cambridge University Press, Cambridge.

Stenning, K. (1978), ' Anaphora as an approach to pragmatics', in Halle, Bresnan and Miller 1978: 162—200.

van Straaten, Z. (ed.) (1980), *Philosophical subjects*. Clarendon Press,

Oxford.

Strawson, P. (1964a) , ' Intention and convention in speech acts' . *Philosophical Review* 73: 439— 60. Reprinted in Searle 1971: 170—89.

Strawson, P. (1964b) , ' Identifying reference and truth values ' . *Theoria* 3: 96—118.

Strawson, P. (1969) , ' Meaning and truth' . Inaugural lecture at the University of Oxford. Reprinted in Strawson 1971: 170—89.

Strawson, P. (1971) , *Logico-linguistic papers*. Methuen, London.

Sun, Yu (1993) , ' Pragmatic inference in relevance theory ' . *Waiguoyu* 4. 86: 39—43.

Swinney, D. (1979) , ' Lexical access during comprehension: (Re) consideration of context effects' . *Journal of Verbal Learning and Verbal Behavior* 18. 6: 645—60.

Taglicht, J. (1984) , *Message and emphasis: On focus and scope in English*. Longman, London.

Tanaka, K. (1992) , ' The pun in advertising: A pragmatic approach' . *Lingua* 87. 1/2: 91—102.

Tanaka, K. (1994) , *Advertising language: A pragmatic approach to advertisements in Britain and Japan*. Routledge, London.

Tanenhaus, M. and Lewman, J. (1979) , ' Evidence for multiple stages in the processing of ambiguous words in syntactic contexts' . *Journal of Verbal Learning and Verbal Behavior* 18: 427—40.

Taylor, J. (1993) , ' Possessives and relevance' . *Stellenbosch Papers in Linguistics* 26: 14—34.

Taylor, T. and Cameron, D. (1987) , *Analyzing conversation*. Pergamon Press, New York.

Thomason, R. (1970) , *Symbolic logic*. Macmillan, London.

Tirkkonen-Condit, S. (1992) , ' A theoretical account of translation: Without translation theory?' *Target* 4. 2: 237—45.

Todorov, T. (1977) , *Théories du symbole*. Seuil, Paris.

Toolan, M. (1992) , ' On relevance theory' , in Wolf 1992: 146—62.

Travis, C. (1981) , *The true and the false: The domain of the pragmatic*. John Benjamins, Amsterdam.

Travis, C. (1985) , ' On what is strictly speaking true' . *Canadian Journal of Philosophy* 15: 187—229.

Travis, C. (ed.) (1986) , *Meaning and interpretation*. Blackwell, Oxford.

Travis, C. (1990) , ' Critical notice of *Relevance* ' . *Canadian Journal of Philosophy* 2.

Trotter, D. (1992) , ' Analysing literary prose: The relevance of relevance theory' . *Lingua* 87. 1/2: 11—27.

Tsohatzidis, S. (1994) , *Foundations of speech act theory: Philosophical and Linguistic perspectives*. Routledge, London.

Tyler, L. and Marslen-Wilson, W. (1977), 'The on-line effect of semantic context on syntactic processing'. *Journal of Verbal Learning and Verbal Behavior* 16. 6: 683—92.

Uchida, S. (forthcoming), 'Text and relevance'. To appear in Carston, Uchida and Song forthcoming.

Unger, C. (1994), 'The scope of discourse connectives and its relation to the utterance in which it occurs'. University College London, M. A. dissertation, to appear in *Journal of Linguistics*.

Vandepitte, S. (1989), 'A pragmatic function of intonation'. *Lingua* 79: 265—97.

Vandepitte, S. (1993), *A pragmatic study of the expression and the interpretation of causality: Conjuncts and conjunctions in modern spoken British English*. Koninklijke Academie voor Wetenschappen, Letteren en Schone Kunsten van Belgi?, Brussels.

Verschueren, J. and Bertuccelli-Papi, M. (eds) (1987), *The pragmatic perspective*. John Benjamins, Amsterdam.

Verschueren, J., Östman, J. -O. and Blommaert, J. (forthcoming), *Handbook of Pragmatics: Manual*. John Benjamins, Amsterdam.

Vicente, B. (1992), 'Metaphor, meaning and comprehension'. *Pragmatics* 2: 49—62.

Vygotsky, L. (1962), *Thought and language*, translated from the Russian (1934).

MIT Press, Cambridge, MA.

Walker, R. (1975), 'Conversational implicatures', in Blackburn 1975: 133—81.

Walker, R. (1989), 'Review of *Relevance*. Mind and Language 4. 1/2: 151—9.

Watson, R. (1995), 'Relevance and definition'. *Journal of Child Language* 22: 211—22.

Watts, R. (1988), 'A relevance-theoretic approach to commentary pragmatic markers: The case of *actually, really and basically*'. *Acta Linguistica Hungarica* 38. 1—4: 235—60.

Werth, P. (ed.) (1981), *Conversation and discourse*. Croom Helm, London.

Wilks, Y. and Cunningham, C. (1986), 'A purported theory of relevance', in Mey 1986: 383—418.

Wilson, D. (1975), *Presuppositions and non-truth-conditional semantics*. Academic Press, London. Reprinted in *Gregg Modern Revivals in Philosophy*. Gregg Revivals, Aldershot (1991).

Wilson, D. (1992a), 'Reply to Chametzky'. *Journal of Pragmatics* 17: 73—7.

Wilson, D. (1992b), 'Reference and relevance'. *UCL Working Papers in Linguistics* 4: 165—91.

Wilson, D. (1994a), 'Relevance and understanding', in Brown *et al.* 1994: 35—58. First published in Guijarro Morales 1993.

Wilson, D. (1994b), 'Truth, coherence and relevance'. Paper delivered to the European Society for Philosophy and Psychology, July.

Wilson, D. and Smith, N. (eds) (1992) , ' Special issue on relevance theory (volume 1) ' . *Lingua* 87. 1/2.

Wilson, D. and Smith, N. (eds) (1993) , ' Special issue on relevance theory (volume 2) ' . *Lingua* 90. 1/2.

Wilson, D. and Sperber, D. (1981) , ' On Grice' s theory of conversation ' , in Werth 1981: 155—78.

Wilson, D. and Sperber, D. (1986a) , ' Inference and implicature ' , in Travis 1986: 43—75. Reprinted in Davis 1991: 377—93.

Wilson, D. and Sperber, D. (1986b) , ' Pragmatics and modularity' , in *Parasession on pragmatics and grammatical theory. Chicago Linguistics Society* 22: 67—84. Reprinted in Davis 1991: 583—95.

Wilson, D. and Sperber, D. (1986c) , ' An outline of relevance theory' , in Alves 1986: 19— 42. Reprinted in *Notes on Linguistics* (1987) 39: 5—24.

Wilson, D. and Sperber, D. (1987) , ' The self-appointment of Seuren as censor: A reply to Pieter Seuren' . *Journal of Semantics* 5: 145—62.

Wilson, D. and Sperber, D. (1988a) , ' Mood and the analysis of non-declarative sentences' , in Dancy, Moravcsik and Taylor 1988: 77—101.

Wilson, D. and Sperber, D. (1988b) , ' Representation and relevance' , in Kempson 1988a: 133—53.

Wilson, D. and Sperber, D. (1992) , ' On verbal irony ' . *Lingua* 87. 1/2: 53—76.

Wilson, D. and Sperber, D. (1993) , ' Linguistic form and relevance' . *Lingua* 90. 1/2: 1—25.

Wilson, D. and Sperber, D. (forthcoming) , ' Pragmatics and time' . To appear in Carston, Uchida and Song forthcoming.

Wilson, J. (1990) , *Politically speaking*: *The pragmatic analysis of political language.* Blackwell, Oxford.

Winckler, W. and van der Merwe, C. (1993) , ' Training tomorrow's bible translators: Some theoretical pointers' . *Journal of Northwest Semitic Languages* 19: 41—58.

Winograd, T. (1977) , ' A framework for understanding discourse' , in Just and Carpenter 1977: 72—86.

Wolf, G. (ed.) (1992) , *New departures in linguistics.* Garland, New York.

Wright, R. (1975) , ' Meaning$_{NN}$, and conversational implicature ' , in Cole and Morgan 1975: 363—82.

Yoshimura, A. (1993a) , ' ExplicaLure and implicature formation in the modeling of metaphor and metonymy' . *Osaka University Papers in English Linguistics* I: 175—84.

Yoshimura, A. (1993b) , ' Pragmatic and cognitive aspects of negative polarity' . *Osaka University Papers in English Linguistics* I: 141—73.

Yu, P. (1979) , ' On the Gricean program about meaning'. *Linguistics and Philosophy* 3.2: 273—88.

Zegarac, V. (1991), *Tense, aspect and relevance*. University of London, Ph. D. thesis.

Zegarac, V. (1993), ' Some observations on the pragmatics of the progressive'. *Lingua* 90.1/2: 201—20.

Ziff, P. (1967), ' On H. P. Grice' s account of meaning'. *Analysis* 28: 1—8. Reprinted in Steinberg and Jakobovits 1971: 60—5.

Ziv, Y. (1988), ' On the rationality of "Relevance" and the relevance of "Rationality"'. *Journal of Pragmatics* 12.5/6: 535—45.